美國人未竟的中國夢

企業、技術與關係網

吳翎君　著

獻給慈愛的父親吳福隆先生

目次

表目次

緒章

托辣斯實20世紀之驕兒，必非以人力所能摧沮，此今世
稍有識者所周知也。自今以往且由國內托辣斯進為國際
托辣斯，而受害最劇者必在我中國，然則我輩不能以對
岸火災視此問題也明矣。

——梁啟超，1903

一、研究源起

　　1825年橫跨紐約州北部，長達365英里的伊利運河完工，使五大湖和紐約市之間的貨物運輸暢通無阻，運河沿岸的重要城市應運而生。當時紐約州長德懷特‧克林頓（DeWitt Clinton）預言說，這條運河將使紐約市成為「世界的糧倉、商業世界的中心、製造業的場所、重要金融運行的焦點」。懷特‧克林頓的預言在不到一百年的時間果然實現，到了1890年代紐約成為美國托辣斯（Trust）集團和大企業的中心。不惟如此，一次大戰前後，美國大型管理一體化的企業通過大規模生產和分銷系統，向世界市場銷售標準化與品牌化的商品，使美國大企業在全球競爭中獨樹一幟。1920年代的紐約早已是全球金融和工商業中心，以至於1929年華爾街股市震盪，造成全球經濟大恐慌效應[1]。

　　20世紀之初，梁啟超赴新大陸旅行。1903年4月，在紐約目睹華爾街大資本家掌控托辣斯之盛況，梁啟超稱「此怪物者產於紐約，而其勢力及於全美國且駸駸乎及於全世界」，使美國之資本在托辣斯支配下十之占八，且使美國成為世界第一之資本國，初識資本主義市場的梁啟超頗表「嘻！豈不異哉，豈不偉哉！」[2]但梁啟超更焦慮的是美國托辣斯可望演進成國際托辣斯；果如

1　相關研究可參見：Stanely Buder, *Capitalizing on Change: A Social History of American Business*（Chapel Hill: University of North Carolina Press, 2009）。

2　梁啟超，《新大陸遊記》（台北：文海，1967年版），頁13-19，詳細介紹美國托辣斯的歷史濫觴起於1882年石油大王洛克菲勒（原書稱：洛奇佛拉）開創，接著有棉花、蒸餅、製糖等托辣斯，甚至縷列了美國1899年以後設立的托辣斯資本表。提到托辣斯在美國被視為怪物妖魔，美國政府立法禁止托辣斯之舉措，又言美國「政府務所以摧抑掃除，殆與現時中國政府之謀摧新黨者（指：維新派）無以異」，頁18。

此，中國廣大市場將受其禍害，中國人絕對不能有隔岸觀火的僥倖心態。美國大企業在一次大戰後大舉向全球擴展，它對中國市場的經濟活動以及由此而產生的中美經濟貿易的逆差和改變，確是前所未有的。然而，美國大企業對中國經濟發展的衝擊，其結果未必如梁啟超所言將由托辣斯集團引爆禍患慘劇，但梁啟超可能是中國最早實地考察美國華爾街，受邀為紐約商業鉅子座上賓，並為文呼籲中國不能不予以重視托辣斯的知識分子。本書研究關懷的起點，莫不是梁任公遊記中的大哉問，但作為嚴謹的學術著作，本書所致意關切者，則更須從歷史脈絡，上下而求索。

美國因受益於第二次工業革命之惠，在技術研發不斷創新的基礎上，以及美國大企業所創建的官僚化企業管理組織、管理單位的專業化、高效率和薪資差距等特色，使得美國大企業得以向全球輸出，成為全球最早擁有最多跨國企業的國家，跨國企業是美國成為世界政治經濟霸主並向全球輸出的最大特色之一。美國跨國企業向海外擴張的歷史，以及伴隨著美國跨國企業的入侵而帶動的全球商品同質化（homogenization）或美國化（Americanization）的過程，早為諸多經濟史大家所討論，近年來也有不少學者認為美國跨國企業事實上並未帶來全球化，同時美國化是一種建構的概念，世界並未美國化，也未全球化[3]。然而，

3　這方面英文專書的代表著作，如：Alfred D. Chandler Jr., *The Visible Hand: The Managerial Revolution in American Business*（The Belknap Press of Harvard University Press, 1977）; Alfred D. Chandler Jr. and Bruce Mazlish, eds., *Leviathans: Multinational Corporations and the New Global History*（Cambridge: Cambridge University Press, 2005）. 中文學界的代表著作可參考：王立新，《躊躇的帝國：美國崛起後的身分困惑與秩序追求，1913-1945》（北京：中國社會科學出版社，2015年）。

英文學界迄今的研究成果中，極少留意到跨國企業或大企業在近代中國的發展；如有，也多屬全球化議題的宏觀論述而非具體對近代中國的實證研究。當今中美兩國作為世界最重要的兩大經濟實體國家，它們在中國本土的最初相遇以及在全球化網絡意義下的中美交會，是帶領筆者一步步追蹤和探索此一題旨的研究動力。

2012年筆者所著《美國大企業與近代中國的國際化》出版之際，這本書已悄然蘊釀。而且立意要有不同的視野來完成中國邁向國際化的續篇，現在這本書已經呈現在讀者面前，距離前本書已有七年的時間了。事實上我對「企業、技術與關係網」的關注和相關論文的撰述則早已超過十年。本文一些章節由於無法融入前本書的架構而必須割捨，但也因為這樣的割捨使得自己的研究必須持續往前推進。近代中美之間的發展有種特殊關係（special relationships）或美國人相較於其他歐洲和日本國家可謂一種改良的帝國主義者（ameliorative imperialist），此一想法韓德（Michael Hunt）等學者早已提出一些精闢的學術論述，筆者不能掠人之美。在學術大家輩出的中美關係史研究的基礎上，筆者嘗試從多元原始材料找出別具意義的研究主題和不同的研究路徑。前本書《美國大企業與近代中國的國際化》，著重於清末到1920年代中美兩國商務關係的建立和各種投資類型（跨國大企業的實業投資、國際大財團鐵路開發、人道主義工程投資、跨世紀的無線電業工程及南方大港等等）。這本書則是聚焦於美國人如何改變中國及其相關網絡的連結。如何在中國的廣大市場獲得更大的利益，固然為驅使美國大企業前來的動力，但大企業帶來商品、技術、管理方式、組織變革等等衝激；伴隨著大企業前進的各種關係網絡——政治、經濟、文化和技術等層面所交織的改變效應，我們看到美國人對近代中國確實有種「改變中國」的夢想。本書探討的

時間上限，在美國一方為南北戰爭之後，美國開展國家大重建計畫（Reconstruction），並探索美國在國際秩序中的初定位；在中國則為清末以來的自強運動，在「以夷制夷」的國家治理概念下，開展地對待「米夷」（美國）關係。下限則為太平洋戰爭結束後，美國崛起為世界經濟和政治霸主，有意在戰後新條約和美國主導的新國際秩序架構下，貫徹其對自由市場的主張和理念。簡而言之，本書探討1870年代以來美國人打開中國市場，並歷經第一次和第二次世界大戰，美國大企業及其關係網在中國的遭逢、美國人如何改變中國的夢想，以及中國人如何通過中美兩國的合作和交往案例，走向近代中國的國際化之夢[4]。

　　近十年來國際史的研究更加勃興，特別是以跨國和全球視角的經濟史著作不停推陳出新，有些著作容或觀點是新穎，但沒有扎實的文獻和材料為基礎，徒託空言，並非歷史學者的職志。本書的撰述過程中儘可能網羅多元材料，立論於史料基礎，同時希望將中美關係放置於一個更大的國際交往範疇，希望通過逐一個案的具象考察，將研究視角放入近代中美交往中的企業、技術活動和國家治理的意義。因此，本書緒章中先概述近二十餘年來關於跨國史和國際史的研究趨勢，以及此一研究取徑對中美關係史研究上的突破口，接著介紹本書研究架構的安排，以使讀者清楚理解本書撰寫之旨趣。

4　關於近代中國的國際化相關論述，尚可參考徐國琦的三本代表作。Xu Guoqi, *China and the Great War: China's Pursuit of a New National Identity and Internationalization*（Cambridge, UK and New York: Cambridge University Press, 2005）Xu Guoqi, *Olympic Dreams: China and Sports, 1895-2008*（Cambridge, MA: Harvard University Press, 2008），Xu Guoqi, *Strangers on the Western Front: Chinese Workers in the Great War*（Cambridge, MA: Harvard University Press, 2011）.

二、從跨國史和國際史視野研究近代中美關係

1990年代以後歐美歷史學界興起了一股全球史（Global History）風潮，在關注如何書寫「全球時代的世界史」（World History in Global Ages）之際，一種強調跨越民族國家邊界的跨國史（Transnational History）研究視角也因應而生，許多研究著作將「全球史」和「跨國史」兩者聯繫起來[5]。跨國史是一種研究取徑，在地的（local）、國家的、帝國的和世界的歷史不僅是地緣政治上的相互影響，並且是一種跨越國境的聯繫網絡；探求不同國家和社會相互連接的紐帶，包括跨國網路、生產和貿易、制度、思想和過程等等，都是跨國史研究的範疇。近十年來跨國史研究聲勢在歐美頂尖學者的領軍之下，有不少令人矚目的學術成果，可說是史學界繼「文化轉向」（cultural turn）的研究後，新一波的「跨國轉向」（transnational turn）研究，對於當前史學觀念、史學方法和歷史知識的產生有重大影響[6]。

5　詳見Akira Iriye and Rana Mitter, eds., Palgrave Macmillan Transnational Series, 2007-2017. *Journal of International & Global Studies*, http://www.lindenwood. edu/jigs/about.cfm（下載日期：2017年4月15日）。Akira Iriye, *Global and Transnational History: The Past, Present and Future*（Basingstoke: Palgrave Macmillan, 2013). 中文著作中，針對全球史的研究趨勢，特別是新文化史到全球史的文化轉向，詳見：蔣竹山，《當代史學研究的趨勢、方法與實踐——從新文化史到全球史》（台北：五南圖書出版股份有限公司，2012），該書以物質文化、商品、飲食、醫學、環境和知識傳播等議題為主的分析。蔣竹山，〈超越民族國家的歷史書寫：試論近來全球史研究中的「空間轉向」〉，《新史學》，第23卷第3期（2012年9月），頁199-228。蔣竹山編，《當代歷史學新趨勢》（台北：聯經出版公司，2019）收錄的相關論文。

6　關於跨國史研究趨勢，已有不少專文討論，本文不擬詳述。詳見王立新，〈跨國史興起與20世紀世界史的重新書寫〉，《世界歷史》，2016年第2期，頁

　　近二十餘年來，也有愈來愈多的外交史學者呼籲學界擴大研究視野，以國際史（international history）取代傳統外交史的研究典範逐漸勝出。長期任教哈佛大學、學術聲望卓譽的外交史學者梅野（Ernest R. May, 1928-2009），早在1971年就提出「外交史的衰落」（The Decline of Diplomatic History），呼籲外交史同行要擴大研究的視野，否則該領域有「瀕臨消失」的危機[7]。美國外交史學界對於外交史研究的何去何從，近年來歷經不斷的辯論和反思，最大的變革關鍵便是跳出傳統外交史的框架，改變美國外交史為國際史，打破以美國為軸心的研究方法。一些外交史學家同時也意識到傳統政治外交史過度重視政府角色、軍事和外交談判，而忽略文化、經濟、科技、媒界、信息等重要因素。入江昭（Akira Iriye）在1989年美國歷史學會（American Historical Association）主席就職演說〈國際史〉（"The internationalization of History"）中，指出國際史是一種全方位的歷史研究法，它拓展了傳統國際關係史一味強調政府之間的交涉和談判，將非政府層次的跨國交往也引入考察之列，並以整個國際體系作為參照，強調國家間的政治、文化等多重交流、對話及互動[8]。

4-23。吳翎君，〈英文學界關於「跨國史」研究新趨勢與跨國企業研究〉，《新史學》，第28卷第3期（2017年9月），頁207-240。該文回顧了日前跨國史的代表著作，大抵以19世紀中葉所謂近代民族國家建立的時期為開始，而且許多富有創意的研究議題係來自經濟史和政治史學者不斷拓展學術邊界的對話合作。

7　Erest R. May, "The Decline of Diplomatic History," in George A. Billias and Gerald N. Grob eds., *American History: Retrospect and Prospect* (New York: Free Press, 1971), pp. 339-430.

8　Akira Iriye, "The Internationalization of History," *The American Historical Review* 94, no. 1 (1989), p. 4.

　　入江昭作為第二次世界大戰以後研究國際關係史的一代大師，早期從地緣政治和華盛頓體系（Washington System）的建立探討美國在東亞的崛起及太平洋戰爭的起源，由此奠定在美國國際關係史的學術地位[9]。到了1990年代他開始大力倡議國際史的研究旨趣，呼籲拓展傳統外交史的研究視野，將國家與非國家行為者的跨國交往領域都納入國際史範疇，可謂近三十年來領導國際史研究最具代表的人物[10]。然而，入江昭近年來在其編撰的著作中轉而使用「跨國史」一詞（並非否定「國際史」一詞的內涵，而是「跨國史」一詞所具有的包容範疇，更在國際史之上，詳下）。在他看來，當前全球化時代中各個國家和社會人群無可避免地捲入各種紐帶關係和連鎖效應，跨國史的書寫視角將有助於因應全球化時代中人類共有的過去，從歷史理解現在，並走向未來。他強調跨國經驗的共有與交流是人類歷史的重要資產，特別

9　關於入江昭的治學，可參見：入江昭著，楊博雅譯，《我與歷史有個約會：入江昭治史心得》（北京：北京大學出版社，2013）。劉克倫、石之瑜，《入江昭對世界與中國的中間主義立場──一種多元身分的知識視野》（台北：國立台灣大學政治學系中國大陸暨兩岸關係教學與研究中心，2010）。入江昭早期關於美國與東亞關係的代表著作有：*After Imperialism: The Search for a New Order in the Far East, 1921-1931*、*Across the Pacific: An Inner History of American-East Asian Relations*、*Pacific Estrangement: Japanese and American Expansion, 1897-1911*。入江昭從遠東各國的多角視野，例如美、日、蘇和中國的交叉視角闡釋遠東關係，展現他對冷戰中期國際秩序低盪緩解的現實關注。

10　關於國際史研究方法和範列，筆者曾有專文討論，本文不贅。詳見：吳翎君，〈從徐國琦新著*Strangers on the Western Front: Chinese Workers in the Great War*談國際史的研究方法〉，《新史學》，第22卷第4期（2011年12月），頁183-215。王立新，〈試析全球化背景下美國外交史研究的國際化與文化轉向〉，《美國研究》，第1期，2008。

是過去較忽略的人權、文化、情感、環境、疾病控制和經濟資源等議題，有必要以跨國史視野重新書寫，而多元身分的知識視野將有助於未來世界秩序的和諧[11]。

2013年，入江昭出版《全球與跨國史：過去、現在與未來》（*Global and Transnational History: The Past, Present and Future*）一書，大力推崇使用「跨國史」一詞，在研究視角上更加自由揮灑；該書回顧他自己從國際關係史、國際史到跨國史研究，在研究方法上不斷推進的反省。他提到國際史和跨國史作為一種研究方法，兩者確是有相通旨趣，但跨國史研究具有超越民族國家（beyond national state）的更大視角，比起國際史視角具有國家之間（inter-nation）的特性略有不同。儘管「國際史」將政府與非政府、個人和群體都納入國際交往的範疇，但它仍有以國家作為國際社會的實體和國家邊界的概念／精神所局限。「跨國」（trans-national），則帶有「穿越和超越民族國家」（across and beyond national state）的意味，它不以民族國家為中心（nation-centered）的概念，且不意味著「去國家化」（denationalization）[12]。同時，入江昭認為「跨國史」豐富了我們對於國家歷史（national history）和國際史的理解，全球史和跨國史研究觀點也對當代的歷史研究帶來了全新視角。因此，從這角度而言，他認為1990年代以來經歷了一場「史學改造」（historiographical transformation）

---

11 Akira Iriye, *Global and Transnational History*, pp. 9-12.

12 在 *Global and Transnational History* 一書第三章，入江昭列舉他個人認為可作為全球史與跨國史的顯著案例，及其如何重塑我們對過去歷史的理解，討論的議題包括環境、不同族群和文化的碰撞、移民、人權、經濟和文化的全球化、地緣政治現象中的文化維度（例如戰爭、區域社群、非政府組織等議題）。Akira Iriye, *Global and Transnational History*, ch. 3, pp. 36-68.

的歷程 13。

　　跨國史和國際史視角不僅可以運用於多邊國家和區域之間，也適用於兩國關係。入江昭在倡導國際史的同時，也以中日兩國在國際社會的互動角色考察近代以來的中日關係。他將 1989 年在「賴世和講座」（The Edwin O. Reischauer Lectures）的系列演講彙整為《全球視域下的中國與日本》（*China and Japan in the Global Setting*），可說是開啟國際史研究應用於中日關係的範例。他從「實力、文化和經濟」（Power, Culture and Economic）三個議題論述全球化脈絡下中日關係發展的三個階段：第一階段為 1880 年代到一戰的國際競爭下，中日兩國在軍備軍力和戰略上的競爭；第二階段為一戰到二戰期間中日兩國同受 1920 年代文化思潮與國際主義（internationalism）的震撼影響。基於一次大戰對人類文明帶來的巨大破壞，戰後中日藝文交流相當緊密，且日本政界不乏有人提出中日互存共榮的主張，反對用武力達到國家目的。他認為如果文化國際主義和經濟力在 1930 年代持續繁榮，可能就不會發生遠東危機。第三階段為冷戰迄今，經濟的角色日益重要。探討中日兩國在全球化影響下的經濟、貿易、投資和移民問題，最後強調中日兩國的未來和平將繫於兩國在文化上的互相依賴（cultural interdependence）和相互理解 14。這本書儘管只有一百餘頁，但備受學術界肯定。該書從全球視域中探尋近代中日兩國在「實力、文化和經濟」的跨領域對話，使筆者在構思本書架構的三大區塊時深受啟發，特別是入江昭所詮釋的 1920 年代以後華盛

13　Akira Iriye, *Global and Transnational History*, pp. 16-17.

14　Akira Iriye, *China and Japan in the Global Setting*（Cambridge, MA: Harvard University Press, 1992）.

頓會議所打造的國際合作體系的瓦解、日本對東亞和平角色的責任，以及經濟活動和文化國際組織究竟應扮演怎樣的和平力量等研究議題的開展。

　　入江昭的弟子徐國琦在2014年9月於哈佛大學出版社出版了《中國人與美國人：一個共有的歷史》（*Chinese and Americans: A Shared History*）。徐國琦於〈緒論〉闡述該書要旨：「共有的歷史」可以是個人或群體分享同一段歷史事件的經歷，共有的歷史包含正面與負面的所有經歷，和平或衝突、合作或對抗、互惠或戰鬥等內涵；過去中美關係史的研究側重中美間的衝突、對抗與分歧，他則以個人或群體作為調和中美政治與文化關係的信使，探討跨越國境的文化理解和合作，並陳述中美不同文化脈絡下的共同願望和協力行動。不同者在於入江昭以文化國際主義作為實踐和平世界的方法，以宏觀論述見長，而徐國琦則將國際史的文化轉向用於中美關係，從具體微觀的個案來詮釋中美共享的歷史旅程。徐著以「共有的歷史」詮釋中美關係，對半個世紀以來中美關係史的研究可謂另闢學術蹊徑。筆者曾為文討論美國外交史學界有關中美關係史的研究轉向，並介紹徐著書如何將具體個案置於宏觀的國際史和中美關係史視野，以此闡述「共有的歷史」的研究取徑及其意義[15]。中美關係史的發展是一部中美共有的歷

15　筆者認為從冷戰時代初期費正清（John K. Fairbank, 1907-1991）《美國與中國》（*The United States and China*, 1948），到1971年孔華潤（Warren I. Cohen）《美國對中國的反應》（*America's Response to China*），在其交錯與接替的中美關係史論述中，費正清以「中國回應美國」，到孔華潤提出的「美國回應中國」，後續尚有柯文（Paul A. Cohen）論述「在中國發現歷史」（Discovering History in China）、柯偉林（William C. Kirby）闡釋「中國的國際化」，均致意於扭轉美國學界側重某一研究取徑的自我批判。姑不論徐國

程，不僅是文化議題，其他包括經濟、商業、技術的交流，甚至
傳統政治外交的議題，都可藉由「共有的歷史」研究取徑，鋪陳
故事新說。

三、中國與美國——企業、技術與關係網

　　美國研究國際關係的學者中，有一派特別強調經濟因素。這
一派學者強調19世紀末以後美國的經濟擴張和金元外交是美國成
為世界霸主的重要動力，特別是1960年代，美國學界在批判越戰
聲浪中具代表意義的新左派學者強調經濟利益的解釋，認為美國
外交完全以經濟利益的擴張為依歸，並受到大資本家的左右[16]。經
濟史領域中也有一批學者留意到政治因素的重要性，將國家和權
力的重要性放入特定研究的個案。儘管經濟史學者和國際關係史
學者在研究方法和研究關懷上各有側重，但兩者向來重視檔案實
證和多元材料，在這一波歷史研究的全球化轉向中，有關跨國企
業、技術擴張、跨國聯繫及其全球化網絡的研究成果中，經濟史
學者和國際史學者在共通議題上互相發明，為跨國史研究注入新

　　琦新著選擇的個案或解釋觀點是否具有說服力，「共有的歷史」企圖挑戰半
　　世紀以來中美關係史研究視野的企圖心昭然可揭。詳見：吳翎君，〈從徐國
　　琦 *Chinese and Americans: A Shared History* 談美國學界對中美關係史研究的新
　　取徑〉，《台大歷史學報》，55期（2015年6月），頁219-249．．

16 新左派健將拉費伯爾（Walter LaFeber）著有 *The New Empire: An Interpretation
　　of American Expansion, 1860-1898*。1960年代越戰升高後新左派史家勢力大
　　增，反省美國外交政策成為主流，其中以 William A. Williams, *The Tragedy of
　　American Diplomacy* 和 Denna F. Fleming, *The Cold War and Its Origins, 1917-
　　1960*. 兩書為嚆矢。

視域[17]。

　　經濟史大家劉廣京早於1963年撰述的《美國人與中國人──歷史文獻目錄》（*American and Chinese: A Historical Essay and A Bibliography*），這本小書現已罕為人知，劉廣京是經濟史大家，這本小書是極重要的一本從跨領域研讀中美關係史的參考書。該書的前半段有40頁專文，闡釋重新評價美中關係的歷史研究必須聚焦於更廣義的美國人（individual）和組織（organizations）在中國的活動，提到貿易、傳教上，科學家、教師、商人企業、職業社團、學校、醫院、學術和慈善基金會，他提到這些個人或群體比起美國政府的直接活動來得更具影響力，強調非政府範疇和性質中的美中關係研究之必要。劉廣京對於西方技術產品（鐵路、電報、輪船）、西方企業制度及其與中國傳統商會和制度之開創研究，特別是他的《英美航運勢力在中國的競爭，1862-1874》一書[18]，迄今仍是探討跨國企業在中國的活動的極具分量的學術專論。

　　高家龍（Sherman Cochran）著《大公司與關係網》（*Encountering Chinese Networks*）[19]使用了「中國關係網」（Chinese Networks）一詞，中文版譯成「關係網」。高家龍的專書選擇了英、美、日本與中國共六家著名的代表企業，分析19世紀後期至

17 更深入的討論，詳見：吳翎君，〈英文學界關於「跨國史」研究新趨勢與跨國企業研究〉，《新史學》，第28卷第3期（2017年9月），頁207-240。

18 Kwang-Ching Liu, *Anglo-American Steamship Rivalry in China, 1862-1874* (Cambridge, Mass.: Harvard University Press, 1962).

19 Sherman Cochran, *Encountering Chinese Networks: Western, Japanese and Chinese Corporations in China, 1880-1937* (CA: University of California Press, 2000).

20世紀前期西方、日本和中國大公司在中國市場遭遇「關係網」的經歷。本書雖用了「關係網」一詞，但筆者所指涉的關係網並非專指中國本土關係網，而是指涉中美兩國交往中的多層次關係網絡，比較接近國際史研究所指涉的多層次交往及其與近代世界體系的形構紐帶。本書更多借鏡的想法來自羅生寶（Emily S. Rosenberg）的研究，例如：*Financial Missionaries to the World: the Politics and Culture of Dollar Diplomacy, 1900-1930*。雖然這本書提到中國的部分少之又少，該書主要從美國的角色看待美國金元外交中的政治和文化。之後羅生寶編撰的《世界聯繫》（*World Connection*）專書以國際史和跨國史研究視野重新探討1870年迄於二次世界大戰的全球政治和經濟網絡。羅氏撰述的長論 "Transnational Currents in a Shrinking World"（2014年以專書出版），宏觀第一次世界大戰後文化國際主義（Cultural Internationalism）的發展（不僅是國際聯盟，包括各種藝術、文化和體育活動成為全球普世文化的重要指標）、社會網絡及其聯繫、各種展示和博覽會、專家網絡（科學家、工程家和測量家等專家的全球移動）、世界都會化等趨勢現象，使世界的板塊變得愈來愈小[20]。

　　國際史學者和經濟史學者同樣著重多元資料和國際體系的宏觀論述，在這一波史學全球化的學術轉向中，打破單一學科互相借鑑，對形塑當前全球網絡的共同議題上有更多的交流和對話。上述提到的英文學界對全球史和跨國史的豐富研究成果對於我們

20　Emily S. Rosenberg, *Financial Missionaries to the World: the Politics and Culture of Dollar Diplomacy, 1900-1930*（Cambridge, Mass.: Harvard University Press, 1999）, Emily S. Rosenberg ed., *A World Connecting*, 1870-1945（Cambridge, MA: Harvard University Press, 2012）, Emily S. Rosenberg, *Transnational Currents in a Shrinking World*（Cambridge, MA: Harvard University Press, 2014）.

研究19世紀後半葉第二波工業革命發生以後全球企業移動、技術躍升及其關係網絡的全球大交流提供了一個宏觀背景。然而，這些著作鮮少是以19世紀後半以來的近代中國作為主體，並將實證研究納入國際史／跨國史研究視角的學術著作。此外，對於企業史的研究長期受到學者的重視，迄今已有不少優秀的成果，但主要仍集中於華資企業或中國商會史的研究[21]。將跨國企業、技術引進及其產生的內外效應，打破政治史和經濟史的研究籓籬，統整納入中國內部與國際交往的視野中的研究，迄今研究成果相對是不足的[22]。

本書主軸分為以下三大主線：

第一部分，企業活動、國家治理與中美關係。這部分聚焦於19世紀到一次大戰期間，中國所開展的自強運動的兩個代表事業——江南機器製造局和輪船招商局，它們與美國政府與大企業間

---

21 關於華資企業史或中國民族企業的成果可謂相當豐碩，為免掛一漏萬，不擬敘述。新近中文成果論文集，可參見：李培德編，《近代中國的商會網絡及社會功能》（香港：香港大學出版社，2009）。李培德編，《商會與近代中國政治變遷》（香港：香港大學出版社，2009年）。英文學界有關中國企業史的研究，則可參見：卞歷南（Morris Bian），〈西方學界最近四十年對於中國企業史研究的述評〉，《經濟社會史評論》（天津：天津師範大學），2018年第4期，頁104-127。

22 近年有關跨國企業在華活動的研究成果，尚可參見：中央研究院近代史研究所的張寧對於中國冷凍蛋品工業的研究。張寧，〈跨國公司與中國民族資本企業的互動：以兩次世界大戰之間在華冷凍蛋品工業的發展為例〉，《中央研究院近代史研究所集刊》，第37期（2002月6日），頁187-227。張寧，〈技術、組織創新與國際飲食變化：清末民初中國蛋業之發展〉，《新史學》，第14卷第1期（2003年3月），頁1-43。張寧近年關於上海殖民社會與文化活動的系列研究，不僅是上海城市生活史的面貌，並比較外人在華活動與母國文化的移植與變異等面向，具有全球史的宏觀意義。

的交往，探討清政府在國家治理的內政外交與美國方面的聯結。此外，探討清末開眼看世界過程中的知識產權問題。美國人特別重視知識產權的權益有其立國文化的背景。涉外版權之爭，在中國而言，主要關係西方知識和教育文化的傳布問題，而非保護洋人智慧財產權的命題，中西雙方認知大有差異。中國從國內法、國際公約和雙邊條約的規範上均取得自由譯印西書的權利，不必受美國約束，且在華洋公廨會審中屢獲勝訴，此為清末民初外交上極少有的現象。此一版權交涉過程，儘管對美國是挫敗的歷程，卻是中國認識西方知識產權和國際版權功能的一個開始。

第二部分，商人團體、技術組織與關係網。探討一次大戰在中美關係的重大轉折。過去學界較偏重門戶開放政策在中美關係的意義，但筆者認為門戶開放政策為對華政策的指導原則之宣示，而就從實質關係而言，一次大戰在中美經濟關係的意義更加重要。一個專屬美國在華商人的團體建立於一次大戰，他們不僅將中國市場推向美國，乃至中國與世界的聯繫，則為作者所關注。再者，一次戰後有一波留美學生的歸國熱潮，他們所帶動新式企業的管理、專業技術和工程知識的推動及其形成的關係網絡，與近代中國的發展關係至鉅。此其時，一個史無前例的中美工程師的合作團體——「中美工程師協會」肇建於1919年。因此，這一部分探討一次大戰以後中美兩國何以會有一種多元關係的友好契機，以及兩個具代表的精英組織——美國在華商人團體和中美工程師協會在華活動軌跡及作用。這兩個團體在中國的會務活動因1941年太平洋戰爭的爆發而中止。

第三部分，企業、戰爭與外交。聚焦於中國抗戰初期日本在華北實施的經濟壟斷措施對美國在華跨國企業造成的影響以及美國政府採取的相應措施。其次，戰爭時期石油為重要軍火，美國

如何通過跨國公司如美孚和德士谷公司的合作策略，增加其在太平洋戰場中國戰區的安全力量。以及中國人又如何在戰爭過程中理解到中國有能力開採本土石油之夢，成為自給自足的能源國家。最後，戰後1946年中美商約的簽訂，反映了在華美商急欲重返中國市場；同時隨著二次大戰以後美國大國勢力的展現，中美商約的談判呈現中美雙方對自由市場的不同期待，對內則反映國內左右派系在不同意識形態的角力。此後，隨著國民黨政權失去大陸，中美商約所建立的條約基礎──意欲實現美國人對戰後中國自由市場及中美經濟關係的擘劃藍圖，終究成為一場夢幻。

本書三大主軸企圖展現的是以將近代中美關係的多層次書寫，將政治、經濟、商人團體、工程技術和國際組織等元素融於一爐，各章節呼應連貫仍是一個近代中國在國家治理上內外策略的考察──特別針對美國在近代中國的國際交往中所展現的特殊關係。研究中美關係的學者不能不關心當今現實政治秩序，但歷史學的任務係從史料中實事求是，不為現實服務，讓材料自己說話，讀者若從本書感受到千秋之筆，則甚幸焉！

第一部分

企業活動、國家治理
與中美關係

第一章

清末輪船招商局與
美商旗昌洋行的交易

布（普）法之戰兩國商船多售於他國，易旗駛行，事後
仍復原主。若暫行租賃，則非實在轉售，他國必不能保
護，此萬國通行之公例也。

——李鴻章，1884

前言

　　1873年由李鴻章負責成立的輪船招商局，是晚清洋務運動的「官督商辦」企業中，最早引進西方技術和管理模式的最大航運企業。輪船招商局成立的主要目的為藉由民間投資、政府經營，用以發展中國內河和沿海的航運運輸，免得中國航權和利益始終掌控於外人手中[1]。招商局成立以後和美國旗昌洋行有兩次重大的交易。一是，1877年順利盤購旗昌輪船公司，使得招商局成為航行中國內河和沿海最大規模的輪船公司，擁有船隻量甚至超逾任何一家外國在華經營的輪船公司。二是1884-1885年清法越南戰爭中，李鴻章鑑於中國海防危急，將招商局所有船隻全部轉讓給旗昌洋行，改懸美國國旗，雙方密約待戰事結束後，船隊始歸還招商局。關於招商局與旗昌的交易，過去的研究主要針對1877年招商局成立之初盤購旗昌輪船公司案的經過及其與英美輪船公司在中國內河的航運競爭[2]。至於清法戰爭期間的這場中美交易，並

1　詳見：黎志剛，〈輪船招商局經營管理問題，1872-1901〉，《中央研究院近代史研究所期刊》，第19期（1990年6月），頁67-108。

2　過去對於輪船招商局的成立及1877年盤購旗昌輪船公司的案例，已相當充分，本文不擬詳述。最重要的研究為劉廣京，《中國境內英美輪船競爭》，該書主要探討了美商旗昌洋行、英商怡和洋行、太古洋行在中國航運市場的活動，以及中國成立輪船招商局以後與這些外輪的競爭。Kwang-Ching Liu, *Anglo-American Steamship Rivalry in China, 1862-1874*（Cambridge, Mass.: Harvard University Press, 1962）。其次，黎志剛，《中國近代的國家與市場》（香港：香港教育圖書公司，2003年）及其有關招商局相關論文。此外，陳潮的研究探討1877年盤購旗昌輪船的交涉過程，側重負責此案交涉的李鴻章、徐潤和盛宣懷等人。陳潮，〈輪船招商局盤購旗昌輪船公司述論〉，《史林》，1988年第1期，頁51-58。聶寶璋和易惠莉的研究或從買辦角色或從商

未有學者深入研究。如間有提及者也多囿於中國民族主義觀點的負面評述，反映了二、三十年前史學研究的時代局限[3]。在清法戰爭期間，兩國的輪船交易是否純為商人企業的私人交易？在國際關係上，這件交易攸關已進入近代國際秩序的國家主權者對於國際戰爭採取怎樣相應國家行為的認知和處置。

自海運開通以來，中國民間船隻為逃避海盜或為逃避重複徵稅等問題，屢有懸掛外國旗幟接受保護的情形。然而，招商局為清季洋務運動中標舉自辦輪船企業用以抵制長期掌控中國內河航運的英美輪船公司，如何能懸掛外國國旗並接受其保護？此事攸關中國初起步的航運事業之成敗毀譽，其和一般商船懸掛洋旗的性質大大不同。當時招商局何以選擇旗昌洋行換旗，或是旗昌洋行何以接受這項交易？其間不僅牽涉兩個企業間長期的交往關係，更與清法戰爭時期中美兩國政府的聯繫有關。這件懸掛美國國旗的輪船交易案本身已頗不尋常，同時也突顯戰爭期間外人在華各個條約口岸的貿易投資和航行內河等權益該如何處置的問題。本章利用總理衙門檔案，美國政府檔案和《北華捷報》（*North China Herald*）等資料，探討此一輪船交易案在中美關係

戰論，探討併購旗昌輪船公司案。聶寶璋，〈從美商旗昌輪船公司的創辦與發展看買辦的作用〉，《歷史研究》，1964年第2期，頁91-110。易惠莉，〈招商局併購美商旗昌輪船案與商戰論〉，《史林》，2009年第4期，頁41-53。易惠莉，〈唐廷樞、徐潤與招商局之籌建與改組〉，收入：香港中文大學中國文化研究所文物館、香港中文大學歷史系合編，《買辦與近代中國》（香港：香港三聯書店，2009年11月），頁194-221。

3　例如：從中國民族主義的立場批判招商局的虛假出售案，稱：「控制招商局的官僚買辦資階級是外國侵略勢力豢養的附庸」。張國輝，〈中國近代航運業的醞釀和輪船招商局的產生〉，易惠莉、胡政主編，《招商局與近代中國研究》（北京：中國社會科學出版社，2005），頁211。

上的意義，並從企業活動、國家治理與對外關係的相應，探討近代中國尋求富強之路的特別遭逢。

一、美商旗昌洋行和招商局的早期歷史

旗昌洋行（Russell and Company）發跡於廣州十三行時代，1824年由撒母耳‧羅素（Samuel Russell, 1789-1862）所成立，主要經銷茶葉、絲和鴉片，在華的商業合夥人主要是廣州十三行富商伍秉鑑。1834年東印度公司對華貿易的壟斷被廢除後，旗昌洋行成為僅次於英商怡和洋行（Jardine Matheson & Co.）及顛地洋行（Dent & Co.）之後的第三大鴉片走私商。當時美國在華貿易量雖不大，但集中在瓊記洋行（Augustine Heard & Co.）和旗昌洋行等大洋行手中。1840年代波士頓商人福布斯（Robert Bennet Forbes, 1804-1889）掌控公司大股，福布斯家族（Forbes Family）成員福士（Paul Siemen Forbes, 1806-1886）於1844年出任美國駐廣州口岸領事[4]。該行經理兼合夥人金能亨（Edward Cunningham 1823-1889年）於1852年任上海副領事，並曾任上海工部局董事，是遊走政商界的風雲人物[5]。清法戰爭期間廈門美副領事哮哈

4　關於旗昌洋行在中國的早期歷史發展，可參閱：He Sibing, "Russell and Company, 1818-1891, America's Trade and Diplomacy in Nineteen-Century" Miami University, Department of History, 1997（Ph. D. dissertation）該文主要從美國在華貿易與外交的視角探討旗昌在中國的活動，但並未探討清法戰爭期間招商局和旗昌的交易。

5　不僅是旗昌洋行合夥人，甚至雇員也出任美國駐中國口岸領事，例如：任職旗昌洋行且不通曉漢語的畢理格（William Breck，又譯為別列子或柏賴克），於1863年出任漢口領事。中央研究院近代史研究所編，《中美關係史料‧同治朝》（台北：中央研究院近代史研究所，1988），頁52。美國商人兼領事的

（J. J. Howard）也是旗昌洋行的合夥人[6]。旗昌洋行的股東與波士頓商業集團及華盛頓政要均有密切關係，且其洋行經理或合夥人出任美國駐中國主要通商口岸的領事職位，是一家代表美國對華商業利益集團的典型大企業。

　　金能亨看到中國航運界的商機潛力，在1861年2月，向旗昌洋行董事會力薦，成立一家開闢長江航運的輪船公司。他同時利用個人的關係募集華人買辦和英國商人資金合計70萬關兩，再加上公司的挹注，以一百萬關兩（約美金1,358,000）為起步，該年3月27日旗昌輪船公司（The Shanghai Steam Navigation Company）創立。這是美國資本在華設立的第一家輪船公司，很快稱霸於中國長江水域，並獲得巨大利益。旗昌輪船公司於1867年有12艘船，1869年成長為15艘船；到了1872年有18艘船，該年帳面載明的股本是225萬兩，此外共有現金儲備100萬兩[7]。由於中國內河輪船航運業務的利潤不斷增加，1870年代初期外資輪船紛紛投入，旗昌洋行在輪船航運業的龍頭地位因而發生動搖。它

　　問題，詳見：吳翎君，《美國大企業與近代中國的國際化》，（台北：聯經出版公司，2012。北京：社會科學文獻出版社，2014），第1章。

6 〈總署收總稅務司赫德呈〉，光緒10年3月22日（1884年4月17日）《中美關係史料・光緒朝二》（台北：中央研究院近代史研究所，1988），頁1029。

7 香港上海匯豐銀行（The Hongkong and Shanghai Banking Corporation Limited, HSBC）於1864年成立之初，看中旗昌在中國市場的影響力，積極拉攏旗昌大股東福布斯家族（Forbes Family），後來福布斯（William Howell Forbes, 1837-1896）於1879-1880年出任匯豐銀行第11屆董事會總裁（Chairman），可見旗昌洋行在遠東市場的動見觀瞻。詳見：Ji Zhaojin, *A History of Modern Shanghai Banking: The Rise and Decline of China Finance Capitalism*（Armonk, New York: London, M. E. Sharpe, 2003）。波士頓商人福布斯家族檔案收存於美國波士頓麻省歷史學會（Massachusetts Historical Society）。詳見 http://www.masshist.org/collection-guides/view/fa0269。

的對手有較早成立的英國公正輪船公司（Union Steam Navigation Co.）、資金雄厚的太古輪船公司（The China Navigation Co. Ltd.）和成立於 1873 年由英商怡和洋行創辦的華海輪船公司（The China Coast Steam Navigation Company）[8]。

　　1872 年李鴻章主導的官督商辦企業招商局成立，招商局享有漕糧運輸上等種種優惠，而且所承運的貨品還免徵釐金，成立之初即對英美輪船在中國內河水域的航行優勢造成威脅。在招商局創立之初，朱其昂、盛宣懷和徐潤各為會辦，「朱道其昂、盛道宣懷管理招商、運米等事。唐丞廷樞、徐郎中潤管理輪船、攬載等事，皆熟諳生意，殷實幹明」[9]。招商局早期的經營對招股方式、官利分派、人事和財務管理、攬載和保險等方式的成效，特別是唐廷樞和徐潤兩人重視資本籌集、銷售策略和拓展局務等能力，使局務蒸蒸日上。招商局的資本額由 1872 年的 6 萬兩，到 1877 年增加到 75 萬 1 千兩，到 1880 年擴資到 1 百萬兩，1882 年又增加到 2 百萬兩[10]。

　　招商局成立後，旗昌洋行為因應業務競爭，一方面與英國輪船公司合手傾擠招商局，另一方面英美輪船之間也不惜跌價競

8　公正輪船公司早於 1860 年代成立，是資本較小的企業。太古輪船公司為一家在英國集股的大企業，創辦資本 36 萬英鎊，由史懷爾（John Samuel Swire, 1825-1898）於 1872 年在倫敦籌集。由怡和洋行創辦的華海輪船公司，除原本怡和洋行的資金外，另有部分資金來自中國口岸的中國買辦商人和英國小洋行的認股。劉廣京，〈中英輪船航運競爭，1872-1885〉，收入氏著，《經世思想與新興企業》（台北：聯經出版公司，1990），頁 528-531。

9　同治 12 年 11 月 13 日（1874 年 1 月 1 日），《李文忠公全集‧朋僚函電》（台北：文海出版社，1962）第 13 卷，頁 24。

10　黎志剛，〈輪船招商局經營管理問題，1872-1901〉，《中央研究院近代史研究所期刊》，第 19 期（1990 年 6 月），頁 75。

爭，結果旗昌節節敗退。1873年以前旗昌股東每年可分得12%以上的紅利，但1874年每年紅利跌到7%[11]。此時適值美國南北戰爭結束後開展大重建計畫，基礎建設和交通事業大有榮景，一些股東乃有意將資本轉向美國市場，因此旗昌輪船公司面臨經營和轉型抉擇，要不投下更大的技術和設備投資，力戰中國市場，要不就轉回美國本土。旗昌輪船公司原有22,500股資本額，每股100兩，到了1876左右市值跌到每股60-66兩，這次交易招商局以高於市值的每股103兩買入，股東大會拍手稱慶，不僅拿回成本，還略有小賺[12]。1877年，旗昌公司將16艘船隻、碼頭和棧房等全數產業，總計作價222萬兩，出清賣給招商局。使得招商局原有17艘輪船（11,706淨噸）增加到33艘（23,967淨噸），規模增加一倍，成為中國水域最大的航運公司[13]。

　　在1877年盤購旗昌輪船公司案的拍板，主要由盛宣懷與唐廷樞、徐潤具稟北洋大臣李鴻章和兩江總督沈葆楨，最後奏功。李鴻章反復分析得失利弊，指出八弊之後，權其利害，有裨於通商大局者固多，仍主張歸併。其中最主要原因在於和英國在華輪船公司的競爭「旗昌既並之後，我局聲名大振，太古怡和決不肯再添資本，與我爭已定之局」、「旗昌甘心歸併而我恝置之，或為太

11　劉廣京，〈中英輪船航運競爭，1872-1885〉，《經世思想與新興企業》，頁525-565。

12　Mr. Seaward to Mr. Fish, Jan. 30, 1877, *Papers Relating to the Foreign Relations of the United States*（簡稱*FRUS*，以下同）1877-1878, p. 90.

13　1887年時招商局投入營運的輪船只有28艘；甚至在1914年該局也只有30艘輪船，因此，併購旗昌輪船公司案，可說是中國早期輪船工業的一次重大發展。費維愷（Albert Feuerwerker）著，虞和平譯，《中國早期的工業化》（*China's Early Industrialization*, Harvard University, 1958）（北京：中國社會科學出版社，1990），頁233。

古怡和所並，或另為洋商所並，則彼以生力軍與我相抗，年復一年既不能制人，必至為人所制，前功盡棄，後患無窮，其不歸併之害又如此」[14]。李鴻章和沈葆楨等人認為此事「關係中國收回利權之舉」，事機倉猝，斷非招股所能應手；對盤購旗昌的資金籌措如何以「官照商力」做出具體建議。歸併之事，由政府籌款。「以後資本二百二十萬，除旗昌向有華商舊存股本銀二十萬兩，可以勸令仍充股份外……，奏明各省籌撥官本銀一百萬兩，發交商局，免其繳利，分作十年拔本。」[15]因此，在1877年順利盤購旗昌輪船公司案得以成功，仍在於「官照商力」主其事者以國家力量主導了整個盤購案，希望發達中國民族輪船工業，使其勿受制於外國輪船公司。

旗昌輪船公司退出中國內河航運，結束了美國在長江航運業的風光時代，這事令美國駐華領館相當重視。1877年1月，美國駐華特命全權公使（Envoy Extraordinary and Minister Plenipotentiary）熙華德（George Frederick Seward, 1840-1910）在電報中提到招商局會辦唐廷樞（唐景星，電報原件稱Tong King Sing）居間交涉這事，擬從部分海關所得支付這次交易。熙華德提到中國招商局

---

14 北洋通商大臣李鴻章函總署1877年1月20日（光緒2年12月7日），《總理各國事務衙門檔案》，中央研究院近代史研究所檔案館藏，01-05-010-03-006。（以下同）另見，中央研究院近代史研究所編，《海防檔·甲買船炮（三）》（台北：中央研究院近代史研究所，1957），頁952-956。

15 由江南各庫局（五省）籌借50萬。「……事機倉猝，斷非招股所能應手。欲求大局持久，似非官照商力不妥。擬懇由江南籌借五十萬。浙江江西湖北四川山東五省合籌五十萬，可否免支利息分作十年，由該局每年繳還十萬，一定不移」。《總理各國事務衙門檔案》，01-05-010-03-006，1877年1月20日（光緒2年12月7日），照錄覆南洋大臣兩江督臣沈諮稿。另見：中央研究院近代史研究所編，《海防檔·甲買船炮（三）》，頁939-947。

享有運送漕運和稅率上的優惠，且招商局更有意打算訓練自己的
經理人、職員、技術人員、創辦船政學校，意圖將外國輪船勢力
驅逐出帝國。熙華德說如果在公平競爭的條件下中國人是不可能
擠垮像旗昌這樣長期經營中國內河航線的公司，但他不敢斷言清
政府這種大力介入的方式，是否具有能力來管理招商局，並能充
分讓招商局股東和人民感到滿意？熙華德當然是以美國自由市場
的理念來看待中國企業的發展；因為招商局所享有的特權不僅是
企圖將外國運輸業的競爭者排擠出去，而且也阻止了任何潛在的
中國競爭者進入這一市場。他直言如果中國的企業是自主發展，
並由中國人民取得這種商業成就，美國人可能覺得自在一些。他
寄望中國市場愈來愈走向自由開放和競爭[16]。

　　招商局盤購旗昌洋行之後，既受到政府大力扶持，卻在數年
之間，由勝轉衰，失去初創時的聲勢。這是何故？據劉廣京所研
究的結果，招商局盤購旗昌輪船公司後，雖有政府在貨運噸位和
補助方面的優勢，但是不僅未能擠下英國輪船在中國長江航運的
優勢，招商局內部的管理行政弊端卻日形嚴重。緣於1883上海發
生金融風暴，而同年法國在安南的行動導致兩國劍拔弩張的形
勢，市場耳語更助長這次的金融恐慌，上海78家錢莊竟有68家
倒閉。上海錢莊倒閉事件，使得原本擔任招商局局董的徐潤因挪
借招商局資金用於個人房產等多項投資，以致周轉不靈，不僅徐
潤個人破產，也導致招商局的大虧空[17]。另位官董唐廷樞也因大膽

16　Mr. Seward to Mr. Fish, Jan. 30, 1877, *FRUS*, 1877-1878, pp. 88-91.

17　劉廣京，〈1883年上海金融風暴〉，收入劉廣京著，《經濟世思想與新興企
　　業》，頁571-593。卜永堅，〈徐潤與晚清經濟〉，收入：香港中文大學中國文
　　化研究所文物館、香港中文大學歷史系合編，《買辦與近代中國》，頁221-
　　232。

盜用招商局資金而被撤去局董職務。這一波金融風暴，導致招商局在1884-1885年間的人事大改組，也使得李鴻章弟子馬建忠和幕僚盛宣懷順利入主招商局[18]。據海關總稅務司赫德（Robert Hart, 1865-1911）的函電，在談判清法和約的同時，李鴻章還曾拜託天津海關稅務司德璀琳（Gustav von Detring，1842-1913，英籍德國人），除了協助他注意談判和約的細節外，還要研究招商局的事務，「設法使這垂死的企業復蘇。」在電文中所指的即是招商局內部人事和經營管理的腐敗問題[19]。當時盛宣懷在天津，在上海的招商局的會辦馬建忠便成為清法戰爭期間的輪船招商局和旗昌洋行的交易案的第一線主導人物。

二、清法戰爭時期招商局輪船懸掛美國國旗的買賣

1883年12月，法軍進攻駐紮在越南紅河三角洲北圻的清軍，一般所謂清法戰爭以此為爆發點，在此之前清法已為越南問題爭議甚久。清法戰爭先從陸戰開端，接著有海戰和台澎戰場。早在1883年8月間，清廷就希望美國公使楊約翰（John Russell Young, 1840-1899）出面調停，賠款可由美使酌議。美國國務卿弗裡林海森（Frederick Theodore Frelinghuysen, 1817-1885）指示「除非中法兩國都認可美國駐華使館的斡旋，美國不應介入這場爭端；但

---

18 招商局的這次大改組是盛宣懷日後長期掌控招商局的一個起點，盛在1885-1902成為招商局的督辦，實際掌控了招商局。黎志剛，〈輪船招商局經營管理問題，1872-1901〉，頁67-108。費維愷（Albert Feuerwerker）著，虞和平譯《中國早期的工業化》，頁192-240。

19 陳霞飛編，《中國海關密檔：赫德和金登干的往來函電彙編》（北京：中華書局，1990），第4冊，頁555。1884年6月4日。

是如果中法都同意美國斡旋，那麼美國將盡全力促成和平」，美國國務院顯然不願積極介入調停[20]。主和派的直隸總督李鴻章在交涉和議的同時，火速處理移轉招商局財產。這時與李鴻章頗有私誼的美國駐華公使楊約翰則居中扮演關鍵人物促成了這椿買賣。數年前楊約翰曾伴隨美國第18屆總統格蘭特（Ulysses S Grant）卸任後的環球世界之行，他到訪中國時對李鴻章甚有好感，讚譽這位素有「東方俾斯麥」（The Bismarck of East）之稱的李鴻章「充滿睿智和身段圓融的本領，以漢人（China man）受到韃靼王朝（Tartar dynasty）的尊崇，位高而權重」。後來格蘭特便向美國第21屆總統亞瑟（Chester Alan Arthur）推薦楊約翰出任駐華公使（任期1882-1885）[21]。

　　1884年李鴻章於5月11日受命代表與法國簽定《中法簡明條款》（天津條約）。待條約細目確定後再決定撤兵之日[22]。就在細則交涉之中，清法又發生北黎衝突事件（觀音橋事件），以致和談破局，不久再度交火。7月法國兵船八艘進逼福建門岸「欲踞地為質」：而留屯於煙台口外的三艘法國兵艦「每日生火作欲動

20　Jules Davids ed., *American Diplomatic and Public Papers*, Series 2: *The United States, China, and Imperial Rivalries, 1861-1893*. Vol. 6, The French-China War (Wilmington, Del.: Scholarly Resources Inc., 1979), pp. 170-171.

21　楊約翰著有 *Around the World with General Grant*（American News Company, 1879），記錄了前總統格蘭特訪問歐洲、亞洲和非洲各國的見聞及美國對外政策的想法。書中提到有趣的比較是格蘭特將軍崛起於美國南北戰爭，此其時李鴻章所練的淮軍則是平定太平天國之亂，李鴻章自負地說：「格蘭特將軍和我鎮壓了歷史上最知名的叛亂」，還開玩笑說他姓李，格蘭特的對手也姓李（指：李將軍，Robert Edward Lee, 1807-1870）。見該書，頁371-372。

22　中國近代史叢書編寫組，《中法戰爭》，第7冊（上海：上海人民出版社，1972），頁719。

之勢」顯係威嚇[23]。旅順、大沽、北塘各口岸之防護吃緊，南北洋覆稱「無船可撥」，避戰之聲四起。李鴻章意識到若真動兵閩口外，「不足當（擋）鐵艦，內河多船，亦無大用，儻被擄奪便損威」[24]。李鴻章的幕僚馬建忠擬議將招商局的輪船公司「名義上」賣給旗昌洋行，以此保護招商局的船隻免遭法國艦隊炮擊和劫掠。這項交易是在密約的情況下進行。馬建忠稱曾徵詢過英國商人的意向：「……局船必難盡避，即盡避，閑擱經費，經費不支，售英商，英律苛細，美律簡易，可售旗昌。」在馬建忠初擬的奏摺中，謀策出「換公司、換旗，不論限皆權自我操」的「假買賣」，使「局產可保，公私款皆存，並有無須有實在出入之款」。函電中提到不能令法國人知有「轉移之法，以不能確知開釁而預換旗，設不開釁必來物議，確知釁端始行換旗，物議雖免，法已無益」[25]。

　　此一換旗交涉，為何不能讓法國知悉？除了李鴻章等主和派認為中國海防不足以抵禦法國輪船大炮，法國公使巴德諾正在向中國漫天要價，並要求中國限期答覆。一旦招商局和美國旗昌洋行的暗盤交易公開，肯定遭到法方批評，且可能導致法、美關係的緊張。事實上從美國的檔案則有另解，美國方面更在意的是如果中法處於交戰狀態，美國必須保持中立就不能介入此事。加以，負責和議大任的李鴻章不僅火速安排與旗昌洋行密約，並打

---

23 〈寄譯署〉，光緒10年6月初4（1884年7月25日）午刻。《李文忠公全集‧電稿》，第3卷，頁64。

24 〈寄閩防張會辦〉，光緒10年6月初4（1884年7月25日）申刻。《李文忠公全集‧電稿》，第3卷，頁64。

25 〈馬道由滬局來電〉，光緒10年6月初5（1884年7月26日）。《李文忠公全集‧電稿》，第3卷，頁64。

算請美國出面調停和議金額，因此，和旗昌換旗一事就必須更加
機密。

　　李鴻章與在京的招商局經理唐景星商議，最擔心的是此一合
約萬一不夠詳備，將使招商局受制於人。李在一日之間發了二次
電報。第一次電報中提到「局本共計五百餘萬，旗昌應給新股票
一百萬歸局統售，其餘舊股二百萬聽商自換存款借項，二百餘萬
均歸旗昌接認，方可交盤。換旗另立暗約代辦」，最重要的是
「無論早遲，事定仍還伊銀票，收回局產，轉華商名，換華旗，
註銷明約，如此乃為權自我操，望妥密籌，議勿稍含混」[26]。當
日，李又再電「此事糾葛甚多」，可先訂簡約電商換旗，但詳細
方案則應俟唐道（唐廷樞）回到上海後會商定議，該份電報提到
法國要求清廷需於8月1日（農曆6月11日）前議定恤金。次
日，馬建忠偕同招商局委任律師英國人擔文（William Venn
Drummond（?1842-1915）和旗昌洋行老闆面商後，由擔文起草售
契和新公司章程。由於清法戰事緊急，為避免生枝節，決定11日
押定，並馬上申告美總領事電令各領事換旗[27]。

　　7月30日李鴻章給招商局馬建忠的電報更清楚看出招商局換
旗一事的急迫性，而美國公使楊約翰居中幹旋，尚派遣天津領事
赴上海責成此事：

　　　巴（按：法使巴德諾）昨與曾宮保（按：曾國荃）議不
　　合……初十不允償仍即動兵，是展延之說不確。楊使（按：

26〈寄滬招商局馬道〉，光緒10年6月初6（1884年7月27日）午刻。《李文忠公
　全集・電稿》，第3卷，頁65。

27〈寄滬招商局馬道〉，光緒10年6月初6（1884年7月27日）申刻。《李文忠公
　全集・電稿》，第3卷，頁65。

美使楊約翰）謂於十一日前交盤不宜有暗約，尊電換收回先
於領事處押賣契。所重尤在他日事平回收一節，弟須獨擔，
責成津美領事已為此事赴滬，事急期促，務望妥辦，勿貽後
悔。28

「他日事平回收」一節尤其重要，李鴻章自陳獨擔後果。文
中提到的是參與上海和談的兩江總督兼南洋通商大臣曾國荃，李
鴻章對索賠一事早有「先允恤，再緩磨數目，似是一定層次」、
「否則決裂，船廠萬不可保，他處亦兵連禍結奈何」29。福州將軍同
日函電法軍鐵船雷、魚雷船和大小兵船環伺江口逼其開釁，閩口
海防恐不保30。然而，曾國荃為求和局速成起見，遽許法國恤銀50
萬，又遭法方嚴詞拒絕，朝中乃有「於事無補，徒貽笑柄」之
聲31。李鴻章擔心一旦清法在閩開戰，福州船政局肯定不保，因此
未戰即計謀撤離：「我自度兵船不敵，莫如全調他往，騰出一座
空廠，彼即暫據。事定必仍原物交還，否則一經轟毀，從此海防
根本掃盡難興」32。於此可見李鴻章對中國開辦不久的新興輪船工

---

28 〈寄滬招商局馬道〉，光緒10年6月初9（1884年7月30日）申刻。《李文忠公
　　全集・電稿》，第3卷，頁66。

29 〈寄上海曾宮保〉，光緒10年6月初9（1884年7月30日）午刻。《李文忠公全
　　集・電稿》，第3卷，頁66。

30 〈福州將軍等致譯署〉，光緒10年6月初9日（1884年7月30日）酉刻到，
　　《李文忠公全集・電稿》，第3卷，頁66。

31 〈曾宮保來電〉，光緒10年6月初9日已刻到（1884年7月30日）。〈譯署致曾
　　宮保〉，光緒10年6月11日丑刻到，《李文忠公全集・電稿》，第3卷，頁66-
　　67。

32 〈寄譯署〉，光緒10年6月初10（1884年7月31日）。午刻，《李文忠公全集・
　　電稿》，第3卷，頁67。

業的重視，如果福州船政局保不住，至少可守住輪船招商局。

　　在李鴻章而言，旗昌洋行換旗之事乃急急如火，決定8月1日在美領事押券，共計525萬，分期攤還銀票，在上海的既有8艘船隻馬上辦理，其他停在各口岸的招商局船隨即照辦[33]。後來清法談判中，法國一再抬高議價，有300萬兩或350萬兩（或英鎊100萬鎊）不等，步步進逼[34]。總理衙門對賠款的有限讓步引起主戰派的嚴厲申斥，對外談判氣氛緊張中，宮中又有備戰之爭；主戰派既主開戰，招商局輪船為運輸主力，當然不可能同意換旗[35]。1884年8月26日（光緒10年7月初6日）內閣奉上諭頒布對法宣戰的同一天（但未召見各國公使遞送正式照會，詳下），李鴻章接獲總理衙門密電斥以「現聞招商局售於美國，李鴻章何以未經具奏等因」。李鴻章奉旨「伏讀之下，悚惕莫名」，他上奏稱法人開釁情況危急：「輪船恐被劫奪，乃與商董密籌照西國通例，暫售於美國旗昌洋行，以保成本」，電報中也首次披露了李鴻章認為清法未宣戰以前「換旗」之舉並不違反國際各國成法。在此之

---

33 〈馬道來電〉，光緒10年6月初10（1884年7月31日）。酉刻到，《李文忠公全集‧電稿》，第3卷，頁67。

34 〈寄譯署〉，光緒10年6月18日（1884年8月8日）酉刻，《李文忠公全集‧電稿》，第3卷，頁70。

35 〈醇親王致翁同龢函稿第五十六〉，光緒10年6月初8（1884年7月29日），翁萬戈輯，《翁同龢文獻叢編》，四（台北：藝文印書館，2002），頁155-157。編者翁萬戈為翁同龢後人。奕訢所指揮的軍機處因處理清法戰爭，和戰不定，清軍履遭敗退，慈禧太后藉口「委靡因循」，於1884年3月罷去奕訢一切職務，令其居家養疾，同時由禮親王世鐸、醇親王取而代之，以慈禧為首的中樞改組。然朝廷內部因和戰問題仍紛擾不止。醇親王奕譞受命為總理海軍事務，名義上為清末海軍及北洋水師最高統帥，實際上指揮權屬於李鴻章及淮軍丁汝昌。清法戰爭中的主戰派以清流派代表翁同龢為首。

前李鴻章和馬建忠的函電往來中，並未提到這一理由：「查招商局本西國公司之意，雖賴官為扶助一切，張弛緩急，事宜皆由商董經營，至於外人交涉權變之處，官法所不能繩者，尚可援西例之相維持。」此處西例所指為何？李鴻章提到招商局所僱英國律師擔文的解釋如下：

> 細查各國律例成案，凡本國商船改用他國旗幟須在兩國未開釁以前。黑海之戰俄商皆懸美國之旗，有二艘換旗在戰事，三月前遂為法人所奪。復有二艘易旗於戰前，特立售回據亦為美國所奪。布（普）法之戰兩國商船多售於他國，易旗駛行，事後仍復原主。若暫行租賃，則非實在轉售，他國必不能保護，此萬國通行之公例也。36

　　這份奏摺不僅提到「實在轉售」，他國始能保護；也首度提到唐廷樞在上海原有意和怡和洋行接洽，但英律繁苛難罄，美律簡易，「美與中國交情較厚，應換美旗為妥適」。同時陳述馬建忠和律師擔文如何確保所押契據銀行期票與收票等細節，「交涉彼此全憑信義，律師即援西例擔保，而官長卻未便主議」，「外侮橫加，商情惶迫，數千人身家關係，而官無法以保護之」；將此事定位為商人設法保全成本，「官尤不便抑勒」。李鴻章為此舉反覆辯解，強調「戰前商船換旗出售為各國常有之事，中國雖屬創見而眾商為時事所迫，亦屬萬不得已」。電報中也吐露美國官商之

---

36 〈直隸總督李鴻章奏法人開釁招商局輪船擬暫售與美國旗昌洋行折〉，王彥威編，《清季外交史料》，第45卷之15，（台北：文海出版社，1985），頁844-845。

隱諱助力：「法人四處偵探總疑商局輪船並非實售與美國，尚思援西例以乘間攫拿俾為軍用，美國官商亦惴惴焉，相與隱諱，竭力保護」[37]。這份奏摺充分顯示了招商局作為官督商辦企業在政商關係的庇護依存特性，而李鴻章又將整件換旗案抬高到比附西方國家在開戰前私人商船之保護成例，以保住商人出資認股／政府委派官員管理的中國招商局事業。

換旗之後，海關總稅務司赫德函電招商局詢問旗昌洋行是否可享有原來政府補貼的運糧水腳及二成貨物之免稅優惠。李鴻章清楚說明「所有格外優益，斷不能讓與他國商人」。「局船暫交旗昌經管運漕，毋庸免二成貨稅。俟收回時仍復商局舊章，庶無窒礙」。最重要的是「美旗雖是局船，然只當論旗不論船，守定約章，以免藉口。將來商局收回後，該關再查照舊章辦理，界限自清。」[38]至於招商局房屋產權售與美商旗昌洋行後，應否令其搬移界內，也做出權變辦法「暫從緩議」以免膠轕相應。因為事平之後，招商局的輪船棧房碼頭仍當「照議收回」[39]。

李鴻章賣船在數日內火速拍板，出於對美國的信任，訂立密約。這次交易雖和1877年盤購旗昌洋行案未有直接關連，但是招商局和旗昌洋行長久的特殊關係亦應有助於這次交易的信賴基礎。就在1884年8月，廣州地方當局曾支付旗昌洋行一筆8,993美金，作為該洋行倉庫在1883年廣東動亂中被暴民毀損的補償

---

37 〈直隸總督李鴻章奏法人開釁招商局輪船擬暫售與美國旗昌洋行折〉，王彥威編，《清季外交史料》，第45卷之15，頁845。

38 總署直隸總督李鴻章函，1885年5月23日（光緒11年04月10日），《總理各國事務衙門檔案》，01-13-007-06-005。

39 總署收南洋大臣曾國荃文，1884年11月13日（光緒10年09月26日），《總理各國事務衙門檔案》，01-18-002-01-039。

金[40]。這筆金額據悉是當時諸多索賠中唯一有結果的，美國駐廣州領事喜默（Charles Seymour，生卒不知）的努力不懈，固有其功；但也於此可見旗昌洋行與清政府的特殊交誼[41]。

三、宣戰、局外中立與中美關係

招商局和旗昌輪船的交易在清法戰爭期間來回轉手，戰爭時期船務運輸在供應煤料和軍火和物資無一不重要，因此招商局和旗昌輪船的買賣就不只是一樁普通交易，它牽涉到列強如何看待中法之間是否處於國際秩序中國家之間的戰爭行為及其法律效果。從19世紀中葉以後歐美各國對近代國際秩序中宣戰行為的法律程序愈來愈為成熟，「宣戰」往往被視為武裝敵對行為的開始並依此構成戰爭時期國際社會中交戰國和非交戰國所依循的法律行為的基礎和效果，包括外交關係、條約承認、商務關係、財產貨物、船舶航運等等[42]。清法戰爭是否有正式的「宣戰」之事，還

40　Mr. Young to Mr. Frelinghuysen, Nov. 8, 1883（received Jan. 9, 1884）, *FRUS*, 1884-1885, p. 46. Mr. Seymour to Mr. Young, Sep. 10, 1883, *FRUS*, 1884-1885, pp. 46-47. 這次廣東動亂的起源是1883年9月航行於廣州和香港的英船「漢口號」（Hankow）停靠在廣州時發生的一起事件。該船葡籍水手可能是蓄意或意外將一名中國平民推下船，致其溺斃，因而引起廣東人民的忿怒。數名暴民試圖燒掉船隻和碼頭，接著群聚的中國人民大肆破壞廣州沙面的洋人居留區住宅、設施建築和工廠，從新建成的Raven工廠開始，一路破壞掠奪，甚至連廣州英國公使館東側和鄰近的旗昌洋行，也無一倖免。廣州人的憤怒其來有自，因為之前發生的一名喝醉酒的英國公民（叫作Logan）謀殺一名無辜的中國人，廣州人的忿怒尚未平息，接著又發生英船「漢口號」事件，乃有這次的廣東動亂。

41　Mr. Young to Mr. Frelinghuysen, Aug. 12, 1884, *FRUS*, 1884-1885, p. 103.

42　19世紀末國際間因為「不宣而戰」導致國際危機不斷，例如：1700-1870年

是一場「不宣之戰」（undeclared war）？如果中法已處於列強所認知具戰爭狀態的國際武力敵對行為，列強駐華使團最關注的便是各國是否需保持中立原則，以及如何中立的問題？其中與輪船最直接的便是港口封鎖（blockade）和戰時違禁品（contraband of war）的管制——交戰國要求中立國家不得資助交戰國家的運輸措施。

1884年初清法戰爭期間，清政府準備阻塞廣州口岸，英美國家熱烈討論對他們在廣州的龐大貿易利益該採取怎樣的保護措施，如果中法處於交戰狀態，那麼清廷或廣州當局是否有權利自行關閉條約口岸？因為廣州為條約口岸，其他條約口岸恐將面臨一致的作法。如果中法未正式宣戰，但基於防衛上的必要，那麼中國是否有權利阻塞或自行封鎖條約口岸？此一舉措如果對在條約口岸貿易的國家造成經濟損失，他國是否有權提出抗議？如果中法處於戰爭狀態，那麼各國領事是否應嚴加禁止該國的輪船不得幫忙中法兩國運送貨品，免得有介入戰爭之嫌？這些外交問題使得旗昌與招商局的交易成為清法戰爭時期美國對華政策的一道試金石。

針對中法危機中的中國條約口岸是否影響外人在華利益問題，美國駐倫敦公使勞威爾（James Russell Lowell, 1819-1891）與英國外交大臣格朗維勒（Granville Leveson-Gower, 2nd Earl

間尚發生107次未經宣戰的敵對行為，使得「宣戰」程序愈來愈受重視。迄於20世紀初以前國際間「不宣而戰」仍是普遍現象。1906年「國際法學會」（International Law Association）通過決議，主張國際間非先提出宣戰書或最後通牒，即不得開始戰爭，1907年第二次海牙和平會議正式接納此項主張，制訂《戰爭開始條約》（Convention on the Opening of Hostilities）。丘宏達，《現代國際法》（台北：三民書局，1993年，10版），頁677-694。

Granville, 1815-1891）為此進行晤談。1884年1月22日，美國國務卿弗裡林海森給美國駐北京公使楊約翰的訓令：「不論法國或中國封閉通商口岸均不得認為正當，惟後者為了必要的保衛而封閉時則另當別論；假若法國絕對同意（而非有條件地）不會攻擊通商口岸，那麼美國政府將對中國阻塞港口的行動提出抗議。當中國政府認為有防衛上的必要而採取此一措施，美國將不提出抗議」[43]。

美國駐京公使楊約翰給美國務院的報告中，提到兩個立即必須處理的問題：

第一：根據1858年中美簽訂的天津條約第26款，當中國與他國交戰時。美國船隻可以自由出入通商口岸。條約又稱：「倘日後另有別國與中國不和，中國止應禁阻不和之國不准來各口交易，其大合眾國人自往別國貿易，或販運其國之貨物前來各口，中國應認明大合眾國旗號，便准入港」云云。但是關於這一問題牽涉到條約是在1858年訂的，自從那時候起進攻及防禦的方法即發生徹底地改變。美國內戰時將裝載石頭的船隻堵住查理斯敦港（Charleston）的水路，以獲致有效的封鎖。德國最近同法國作戰時，用水雷保護它在波羅的海諸港口。「如果我企圖說服總署說：『德國及美國所認為是光榮的戰爭方法，對中國人是不許可的』的話，我當要感到一些煩惱。」楊約翰提到當時國際法正在改變，美國和普魯士在戰爭時期也曾封鎖港口，希望國務院有明確的主張和指示[44]。

第二：中國當局在和平的時候，採取一個交戰行為，來反對

43　Mr. Frelinghuysen to Mr. Young, Jan. 22, 1884, *FRUS*, 1884-1885, p. 64.

44　Mr. Young to Mr. Frelinghuysen, Feb. 11, 1884, *FRUS*, 1884-1885, pp. 66-69.

友邦的商務；假若我們在廣州容許這個行為的話，這行為將成為封閉中國所有通商口岸的先例。關於這一問題楊約翰擔心總督是一個兩省的地方官，假若容許阻塞廣州而不提出一個迅速的、斷然的抗議的話，那麼現任政府或後來的政府，兩廣總督或其他省分執政者，就沒有理由不可以阻塞或封閉中國所有的通商口岸了。無論如何，他覺得應慎重些，即在向總署做任何表示以前，請美國國務院就他所引用的條款和美國主張的權利問題，做進一步訓示[45]。

　　1884年9月中旬，北京外交使團多次詢問總署中法目前是否處於實際戰爭狀態，但總理衙門顯然將使此事定調為「國內事件」（domestic incident），係中國對越南宗主權的問題，因此毋須照會外交使團。然而，清廷總理衙門卻拜託日本領事要日本人千萬不能幫法國人載運燃煤，英美領事也曾收到這樣的請求。在法國方面也表明未正式宣戰，法國總理茹費理（Jules Ferry, 1832-1893）向歐洲各國政要表示中法並未開戰，法國駐上海總領事李梅（Victor-Gabriel Lemaire, 1839-1907）亦對外如此宣稱。然而攻占基隆的法軍卻以中法處於「交戰行為」（belligerent act）而強令阻止德國商船上岸卸貨。這種混亂不明各說各話的情勢，令美國駐華領事感到不知所措。美國駐天津領事詢問國務院是否可准許美國商船為中國運送軍火，駐廈門領事也詢問美國人可否替法國輪船領航。美國公使楊約翰提到德國領事電詢德相俾斯麥（Otto Eduard Leopold von Bismarck, 1815-1898）意見，除非中法正式宣戰，德國領事認為沒有必要履行中立國家的義務。美國公使楊約翰又再次請示國務院美國在華人民在此不悅的戰爭事件中是否應

45　Mr. Young to Mr. Frelinghuysen, Feb. 11, 1884, *FRUS*, 1884-1885, pp. 66-69.

保持明確中立，依他所見除非戰爭狀態存在，否則美國人民沒有保持中立的義務，假如法國或中國希望美國表態中立，應通過他們兩國在華盛頓公使館進行交涉[46]。

到了10月，英公使巴夏禮（Harry Smith Parkes, 1828-1885）針對清廷禁止英國商民將煤油食物軍火運濟法船一事，表示清廷未將「中法業已開仗一事明布英國朝廷」，而法國駐京公使也表示無開戰之宣示，英商天祥洋行以煤斤濟法自不能視為違犯局外之例，要求清廷准許英國商民得以運煤前往各個口岸，以免有礙商務[47]。基於對中國口岸利益的維護，最後美國國務院的立場與英國一致。7月楊約翰正式照會總署，因法國並未明確主張宣戰一事，福建總督堵塞馬尾口岸，則與條約不合。「中國若非為保護疆土，斷不作此事，以致有損於貿易」。美國國務院更向清廷揭示宣戰程序的重要性意義，「按戰事常例，兩國必於有約之各國，均須先將開仗之事早行聲明，然後可以開仗也」[48]。由此可

---

46 Legation of United States（Mr. Young）to the Secretary of United States（Mr. Frelinghuysen），Sep. 16, 1884, *FRUS*, 1884-1885, pp. 103-104.

47 〈英國公使巴夏禮照會署〉，光緒10年08月16日；1884-10-04，《總理各國事務衙門檔案》，越南檔，01-24-013-03-013。這份照會也提到英國輪船亦有裝運軍火接濟台灣華軍之事，英國領事「實無權力禁止」。此外，次年（1885年）2月法國曾一度宣布將運往廣州以北的大米作為違禁品，企圖切斷中國漕米的供應，遭到英國反對。因為大部分運送米糧的船隻係懸掛英國國旗，指摘法國此舉違反中立國權利。但法國的禁運並未實施，因戰事不久即告終。關於英國對法國行動的反應，詳見：林學忠，《從萬國公法到公法外交》（上海：上海古籍出版社，2009），頁270-272。美國政府檔案中亦收有法國照會各國駐上海領事代表宣布自2月26日起大米運送為違禁品，美國政府對此亦表抗議。Mr. Young to Mr. Byard, March 13, 1885. "Rice to be considered contraband of war," *FRUS*, 1884-1885, p. 161.

48 總署收美使楊約翰照會，1884年7月29日（光緒10年6月初5），《中美關係

見，中法衝突究竟屬於國際法上的真正戰爭行為的界定，牽涉到同屬歐美較早進入國際法規範體系的法國，以致西方各國得以採取怎樣相應外交措施，而清廷未正式遞送宣戰照會，就成為攸關各國得在中國繼續合法保有自由出入條約口岸貿易和通商的理由。

　　清廷沒有正式宣戰，總理衙門卻照會各國務須嚴守中立，並封鎖中國港口。1884年7月，總署通告美國及各國領事略述諒山之役係法國挑釁，如今法國兵船滋擾中國口岸，以致貿易阻滯，財產損傷，「一切應由法國獨認賠補，絲毫與中國無涉，各國並應禁止各處商民，不得私自接濟軍前一切攻戰食用物件，以守公法」[49]。此外，兩廣總督張之洞曾數次照會葡萄牙駐澳門官員務必嚴守「局外公法」：「貴國與我國和好日久，此次中法戰事，諒必守公法局外之義，凡法船所需米穀牛羊、甜水、煤炭以及軍車軍裝一切應用等物，務不可接濟，以敦友誼」[50]。清廷是否藉此將清法戰爭造成外人在華條約口岸的貿易投資和航行內河等權益完全攤在各國眼前，或許可讓各國干預或進行調停？此一外交謀略，

史料・光緒朝二》，頁1047。Mr. Young to Mr. Frelinghuysen, Sep. 16, 1884, *FRUS*, 1884-1885, p. 104.

49 總署致美使楊約翰照會，1884年7月19日（光緒10年閏5月27日）。《中美關係史料・光緒朝二》，頁1043-1044。

50 〈照會澳門羅大臣嚴守局外公法〉，1884年8月24日（光緒10年7月初4日），《張文襄公全集》，引自：《中法戰爭資料》（四），頁438。1885年2月21日，張之洞又照會澳門官府阻止法人借地屯兵，亦援引萬國公法「凡局外之國，均不得在境內准交戰之國招募兵勇，置辦戰具，並不准戰船入口及借地屯兵等事，……深知貴大臣必援公法，自守局外之義，堅持不許」。〈照會澳門羅大臣阻止法人借地屯兵〉，1885年2月21日（光緒11年正月初7日），《張文襄公全集》，引自：《中法戰爭資料》（四），頁441。

證諸總理衙門檔案係有此可能。

　　清法戰爭進行時日，清廷遲遲未向法國正式宣戰，即使其他各國公使頻頻詢問宣戰之舉。直到1884年8月馬尾海戰後福建水師幾全軍覆滅，1884年8月26日（光緒10年7月初6日）清廷頒發詔令對法國宣戰（對內下詔，但未對外有外交照會）。之後總署再次照會各國飭令其各行各礦商人「不准出售煤斤接濟法國兵船，以守局外之例」51。同時，清廷對外宣告保護各國商民，下令閩省「將堵塞水路，保護口岸。所有各國兵商各船自宜暫緩出入」52。但是清廷仍未依循西方近代國際社會的宣戰程序──通過法國駐華公使致達正式宣戰照會，並通告各國公使中國向法國宣戰一事。法國一方亦未明示對清宣戰，清法戰爭乃有「不宣而戰」之說53。

　　清法和談之際，總理衙門曾尋求德國和美國的幫助進行戰事調停。出使德法等國公使的李鳳苞曾向德國代理外相探詢德國是

---

51 〈請飭各行商不得接濟法船煤斤〉，1884年8月28日（光緒10年7月8日）。出自：廣西師範大學出版社編，《中美往來照會集，1846-1931》（桂林：廣西師範大學出版社，2006），第6冊，頁346。此份文件亦即美國國家檔案館1996年出版之 *Selected Records of the U.S. Legation in China, 1849-1931.* 編號T898，共20卷之微卷影本。

52 〈閩省將堵塞水路兵商船暫緩出入〉，1884年8月27日（光緒10年7月7日），〈因法人渝盟沿海各省督撫奉旨一律保護各國商民〉，1884年9月3日（光緒10年7月14日）。廣西師範大學出版社編，《中美往來照會集，1846-1931》，第6冊，頁347、348。

53 〈光緒十年對法宣戰詔書〉（光緒10年7月初6日），上諭・光緒皇帝。引用文獻見：https://zh.wikisource.org/zh-hant/。法國對於「不宣而戰」的見解，詳見：Lewis M. Chere, *The Diplomacy of the Sino-French War, 1883-1885: Global Complications of an Undeclared War*（Notre Dame, Ind: Cross Cultural Publications, Cross Roads Books. 1988）。

否肯助清攻法或居間協調。德國外相明言德國正因法國在越南和埃及問題以致法國深懼德國趁機報復，甚至因德取回亞爾薩斯和洛林兩省，將不願順服德國之兩省人民驅逐出境，以致邊界人心洶洶，又言「德君衰老，不得不保泰持盈，不願與法有事」。顯然德國不願介入中法問題，恪守局外之分[54]。清廷也自知中國未和其他國家有所謂協約盟友關係，外國自可不必相助。更令清廷擔心的是德國垂涎台灣已久，德國首任駐京公使巴蘭德（Max von Brandt, 1835-1920）又要求內地通商，萬一德國「肯助我而索贅，是直以暴易暴耳。」[55]總理衙門又多次照會美使「中美兩國友誼素最睦」，商請美國居中轉寰，並要求楊約翰親赴上海與法國巴使面商調停[56]。法國方面顯然不接受美使的調停，李鳳苞函文中提到「惟調停者不宜請美國，因係民主，且歐洲各國不喜其干預也」[57]。法國果以「礙難允准」回復美國，和局無可再商[58]。

---

54 出使大臣李鳳苞函總署，1884年10月20日（光緒10年09月02日），《總理各國事務衙門檔案》，01-24-014-4-012。李鳳苞為出使德國、法國、奧國、荷蘭、義大利公使。

55 出使大臣李鳳苞函總署抄檔，諭旨飭鳳苞，1884年10月20日（光緒10年09月02日），《總理各國事務衙門檔案》，01-24-014-4-012。

56 這篇函電中提到楊約翰的善意「我兩國友誼素最睦，無論何事何時，如有關中國強盛及致與天下相和之處，本館自必樂於為之盡力也」。總署收美使楊約翰照會，1884年8月15日（光緒10年6月25日），《中美關係史料．光緒朝二》，頁1056。Jules Davids ed., *American Diplomatic and Public Papers*, Series 2: *The United States, China, and Imperial Rivalries, 1861-1893.* Vol. 6, The French-China War. pp. 231-232.

57 出使大臣李鳳苞函總署，1884年10月20日（光緒10年09月02日），《總理各國事務衙門檔案》，01-24-014-4-012。

58 總署致美使楊約翰照會，1884年8月18日（光緒10年6月28日），《中美關係史料．光緒朝二》，頁1057。Jules Davids ed., *American Diplomatic and*

四、招商局收回輪船──「正當交易」風波

　　美國駐京公使楊約翰當然理解到上述清法戰爭時期西方各國對「宣戰」或中立國家應採取怎樣的國際法相應措施。特別是美國南北內戰結束後，1872年阿拉巴馬仲裁案（The Alabama Claims Arbitration）的結果引起歐美各國矚目。緣於美國內戰期間，南部邦聯在英國利物浦建造了一艘名叫「阿拉巴馬」的戰艦，該船在內戰期間充當搜捕艦，擊毀多艘北方商船。戰後美國聯邦政府就阿拉巴馬號和其他戰艦擊毀美國多艘船舶所造成的損失向英國提出賠償請求。1871年英美兩國訂立《華盛頓條約》（Treaty of Washington），將該案提交設於日內瓦的仲裁法庭裁決。仲裁結果認定英國對於國際法的中立國家義務未能盡到「相當注意」，並應向美國支付1,550萬美元的金幣作為損害賠償。阿拉巴馬仲裁案的重要性在於促成日後歐美各國在戰爭期間遵守有關中立國家的義務規則所適用的國際法依據之必要性，更引導了1899和1907年兩次海牙保和會對戰爭國際法的重視。為此，美國政府還編印了一份厚達五百五十餘頁相關檔案文件以昭後世[59]。阿拉巴馬號事件在當時轟動國際社會，甚至連清政府官員恭親王奕訢都知悉此事[60]，儘管內戰和國際戰爭的情況有所不同，但都攸關

Public Papers, The French-China War. pp. 92-93.關於清法戰爭期間美國的調停，另可參見：Robert Hopkins Miller, *United States and Vietnam, 1787-1941*（Washington, DC: National Defense University Press, 1990）, pp. 102-103.

59 美國政府編印阿拉巴馬仲裁案和1871年《華盛頓條約》的相關文件，詳見：*Papers Relating to the Treaty of Washington*, Geneva Arbitration Tribunal, Unites States Dept. of State, Government Print Office, 1872.

60 Prince Kung to Anson Burlingame, March 15, 1864, *FRUS*, 1864, III, p. 377. 阿拉

戰爭期間中立國家的行為義務及其國際法適法原則，美國國務院官員和外交官對此不可能不有警惕。美國駐京公使楊約翰於1885年5月卸任公使不久，招商局要買回旗昌洋行的這批輪船時，在美國方面引起不少困擾和爭議。美國國務院如何看待此事，參與其事的駐華使領又如何自圓其說，此事亦引起在華外人的討論。在中法交戰之際，它屬於「正當交易」（*bona fide* transaction）嗎？如果它是一樁假買賣而美國政府知情的話，這種行為是否得當？

　　1885年6月9日《中法新約》簽訂，清法戰爭結束。李鴻章和盛宣懷等早在該年4月間即積極籌思收回招商局船隻。清政府本來盤算的即是商局輪船棧房碼頭售與美商旗昌洋行「代為經管事，定仍當照議收回」[61]。4月23日會見旗昌船東士米德（C. V. Smith，生卒不詳）預籌此事，雙方於6月6日議定擬於6月21日起換旗換契，船隻有去上海較遠而不及調回者，即在別埠換旗。至7月初1日將輪船棧房碼頭各項產業悉照原盤收回，仍歸商局員董自辦。「旗昌原給銀票依舊付還，其原立售契密約帶回上海，於各項收清後，彼此交還銷廢。至旗昌代商局墊付款項帳目亦即分別核算清結」。旗昌洋行看似保有義氣，力踐前約，實則船東士米德由招商局以5千兩的年薪僱用為總查董事三年「遇事

巴馬號事件發生時，美國駐華公使蒲安臣（Anson Burlingame）曾致函給總理衙門表示，由於阿拉巴馬號船艦在太平洋攻擊和掠奪聯邦政府的商船，希望清政府勿要讓該艦停靠在中國口岸。恭親王不僅答應，而且表示美國內戰的情況如同當時的太平軍叛亂，美國的處境和清政府非常相似，自當樂意配合美國的要求。

61　總署收南洋大臣曾國荃文，1884年11月13日（光緒10年09月26日），中央研究院近代史研究所藏，《總理各國事務衙門檔案》，01-18-002-01-039。

相助」，「以資酬答，期滿後或去或留，悉聽局中眾商主持，不致再有謬轕」[62]。

換旗轉回招商局之事，清政府方面從4月籌議，到7月初原盤收回，看似平靜；但在美國方面卻為如何兼顧美國政府的立場及其人民在中國的私人利益該如何劃清界限，反復討論。早在旗昌洋行轉售案之前，福州領事榮日德約瑟（Joseph C. A. Wingate, 1830-1905）曾致電領事館詢問美國三藩市有一家公司願意賣給中國爆炸物資，要求駐華使館的指示。楊約翰建議廣州領事盡可能將這家企業的請求書送給某家商店，讓商務走商務的途徑，不去管它。假若一位領事能夠向中國當局推薦一個美國企業，或解釋它的優點或保證它的信用，用以促進某一美國的商務利益的話，是沒有理由不能這樣做，但是同時必須適當地注意到這一行動的官方性質。因此「目前我願意避免向中國方面推薦任何工業品如火藥或火器之類或任何其他物力，可以用作軍事目的來反對法國的。我們同法國的關係是友好的。我希望所有領事官不必做──甚至連非正式都應避免──任何可以被認為是破壞嚴格中立的事情。」[63] 至於如有美國船員在中國水域替法國軍艦服勤，美國政府也善意規勸美國公民盡可能不必捲入交戰的一方；但是如有美國公民不聽規勸，那麼必須很清楚他們的行為是私人契約，這絕非受僱於美國政府的國家行為，他們和美國政府完全無涉[64]。從這些函電看來，美一方面要保護美國人民在中國通商口岸的通商貿易

---

62 〈商局船業全數收回折〉，光緒11年6月初8日。《李文忠公全集・奏稿》，第54卷，頁33。

63 Mr. Young to Wingate, Feb. 14, 1885, *FRUS*, 1885-1886, p. 157.

64 Mr. Bayard to Mr. Young, March 11, 1885, *American Diplomatic and Public Papers*, The French-China War. p. 460.

等權利，但基於和清、法兩國的友好關係，也不願擔負違反中立國家應盡義務之名，最好的方式便是敬告美國公民私人契約須自行承擔風險。

旗昌洋行「再轉售」給招商局的事，關係到私人企業和政府交往的正當程序，且一年內來回周折，美國政府首要宣示的便是中立立場。美國新任國務卿貝爾德（Thomas Francis Bayard, 1828-1898）於1885年4月致電致代理公使石米德（Enoch J. Smithers, 1828-1895）[65]表示他同意前任公使楊約翰給駐福州領事榮日德約瑟的指令。有鑑於美國與中法兩國的關係俱為友好，領事官員應避免做出冒犯任何嚴守中立（the strictest neutrality）的行為，即使是任何非正式的手段（informal manner）。因此，對於在上海的美國公民賣輪船給中國的事，其狀況也和福州領事呈報的情形相似，國務院對上海總領事司塔立（Julius H. Stahel, 1825-1912）採取一致的立場和指示[66]。

國務卿貝爾德在回覆上海領事司塔立詢問「美國人可賣輪船給中國人嗎？」因司塔立交代不清，國務院要他留意幾個重點，因為每個選項牽涉不同國際法的適用。一、這些有疑問的輪船係註冊為美國船隻往返美國口岸和中國口岸嗎？或它們是航行於中國水域的外國輪船，通過正當（bona fide）的交易成為美國公民的財產？二、這些輪船的船東住在中國或非中國司法管轄地？三、這些輪船是要賣給中國政府或中國平民？四、這些輪船是被註冊為戰爭使用的船隻或是中國平民的私人武裝船或是政府的運

---

65 楊約翰於4月10日卸任，由原任鎮江領事石米德署領，田貝（Charles Denby）於10月1日接任。《清季中外使領年表》（北京：中華書局，1997，2版），頁61。

66 Mr. Bayard to Mr. Smithers, Apr. 20, 1885, *FRUS*, 1885-1886, p. 170.

輪船？是在開放口岸合法貿易的商船或是偷渡船？國務院提醒不論這四種情況如何，任何有美國官方的指示去介入這件輪船或財產的交易都極為不適當，因為美國政府應當在似有戰爭目的或交戰傾向的狀態中，維持一種中立態度。假如這樁交易肯定帶有平和並且不論在任何方面看來都不具有敵視目的，那麼領事館介入去註銷這些輪船的事才不違反美國政府的國際義務。國務卿要求上海領事採取最慎重的態度處理這樁交易，指示這樁交易必須有顯明而肯定的合法程序，若有任何疑慮，領事館就應拒絕介入[67]。6月初，美國國務院還下了一道指示，說明美國對清法戰爭時任何懸掛美國國旗的輪船從事戰時違禁品（contraband of war）的立場。國務院表示清、法兩國都和美國都處於友好和平狀態，警告美國輪船盡可能不要從事戰時違禁品，美國人民將冒著被交戰國家捕獲的風險。另一方面，美國政府也表示沒有理由禁止美國人民在通商口岸的航運通商，就算美國貨品被交戰一方攔截或沒收，也不應被擴大解釋為美國政府破壞國際法的中立原則[68]。

旗昌洋行將輪船轉回招商局之後，事已定局。8月7日，《北華捷報》於同一天刊出兩份訊息，一是署名為旗昌洋行代表 W. V. Drummond（William Venn Drummond，亦即前述招商局所聘用的英國籍法律顧問擔文）指控《北華捷報》對這項交易的不實報導，因該報說旗昌洋行將名下一批輪船改掛中國旗，「明顯意含」（evidently mean to infer）旗昌洋行並非這些輪船的產權者，只是掛在美國國旗下的中國輪船。又說該報的一位原非正式天

---

67 Mr. Bayard to Mr. Stahel, Apr. 14, 1885, *FRUS*, 1885-1886, pp. 170-171.

68 Mr. Bayard to Mr. Smithers, June 1, 1885, *FRUS*, 1885-1886, pp. 172-173. 國務院給代理駐華公使石米德的指示。

津通訊記者也曾指稱這份交易僅是「掛名和虛構的」（nominal and fictitious）。擔文表示不論是去年招商局賣船給旗昌是「正當交易」（*bona fide* transaction），現在旗昌洋行也是在「沒有義務、法律和道德（obligation, legal and moral）之下，將輪船再賣給招商局」；要求該報務必澄清並道歉，否則將採取法律行動控告《北華捷報》涉及誹謗罪[69]。二是同一天《北華捷報》編輯部刊出「拒絕道歉」聲明，說明擔文指涉該報「明顯意含」的指控說法是不正確的，他們絕未有此意圖。該報使用的是「經理」（manage）和「再轉讓」（retransfer）是正確用法，不僅完全駁斥擔文的指控，且提到清法戰爭適已結束，招商局和旗昌的交易案有必要公開向社會大眾解釋清楚。主編提到他們早收到一些質疑說該報壓制了無數個攻擊旗昌洋行的訊息報導，好像在幫旗昌洋行埋單一樣。該報嚴正說他們毋需道歉，也拒絕道歉[70]。

　　上述涉及誹謗之事也逼得招商局必須出面回應。8月21日，《北華捷報》刊出招商局給主編的英文聲明，招商局先以案主身分澄清這事。表示招商局「換旗與再換旗」（transfer and retransfer）絕對是「正當交易」，是依照美國政府法律程序所完成的私人交易，雙方當事人是互相獨立的，任何一方都不受對方控制或影響。首先，強調楊約翰公使是負責之人，不可能用法律來壓制像旗昌這樣有信譽的企業。再者，招商局指出擔文不僅是旗昌代表，也兼有招商局非正式法律顧問的身分，他實際參與了這次招商局馬道台（馬建忠）的合約簽署。當他說輪船已交易並付款之後，楊

---

69 "W. V. Drummond to the Editor," *The North China Herald and Supreme Court & Consular Gazette*, Aug. 7, 1885, p. 152.

70 No Title, *The North China Herald and Supreme Court & Consular Gazette*, Aug. 7, 1885. p. 152.

約翰公使才能擔保這是「誠實的交易」（an honest transaction）。
擔文比楊約翰更清楚這是筆「正當的交易」[71]。招商局的用意主要
是不願讓前公使楊約翰捲入這場風波，而是讓英籍律師擔文扛起
所有責任，以免讓美國政府難堪。然而，也有人為文說前公使楊
約翰是精通世故的人，當他處理這筆龐大交易時說是「誠實的買
賣」，但涉及換旗一事時又宣稱這是美國人給招商局船隻在戰時
接受保護的恩典，這種兩面說法不具有公信力[72]。

8月21日，《北華捷報》也有一長文討論「中法戰爭期間的
美國中立問題」（The United Neutrality in the Franco-Chinese
War），認為1884年招商局輪船賣給旗昌洋行這件事如果說是
「正當買賣」，那麼旗昌洋行「再度賣給」（resale）招商局這件事
就需要更周全的解釋。他認為美國政府對於招商局換旗一事務必
宣稱所有程序都是按照美國法律。中法宣戰之前所做的交易，儘
管可被解讀為旗昌洋行的私下領域（private side）的交易，但這
件事所具有公共層面（public side）的意義，不能被忽略。因為換
旗一事關係戰爭期間的中立和國際法，不僅牽涉到美國與法國的
關係，並且也將美國與其他國家的關係開了先例。他質疑旗昌洋
行代表擔文所宣稱「沒有義務、法律和道德」條件下的再轉賣，
指涉的理由不夠充分，對於李鴻章方面給予怎樣的壓力更是語焉
不詳，使得美國政府必須冒險破壞清法戰爭的中立立場。如果美
國政府在此一特殊的政治情況下贊成「再交易」這件事，從國際

---

71 "The China Merchant's N. Co.," *The North China Herald and Supreme Court &
Consular Gazette*, Aug. 21, 1885, p. 220.

72 "Minster and Interviewee. The China Merchant's N. Co.," *The North China Herald
and Supreme Court & Consular Gazette*, Aug. 21, 1885, p. 220.

觀點看來勢將愈為複雜[73]。

　　這件事情引發的爭議風波，見諸於美國國務院給駐華公使館的指示，很清楚美國政府從一開始即不願介入任何可能違反中立的事情，但又不願限制美國人民的商業活動，而將類似美國公民在中國口岸的活動定調為私人企業的風險。至於李鴻章經歷這次換旗買賣後，深慶招商局得以保全輪船，等到清日甲午戰爭時也仿照前例，寄託給德國洋行接受保護，事後德國洋行再將財產轉回中國[74]。

小結

　　招商局與旗昌洋行在清法戰爭中的輪船交易，突顯歐美各國對於中法兩國武力衝突是否已屬國際法認知的戰爭狀態及各國應採取的相應外交行動。為了保護在中國通商口岸的權益免受中國地方政府和中央政府的干擾，歐美國家以兩國未正式宣戰為由，不需遵守戰爭國家中對港口封鎖、軍火供應和航行運輸的一些禁

---

73 "The United Neutrality in the Franco-Chinese War," *The North China Herald and Supreme Court & Consular Gazette*, Aug. 21, 1885, p. 219.

74 例如1894年至少有以下兩件報導：

一、9月份 Ph. Lieder 購買招商局3船（Haean, Hsinchi, Hsinfung），懸掛德旗，並重新命名為（Kungyi, Shengyi, Mingui），洋行為 Messrs. H. Mandl & Co. 見：*The North China Herald and Supreme Court & Consular Gazette*, Sep. 28, 1894, p. 512.

二、11月招商局將4艘船隻（Hsinyü, Haeting, Fungshun, Meifoo）寄存德商 B. Schmacker 的禮和洋行（Messrs, Carlowitz & Co.）名下，改掛德國旗幟，並更名為（Leeyü, Leeting, Leeshun, Leefoo）。見：*The North China Herald and Supreme Court & Consular Gazette*, Nov. 2, 1894, p. 716.

令。而清朝政府未曾宣示開戰，卻封鎖廣州口岸，同時又要求各
國嚴守局外中立，宣告外國輪船不得運送敵船軍火物資，有意將
情勢拉高到影響各國在華的口岸貿易和利益，可以說是總理衙門
在外交上的成功謀略。當時李鴻章等主和派理解到清政府無法抵
擋擁有現代武裝設備的法國蒸汽輪船，不僅向關係一向友好的美
國尋求調和，也指望與法國交惡的德國調停，但德國並無意願，
美國乃成為李鴻章最冀盼的調停國家。然而，法國根本不願美國
出面調停，歐洲列強在1892年始將它們駐華盛頓的外交使節由公
使升格為大使，到一次大戰前夕美國至多是徘徊於強權體系邊緣
的國家，歐洲主要國家並不把美國視為影響國際權力均衡的一個
砝碼[75]。

　　近代以來中國被迫加入國際秩序，此一時間也是19世紀後半
葉帝國主義國家因殖民侵略而發動大小戰役不斷，因而國際間開
始積極謀求如何補救國際法上無開戰規則的缺點。戰爭時期中立
國家被要求遵守戰時國際法之措施，即使是民間輪船亦必須遵守
軍火禁運和輪船運濟，更何況具有半官方性質的輪船企業。從這
一角度而言，清法戰爭的不宣而戰性質，是實踐國際法的外交歷
程及適法性的探索，受到各國駐華公使的重視。事實上，當時國
際法對於戰爭或敵對行為的開始及其法律效果仍有所爭議，如同
前文提到清法戰爭時期美國楊約翰公使曾提出中國或有權利封鎖
廣州口岸的疑問，希望國務院能有明白指示，因為南北戰爭及普
法戰爭都曾有類似封鎖本國口岸的情形。旗昌洋行與招商局的交
易是否妥切的疑慮，得以延伸為一樁公眾討論事件，可能令美國

---

75 Paul Kennedy, *The Rise and Fall of the Great Powers* (London: Unwin Hyman
Limited, 1988), pp. 194, 248-249.

朝野聯想起記憶猶新的「阿拉巴馬仲裁案」，得以使美國人重新思考美國對華政策如何能有內外一致，自圓其說的法律見解。但是不論如何，歐美各國係以保有它們在中國的條約權利為考慮，中法「並未宣戰」的理由最能保有歐美各國保護他們在中國條約口岸的最大權益。

這樁交易中的美國案主旗昌洋行在華的龐大利益，是19世紀後半葉商人利益主導下美國對華政策的投射，通過美國在華使領館與商人集團間的緊密合作得以順利操縱這樁敏感的跨國交易案，也說明了早期中美關係中美國政府如何在國家利益和私人大企業間左右逢源。輪船賣給招商局一事是否有損美國的中立？美國駐華領事館該如何對外解釋此事，並以此事評價美國政府在清法戰爭的中立政策？面對這些疑問，美國政府既為保有其商人在華的商務權益，又避免美國政府被質疑違反戰時中立的立場，最好方式便是將商人的投資風險定調為一種與政府無涉的私人契約。旗昌洋行和招商局的長期交往所奠定的信任基礎和利益互惠，加以楊約翰公使與李鴻章的私誼，均說明清法戰爭時期這樁「真買賣、假交易」的輪船交易案頗不尋常，也再度印證了早期中外關係中美國人時時贏得中國朝野所謂「最為恭順」讚語的特殊關係。

清末官督商辦的統治機制最後造成的人事制度的弊端，長期為學者所詬病[76]。然而，在清法戰爭的特殊時期正是因為官督商辦

---

[76] 黎志剛，〈輪船招商局經營管理問題，1872-1901〉，《中央研究院近代史研究所期刊》第19期（1990年6月），頁67-108。黎志剛，〈李鴻章與近代企業：輪船招商局（1872-1885）〉，收入：易惠莉、胡政主編，《招商局與近代中國研究》，頁434-471。作者從管理角度對1872年至1901間輪船招商局從艱難起步到步入全盛、又由盛跌入泥淖的歷程，進行了全面和詳盡的分析，指出

機制，由李鴻章和其幕僚親信馬建忠精心策劃的這場政治布局才得以如此順利。招商局是李鴻章一手促成以收回中國內河航行利權的事業，因清法戰爭的爆發，使得招商局不得不和外國輪船公司合作接受保護。如何以密約的形式讓輪船招商局在戰後可以收回自己的財產，李鴻章很快就做出決定這項協約對當時上海的通商團體和投資者以保密方式進行，更將這件交易的法律見解援引到西方各國商船在開戰前之成例，而其交涉細則有英國籍律師擔文為之看守，不論李鴻章的奏摺或李鴻章掌控下的招商局在《北華捷報》聲明中都特別強調整件事情係由律師出面交涉的私人契約。

　　這場交易略帶有李鴻章個人的「托孤」性質，同時是李鴻章個人的政治風險，萬一戰事結束後旗昌洋行抬高身價反為美商所制，或者旗昌翻臉不認密約不願回售，將造成招商局的巨大損失。設想若是招商局當時為主戰派──「清流派」所攬，可能就有不一樣的結果。然而，再細究之，換旗一事也為李鴻章自嘲的「裱糊匠」事業再添一椿，只能東補西貼、虛有其表。李鴻章處理的僅僅是換旗的政治操作及保住招商局幾艘輪船和財產，如此小格局實為敷衍一時而已，並未從招商局的經營定位和人事制度等問題全盤規劃如何扶植民族企業以及「官督商辦」問題所面臨的真正難題。就在換旗之前招商局人事弊端已現，而換旗之後李系人馬徹底接掌了招商局，除了人事管理的舞弊之外，更加走向官僚資本的保護機構，在與外國的競爭、資本的不足、技術的落

導致這一切變化的根本原因在於管理不善，而「管理不善」又與中國社會結構內的官商關係和商人人際關係網有著直接的關係，從而為中國近代化延誤的原因提出新的解釋。

後和缺乏活力等方面，限制了中國早期工業化企業的發展[77]。

　　本章所討論的政治外交因素深刻影響清法戰爭時期招商局與旗昌洋行的這次交易，拓展了我們對於戰爭時期企業活動和外交決策的理解。也可以說政治動盪和戰爭因素始終是近代中國經濟發展過程中的重大障礙，以及必須考慮到的國家治理層面如何影響了近代中國經濟的發展和停滯。有學者將招商局與日本明治維新的國家干預政策做一比較，「三菱・日本郵船會社」自1875年受日本政府發展輪船航運業政策的大力扶植，將其視為「殖產興業」總體戰略的一環。在1880年代中期三菱會社也和招商局一樣經歷了一次重大的人事改組，1885年三菱會社與共同運輸會社合併成為「日本郵船株式會社」，其後順利轉型，並快速取得在東亞水域的傲然航運成就[78]。對照之下，李鴻章去世的1901年，招商局已陷入勉力維持的窘境，招商局的革新成敗固然非李鴻章一人之責，但在清法戰爭時期殫精竭慮保住招商局事業的李鴻章，確實未能及時把握可利用的權力資源來革新整頓招商局的機會，

---

77 費維愷著，虞和平譯《中國早期的工業化》，頁185-192〈舞弊問題〉和第7章〈結論：走向官僚資本〉，頁312-321。

78 朱蔭貴的研究深入比較了招商局與日本明治維新時期同時起步的三菱・日本郵船會社，提出中日兩國政府在政策措施、資金補助、管理型態和動員民間資金上的不同，更深層的差異則是學習西方器械和文化上的認知，因此決定了招商局和三菱・日郵船社的不同命運。詳見：朱蔭貴，《國家干預經濟與中日近代化──輪船招商局與三菱・日本郵船會社的比較研究》（修訂版），（北京：社會科學文獻出版社，2017），頁167-192。甲午戰爭後日本輪船企業在中國水域的航運經營取得飛躍發展，到1903年日本已是世界第九大航運國。至於一戰以後日本航運業的研究，尚可參考：蕭明禮，《「海運興國」與「航運救國」：日本對華之航運競爭（1914-1945）》（台北：台灣大學出版中心，2017）。

以推動具有長遠且競爭力的經營方式，清帝國所暴露的國家治理危機及其內外相聯的因素也由此可見。

第二章

清末民初中美版權之爭

是盜也，是有傷通商道德，是直以汙泥擲人而詛之也，
其能生法律上之權利否耶？此案被告既不侵擾權利，亦
未違犯公理，乃竟請公堂罰之，論之，禁之，是實斷不
可准行。

—— 中方辯護律師，1911

前言

1903年10月8日（光緒29年8月18日）《中美續議通商行船條約》（以下簡稱清末《中美商約》）簽訂，此一條約是一個純粹以商業性質為主，規範兩國之間通商貿易的條約，有別於過去割地賠款為主的政治條約。其中涉外版權和專利問題，亦首度由美國提出，形成此後中外有關版權問題的依據。從清末到民國初期，美國人出版的書籍被盜印的情況至為嚴重，引起的版權紛爭亦最多起，而中美之訴訟及判決所依據的條約亦即援用清末中美商約中所允諾的保護條款及其適用範圍。

清末中美首度交涉版權互保的同時，世界第一部國際版權公約——1886年於瑞士伯爾尼簽訂的《保護文學和藝術作品伯爾尼公約》（Berne Convention for the Protection of Literary and Artistic Works，簡稱《伯爾尼公約》），在20年後才在中國的《外交報》披露出來，中國人開始理解到國際社會對各國作品的保護制度，清政府雖然意識到版權問題的重要性，並因此催化了國內對版權問題的重視和相關法令的頒布。但是對於涉外版權則關係著洋文載體作為「中國開眼看世界」——開啟西方知識之門的鑰匙。清政府雖同意美方予版權互惠，但卻將保護範圍嚴予限定，等於讓中國得以享有幾乎不受限制翻譯洋文書的權利。而美國方面在無法索取英文版權的同時，則勸說中國加入國際版權同盟，以制約中國的盜印問題，美國書商亦費盡心思以保有版權。從清末到民初美國政府嘗試以各種策略解決在中國的版權問題，終歸徒然，在1946年中美商約簽字之前，中國從條約上即享有擅自翻印西書的合法權利，而中國始終未能在版權規範上滿足美方的需求。

版權概念與印刷術的發展息息相關，中國宋代因印刷術盛

行，已有版權保護的告示，發展至清代亦有類似版律的頒布。然而，近代西方所謂智慧財產權或知識產權（Intellectual Property Rights）對各類藝文創作、設計等人類精神活動成果的保護概念和法制化，中國相對而言，不論在觀念、制度和立法保護等方面，遠不及西方完備[1]。現今對智慧財產權的保護已是國際公約中重要的文明化指標，台海兩岸亦分別於1990年代初期加入國際版權組織[2]。回顧這段早期由美國所啟動的中外版權交涉之議題，不論就近代中美關係史或中國的國際化歷程均具有深意。本文探討清末中美商約簽訂以後至1920年代，中美雙方在版權紛爭的個案交鋒，並分析在雙邊交涉未能奏效之際，美方如何以多邊組織之

1　清末民初中國發生的個案主要為商標、版權、專利三者，尚未使用現今「智慧財產權」一詞所界定的廣泛範疇——包含商標、著作權、工業專利、藝術創作、工藝設計和產地標誌等人類精神活動之成果。在美國國務院國家檔案館有關中國內部事務檔案（*Records of Department of State Relating to Internal Affairs of China*, 1919-29, 1930-39和1940-44，以下簡稱*NA*）的編目分類中，在經濟事務（economic matters）項目有關資產（Property）條目下，最先是有形的土地房屋產權，最後為無形資產：即商標、版權、專利的交涉。而在中國政府的外交檔案中，版權交涉被歸檔為教育文化檔，由此亦看出中國關注的是教育文化問題，而美國關注的則是保護無形資產的創作權，兩者有不同的價值觀。

2　台灣於1992年加入國際版權公約，成為會員之一。中華人民共和國於1990年制定《著作權法》，1992年加入國際版權同盟，2001年加入WTO。1990年代以後引起中外學界研究改革開放後中國版權貿易和盜版問題的熱潮，相關著作甚多。例如：鄭成思，《版權公約、版權保護與版權貿易》（北京：中國人民大學出版社，1992）。張美娟，《中外版權貿易比較研究》（北京：北京圖書館出版社，2004）。Andrew C. Mertha, *The Politics of Piracy: Intellectual Property in Contemporary China*（Ithaca, N. Y. : Cornell University, 2005）. Martin K. Dimitrov, *Piracy and the State: The Politics of Intellectual Property Rights in China*（Cambridge, UK and New York: Cambridge University Press, 2009）.

影響力來約束中國，中國又以怎樣的策略回應美方索取版權之要求？有別於清末民初中國對外交涉多以挫敗告終，中美兩國間的版權紛爭則呈現不同的面貌，而其結果又牽涉近代中國與世界的交往在經濟立法、教育文化和政治外交等多重面向的意義。

　　過去關於中國近代版權史問題，以探討中國版權制度之演變的通論性著作居多，且對於近代中國是否有「智慧財慧權」的本土論述，中外學者的觀點並不一致[3]。中村元哉的研究，則環繞近代以來中國著作權法的演進與中日版權問題交涉中所呈現的東亞內部的國際關係[4]。以上論著儘管間有涉及本文探討的個案，但均

3　李明山主編，《中國近代版權史》（鄭州：河南大學出版社，2003），為開創性的通論研究，該書認為至少中國宋代就產生了版權概念，而清末以來在借鑑東西方發達國家的著作概念時，中國在法律條文中將「版權」和「著作權」視為相同內涵而交互使用，形成具有中國特色的版權和著作權概念。該書第7章提到涉外版權糾紛時，仍多以中國民族主義論述帝國主義在華活動，認為巴黎和會以後帶來反帝運動的高潮，以致涉外版權糾紛相對減少。見該書頁147-164。William P. Alford, *To Steal a Book Is an Elegant Offense: Intellectual Property Law in Chinese Civilization*（Stanford, CA: Stanford University Press, 1995），該書共分六章，溯自清帝國時期中國為何無相應的智慧財產權的歷史、晚清船堅砲利下對西方智慧財權的引進、民國以來對於中國特色的智慧財產權立法化的演進、1949年後台灣與中華人民共和國在相關法案的演進，並對近年美國催促中國相關立法及因應之道有具體的分析。該書作者認為由於政治文化的因素，清代中國始終未能發展出相當於西方智慧財權的本土論述或是具體的立法措施，清末民初的中國知識分子對西方智慧財產權的引介亦是失敗的，因為他們從未想將西方模式施行於中國，一如作者的書名「竊書為高貴的冒犯」。近年中文著作尚有：王蘭萍，《近代中國著作權法的成長，1903-1910》（北京：北京大學出版社，2006）、李雨峰，《槍口下的法律：中國版權史研究》（北京：知識產權出版社，2010）。

4　中村元哉，〈圍繞近現代東亞外文書籍問題的國際關係──以中國為中心〉，《日本當代中國研究》（東京：2009），頁51-68。網路版，詳見：http://www.

未能使用本文所引用的中美雙方政府的交涉檔案，此為一大缺陷，且與本文側重中美關係與國際化因素的研究視野有所不同。

一、清末《中美商約》對涉外版權的首度約定

中美商約係根據《辛丑和約》第11條的約定，中國得與各國商議修改通商行船之條約。清政府曾建議舉行圓桌會議，與各國共同籌議商約，但因列強各有盤算，最後分別與英、美、日、葡、德等國簽訂商約。《中美商約》第9、10、11款條文，首度規範了美國商標、版權和專利在中國應有的保護[5]。而在此之前，商標條約問題首先見諸於1902年〈中英續議通商行船條約〉（中英商約），清政府於1904年頒布「商標試辦章程」，為中國近代商標法邁出第一大步[6]。版權和專利問題，則為中英商約所無，係由

china-waseda.jp/japanese_studies_of_contemporary_china_2009/mokuji.html。日文版發表於：《中国─社会と文化》，第22号（2007年6月），日本中國社會文化學會，頁217-239。該文作者從三方面：一、清末民國時期的《著作權》與翻譯權；二、關於清末民國時期外文書籍的國際關係；三、清末民國時期的外文書籍與國內外反應，從以上研究視角探討中國本身的著作權法的演變、比較國際版權法規、中日版權糾紛與東亞內部關係，最後闡述1949迄今中國著作權問題的延續和演變。

5　根據《辛丑和約》第11條：「大清國國家允定，將通商行船各條約內諸國視為應行商改之處，及有關通商各地事宜，均行商議，以期妥善簡易。」中美商約的研究，詳見：吳翎君，《美國大企業與近代中國的國際化》，第2章〈中美商務關係的里程碑──清末中美商約〉，頁69-107。王爾敏，《晚清商約外交》（香港：中文大學出版社，1998），頁175-195。此外，本書探討中英、中美、中日、中葡、中德等商約交涉和簽訂過程。

6　〈中英續議通商行船條約〉第7款，由「南北洋大臣在各管轄境內設立牌號註冊局所一處，派歸海關管理其事」。于能模編，《中外條約彙編》（上海：商

中美商約交涉過程中首先由美國提出，其後中日商約中亦列有版權問題，引起中國朝野的一致反對[7]。因此，近代中國對商標、版權和專利的保護和相關法律制定的最初，可說主要是在外人的催促和壓力下完成的，而美國在此一過程中扮演著極為重要的角色。

在中國的涉外版權和專利問題為何由美國率先提出？首先，牽涉美國本身的歷史發展，美國憲法第1條第8款第8項：「國會有權⋯⋯為促進科學和實用技藝的進步，對作家和發明家的著作和發明，在一定期限內給予專利權的保障」。美國專利制度被譽為世界最完善者之一，最早可溯自英國殖民時期在麻州（Massachusetts）已有由州授予專利的案例。美國第一部專利法於1790年問世，美國專利局於1802年成立，當時為國務院直屬部門，承擔專利相關事務。19世紀初，商標事務亦納入專利局的轄權範圍。論者普遍認為美國工商業的快速發展和其獎勵專利制度關係密切[8]。其次，早期美國傳教士抵華後創辦報紙，倡導西

務印書館，1936），頁27。《中英續議通商行船條約》，於1902年9月5日簽訂，次年7月28日換文。左旭初，《中國近代商標簡史》（上海：學林出版社，2003），頁18-23。

7　《中美商約》於1903年11月23日於華盛頓互換約文。《中日商約》於11月24日在北京互換。另據王爾敏教授的考證，《中美商約》於該年10月8日（農曆8月18日）簽於北京，日本在得知美約即將達致協議時，即趕在與《中美商約》同日簽字，所以《中日商約》簽約上的呂海寰、盛宣懷為現場簽署，而伍廷芳因在北京，其所簽字為日後補簽，此事顯現日本欲與美國爭鋒，因而有意留下美、日兩約同日簽定的紀錄。美國早於1902年交涉之初提出草約32款時即列有版權條款。王爾敏，《晚清商約外交》，頁216-217。

8　這方面的研究相當多，如經典之著：Frank I. Schechter, *The Historical Foundations of the Law Relating to Trade Marks*（New York: Columbia University

學，翻譯西書，以達到宣教目的，而當時編譯之報章書籍即屢見盜印情事。美國傳教士林樂知（Young John Allen）在《萬國公報》倡導版權，並有以地方官府名義刊載的〈嚴禁翻刻新著書籍告示〉，敬告民眾：「爾等須知教士所著前項書籍，煞費經營，始能成編行世，既曾登明告白，不准翻印，爾等何得取巧翻版，希圖漁利」。為遏止中國的翻版圖利，林樂知倡導由民間各書局成立版權公會，以約束西書被盜刻的情況[9]。再者，清末以來中美之間逐漸形成的「特殊友好關係」，美國人相對於其他帝國主義國家來得友善許多，尤其是美國退回庚子賠款作為留美學生之基金後，中美文化交流日益密切，使得美國書籍容易成為翻印的對象。1903年《中美商約》首度在條約上規範版權問題，顯現美國政府對版權問題的重視，即使到現在美國對於中美著作權的保護仍是不遺餘力，從歷史溯源而言，可謂其來有自。

　　為了應付商約談判，清政府特任命兩江總督劉坤一、湖廣總督張之洞為督辦商務大臣，實際主持談判事務的為工部尚書呂海寰、左侍郎盛宣懷。美方代表則為為駐京公使康格（Edwin H. Conger）、上海總領事古納（John Goodnow）和同孚洋行（Wisner & Co.）商董希孟（John F. Seaman）。1902年交涉之初，美方交來的通商行船條約草案第32條，針對版權的條文如下：

Press, 1925）。新近成果如Alain Pottage and Brad Sherman, *Figures of Invention: A History of Modern Patent law*（New York: Oxford University Press, 2010）, pp. 1-18; 45-65。美國專利局網站（United States Patent and trademark office）http://www.uspto.gov/。

9 〈嚴禁翻刻新著書籍告示〉，《萬國公報》97卷上，光緒23年1月（1897年2月）。〈擬立版權公會〉，載《大公報》，1904年3月6日。

　　無論何國若以所給本國人民版權之利益一書施諸美國人民
者，美國政府亦允將美國版權律例之利益給予該國人民。中
國政府今允，凡書籍、地圖、印件、鐫件或譯成華文之書
籍，係經美國人民所著作或為美國人民之物業者，由中國政
府援照所允保護商標之辦法及章程極力保護，俾其在中國境
內所印售此等書籍、地圖、鐫件或譯本之專利。（底線為作
者所加）

這份最初的美方草案不僅索取原文書版權，且包含譯本之版權。
1902年9月交涉之初，中國代表盛宣懷表示版權問題，恐怕會使
書價提高，窮人更買不起書，表示反對。對於保護版權的年限，
古納曾提出14年之說，張之洞主張訂為5年，雙方後來妥協為10
年[10]。

　　美方索取洋文版權一事，引起京師大學堂的反對。管學大臣
張百熙代表中國最高學府京師大學堂致書商約大臣呂海寰、盛宣
懷，萬勿允許美國於商約中索取洋文版權，因各國必將援請利益
均霑，如此則各國書籍，中國譯印種種為難，其結果勢必阻滯國
人譯印及探究西學。「現在中國振興教育，研究學問，勢必廣譯
東西書，方足以開民智，……似此甫見開通，遽生阻滯，久之將
讀西書者，日見其少，各國雖定版權，究有何益。」[11]管學大學堂
發兩江總署張之洞電文，亦提到「各國之有版權會，原係公例，

---

10 海關總署研究室編譯，《辛丑和約訂立以後的商約談判》（北京：中華書局，
　　1994），頁160-161。

11 〈外務部（代大學堂）發商約大臣呂海寰、盛宣懷電〉，中央研究院近代史研
　　究所編，《中美關係史料・光緒朝五》（台北：中央研究院近代史研究所，
　　1988），頁3271。

但今日施之中國，殊屬無謂。使我國多譯數種西書，將來風氣大開，則中國各種商務，自當日進，西書亦日見暢行。不立版權，其益更大」[12]。張百熙是晚清政府中思想較開明的官員，他亦體認到歐西各國注重版權，但中國還沒有加入版權會的條件。他在中美商約中反對予以洋文版權，係站在中國科技文化相對落伍，無法履行國際版權條約的立場，但對於國內他卻主張中國應訂立版權辦法，嚴禁翻印，以鼓勵苦心編譯者[13]。

　　劉坤一復電提到中國非廣譯東西書不可，由於同時交涉的《中日商約》亦有索取版權之事，劉坤一主張約文中宜限定適用範圍。「日本現訂約款，只聲明日本特為中國備用，以中國語文著作書籍及地圖應得一書保護。其東文原書，及東文由中國自譯，或採取東文另行編輯者，不在版權之列」[14]。對於中國應保有東西文的翻譯權，以廣開民智，呂海寰、盛宣懷亦深表認同。「東西書皆可聽我翻譯，惟彼人專為我特著之書，先已自譯及自印售者，不得翻印，即我翻刻必究之意」。「既欲廣開民智，無論中外人特著一書及自譯自印者，應准註冊專利若干年，方免遏斷新機，餘皆不在禁例」[15]。中國代表一方面體認到歐西各國定有版律，條約中必須應允保護版權，但不論如何需保有中國的譯書權。1903年4月初，中國代表建議，增加「除以上所指明各書籍

12〈外務部（代大學堂）發兩江總署張之洞電〉，《中美關係史料‧光緒朝五》，頁3271-3272。

13 張百熙曾在大公報發表〈管學大臣批答廉惠卿部郎呈請明定版權由〉，主張中國國內應訂版權法。《大公報》，1903年6月4日。。

14〈前江督劉坤一復電〉，周林、李明山主編，《中國版權史研究文獻》（北京：中國方正出版社，1999），頁42。

15 呂（海寰）、盛（宣懷）兩欽使復電，《中國版權史研究文獻》，頁43。

地圖等件不准照樣翻印外，其餘均不得享此版權之利益。又彼此言明，不論美國人所著何項書籍，可聽華人任便自行翻譯華文，刊印售賣」。8月，中方代表又提出，在准許中國人翻譯、刊印、售賣的「書籍」之後，增加「地圖」二字[16]。

由於版權問題的討論，在《中美商約》談判中遠不如裁釐加稅、通商口岸的開放、礦業開採與修築鐵路等議題來得重要，因此談判過程美國政府頗多讓步。1903年10月8日《中美商約》於上海簽署，最後全文共17款。關於版權的部分，已與美方最初提出的版本差異甚大。美方原本希望洋文原著或譯著均能取得版權保護，但由於中方堅持，最後商約第11款，針對書籍、地圖、譯本之版權條文如下：

> 中國政府今欲中國人民在美國境內得獲版權之利益，是以允許凡專備中國人民所用之書籍、地圖、印件、鐫件者或譯成華文之書籍係經美國人所著作或為美國人民之物業者，由中國政府援照所允保護商標之辦法及章程，極力保護十年。以註冊之日為始，俾其在中國境內，有印售此等書籍、地圖、鐫件或譯本之專利。除以上所指明各書籍、地圖等件，不准照樣翻印外，其餘均不得享此版權之利益。又，彼此明言，不論美國人所著何項書籍地圖，可聽華人任便自行翻譯華文，刊印售賣。（底線為作者所加）

美方在簽約之後，已感懊悔，由於中美商約為十年換約，尚未達換約期之前，美方即提出修改商約或另訂版權協議。1907年

---

16 《辛丑和約訂立以後的商約談判》，頁200-201。

（光緒33），美國政府針對第11款保護版權之事行文：「本國政府不能滿意，囑請中國政府允將此款商改或另訂版權條約」，希望中國政府派全權大臣與美國駐華公使柔克義（William Woodville Rockhill, 1854-1914）會商，但清政府以期限未到拒絕討論[17]。

　　清末《中美商約》係予以外人著作權極有限度的保護，除非是「凡專備中國人民所用」才在保護之列。「除以上所指明……」等文字，又更加確認清政府得「任便自行翻譯華文，刊印售賣」的權利；即使是「專備中國人民所用」，需向中國商標局註冊，始受中國政府保護十年。條約中的「專備」、「照樣翻印」、「任便自行」和註冊程序等文字，字字關鍵，顯現清政府為維護中國探究西學的權利，力圖保護國人的譯印權，在條約用字上的著力。然則「專備」兩字，在此後中美著作權的交涉過程中影響最大，也爭議最多。

　　民國建立之初，1913年5月美國署理公使衛理（Edward Thomas Williams, 1854-1944）曾探詢外交部意向可否仿照1906年美、日兩國簽訂之版權條約，簽訂中美版權同盟，美日版權條約內容只有三款，一、互相保障；二、譯書；三、批准及交換程序。第一、二款如下：

　　　第一款：兩國人民之文藝著作及照相等件在締約國境內對於不法之翻印，均享有版權保障，其保障之根據兩國係屬同等，惟第二款條文所載不在此列。

---

17 外務部發農工商部咨，〈美使請允改商約第十一款版權一事即酌核見復由〉，光緒33年3月15日。中央研究院近代史所，《外務部檔案》，02-13-021-04-005。

第二款：兩國人民不待特許，可在締約國境內翻譯書籍、論說、劇本、樂譜及各種著作之件，並印行此種譯件。[18]

美日版權條約中，日本仍保有譯印權，但約文第一款對於文藝著作（literature and art）和照相（photographs）的不法翻印則是互允保護，條文顯然比《中美商約》所謂「專備」等條件尊重原著。中國外交部理解清末《中美商約》對我之優勢，並未應允，僅答以異日再行[19]。

在中美商約簽訂之後，1905年清政府商部擬定版權律，但遲未公布，直到1910年12月（宣統2年11月）清政府始頒布〈大清著作權律〉共有通則、權利、呈報義務、權利限制和附則等5章55條，為近代中國第一部著作權法，將著作和版權保護納入法制化的開始，民初仍暫行沿用[20]。即使中國已有著作權法，然而，外國人在華著作權保護，係根據條約規定，並不受國內法的約束。民國初年秦瑞玠的《著作權律釋義》中就說「本律（指中國著作權法）於外國人之著作權，既無明文規定，而民律現方編訂，外國人得享有一切私權與否，亦尚無條律可援。是則苟非有特約之國，非在特約所規定範圍內，固宜不得享有本律之保護者也」[21]。

---

18 外交部收美館函，1913年5月27日，〈鈔送美日合訂版權條約由〉，《外交部檔案》，03-43-013-03-002。中文及外文。

19 外交部致教育部、工商部，1913年7月8日，〈美使擬訂版權條約事復達查照由〉，《外交部檔案》，03-43-013-03-006。

20 王蘭萍，《近代中國著作權法的成長，1903-1910》，頁76-83。民國以後1915和1928年曾修定著作權法，係在〈大清著作權律〉的基礎上修訂法條。李明山主編，《中國近代版權史》，頁124-127。

21 《著作權律釋義》為民初針對仍沿用的《大清著作權律》的釋義著作，在有關著作權律與國際條約的關係上，秦瑞玠認為著作權是個人私權，從國際的範

然而，美國書商卻認知，既然《中美商約》已互允保護，中國政府應有保護外人版權之責。從清末到民國時期，中美之間有關版權和盜版糾紛的案例始終不斷。

二、美國控告中國書商與索取版權之案例

清末民初中美版權糾紛案不斷，最重要者約有三起：一、《邁爾氏通史》（*General History by P. V. N. Myers. A. M.*）翻印案（1911）；二、《各國老幼書》（*Big People and Little People of other Lands*）等書籍案（1912-1919）；三、《韋氏大學字典》（*Webster's Collegiate Dictionary*）案（1923）。其中，《邁爾氏通史》翻印案與《韋氏大學字典》案係發生於上海會審公廨（The Mixed Court）的法律訴訟案件。美商如果能夠勝訴，則可能成為判例，將可以大大彌補商約條款對美方版權保護的不足。《各國老幼書》則是符合《中美商約》中「專備中國人民之用」的規定，美商循外交管道討回公道的交涉案例。

（一）《邁爾氏通史》翻印案

1905年（光緒31），上海商務印書館呈請學務處批准出版一批翻印的英文書籍目錄。上海商務印書館商人夏瑞芳稟稱趁著美國商約版權未定之先，湊集巨股擇要翻印洋文書籍，廉價出售，以俾各省學堂易於購讀開錄。這批英文書目錄共有185本，含英

圍來，亦應該是僑寓外人所有私權中的一種。但在《中美》、《中日商約》中並未明文賦予外人有這項私權。秦瑞玠編，《著作權律釋義》，於民國初年由上海商務印書館印行，全書收錄於《中國版權史研究文獻》，頁98-130。所引見頁102-103。

文文法、英文字典、天文、化學、物理、地理、各國歷史、小說
等各類書目，學務處批准後咨呈外務部的公文提到上海商務印書
館，「志在價廉售廣，以惠學者，所呈書目發交本大臣學堂洋文
教習詳細察閱，據稱合學堂課本之用」[22]。商務印書館的大舉出版
動向立即引起美國出版商的矚目。其中《邁爾氏通史》出版後，
美商經恩公司（Gim & Co.，或譯「金恩公司」）委請律師於上海
會審公廨控告商務印書館侵犯該公司的版權，該公司在上海的代
理商為英國人伊凡斯（Edward Evans）。他宣稱6年前即在上海從
事代理經恩公司的版權，該書銷售情況頗佳，直到商務印書館以
廉價翻印此書，致使經恩公司及其本人的代理權蒙受損失。上海
會審公廨於1911年3月29日開庭，被告商務印書館委任禮明（W.
S. Fleming）和丁斐章（Alexander Ting，又名丁榕）兩位律師和
原告經恩公司委任律師T. B. Jernigan和S. Fessenden進行辯護。
《字林西報》（North China Daily News）曾以大篇幅刊載雙方的辯
論全文，可見得此事受到外人的關注[23]。會審公廨審理結果認為該
書並非1903年《中美商約》第11款所載「專為中國人民所用之
書籍」，不肯裁決原告美商勝訴。美國駐上海總領事維禮德
（Amos P. Wilder）表示這件案子顯現《中美商約》中有關版權的
限令很明顯對美商的保護極其脆弱，希望美國國務院和中國政府
重開版權問題的協議[24]。

　　會審公廨呈上海道文，陳述被告商務印書館確有售賣經恩公

22 〈外務部學務處批准商務印書館稟請立案翻印洋文書籍目錄〉，NA, 893.
　　544943/2。

23 North China Daily News, March 30; April 3, 1911.

24 American Consulate-General（Shanghai）to the Secretary of State, Apr. 10, 1911,
　　NA, 893.544943/1.

司圖書之事實，但這件案子為「有損害而無過犯」之案件，陳請
上海道處理。會審公廨從三方面論述可規範被告商務印書館的法
律：一、中國本國之法律：按中國法律向無版權專條，宣統2年
（1910）清政府始頒布《大清著作權律》，「中國人之文藝著作始
有著作權，若他人則可酌示通融，而不能借口爭執……然則此
案，商務印書館既無假冒字號之事，則翻印售賣邁爾史，按律固
無應得之咎」。二、中國並未加入國際版權聯盟。因此，中國之
著作者，在中國地方出版發行之著作物，一入外國，即不能授有
版權協約及其國之著作律，以求保護；而外國之著作者，在中國
亦不能藉口於中國著作例之利益。三、1903年《中美商約》第11
款和《中日商約》第5款有關版權的規定，美約係以「專為中國
人民教育之用」為限制，其餘皆不得援以為例。至於《日約》第
5款限制尤嚴，非以華文著作者，礙難保護，《邁爾氏通史》更非
其比，而《日約》中亦列有專為中國人民之用之字樣。會審公廨
呈文：「且我國版權之限制，乃純為教育前途起見，實有不得不
然之勢。教育未能普及之先，亟宜采有用之書，而以賤價售之
務，使盡人能購而後已。否則我國生童，勢个能不以重價求書於
外洋……」。會審公廨從法律和公理層面支持被告商務印書館的
翻印無罪[25]。

　　由於會審公廨美籍陪審官詹美森（J. Paul Jameson）在此案中
並未站在保護美國人版權的立場，和美國駐上海總領事維禮德態
度迥然不同，雙方激烈爭執，詹美森給駐京公使嘉樂恆（Walliam
J. Calhoun）長達16頁的電報中提到上海總領事意圖施壓，他表

---

25 周林、李明山主編，《中國版權史研究文獻》（北京：中國方正出版社，
　　1999），頁180-181。

明並不是不願意保護經恩公司的版權利益，他個人非常同情經恩公司的處境，經恩公司為一卓有信譽的美國公司，但此事非關同情或商業道德，而是從法律層面而言，據《中美商約》11條的解釋，經恩公司出版之書籍確「非專為中國人而製」，因此不在保護之列[26]。

商務印書館律師禮明的辯護詞，提到按照條約只有兩種書籍在保護之列，一係專為中國人民所用之書籍、地圖、印件、鐫件者，二係為譯成華文之書籍，條約所許之版權利益。《邁爾氏通史》全書為英文，共800頁，提到中國歷史者僅9頁，倘該書果專為中國人民教育之用，應採用華文而非英文。又說：中美所訂之條約為版權之依據，「條文有不愜之處，原告應請其國之外部，與中國政府別立一條約，冀可擴充版權之利益，不得率請公堂就原有之條約而為之改良也」、「非法律條約所承認之權利，被人違占更不能請公堂代之判斷」。因此從法律上的權利而言，原告在中國並未享有保護之權力，而竟指責商務印書館「是盜也，是有傷通商道德，是直以汙泥擲人而詛之也，其能生法律上之權利否耶？此案被告既不侵擾權利，亦未違犯公理，乃竟請公堂罰之，諭之，禁之，是實斷不可准行」[27]。由於美駐上海總領

---

26 J. Paul Jameson to W. J. Calhoun, May 4, 1911, *NA*, 893.544943/2.

27 禮明的辯護詞，中文見：周林、李明山主編，《中國版權史研究文獻》，頁186-187。英文版見：American Consulate-General（Shanghai）to the Secretary of State, May 15, 1911, *NA*, 893.544943/1. enclosure "In the International Mixed Court in Shanghai"。中文版的文氣略為激動，以本文所引文末的結語對照可知：'Crying piracy and charging lack of commercial morality, throwing mud and heaping abuse will not create a right where none exists by law. Certainly the Mixed Court cannot be asked to punish or enjoin the defendants where no right been infringed and no wrong has been committed.'

事不服此項判決，並通過英使朱爾典（John Jordan）共同施壓，但外務部立場堅定，認其非為中國特著，並無禁止翻印之條文可據。但希望原告與被告雙方「自行商妥，以期和平了結」[28]。商務印書館回覆「果金（經）恩公司自知，此事本為條約所許，商議係由特別通融，所開辦法，果屬和平，敝公司亦無不願和平了結也」[29]，此一案件中，從學務處、會審公廨、上海道和外務部，均從條約規範的層面大力支持商務印書館。

商務印書館於1910年7月曾印製該館出版目錄《華英書目提要》（*Descriptive Educational Catalogue, Chinese and Foreign Textbook*）118頁，約有數百本以上的教科書，主要為原書翻印，其次為中文節譯，亦有少量的德、法、日原文書，價格在0.15至2元之間，有的還冠上英文 "Approved by the Board of Education of China"（經學部處批准）的字樣。由於取價甚廉，當然對合法西文書的代理商造成巨額損失[30]。同年，紐約美國圖書公司（American Book Company）和其他公司一再呼籲美國政府重視美商在華的版權利益，他們表示德、法等歐洲國家的書籍被盜用的情況相當稀少，不太可能和美方立場一致，要求國務院與英國聯手向中國施壓[31]。版權問題並未列於1902年《中英商約》，由於英約修約期限

28 外務部復英朱使照會，清宣統3年（1911）5月21日。外務部至上海道函，清宣統3年（1911）7月17日。周林、李明山主編，《中國版權史研究文獻》，頁190-191。

29 商務印書館復上海道函，清宣統3年（1911）8月23日。《中國版權史研究文獻》，頁192。

30 《華英書目提要》，見於 *NA*, 893.544943/3 有完整的一份118頁的目錄和介紹。

31 American Book Company to the Secretary of State, March 14, 1910, *NA*, 893.5440Am2/5.

將屆，1911年6月駐京公使嘉樂恆乃尋求英國公使朱爾典的合作，希望解決西文書的版權問題[32]。8月嘉樂恆和中國政府曾針對版權問題交換意見，但這項交涉因辛亥革命爆發而中止[33]。民國初年商務印書館更推出一系列西洋史教科書，書頁中明白可見「教育部審定批詞」，以及訂價約一冊一元取價極廉，為「研究東西史者必備之書」之廣告。（圖2-1）

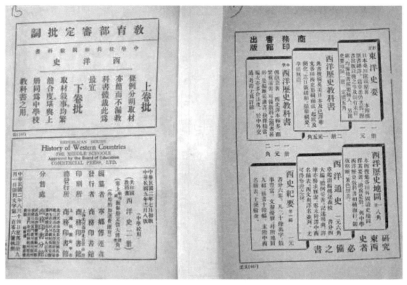

圖2-1：商務印書館書關於西洋史教科書之書頁版權和廣告，1916年。

---

32 American Legation（Peking）to the Secretary of State, June 22, 1911, *NA*, 893.544843/4. 嘉樂恆提到中國的高等學府、技術學院和教會大學對於西文教科書的需求愈為普遍，使得原文書盜印的情況非常嚴重，不僅侵犯作者著作權和書商版權，且由於取價較廉，使得代理美商和美國出版商蒙受巨額損失。

33 J. B. Moore（Counselor of State Department）to American Book Company, July 20, 1913, *NA*, 893.544Am3/2.

（二）《各國老幼書》等書籍案

　　1912年底，美國圖書公司呈請國務院，希望通過美駐京公使館直接向北京政府索取《各國老幼書》在中國發行的版權，該書以華文釋義，並同時向中國海關註冊，且符合商約「專備中國人民之用」的規定，該書在中國的經銷商為英人伊凡斯。嘉樂恆於次年1月向北京政府正式提出此一要求，稱此項書籍確係依照《中美商約》第11款刊印，得以在中國享有完全之保護[34]。結果外交部通商司認為「該公司所印書籍如能有助於中國治安，自應給予版權，以符條約，惟學堂應用書籍向由學部核定」[35]。1913年6月教育部始給外交部公函，「是書為便於東方人士初學起見，用意甚善，惟其所言社會風俗情形間涉陳舊，於民國現有學堂殊難適用，惟聽願讀者自行購買，至給予版權向歸內務部辦理」[36]。外交部很快又將此案轉到內務部詢問是否准予註冊，俾享有版權之利益[37]。內務部竟拖延到1914年2月答覆外交部「查各國老幼書樣本係以華文釋義似可認為專備中國人民所用之書籍……自應按照條約辦理，惟查原約所定保護方法係載明援照商標辦法及章程辦

---

34 American Book Company to the Secretary of State, Nov. 12, 1912, *NA*, 893.544Am3. 外交部收美使館函，1913年1月8日，〈紐約書籍公司新出書籍請予版權由〉，中央研究院近代史所，《外交部檔案》，03-43-013-02-001。

35 外交部致教育部函，1913年1月13日，〈美公司所印書籍請給予版權希核辦見復由〉，《外交部檔案》，03-43-013-02-002。

36 外交部收教育部函，1913年6月21日，〈紐約圖書公司所印之各國老幼書用意雖善不適用於學堂至給予版權向歸內務部辦理請轉復由〉，《外交部檔案》，03-43-013-02-004。

37 外交部致內務部函，1913年6月27日。〈紐約書籍公司請給予版權希核辦見復由〉，《外交部檔案》，03-43-013-02-007。

理」，但內務部又稱前清商部訂定之章程諸多窒礙，農商部暫緩施行，目前正研擬新法，因此現在並無商標辦法可以援照，只好將美商書樣暫予留部存案，俟農商部將商標章程訂定公布後再行援照辦理[38]。《各國老幼書》一書對美國書商而言突顯一個嚴重問題，亦即在完全符合《中美商約》版權互保的原則，亦無法獲得中國政府允諾對美商在中國的版權保護。從北京外交部、內政部、學部，最後再到農工商部近二年的時間，最後是「現無商標法可辦」，因而無法註冊的踢皮球方式。

　　1915 年 11 月又有美國萬國函授學校（International Correspondence School）通過美駐京公使芮恩施（Paul Samuel Reinsch）要求中國政府出示暫行保護令[39]。萬國函授學堂所著英文課本 1-5 冊宣稱該書係為中國人而作，由於該書商代表人海格（英文不詳）曾於該年 1 月向內務部稟請註冊，擬分冊發行，內務部要求美商如欲繼續發行各本，應續送內務部審查批示，不宜由美使以公文程式送達，因此未便批示。內政總長朱啟鈐稱由於目前既無商標章程可以援照，內政部特定一種臨時辦法准予存案，「存案云者即對於該書認為合於條約之規定，而予以保護之」[40]。不論是《各國老幼書》或函授學校書籍，儘管已符合商約 11 款的要求，但中國政府仍含混其詞，或以商標法未定，或以存案即為保

38　外交部收內務部函，1914 年 2 月 7 日，〈美人刊印書籍請求版權應援商標章程辦理現將樣本留部存查俟該章程公布再行核辦由〉，《外交部檔案》，03-43-013-02-008。

39　外交部收美芮使函，1915 年 11 月 26 日。〈美國函授學校課本請求註冊〉，《外交部檔案》，03-43-013-06-006。

40　外交部收內務部函，1915 年 12 月 15 日。〈美國函授學校請求版權案按公文程式未便批示請轉致美使由〉，《外交部檔案》，03-43-013-06-008。

護之諉詞，令美商心生不滿。

　　英美煙公司（British American Tobacco Company，簡稱BAT）律師肯列退（W. B. Kennett）曾有文提到他對中國保護商標和版權的看法。因科學書銷售日廣，華人侵犯版權之事日見增加，依他的看法1903年《中美商約》的規定，中國政府有責保護美商所售關於華人通用及教育圖冊版權，但英美科學小說，原非關於華人通用及教育者，自不在保護之例。因此，美商只要於書目書明其種類，「於北京內務部註冊，或海關臨時商標註冊處註冊」即應獲得保護[41]。也就是說英文書籍中凡涉及華人通用及教育者，例如科學書應受保護，他的看法為民初英美人士的一般認知。此一認知顯然與華人書商大不相同。

　　1919年美國商會（American Chamber of Commerce）給上海總商會一公函，指稱中華書局和商務印書館等華人印刷局翻印美國課本數量之多，令人駭異。「以性質高尚之印刷局，竟有此種行為，更為可訝，今此事已呈明美國駐京公使與北京政府磋商辦法，呈警告各印刷局，倘不再停止翻印，其違犯法律，遭受困難，必有更甚於今日者，請將此意，通告各印刷廠」。美國商會的這項指控有責問及恐嚇之意，引起上海書業商會的聯合抗議，並向外交部呈明「洋商矇請版權懇請據約駁拒」，呈文中提到按照條約凡為中國特著之書方能禁止翻印，其非為中國特著者，約章並無禁止翻印之條。上海書業商會提及之前經恩公司的敗訴案例說明美商欲矇請版權，請外交部務必拒絕[42]。此案是美國書商在

---

41 〈中國商標版權之保護問題〉，主講者英美煙公司律師肯列退先生。《東方雜誌》，第16卷第9號（1919），頁162-163。

42 外交部收上海書業商會呈，1919年5月9日，〈洋商矇請版權懇請據約駁拒〉，《外交部檔案》，03-43-014-02-001。

求償無門下，通過美國公使館和商會的力量來解決問題；但中國著名圖書公司則依恃過去勝訴案的前例，通過上海書業商會的集體力量，反控洋商矇混版權，要求外交部堅持不讓。

（三）《韋氏大學字典》案

1923年6月11日，美商米林公司（G. & C. Merriam Company）於上海會審公廨控告商務印書館譯印《韋氏大學字典》侵犯該公司權利。有別於前述個案僅有版權問題，本案同時控告商務印書館侵犯版權和商標。商務印書館所發行的英漢雙解辭典，號召35名中國學者編，歷四年餘始完成，當時已售出4,563部預約書，正待發行。米林公司一狀告到上海會審公廨，商務印書館委託的辯護律師仍是《邁爾氏通史》侵權案中的禮明和丁斐章。審訊官為陸仲良襄讞、美籍陪審官為阿爾門（Norwood F. Allman）。原告米林公司指稱被告商務印書館犯有以下12項情節：

一、原告係英文韋氏大學字典的著作權者。

二、原告獲有一種商標權，該商標括有一花圈，圈內有意匠式之W字，圈下有Webster's（韋氏）字樣，而併括於大圓圈之內。（圖2-2）

三、該商標曾在美國及中國註冊，自1898年以來，由原告繼續使用於其出版各種字典之封面上。

四、該商標曾在上海美領事署註冊，並按照中國暫行商標註冊章程辦理。

五、該字典係以重大之經費勞力在美國編輯而成。

六、原告曾將該字典在中國境內售賣甚廣。

七、被告曾發行一種字典，其名為 "Webster's Collegiate

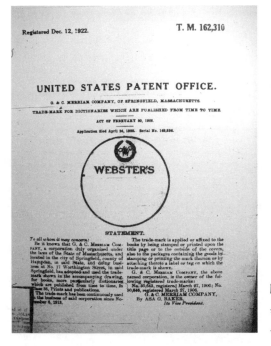

圖 2-2：韋氏大學字典在
美國專利局的註冊商標。
見於 *NA*, 893.543 M55/3

Dictionary with Chinese Translation"（英漢雙解韋氏大學
字典）。

八、被告曾發出一種傳單，將印行該書事項通告公眾，招人
　　購買，並曾獲有若干預約。

九、被告曾模仿原告之商標，其模仿之情形足以欺騙常人，
　　使誤信被告發行之字典與原告發行者相同，僅加入中國
　　譯文一項。

十、被告確曾照原告之字典，一一抄襲，僅將中國譯文加
　　入。

十一、被告此種行為侵害原告著作權及商標權之利益。

十二、被告編輯該字典並不擔負經費，故其取價較廉。

　　原告米林公司訴請如下：一、由公堂頒發永久禁諭，不許被告發行及售賣《英漢雙解韋氏大學字典》一書，且不許使用原告認為商標之一種圖案；二、由公堂諭令將該書圖版紙版及其他侵害原告權利之物一律銷毀；三、由公堂禁止被告售賣或交付上述字典，並諭令被告賠償原告損失及堂費。

　　被告商務印書館於答辯中承認印行該字典，並曾發出該書之傳單，獲得若干訂單與預約，但原訴狀中所指其他各節則為商務印書館所否認。該館答辯該書籌備四年，且聘學者專家編譯，費國幣 15 萬元，明知不能獲利，但為求教育大計，乃不惜成本。而該書的訂價 24 元，亦較原告出版之英文本定價 12.25 元高昂，係因翻譯漢文工本至鉅，並非原告所言被告編輯不負擔經費[43]。

　　1923 年 9 月 21 日法庭判決結果如下：在版權部分，由於《韋氏大學字典》並非專為華人教育之用，所以不在版權保護之列。在商標部分，由於商務印書館的封面設計及說明書仍借用該公司的圖樣和商標，法庭認為「此一廣告方法頗為巧妙或足以矇蔽公眾」，因此被判定侵犯商標權。會審公廨宣判被告「不得將前項說明書再行散布，並不得將說明書內圖記用於所印各種字典，所有此項版模及印成未曾散布之說明書一併銷毀」，對於說明書內的圖樣及字典上之商標造成原告信譽損害部分，商務印書館得賠償被告 1,500 銀兩[44]。

43　商務印書館呈外交部，1923 年 10 月 24 日，〈洋商藉用商標陰圖保護版權籲懇嚴加防制以維教育而保商業〉，《外交部檔案》，03-43-015-01-007。本卷宗收有商務印書館申辯狀、判決書及節略。有中英文各一式，譯文 45 頁，英文 44 頁。美籍陪審官給駐上海領事的報告見：N. F. Allman to American Consul General, Oct. 5, 1923, *NA*, 893.543M55/1。

44　〈韋氏大學字典案被告申辯狀，附本案判決書〉1923 年 9 月 21 日，頁 43-45。

　　本案經數次開庭，在法庭上一來一往，引起中外關注。英文報《大陸報》於8月23日節錄法庭之辯論經過，包括原案在版權上不能成立之理由、前此美國經恩公司敗訴之案例（即邁氏通史案），以及商務印書館經理王顯華（以被告證人身分出庭）的證詞表示該書並非如原告所指稱編輯該字典，該書局並不擔負經費等情事[45]。在法庭之外，中華教育改進社上書外交部認為此案關係全國文化，決請外交部「據約力保條約上譯書利益」，同時亦致電江蘇省長暨上海交涉使尋求支持[46]。全案經兩次審理，未宣判前，江蘇交涉員許沅亦致電外交部，援引中國未加入版權同盟及《中美商約》第11款，並和陸讞員聯繫，表示被告商務印書館「可期勝訴」[47]。

　　此案原告為美國出版家，在華之代理商則為英國人，因此，商務印書館在答辯時，亦特別強調英美兩國人民對於著作權限項，均不能自詡在道德上較中國高尚。理由是自美國初建以迄於1891年採行國際著作權法之時，美國出版家皆可隨意翻印，且經實行翻印外國著作家及出版家之作品，其在英國則在1886年以前亦如是，英美兩國所以將著作權推及外國人者，「其原因不在夫倫理的見解或道德上之主義，而在夫商業上的便利」。會審公廨

収於《外交部檔案》，03-43-015-01-007。*NA*, 893.543M55/至893.543M55/7，則為全案交涉之經過。

45 〈大陸報字典案之辯護〉，見：周林、李明山主編，《中國版權史研究文獻》，頁200-202。

46 外交部收中華教育改進社函，1923年8月26日。〈上海會審公廨訊理韋氏字典關係全國文化請據約力爭〉，《外交部檔案》，03-43-015-01-003。

47 外交部收江蘇交涉署電，〈美商控商務印書館預約出售韋氏字典一案業經會審公廨審理兩次據被告方面告及可期勝訴〉，1923年9月10日。《外交部檔案》，03-43-015-01-005。

之判決書則提到「雖原告謂此種行為有損於道德，然被告為應中
國學生之需要起見，不得不盡天職從事譯印，要與該商約並無違
背云云，原告對於此點不能提出充分證據，證明其在中美兩國內
獲有版權，本公堂自應駁回不理，至於道德如何，本公堂意為非
本案法律範圍內應研究之問題，可無庸置議」[48]。上海會審公廨純
依《中美商約》的保護範圍做出裁決，而判定商務印書館在版權
上勝訴，至於米林公司所指控的道德層次問題，則不予評論。

　　對於商標權的判決結果，商務印書館表示不服，認為米林公
司以商標矇請版權，對我國譯印事業極其不利，提出據《中美商
約》第9款所謂「商標」係指「普通物品」而言，至書籍版權則
需按照商約第11款，如非專備中國人民所用，即不能援引保護商
標。再者，美商以著作人姓名Webster's作為商標註冊，即不准他
人使用，也予以譯印人極大障礙，「則是明為保護商標，實為陰
實把持版權，實與我國文化前途影響甚大」。同時上海書業公會
亦呈請商部預防洋商將普通姓名、書名作書籍商標，矇混註冊[49]。
米林公司為保護其權利，確實於1923年4月18日提告前將其書面
所有之圖案作為商標形式向中國海關註冊，其形式係用花圈一個
內有N和W兩字組合而成之記號，而此一記號事實上亦即該公司
在美國專利局註冊之商標。此外，他們同時向中國海關註冊另外
三種名字作為「商標」（即：Webster's; Webster's Collegiate
;Webster's New International ）。商務印書館的張元濟為此於10月

48 〈韋氏大學字典案被告申辯狀，附本案判決書〉1923年9月21日，頁14、
　　44。收於《外交部檔案》，03-43-015-01-007。

49 外交部收江蘇交涉員呈，〈美商所請保護用於書籍字典之韋勃斯脫等字商標
　　恐礙我國譯印權利祈鑑核轉咨遵由〉，1924年10月4日。《外交部檔案》，
　　03-43-015-02-005。

及11月兩度向外交部陳情謂米林公司以書名人名用作商標矇請註冊，要外交部依約駁斥[50]。米林公司的作為，應和上海會審公廨的判決中已有不少外商打贏商標仿冒侵權案有關[51]。

　　在美國方面，美駐上海總領事邁爾（Ferdinand Mayer）亦一再催促外交總長沈瑞麟出示對韋勃斯脫等字樣商標的保護令，要求按照《中美商約》第9條之所載，擔承由該管機關頒發有法律同等效力之布告，禁止商務印書館繼續假冒[52]。外交部於1925年5月致函美領事邁爾，只有大圈內花園W字正商標是合法，可以核准。其餘三種字樣商標因非特殊形式，「審查認為未盡合法，未予批准，此時如由官廳示禁他人仿用，不特官廳有違反法律之嫌，即按照條約載諸手續亦有未合，自屬欠難照辦」[53]。

　　儘管1915年11月中國政府曾公布版權法，次年2月公布了版權登記法，但是在外人版權問題應依照中外條約規定，並不適用中國國內法的前提下，美商仍受限於《中美商約》的限制，在版權問題上無所進展。由於商標勝訴案已有前例，因此外人多以商

---

50 外交部收商務印書館張元濟函，1924年10月3日，〈關於敝館譯印美國米林公司韋氏大學字典一事備述與該公司交涉經過情形祈轉知農商部知照商標局查以保利權〉。《外交部檔案》，03-43-015-02-001。外交部收商務印書館張元濟函，1924年11月4日，〈美國米林公司以書名人名用作商標矇請註冊請依約駁斥〉。《外交部檔案》，03-43-015-02-006。

51 據英美煙公司律師肯列退的說法，約1919年上海會審公廨有二案，一為寶威藥房（Burrough Mellcome & Co.）控告南洋大藥房仿冒商標案；二為白克公司（A. R. Burkill）控告新大號經售仿製肥皂案，均獲勝訴。〈中國商標版權之保護問題〉，《東方雜誌》，第16卷第9號（1919），頁163。

52 Ferdinand Mayer to Shen Jui-Lin, May 18, 1925.〈關於美商請發布告保護商標一事請按約轉知該機關注意頒發由〉，《外交部檔案》，03-43-015-02-014。

53 外交部致美梅代使（邁爾），1925年5月25日，〈示禁宥用米林公司商標事歉難照辦〉，《外交部檔案》，03-43-015-02-015。

標案來矇混版權，甚至有美國書商將普通姓名、書名作書籍商標，矇混註冊的情況。《韋氏大學字典》一案中，中國堅持只有一種商標圖案為合法，其餘均為字樣，不能當作商標。該案在外交部和實業部力挺之下，不受美方指稱 Webster's 等字樣為商標之限制。在譯印權部分，由於《中美商約》中的「專備中國人民之用」條件，加以商務印書館並非「照樣翻印」，因此可以繼續發行《韋氏大字典》[54]。

　　《韋氏大學字典》是民初喧騰一時的中外版權糾紛案，判決的結果也讓美國人深刻體認到除非改定商約，否則很難獲得中國給予版權保護，此亦是 1920 年代中期以後很少再看到美方控訴版權案的緣故。值得留意的是本案中的美籍陪審官阿爾門於 1924 年在上海出版了一本英文小冊《在中國的保護商標、專利和版權指南》(*Handbook on the Protection of Trademarks, Patents, Copyrights and Trade-Names in China*) 旨在告知英美人士在中國獲得的商標版權和專利之保護極為有限，並非等同於外人對治外法權的認知和保護，中國與英美人士關於版權等專利問題最重要的依據是清末《中英》、《中美商約》。這本小冊也可說明儘管阿爾門對於外人在華的專利保護權相當不滿，但他作為華洋會審公廨的陪審官必須就法言法的立場。該文也強烈批評 1923 年中國商標法第 6 條關於商標註冊的審查程序，希望美國政府能通過法律交涉途徑加以解決[55]。

54　1928 年 1 月實業部在審查該批字樣商標後，亦認為仍難依美方之意照辦。實業部致外交部函，1928 年 1 月 9 日，〈美商請保護關於書籍字典之韋勃斯脫等字商標〉，《外交部檔案》，03-43-015-02-016。

55　Norwood F. Allman, *Handbook on the Protection of Trademarks, Patents, Copyrights and Trade-Names in China* (Shanghai: Kelly & Walsh Limited, 1924),

　　1924年4月，上海東吳法學院編印的《中國法律評論》刊出美國人博良（Robert T. Bryan, Jr. 1892-）[56]的文章〈美國貿易——商標、貿易名稱、版權和專利在中國〉（American Trade m arks, Trade Names, Copyright and Patents in China）[57]，博良為1918年起即在上海執業的美國律師，該文為作者從法律觀點評論中國的商標、版權和專利法案。在版權上，他建議旨在為中國人使用和教育的知識產權的擁有者在其作品上印製或刻上如下文字「專用於中國人民的使用和教育」，此外，亦建議應寫上「已依1903年中美條約在內務部進行登記」，以作為商標、版權和專利被侵犯時的救濟方式[58]。

---

pp. 1-21. 上海圖書館徐家匯藏書樓藏。

56 博良（Robert T. Bryan, Jr.）1892年生於上海，為浸會大學（後改名為滬江大學）校長美籍傳教士萬應遠（Robert Thomas Bryan, 1855-1946）之子。1918-1941年間曾任上海執業律師、東吳大學法學院教授、上海工部局法律顧問等職。太平洋戰爭爆發後一度被日軍囚禁。1946年回到上海繼續執業，曾任美國駐華大使館及駐上海總領事館法律顧問，並參與《中美商約》的談判。此後又被中共指控為間諜而遭逮捕，直到1952年才被釋放返美。撰有："A Revolution in Reverse, Some truth about Chinese Communism", in *American Bar Association Journal*, Oct., 1953, Vol. 39, pp. 881-882. 參考：上海市檔案館編，《上海租界志》（上海：上海社會科學院出版社，2001年版），頁626。

57 博良，〈美國商標、商標名稱、版權和專利在中國〉，收錄於：王健編，《西法東漸——外國人與中國法的近代變革》（北京：中國政法大學出版社，2001），頁259-267。

58 博良，〈美國商標、商標名稱、版權和專利在中國〉，頁266-267。文末作者的結論是：「儘管中國二十年前在條約中允諾進行保護外國商標方面的足夠立法，但直到如今也沒有頒布讓外國滿意的法律。」但該文仍呼籲美國和外國商人向中國政府註冊，並詳細介紹了註冊的要件和程序。

三、國際版權同盟與上海「萬國出版協會」

　　中美版權交涉之際，另一平行發展的歷史脈絡為國際版權會議及組織在中國的引進。國際（或萬國）版權同盟的起源肇始於1886年伯爾尼公約及1896年的巴黎改正會議，而中國一直到1902年中美交涉版權問題時，始介紹上述兩次國際版權會議的歷史。

　　上海《外交報》於1902年第1期至第3期首度翻譯了國際版權會議的條文，同年上海官書局印行的《皇朝續艾文編》，也收錄了國際版權會議的規章及附件[59]。商務印書館於1903年翻印英美人士合撰的《版權考》，亦詳加介紹歐美主要國家的版權制度與文藝昌盛之關連，並詳述萬國版權同盟的歷史，該書〈序言〉提到商標、專利和版權「關係於文明之進步者，獨以版權為最駁」，該書出版目的係因應已簽訂之《中美》、《中日商約》中的版權問題，供清政府商部參考。「況今者美日兩國，皆要以判權列入商約，使不及早訂定專律，吾恐懷鉛握槧之士，皆將踵商人掛洋旗持三聯單之為，以托庇於他人之宇下。我國家甯必驅魚爵而入淵叢乎？」[60]。由此可知，中國朝野於清末中美、中日交涉版

---

59 于寶軒編，《皇朝續艾文編》，卷73，學術五（上海官書局，光緒28[1902]）收錄有兩次會議的規章及附件。見：周林、李明山主編，《中國版權史研究文獻》，頁25-38。

60 《版權考》。著者為（英）斯克羅敦、普南、（美）羅白孫，商務印書館光緒29年（1903年9月首版），收錄自：《中國版權史研究文獻》，頁50-77。所引於頁50。該書序言提到：「所謂Trademark商標、Patent專利、Copyright版權之律以成，關係於文明之進步者。獨以版權為最駁。其說者，謂風氣初開，著作未盛，若成一書必禁人翻印，則行之不遠。受其譯者少，不如無版權。之為愈也，不知著述之士，大抵窮愁發憤者多，積年累月，耗竭心力，得稿盈寸，持以問世，而射利之輩乃遽襲為己有，以分其錙銖之微。徒任其勞，

權問題時，因體認涉外版權問題的重要性，開始留意西方各國的版權制度和國際版權組織的發展，為各國要求涉外版權的趨勢預做因應之道。

在美國商約索取洋文版權的同時，事實上進一步催化中國朝野正視國內日愈嚴重的盜版問題。戶部和管學大臣正針對國內出書日廣，要求嚴定規條，申明版權「以杜偽亂，而維學界事」。當時有文明書局所出版之《蒙學讀本》等印製之書籍，「擬請由管學大臣明定版權，許以專利，並咨行天下大小學堂，官私局所概不得私行翻印，或截取割裂，以滋遺誤而干例禁，則學術有所統歸而人才日以奮迅矣」。由此可知當時翻印情況之嚴重，官私局皆有[61]。現今仍出現於中文版權頁標誌的「版權所有，翻印必究」，據研究可能出自於1904年商務印書館出版的嚴復譯本《英文漢詁》[62]。同年美國傳教士林樂知又於《萬國公報》發表〈版權之關係〉，闡述「夫版權者，西國以保護著書者、印書者之權利」，強調版權對一國文化興衰之重要[63]。光緒29年（1903）清政府曾有版權布告謂「凡譯書院譯印官書，均不許他人翻印」。由於譯書院翻譯東西圖書，「考訂詳實，校訂精美……從前雖經存案，誠恐書賈射利，故智復萌，妄行翻印，貽誤非淺」[64]。接著，8

不食其報，蓋未有不廢。」

61 管學大臣的批示中提到文明書局出版之《原富》諸書「橫絕譯林，只譯單詞皆同環寶矣」。允諾嗣後文明書局所出各書，由管學大學堂加蓋審定圖章，並嚴禁書商謀毀版權。〈廉部郎上管學大臣論版權事〉，周林、李明山主編，《中國版權史研究文獻》，頁45-46。

62 李明山主編，《中國近代版權史》，頁56。

63 林樂知，〈版權之關係〉，原載《萬國公報》，卷183。收於《中國版權史研究文獻》，頁81-82。

64 〈清政府保護版權布告之一〉，《中國版權史研究文獻》，頁48-49。

年（光緒34）又曾頒布「毋許將千傾堂印售中西江通醫書五種，翻印漁利，違干查究」的保護版權布告[65]。凡此，均可見《中美商約》簽訂前後，中國朝野關注涉外版權和國際版權同盟的發展之際，亦催化中國朝野正視國內盜版問題的嚴重性，只是朝野認為中國並無條件加入版權同盟。

商約簽定後的第二年，即1904年（光緒30年）美國圖書館協會（American Library Association）曾於聖路易斯（St. Louis）召開「萬國書籍會」（International Library Conference），「欲聚晰各國書籍會情形，並欲考究各國各經理書籍館，收關各國之要法」，此次會議主要針對各國圖書管理的議題，與版權雖不直接，但亦看出美國政府對書籍文化事業的重視。當時美駐華公使康格曾邀請慶親王奕劻派員參加，後來則由駐美公使梁誠選派美使館員參加[66]。

1908年（光緒34）9月20日在柏林召開的「萬國保全文藝及美術權利公會」可能是中國首次獲邀參加國際版權同盟組織的開始。該年農曆3月初6，德國駐華公使雷克司（Grasf von Rex）致慶親王奕劻的照會中正式向中國提出這項邀請，照會中提到該次會議源自瑞士京城伯諾（即1886年伯爾尼會議），歷經巴黎改良會議（1896年），此次在柏林公會甚為關鍵「在訂一新章以邁近發明版權新理為依據，並聯合迤前在伯諾及巴黎兩處所各條」。其後雷克司亦照會外務部提出正式邀請。外務部與學部會商後，

65〈清政府保護版權布告之二〉，《中國版權史研究文獻》，頁48-49。

66〈美國聖路易斯萬國書籍會‧為西曆十月在聖路易斯設萬國書籍會請員事〉光緒30年2月21日。〈為請會同駐美臣於館內遴派數員赴萬國書籍會事〉，光緒30年2月23日。中國第一歷史檔案館編，《晚清國際會議》（揚州市：廣陵書社，2008），頁2461-2464。

決定派駐德大臣孫寶琦派員前往[67]。到了該年8月,可能因電報延擱,中國駐德國官員向柏林和會表示對此事尚無所悉,以致德國再度照會清政府「開會之日期臨迫,應請設法即刻使貴國駐德大使得其應得之命令」,不久孫寶琦電悉屆時將派員前往[68]。究竟清政府官員赴會後的心得如何,因文獻不足,不知結果,但至少在20世紀之初,中國已受邀參與國際版權同盟之組織。

本文第一節曾提到1913年5月美國曾提議與中國簽訂版權同盟,外交部堅不應允,此事經一年交涉,美方始暫緩提議。交涉期間,1914年上海書會商會由會董俞復、陸費逵、狄葆賢三人具稟反對中國加入中美版權同盟,理由為「版權同盟本為保護著作人權利,並國際間人民互享之利益之計而設,必視乎本國之文化及其著作物之流布於國外者與各國相等,方以加入同盟為有利,否則加入版權同盟嗣後各國圖書我國人即一概不得翻印,而吾國人著作,外國人絕無翻印之必要,徒為片面利益,自窒文明之進步,殊為失計」。該文提到日本於明治32(1899年)始加入萬國版權聯盟;明治39年(1906年)始與美國締結保護著作權條約,因日本學術進行與歐美各國國際間處處立於對等的地位,且以改

---

67 〈德國萬國保全文藝及美術權利公會．德駐華公使雷克司致慶親王奕劻照會〉,光緒34年3月初6日,中國第一歷史檔案編印,《晚清國際會議》,頁4364-4376。該項照會亦提到「凡未入會之委員可如前在巴黎集會之時,依然任便旁聽或條陳意見。」中國是否曾收到之前巴黎集會之邀請,因未有相關文件之佐證,不知詳情,但至少柏林會議中國確有收到是項邀請,並電派駐德使臣孫寶琦參加。另據筆者查閱《總理各國事務衙門》和《外務部檔案》,01-27-001-01-001,《各國賽會公會》亦未看到巴黎集會之相關文件。

68 〈德國萬國保全文藝及美術權利公會．為駐貴國大使已於上月電復屆時派員赴柏林保全文藝及美術權利公會事〉,光緒34年8月23日,《晚清國際會議》,頁4395-4396。

正條約之故，不得已而加入。然美、日條約中「但禁翻印而不禁翻譯，尤證其力保利權不甘全行放棄」[69]。

　　由於中國不願附和美方提議簽訂版權同盟，美國書商為進一步獲得版權保障，乃有一批英美人士於上海成立萬國出版協會（The International Publishers' Association）。1914年7月間，上海英文《字林西報》和《大陸報》（China Press）報導上海「萬國出版協會」的訊息，後者小標題「為防止盜印，已有百分之八十華人加入此行動」，由於外交部尚未收到正式公函，乃要求滬海道尹兼特派江蘇交涉員查明此事預籌對策[70]。經查明後確有此事，但對於報載已有華人書業高達80%加入該會，上海書業商會澄清絕無此事，表示此為英美人士捏造之訊息，目前並無一人入會[71]。

　　英美人士籌組之「萬國出版協會」，事實上不同於源自《伯爾尼公約》的國際版權同盟，而是以美國人為首，為抵制中國書商侵權而成立的組織。英文名為“ The International Publisher' Association, Limited”，中文稱為協會，實則為一家公司。為避開中國政府的管理，未向中國海關註冊，而是在香港註冊，等於受英國保護。授權資本額為5萬上海通用幣。公司會址設於上海北京路6號，主席為哈汀公司（Harding & Co.）的史考特（Scott）、負責人阿斯考夫（F. Ayscough）、經理主任為諾伯理（F. J. Norbury）、

69　外交部收上海書業商會稟，1914年7月27日，〈外國書商要求享有版權妨礙教育工商前途懇請駁拒由〉，《外交部檔案》，03-43-013-04-001。

70　外交部飭滬海道尹兼特派江蘇交涉員，1914年8月10日，〈英美書商在上海設出版協會有無其事希查復由〉，《外交部檔案》，03-43-013-04-004。

71　外交部收江蘇特派員函，1914年9月9日，〈查復報載英美書商在滬設萬國出版協會情形由〉，《外交部檔案》，03-43-014-04-006。《字林西報》，July 4, 1914,《大陸報》（China Press）, July 5, 1914。

祕書兼總經理為甘寧（L. E. Canning）、銷售經理為 ZI VI Yoong
（中文名不詳，應為華人）[72]。「萬國出版協會」的成立布告云：「中
國政府毫無保護外人版權之規定，於是華人翻印西書而賤售之
者，自以為是其應享之權利」。文中特別提到美國書商向中國政
府抗議版權侵奪案但毫無成效，「西方書商觀於此事甚不平允，
遂決議在取得公允辦法之前將西方新書之供給停止，本會發起人
與東西兩方出版人聯絡，並聲稱知東方書商之意欲抄錄西書原稿
而不以剽竊論也……因與倫敦、紐約、中國等處各重要書商議就
一策，不獨各方面利益因之穩固，即著作者之利益亦可安全」。
「此會之組織於中國文化進行有莫大之補助，報界教育會商會等
亦竭力輔助焉」。其成立宗旨錄之如下：

一、係為保護運書來華出售或將原稿以中文印行之外國著作
　　人暨出版人有版權而設之機關。

二、遵照香港條例（法令）按照有限公司註冊，凡會員納上
　　海通用幣五十元之入會會費者，得享有規定之一利權。

三、著作人出版人售賣書籍事宜由本會經理，並設法保護版
　　權。

四、與本會訂有合同或本會會員之著作人暨出版人得將會中
　　憑照（或圖章）印於其所出書前後之空頁上，以證明其
　　著作權並聲明禁止翻印。

五、本會延聘譯員均係極有聲望之文學家，不論何種教科書

---

72 The International Publisher' Association Limited. 錄自外交部收江蘇特派員函，
　1914年3月9日，〈查復報載英美書商在滬設萬國出版協會情形由〉，附件英
　文及譯文。《外交部檔案》，03-43-014-04-006。

　　　　文學書可譯成極佳之華文。

六、本會評議委員會對於英文及其他外國文字書籍之宜否出
　　售或應否譯成華文應表示意見。翻譯印刷售賣書籍各事
　　宜如欲由本會任行代為經理可另議新法，以便情事。

七、本會將會員書籍暨他種出版稿製分類書目發行並將該項
　　書籍按月編製附冊。

　　該協會的成立辦法對於審查、評選、送交樣書的形式、出版
形式的報告書（格式合賣與否、是否加注中文、是否應迻譯中文
並繫以洋文解釋）和收費等均有詳細說明。至於出版後的分銷系
統，該協會亦甚有信心：「為調和各重要代派人（按：distributor）
暨會中人之利益起見而組織代派事業。因之西方出版人所得之銷
場計有支店六十，代理人三千五百，而其主顧之學校教育學會等
在三萬五千以上。」並宣稱各經銷代理人之資本總計有5百萬兩
之多[73]。如從其成立宗旨看來，事實上是通過該組織意圖掌握西文
書籍在上海的編輯（或編譯）、出版和行銷的一套作業，可說是
英美書商面對中國盜版橫行的自救之道。

　　《字林西報》報導此事時提到之前受到美國書商敗訴個案的
影響，西方出書人曾一度決定停止供給新書，然此種消極政策現
已取消，因目前已有較妥且確實的辦法，亦即「萬國出版協會」
的設立，該會由歐人、美人、華人共同組織。《字林西報》和
《大陸報》都一致報導華人書業入會者已達80%，宣稱在會華人

73　上海萬國出版協會的成立、組織與宗旨，譯文錄自：外交部收江蘇特派員
　　函，1914年3月9日，〈查復報載英美書商在滬設萬國出版協會情形由〉，此
　　份文件含英文與譯文共有77頁之多。《外交部檔案》，03-43-014-04-006。

同意不論直接或間接，均不得妨害已在會中註冊者之版權[74]。

「萬國出版協會」對外宣稱華人書業共襄盛舉，隨即遭到上海書業商會的否認，且上書教育部表示反對。上海書業商會表示此事不但超出《中美商約》的內容，且各國必將援例，將使凡屬外國人著作無一冊可以翻印，與加入版權同盟無異，要求教育部予以駁拒，「況既許其享有著作權，則其著作物必俟其行世十年以後方得自由譯印，則十年內除少數人能讀其原著作外，學者更無從得新知識輸入之益，此就妨礙教育喪失權利也」。上海書業商會的呈文，亦從經濟層面加以分析說，「外國貨物近來入口者日多，利權外溢深可寒心，幸而工業漸進，印刷改良，如能翻印外國圖書，方謂此後可以藉此稍能抵制外貨，杜塞漏卮」。對於上海「萬國出版協會」的成立，「若使外國人得將其為該國自著之書設肆中國境內，即享有著作權並加保護是無異自行遏絕生機，此又妨礙工商業者也」，「實有百害而無一利」。甚且「今吾國收回領事裁判權尚無把握，似不宜先以此曲徇其要求」，此一分析雖未必正確，但其意見為教育部所接受，希望外交部行文美國政府予以駁拒[75]。農商總長張謇咨外交部求證是否英美人士擬組「萬國出版協會」一事，亦呼應「百害而無一利」的說法[76]。

據查外交部檔案，英美公使並未向外交部正式交涉此事，外交部同日回覆教育部和農商部的咨文提到「尚未准各該國公使到部提議，礙難遽向駁拒」。外交部同時表示版權一事見於《中

74　*North China Daily News*, July 4, 1914.《外交部檔案》，03-43-014-04-006。

75　外交部收教育部咨，1914年8月3日，〈美國要求加入版權同盟事能否設法駁拒請查核見覆由〉，《外交部檔案》，03-43-013-04-003。

76　外交部收農商部咨，1914年8月5日，〈咨詢名人書商要求在吾國享有著作權有無其事由〉，《外交部檔案》，03-43-013-04-004。

美》、《中日商約》，將來免釐加稅問題解決後，如英美要求實行，自難置成約於不顧[77]。顯然就版權一事而言，外交部認為中國政府尚未急迫到需立即解決，因《中美商約》的條款對我有利。

上海書業商會於1919年再度呈請外交部駁拒給予洋商版權，以及反對中國加入版權同盟。所持理由除前述提到的美國史書並各種教科書，其原書本非專備中國人民之用外，更稱商務印書館之舉為普及教育之善行，且中國未入版權同盟，商家翻印書既非有違條約，自屬無憑禁止。他們認為版權同盟本為保護著作人權利，並國際間人民互享利益之計而設，必視本國文化及其著作物之流布於國外者與各國相等，始有加入的條件，而美國立國之初亦毫無節制翻印英國書籍，因此並未加入萬國同盟。後因著作日多，工商發達，堪與歐洲國家相提比論時，始加入版權同盟[78]。

上海「萬國出版協會」的成立消息，引起中國知識圈熱烈討論國際版權同盟的熱潮，上海書業、教育部及農商部均持反對態度，知識圈則有少數持異議者，楊端六和武堉幹先後於《東方雜誌》發表文章表示中國應參加國際版權同盟，特別是武堉幹更主張積極加入。楊端六〈國際版權同盟〉一文，首先概述1886年國際版權組織的成立和歷史演進。對於輿論將加入版權同盟等同於「文化封鎖」甚不以為然。認為「我國苟欲於世界政治占一地位，對於此等公共事業應積極的干預，不得終世處於消極地位也。」[79]

77 外交部咨教育部，外交部咨農商部，1914年10月15日，〈英美書商在滬設萬國版權協會未准各使到部提議譯送西報暨該協會布告備核由〉，《外交部檔案》，03-43-013-04-007、03-43-013-04-009。

78 外交部收上海書業商會呈，1919年5月9日，〈洋商矇請版權懇請據約駁拒〉《外交部檔案》，03-43-014-02-001。

79 端六（楊端六），〈國際版權同盟〉，《東方雜誌》，第17卷第24號（1920年

武堉幹〈國際版權同盟與中國〉一文，呼應楊端六文章的結語，主張中國應積極參與此一國際公共事業，以提高在國際的地位。武堉幹首先探討二個問題：一是版權的性質和基礎；二是國際版權的由來和經過，此外，從學理上分析版權作為著作人或承讓人的專有財產權。最後申論中國有必要加入國際版權同盟的重要性。他將當時反對加入國際版權者分為兩種，第一說是理論上反對，亦即中國尚無條件加入同盟，如加入同盟等於翻譯事業將受到限制，對中國文化前途的封鎖。他認為中國若擔心加入同盟後翻譯事業受到拘束，可仿照1906年柏林會議中保留條件的批准，例如日本即是。第二說則是根本上否認版權的存在，此在法學上站不住腳。武堉幹從文化運動的宣傳、國際地位的提升和世界潮流的趨勢，闡述中國有加入國際版權同盟的必要。他認為就國際聯合會的發展趨勢而言，不僅是政治經濟，且文化學術上亦然，顯示從國家主義（Nationalism）走向國際主義和世界主義（Cosmopolitanism）的傾向，中國既然是國際社會的成員，應順從時代精神和環境調適，纔不致流為時代的落伍者[80]。楊端六和武堉幹的言論在當時頗為新潮，呼應一戰以後中國知識圈希望藉由參與各種國際組織以提高中國的國際地位，樹立新中國形象的想法。但加入國際版權同盟的主張未獲教育部和外交部的呼應。教育部的立場如前所述，為廣開智識，振興新知，加入版權同盟並不利於我；而外交部則從實務外交著眼，《中美商約》的條款既有利於中國譯印西書，自不考慮加入國際版權同盟。

12月25日），頁4-5。

80　武堉幹，〈國際版權同盟與中國〉，《東方雜誌》，第18卷第5號（1921年3月10日），頁7-17。

小結

　　清末民初中美版權之爭訟過程，中國得以勝訴的理由有以下三個重點。一、中國的國內法：清末《邁爾氏通史》案，提到中國無版權專法可援照，然即使是清末《大清著作律》（1910）或民初（1915年）著作權法頒布後，中國又推諉相關註冊程序未立，或從法理上認定國內法不及於外國人；二、國際公約：中國無加入國際版權同盟，因此不受規範。此亦所以美方一再希望中國參加國際版權會議，或在上海組織「萬國版權會議」希望通過多邊國際力量來制約中國；三、最關鍵的焦點：《中美商約》第11款中版權保護的限定範圍，予以中國政府在翻譯和翻印上享有極大的便利。由於中方堅持不願修改《中美商約》，美方為單純化版權問題，曾援以1906年美日簽訂版權同盟為底本，希望簽訂中美版權同盟，但中國政府則基於清末商約上的版權條款上有利於我方而婉拒之。

　　除了條約的相關規範之外，清末民初中美版權交涉過程中商務印書館、上海同業書會、教育部，均從《中美商約》的版權釋義認為中國持有任意翻印和譯印西書的權利，且認為中國文化條件相對不足，不能以道德層次指責中國有盜竊和欺騙行為；如同前述商務印書館的委任律師禮明所言「中國既未侵擾權利，亦未違犯公理」，外人指控中國有傷通商道德為「直以汙泥擲人而詛之也？」另一方面，上海華洋會審公廨會審亦從《中美商約》11條「專備中國人民所用之書籍」的法理性和適用範圍，認定中國「有損害而無過犯」，判定美國書商敗訴。美籍陪審員就法論法，迴避道德層次的討論，且未以美國政府為後盾橫加干涉。這些因素均使得清末民初中美版權的交涉，中國不僅取得法理上的勝

訴，且以「振興西學、嘉惠學子」的理由取得「合法盜版」的正
義——所謂「竊書不為偷也」；中國方面同時在法理與公理上的
全面獲勝，為清末民初外交上極少有的現象。

　　有鑑於清末版權案敗訴的案例，民國以後一些美國書商通過
駐華使館直接向中國政府索取版權，這些書籍或有註明「專備為
中國人民之用」的字樣，或以華文釋義，但最後仍告失敗。中國
書商指稱美商以標誌「專備為中國人民之用」的方式矇混版權，
實則並非專為中國人所寫的書籍。然而《各國老幼書》以華文釋
義，在形式上已具備保護條件時，學務部竟表示該書思想陳舊不
適學堂閱讀，內務省又以商標法未立而不願出示版權保護令，北
京外交部只好據實婉拒美國政府之請求。由於涉外商標案的勝算
較大，美商在《韋氏大字典》案中同時控告華商侵犯商標與版
權，這件案子亦出動美國駐上海美領事關切，美方最終以商標案
獲得賠償，但在版權案上仍為敗訴，商務印書館得以如願發行該
書。

　　這些美方版權交涉案的失敗案例，使得美商不得不再尋求他
法，於是美國書商聯合英國人士在上海成立「萬國出版協會」，
並吸納一部分華人書商，意欲掌控原文書在中國的編譯、翻印和
發行。但消息曝光後，這些華人書商紛紛澄清並未加入該協會。
中國華人書商仍自成一股強大勢力來抵制英美書商，且上書教育
部反對「萬國出版協會」的成立。上海書業商會持論「萬國出版
協會」一旦成立，各國必將援例跟進，其結果將使中國無可譯印
之西書。中國書商憑恃清末《中美商約》中給予譯印洋文書籍的
「通行證」，在商約第11款關於版權的保護傘之下，幾乎得以任意
翻印和翻譯西書，打開中國博覽「天下奇書」的方便之門，為近
代中國知識的傳播與新思想的引介開了一道大門，也成就清末民

初譯印事業的欣欣向榮[81]。

　　清末民初的版權交涉，儘管對美方是挫敗的歷程，卻是帶動中國與國際版權公約互動的開始。《中美商約》簽訂前後，世界第一部版權公約——伯爾尼公約首度為中國人知悉，世界各國的版權制度亦被引介到中國來。美國方面則是通過各項變通之道，向中國索取版權，一方面希望中國加入版權同盟受到約束，另一方面英美書商則在上海籌組小型「萬國出版協會」。雖然此一協會並非真正的國際版權協會，可說是英美人士為保障版權的自力救濟組織，然此事卻引發中國知識圈討論中國應否加入版權同盟的熱潮。中國書商和教育部為保護譯印權益主張不加入國際版權同盟，但少數知識分子已意識到加入國際版權同盟有助於中國國際地位的提升，主張中國走向世界潮流。

　　儘管美方對版權條約的不滿，也意識到惟有修改清末商約才可能獲得在中國較充分的版權保護，但改訂商約一事，不僅僅涉及版權問題，尚有其他諸多條款和複雜政治層面問題需一併考量。南京政府成立以後，雖曾於1933-34年提出修訂《中美商約》，但最後未能正式磋商[82]，直到二次大戰結束後簽訂的1946年

---

81 如本文所舉侵權案的多起被告商務印書館。成立於1897年的商務印書館，以一間小小的工作坊，逐步發展為民國初期中國首屈一指的出版和文化機構。在商務印書館早期的開展事業中，譯印西書和編寫各類教科書為其重要項目。關於商務印書館的較新研究，詳見：李家駒，《商務印書館與近代知識文化的傳播》（香港：中文大學，2007），頁15-48。

82 在清末《中美商約》訂立的第三個10年期滿，由駐法國公使顧維鈞首先提出修約建議。1934年1月外交部照會美國國務院提出修改商約之議，但雙方最後未能達成修約共識。有關1933年南京政府之修約，原始資料參見中國第二歷史檔案館編，《中華民國史檔案資料匯編》，第5輯，第1編，「財政金融」，頁78-85。

《中美商約》才又重啟版權和專利問題的討論，但其結果仍令美方不滿，特別是版權一事；美國國會在批准戰後《中美商約》時加入「保留及了解」條文：「……關於文學及藝術作品禁止翻譯之保護之規定，在未就翻譯事項另有談判及協定前，將依1903年《中美商約》之規定解釋之。」（參見本書第9章）由此可見清末《中美商約》與1946年商約相較之下，美國認為中國歷經四十餘年並未在智慧財產權上有多大進步意義，只得仍沿用清末《中美商約》的解釋條款。由此更可見1903年《中美商約》在近代涉外版權史的重要性。

第三章

民初江南造船所
成功打造美國萬噸巨輪

遠航洋海，恰如去家之兒，孤子無依。設無保護者，遙
臨其後，必受人欺凌，任人愚弄。

——〈神州航業談〉，1918

形勢已轉變了，證明中國人已經有能力做到以前必須仰
賴外人才做得到的事。由此寫下中國工業發展史的新篇
章。

——江南造船所副所長鄺國華，1918

前言

　　江南造船所成立於1865（清同治4年），由兩江總督曾國藩，江蘇巡撫李鴻章奏請於上海虹口創設機器製造局，並造船礮。1867年移高昌廟，營建新廠。但官辦船廠成效不彰，直到1905年改以局、塢分立（江南製造局和江南船塢），江南船塢經大力整頓後，情況開始轉變。1912年更名為江南造船所，歷年充實設備，各項造船輪機和工具機等設備已頗具規模，並建有動力廠、碼頭和船塢[1]。一戰爆發後，全球航運供不應求，中國民族輪船工業得以利用此一契機，成功開拓國際市場。

　　19世紀末美國積極擴張海權，造船工業技術發達，但其國際貿易之商船仍仰賴英國。一次大戰爆發後，由於運送士兵和物資的急迫需求，使得各參戰國兵艦和輪船供不應求，造船業成為一種戰爭實業。大戰之初美國採取中立政策，適可得以全力發展海事和輪船工業，然而，美國太平洋岸的海運運輸卻發生船舶嚴重短缺現象。蒲嘉錫（Noel H. Pugach）稱1914-1916為美國輪船業的危機時刻[2]。儘管中國市場占美國整體對外貿易的比重不大，但美國政府必須解決太平洋航運的不足問題。面對日益重要的中美

1　王志毅，《中國近代造船史》（北京：海洋出版社，1986），頁80-86。據該書所記，江南製造局成立40年間，造船偏廢，在1905年以前僅造了8艘輪船、7隻小艇。一戰期間力求開拓商業航運市場。關於清末自強事業中江南製造局和造船廠的演變歷史及其與近代中國早期工業化的研究，研究成果專書或論文均相當豐富，本文不擬贅述。

2　Noel H. Pugach, "American Shipping Promoters and the Shipping Crisis of 1914-1916: The Pacific. & Eastern Steamship Company," *The American Neptune*, 35: 3 (1985), pp. 166-182.

貿易和遠東市場，如果能與正在興起的中國輪船工業建立合作關係，無疑是最便捷的方式之一。

　　從中國而言，由於大戰時期歐洲勢力在華的消退，中國從政府到民間都試圖向比較友善的美國接洽，藉由購船或其他技術合作方式，來發展中國的航運實業；在此一情況下，大戰期間中美曾有數次海運事業的交易與合作。本章論述一戰爆發之初中美在太平洋航運的合作機遇，論析「江南造船所」順利承造美國四艘巨輪案所牽涉的企業、技術合作與政府外交層次的運作，藉此回顧民國初年中美實業合作上一次罕見的成功案例及其意義。

一、穿越太平洋的中美海運的合作機遇

（一）大戰時期美國太平洋海運船舶的短缺

　　1890年代著名的美國海權論者馬漢（Alfred Thayer Mahan）出版《海權對歷史的影響力》（*The influence of Sea Power Upon History*, 1890）和《海權對法蘭西革命與帝國的影響》二卷（1892）》。海權中心論成為美國擴張主義的理論基礎之一，建立強大的海軍和商船隊則是控制海洋、海洋作戰和擴張商業以建立富強國家的必要條件。美西戰爭後，美國取得夏威夷、薩摩亞群島、菲律賓和加勒比海的海軍基地，使用海軍船艦在拉丁美洲扮演「國際員警」，以及1907年羅斯福派遣「白色大艦隊」（Great White Fleet）環遊世界的壯舉，在在重申海權的重要性。1890年，美國海軍的經費僅2,300萬美元，占聯邦總支出的6.9%，1914年便上升到13,900萬元，占聯邦政府總支出的19%。儘管美國海軍的規模遠比英國海軍小，無畏型戰艦數量也比德國少，但

美國在1914年已堪稱世界第三大海軍強國[3]。

　　然而，美國用於國際貿易的商船卻無法和其海軍建置規模相稱。美國自南北戰爭結束後，努力弭平內部分裂和大力建設連繫全國的公共工程，鐵路等大眾運輸事業欣欣向榮，但從事於海外貿易之船舶量並未有突破之進展。直到一次大戰之前，美國國際貿易的商船主要來自國外，其中英國占90%，美國自製商船主要航行本土、沿岸和鄰近國家[4]。

　　1914年8月大戰全面爆發後，美國意識到美國的國際商船明顯不敷使用。8月18日美國國會制定了「緊急船舶登錄法」（Emergency Ship Registry Act），容許外國建造之輪船登錄為美國船。法案頒布後，截止1915年7月1日，共有148艘外國船登錄為美國船籍。同時，美國政府又於財政部（Treasury Department）下成立「戰時急難保險局」（War Risk Insurance Bureau）以保護商船一旦遭到地雷和潛艇攻擊的損失。然而，因戰時造船原物料價格昂貴，加以戰爭風險過大，美國造船企業仍躊躇不進，並未受到鼓舞。

　　1915年5月7日英國客輪露西坦尼亞號（Lusitania）在愛爾蘭附近被德國潛艇擊沉，內載128名美國乘客。因此，威爾遜總統決定採取更強硬措施。1916年9月，美國公布「船舶法案」（Shipping Act），使美國政府得以租用、管理和監控所有從事於國內外貿易之船舶，並成立美國船政局（United States Shipping

---

3　Paul Kennedy, *The Rise and Fall of The Great Powers* (London: Unwin Hyman Publishers Limited, 1988), p. 247.

4　James D. Ciment and Thaddeus Russell eds., *The Home Front Encyclopedia: United States, Britain, and Canada in World Wars I and II*, Vol. I (Santa Barbara, Calif.: ABC-CLIO, 2007), p. 458.

Board）在戰時及其後五年內由美國政府統籌一切船舶事宜[5]。為因應德國於1917年2月採行的無限制潛艇作戰，4月16日又於美國船政局組織下轄設立「急難船隊公司」（Emergency Fleet Corporation, EFC），主要目的為調度、維持和實施美國所有輪船與其國家防衛政策和國內外商業發展之協調配合[6]。

　　一戰爆發之初，美國太平洋海運船舶嚴重短缺。1915年間航行於太平洋線的美籍船舶甚至幾乎停擺。原因之一是，既有之輪船因大西洋岸需求量暴增和運費價格較高，紛紛轉向大西洋運輸。例如：擁有13艘行駛太平洋的商船的「太平洋郵船公司」（The Pacific Mail Steamship Company），突然宣布放棄太平洋業務，賣出2艘給一家原和他競爭的日本著名船舶公司──東洋汽船會社（Toyo Kisen Kaisha），以及5艘賣給另一家美國公司──大西洋運輸公司（The Atlantic Transport Company）。同時，航運實業家勞勃・大來（Robert Dollar, 1844-1932，也譯作羅伯特・大來）因在加拿大設廠投資，為獲得更大的利潤乃將旗下多數船舶改為加拿大籍[7]。加以，1915年11月生效的La Follette Seamen's Act（又稱「水手權利法案」，由參議員羅伯特・拉福萊特〔Robert M.

5　James D. Ciment and Thaddeus Russell eds., *The Home Front Encyclopedia: United States, Britain, and Canada in World Wars I and II*, Vol. I, pp. 457-458.

6　http://en.wikipedia.org/wiki/United_States_Shipping_Board（2015年3月12日下載）。

7　航運實業家勞勃・大來曾於1910-1911訪問中國，大力促進中美貿易。勞勃・大來的事業起於1893年購得美國太平洋岸一間鋸木工廠，後來他和兒子史丹利（Stanley Dollar）建立大來輪船公司（Dollar Steamship Company，或稱Dollar Line），經營貨櫃運輸生意。有關大來公司在中國的活動，詳見本書第七章。Robert Dollar, *Memoirs of Robert Dollar*（San Francisco: Privately published for the author by Schwabacher-Frey, 1918）。

La Follette〕提案），本意為提升和保障美國輪船船員和碼頭工人的福利法案，由於限制以廉價工資僱用中國水手，有中國水手之船無法駛入美岸之說，其結果增加了太平洋航運的成本。這些多重因素使得一戰爆發初期美國的太平洋航運奄奄不振[8]。

對於從事中美貿易的美國商人而言，儘管美國最初為中立國家，大戰期間還受到協約國家的航運管制問題。而且，由於中美航運愈加仰賴英國和日本的商船，在戰時更是困難重重，乃成為惡性循環。理由有二：首先，英國實施「協約國敵國貿易法案」（Allied Enemies Trading Act，1915年12月23），限制並檢查與交戰敵國的航海貿易等措施。特別是英國要求在中國出口的貨品不得運往德奧敵國，因此要求從事中美貿易的美國公司出具證明檔。儘管這些美國公司的貨品係運送至美國本土，但仍被英國領事在證明文件上予以刁難，以致延誤交貨，甚至有些美國公司還被英國列為拒運的黑名單，以至於「中國美國商會」（American Chamber of Commerce of China，簡稱 AmCham）希望美國政府能循外交途徑解決此事。其次，日本對本國國民有貨運費的優惠，相形之下美國在華公司的航運成本提高，出口業務受到波及[9]。上

---

8 Noel H. Pugach, "American Shipping Promoters and the Shipping Crisis of 1914-1916: The Pacific. & Eastern Steamship Company," pp. 166-167. Philip B. Kennedy, *The Seamen's Act, Annals of the American Academy of Political and Social Science*, Vol. 63（1），*National Industries and the Federal Government*（Jan., 1916), pp. 232-243.

9 1916年8月「美國中國商會」在上海召開首次年會，討論的焦點即為大戰期間船隻載運不敷使用，必須借助英船與日船所衍生出的相關問題。 *First Annual Report of the Proceedings of the Executive Committee of American Chamber of Commerce for the Year Ending*, Aug. 18, 1916. pp. 1-2, 52-57. 參見本書第四章。

述一戰初期美國在太平洋航運的危機谷底，正醞釀著迫切改變現狀的動機理由及其新契機。

（二）民初中國發展遠洋航運的動機

在中國方面，不論民間或政府，在大戰期間都深刻感受到國內外航運的急迫需求：「交戰國商船既多應徵他去。無暇營業。中立國船亦多奔走於列強之間以求厚利，所餘者僅敷該國人之自用」，因而中國勢必發展民族航業[10]。日本航業的進步概況亦為中國知識界重視，呼籲國人宜急起直追，利用大戰乘機振興中國航業[11]。《東方雜誌》刊有〈神州航業談〉一文申述國內外航業和航路的重要性，在內河行輪方面，呼籲國人合群力群資設立航業公司，與外輪奮勇直追。在遠洋航路方面，則呼籲政府投注以巨大資本、專門人才和國家保護，以自製巨艦發展遠洋航路；建造巨艦則必須有人才，初航之時無妨聘用外國專家，但最後仍必須培育中國本身的海事人才。該文作者強調，必須以政府的力量來發展並保護遠洋航運：「政府宜以國權之全力，以護衛商艦」，「遠航洋海，恰如去家之兒，孤子無依。設無保護者，遙臨其後，必受人欺凌，任人愚弄」[12]。

一戰前後美國造船業的突飛猛進受到中國官方和民間的矚目。《東方雜誌》曾謂「近二年來，美國造業船發達之速，無異傴僂之侏儒，一躍而為昂藏之丈夫」；此一情況係受益於一次大

---

10 〈中國宜乘機振興航業〉，《東方雜誌》，第15卷第1號（1918年1月15日），頁145。

11 〈日本航業鉅觀〉，《東方雜誌》，第15卷第1號（1918年1月15日），頁167。

12 〈神州航業談〉，《東方雜誌》，第15卷第1號（1918年1月15日），頁177-181。

戰：「至一九一六年。美國沿岸及內地各船廠。無不擁擠不堪……於是因戰事之影響，造船業素未發達之美國，遂一躍而與世界第一造船國相並矣。然上所指之數，僅商船而已，若合海軍軍艦計之，猶不止此。」[13] 這篇文章提到大戰爆發最初二年美國造船業（特別指商船）發達，與事實略有出入。一戰前後美國的造船工業技術無疑已雄踞全球之前列，但也如同前文所述，一戰爆發後，美國國際商船仍明顯不敷使用，太平洋商船業尤其蕭條[14]。

當時的北洋政府敏銳感受到歐洲大戰爆發後西洋航輪銳減，歐洲國家無暇顧及中國情勢，中國正可利用此一機會，振興中國航運。交通部長梁士詒密電袁世凱：「……現值歐洲戰事，洋商之運銷華貨日稀，若不趁此時機，趕緊組織商輪，航行各國，自運華貨出洋銷售，恐輸出且將益減，不足以謀自立而資補救。」[15] 惟組織商輪需有龐大資金，政府財政艱難，尚無力經營及此，向來對中國友善的美國公使芮恩施適時扮演了重要橋梁。

在美國駐華公使芮恩施的引介下，由美國麻里蘭州麥登斯新士公司（Metherns & Sons Co.）與中國簽定組織一輪船公司，該

---

13 引自：愉之，〈美國造船業之發達〉《東方雜誌》，第15卷第2號（1918年2月15日），頁50-51。相關文章尚有：君實，〈美國海運界之過去現在及將來〉，《東方雜誌》，第16卷第3號（1919年3月），頁45；〈美國之造船事業〉，《東方雜誌》，第16卷第3號（1919年3月），頁194-195。

14 君實，〈最近世界海運之大勢〉，《東方雜誌》，第17卷第10號（1920年10月），頁16-19，刊有1914年6月世界之商船噸數之排名，依序為英、德、法、美、日，可看出英國商船噸位數遙遙領先各國；一戰之後1918年12月的數據，各國商船噸數的排名次序為英、美、德、日、法，美國排名由第四擠進前二位。

15 鳳岡及門弟子謹編，《民國梁燕孫先生士詒年譜》（台北：臺灣商務印書館，1978），頁284。

公司派出代表腓力曼新（Philip Manson）於1915年7月29日與梁士詒商定合同條件，並與農商部正式簽訂一項合同，中美雙方同意組織「東方太平洋輪船公司」（Eastern & Pacific Steamship Co.），據梁士詒所記「購備船隻，掛中國旗，道經巴拿馬運河，往來中國海岸、大西洋及美國海岸等處，純為商辦公司，股本二百萬，中美各占其半。」籌足資本之法，決定發賣美金3百萬元債票，以該公司所有財產為初次保押品，雙方各任發行債票之半數。由債票所得之現款，用以買船、裝船、租船[16]。這項合作內容利益甚多，不僅可減輕運費、不必受洋商束縛，有利於商業競爭之用途，亦對於培育中國航海職員及機器師各項專業人才大有裨益。中國政府隨時有權查核該公司之帳目，該公司之財政報告需呈報中國政府，且開辦3年之後，中國即有權逐步買回。所有每年應付之債票利息6釐和4釐的減債基金，如該公司淨利不足支付，應由中國政府擔保補足其所差之數，此為中國政府應盡之責[17]。該合同債票利息比起國內公債或戰前其他各國的鐵路合同還要優惠[18]。

　　據梁士詒所記，中美合辦「東方太平洋輪船公司」案的簽約時間為1915年7月29。如據美方資料，腓力曼新於1915年4月25日抵華，在芮恩施的大力促成之下，於1915年5月29日簽訂合

16《民國梁燕孫先生士詒年譜》，頁282。

17《民國梁燕孫先生士詒年譜》，頁282-285。收有完整合同及交涉經過。

18 民國以後國內公債利率歷年遞增，大戰期間內債有六釐至七釐，甚至更多。而戰前中國與各國的鐵路外債合同，利率以五釐居多，多者有六釐、六釐半、七釐半、墊款及短期借款至高至八釐。張瑞德，《近代鐵路事業管理的研究——政治層面的分析，1876-1937》（台北：中央研究院近代史研究所專刊，1991），頁11-12。

約，成立「東方太平洋輪船公司」，該公司為在美國註冊，懸掛美國國旗，並非梁士詒所言懸掛中國旗。這一部分因筆者尚未查到相關資料無法詳加考證。其他內容如：股本2百萬，發行債票共值美金3百萬元，中國允諾負擔債票利息6釐，大致相同。腓力曼新未顧及戰時不斷上升的物價和全球船隻嚴重短缺，離華之前答應6個月內以4艘輪船開辦此一業務[19]。

這項合約最後並未達成，梁士詒稱其任命馬小進經營此事，「進行漸次成功，耗資亦鉅，原本預訂冬間開航」，「不幸帝制發生，干戈擾攘至新事業於焉中斷」[20]。另據美國駐華公使芮恩施記載，「美國政府同意提供該項合同中三百萬美元的保證金，不幸的是，這個合同遭到了美國在中國的企業通常遇到的命運，即沒有實行」[21]。二人的說法都語焉不詳。如比對相關資料大概還有以下其他因素。腓力曼新在美國輪船工業界的資歷和地位並不高，僅曾任職大西洋海岸輪船公司（Atlantic Coast Steamship Company）的經理。而且，當時美國幾個大輪船公司都反對「水手權利法案」，腓力曼新和參議員羅伯特·拉福萊特站在一線，將自己視為「水手權利法案」的捍衛者，惹毛了這些大船東。更重要的是「東方太平洋輪船公司」發行債票乏人問津，該公司亦無法提供半數的資金和債券擔保，而他所允諾以4艘船舶開辦業務，更是遙遙無期[22]。由於腓力曼新遲遲未能交貨，導致對華一向友好的芮

---

19 Noel H. Pugach, "American Shipping Promoters and the Shipping Crisis of 1914-1916: The Pacific. & Eastern Steamship Company," p. 172.

20 《民國梁燕孫先生士詒年譜》，頁285。

21 Paul S. Reinsch, *An American diplomat in China*（Garden City/N.Y., Toronto: Doubleday, Page & Company, 1922）p. 164.

22 Noel H. Pugach, "American Shipping Promoters and the Shipping Crisis of 1914-

恩施不滿，要美國國務院催促此事，同時芮恩施也和其他公司接觸，並接洽華美商品交易公司（Chinese American Products Exchange Company, CAPEC）接手此案，但卒無所成。「東方太平洋輪船公司」於1920年就沒有營運的事實，據資料所見1924年後沒有登記，且並未擁有任何一艘商船，此後沒沒無名[23]。總之，中美合辦「東方太平洋輪船公司」案子最後石沉大海，中國政局的不穩定，固為投資者所卻步，但也有來自美國本身的因素，並非僅如梁士詒所言帝制發生以致該事業中斷。

　　據北京政府駐舊金山領事的電報，1915年10月有一批在美華僑合資成立「中華郵船公司」（英文名為China Mail Steamship Company），該公司係向美國太平洋郵船公司購得一船從事來往太平洋航運[24]。這家公司中文報刊譯為「中國郵船公司」。《申報》1915年10月14報導了舊金山華僑組織一航務公司，向太平洋郵船公司購定「中國號」（China），而該船來往太平洋已三十餘年，駛行250次[25]。1917年3月《東方雜誌》刊出以「黃華」署名

1916: The Pacific. & Eastern Steamship Company," p. 174.

23 Kenneth J. Blume, *Historical Dictionary of the U.S. Maritime Industry*（Lanham, Md.: Scarecrow Press, 2012），p. 375. CAPEC的老闆為歐文（Clarence J. Owen），首席顧問則是曾任密爾沃基（Milwaukee）市長的羅司（David Rose）。羅司於1916初銜命來華，不僅想處理「東方太平洋輪船公司」的合約轉讓問題，更想擴大在中國的棉花和茶葉貿易，最後羅司雖未能解決「東方太平洋輪船公司」的後續問題，但此行他和上海總商會相談甚歡，並於次年率領羅司實業團訪華，造成一時轟動。關於1917年羅司實業團訪華，可詳見賈中福，《中美商人團體與近代國民外交》（北京：中國社會科學出版社，2008），頁95-102。

24〈華僑擬組織太平洋輪船公司案〉，舊金山領事電外交部，民國4年8月28日。《外交部檔案》，03-06-020-01-001。

25《申報》，1915年10月21日。

來自美國的投稿，這篇文章事實上為「中國郵船有限公司董事局」擴大招募華商入股的一篇文告。該文詳加記載了該公司之緣起、開辦之資金和營運狀況、公司之股東成員、公司現況和擴充之計畫。該文首先力陳華商自籌資本興辦民族航運企業的緣由。據云由於大戰爆發後時英國勢力退出太平洋航線，幾乎由日本獨占市場。自日本提出21條要求後，在美華人會館即有抵制日貨之舉，而日人則以反抵制對待華人。迨美國太平洋郵船公司停辦，在美華人乃風起泉湧，投資集股成立公司，向美國太平洋郵船公司買一船，名「中國」者，於1915年11月1日，由美洲作第一次之航行，「是為吾人之五色旗飄揚於太平洋之始。」[26]

黃華的文章也提到美國太平洋郵船公司之停航，係因受「水手權利法案」波及之故，「水手例者則一律不用華人是也」。事實上，此一法案並非不用華人，而是保障一般水手基本薪資和福利，在此一情況下，原本華人水手以低廉工資而進用，由此有中國水手之船被禁止駛入美國海港的說法。這家公司初開辦時資金定為250萬，而開辦時僅得五、六十萬而已，原本擬以香港作總公司，但港中人士於投資不甚踴躍，漠然視之，屆辦之期，港中集資遠不如舊金山華人，始以舊金山為總部。公司成立之初以30萬美金向美國太平洋郵船公司購買一船，名曰「中國號」。「中國號」重10,200噸，長480尺，堪稱規模不小的運輸輪。總理為陸潤卿（廣東銀行之總理），副總理為鄭晉卿。這家公司為華商籌備，究竟為何選擇在美國註冊受他國保護，據云有六大苦衷，例如：「政府辦事素緩，一呈察、一批查，可延擱至二三年之久，

---

26 黃華，〈記中國郵船公司〉，《東方雜誌》，第14卷第3號（1917年3月），頁40。

而時機不可失，不能久待」。還有創辦時間正值帝制風潮初發生之時，憂心袁政府「對於僑民，殊無好感」[27]。是以「中國號」船尾懸掛美國旗，而中華民國之五色旗則在中桅，為不得已之原因。本文收錄該公司董事會於1916年5月刊載擴大招收第二期股之廣告，呼籲「我同胞諸君，再發愛群愛國之熱誠，踴躍附股，以期擴張航權發展商業，毋使外人笑我，便為厚幸」[28]。

「中國郵船公司」以歐戰仍在進行，持續向國人招募資金，期望訂製新船與外人競爭，不久即獲得成效。據相關資料比對，大戰末期「中國郵船公司」已有2艘設備新穎的運輸輪，中國號（China）、南京號（Nanking）航行太平洋，這兩艘輪船均有萬噸規模，每星期五內可航行太平洋一次。該公司另有一尼祿號（Nero）租借給英國政府使用，所以已擁有3輪。《申報》記載，「中國郵船公司」南京號新船於1918年7月26日抵滬並舉辦招待會，觀者約8百至1千人。船長480英尺，寬48英尺，重15,000噸，能載貨4,500噸，可容頭等客132人，二等客100人，散艙客500人。船上設備完善，地鋪厚氈，衣櫥、電風扇、閱書電燈、浴室、公共休閒室和大餐廳等設備齊全。最令觀者矚目的是船上設有醫院，病榻21張，布置設備均甚講究，據稱「如遇必要時，有外科醫生可施行開割之手續，除應有器械一律備置外，且有看護婦二人」[29]。

「南京號」係以美金90萬元購自美國康格萊斯號（Congress）被燬之船殼及機器，重新修葺裝備。由於修理費用竟高達340萬

---

27 黃華，〈記中國郵船公司〉，頁41-42。

28 黃華，〈記中國郵船公司〉，頁44。

29 〈中國輪船公司新船抵滬續誌〉，《申報》，1918年7月27日，第3張。

元，「中國郵船公司」為解決龐大財務問題，不得不為擴充資本，發行債券150萬元。惟據該公司之章程，發行債券需有股東2/3之票決，由於華人股東散處四方，乃聽從律師之建議，另成立一家新公司以解決發行債券問題。這家新公司為中美合資，由美國資本家三人，中國資本家二人合組之，然此一舉動引起部分華人股東的嚴重不滿，內部沸沸揚揚，以致「中國郵船公司」一再澄清該公司「純屬華人營業之性質，彼反對者係出於誤會」[30]。「南京號」籌措過程中固有中美合資和華人股東內部之間的爭議，但不論如何這艘豪華氣派的「南京號」為當時中美民間人士所合夥投資。

　　據曾任北洋政府交通總長葉恭綽的記載，由於中美間往來船隻甚少，「中國郵船公司」三輪，皆得各國之信用，每次客貨各艙，無不滿載，營業之盛，傳播一時。並提到該公司成立的確切時間為1915年10月1日，由旅美華僑籌資創建，為我國汽船通行太平洋之始。交通部為獎勵遠洋船業起見，以該公司每年所納噸鈔，由交通部發還，移作獎金。1916年已經核准。自該公司船隻到關納鈔之日起，扣足一年，提及補助金5萬元，每船即1萬2千5百元核給，以三年為限[31]。吾人雖不知在北京政府財政短絀的情

30　由於新成立的中美合資公司，資本額有1千萬，在表面上觀之，組織新公司者似已收買舊公司，若干舊金山華人抱此疑慮，提出嚴重抗議；指斥修船費用過高，有人從中漁利，要求停發債券，美人三名脫離新公司之關係。股東大會的內部風波也見諸於報章，〈中國輪船公司新船抵滬續誌〉，《申報》，1918年7月27日，第3張。〈中國輪船公司公司股東會記〉，《申報》，1918年8月28日。〈中國輪船公司公司股東會續記〉，《申報》，1918年8月29日，第3張。

31　葉恭綽，〈五十年來中國之交通〉，收入：《遐庵匯稿》（上海：上海書店，1990。民國叢書第2編，綜合類），中編，詩文，頁283。

況下，這筆補助款項1916以後是否確實核給。然而，由此事可看出北京政府鼓勵國人開展遠洋航運的作為。就在一戰大戰結束後，1920年北京政府頒布〈航業獎勵條例〉14條，以獎勵金或其他方式鼓勵在中國政府註冊之遠洋船舶，體現北京政府重視遠洋航運之政策[32]。

　　上述可知一戰時期美國太平洋岸航運輪船不足的各項背景因素。時值美國政府有意擴張遠東政治和貿易版圖之際，不得不解決和正視太平洋航運之問題。與此同時，中國政府和民間都強烈感受到太平洋航運和輪船事業的重要性。中美兩國自近代以來的特殊友好關係，使美國成為中國在跨太平洋航運業中較可信賴的友好合作者。大戰爆發之初，即有中國交通部主動提議和美國企業界合作，在美僑商則雄心勃勃投資太平洋輪船事業，不論以購買美國輪船或其他中美合資形式，但也特別標榜有華人營業和民族資本之性質。此一圖像說明一戰時期中美太平洋航運的相互需求，在此一機遇下「江南造船所」自製承造美國輪船案格外有意義。

二、「江南造船所」承造美國四艘巨輪案

（一）合作源起

　　1917年8月美國太平洋輪船公司協同美國國際大財團「廣益公司」（American International Corporation, AIC）意圖和北京政府

---

32 葉恭綽，《遐庵匯稿》上篇，公牘，〈釐訂船業獎勵條例請明令公布文，民國九年〉、〈附航業獎勵條例〉，頁67-69。

談判一筆重組整頓上海江南造船所的合約，此事獲得美國政府的
支持，但尚未簽定正式合約。廣益公司成立於1915年11月，是
一次大戰爆發後由一群美國銀行家和實業家為促進美國在海外投
資所成立的國際大財團[33]。

　　英國外交部得知此事後，表達關切。在英國外交部致美國國
務院的電報顯示，英國表示假使江南造船所需要重整，必須考慮
英國公司的利益，因為英國長期以來協助中國政府從事江南造船
所的整頓計畫，該廠數年來已僱用不少英國人擔任主管。英方表
達，因正值大戰時期，英國打算利用江南造船所的船塢來建造貨
船，由於英國正受困於德國的無限制潛艇作戰，商船損失極其嚴
重，希望所有可資利用的造船資源都將發揮到最大效用，因而英
國政府急於知道英國提出的整頓江南造船所規劃是否可被優先考
量。英方認為重整江南造船所方案有賴於日本政府所控制的漢陽
鋼鐵廠的生鐵，必定先確保生鐵來源無虞；雖然日本明白表示不
樂見此一方案落於非日本的外國利益，但為了因應戰時緊急情
況，他們準備支援英國方面與日本資本家合作建造貨船。因此，
英國向美國明白表示美國政府此時不僅不宜插手，更應指示美國
駐京代表回絕太平洋輪船和廣益公司或其他公司參與江南造船所
的整頓計畫。而英國外交部就此事詢問北洋政府時，北洋政府則
正式答覆英方，因北京政治不穩定，此次中美合作是否能成，仍

---

33 廣益公司的董事成員囊括美國最大財團和實業家，包括：摩根（Morgan）企
　業、美孚公司（Standard Oil Co.）、杜邦公司（F. I. DuPont）、美國電話電報
　公司（American Telephone and Telegraph）、通用電器公司（General Electric）
　和紐約花旗銀行（National City Bank of New York）等等。關於廣益公司的歷
　史，詳見吳翎君，《美國大企業與近代中國的國際化》（北京：北京社會科學
　文獻，2014），頁121-125。

有待北京度過這波新舊國會和派系政爭引發的政治危機[34]。

　　「江南造船所」承辦美船交涉之初，受到同為協約國家的英國和日本的反對。在英日可能合作的情況下，當時美國駐華公使芮恩施擔心北京政爭不斷，如果親日派掌權將對美國在華投資案造成不利影響。例如1917年11月傳出曹汝霖和陸宗輿可能組閣，芮恩施即致電美國國務院這一波親日派掌權的情勢對正與北京政府洽商合同的貝里咸鋼鐵公司（Bethlehem Steel Company）以及東方礦業有限公司（The Orient Mines Limited）的開採鐵礦計畫有所不利[35]。據筆者過去的研究也印證一次大戰時期儘管英美日同為參戰國家，但各國關係相當微妙，為保有在華投資之既有權利，並不因戰時合作關係而舒緩在華的競爭張力，甚至因大戰的關係惟恐國際秩序驟變慌亂，各國愈是殫精竭力保護在華既有利益[36]。

　　1917年4月美國參戰後，急於蒐集在上海可供造船的各式情報，駐上海副領事亞當斯（Walter A. Adams）於1917年6月提供一份八頁的詳細報告，提到目前上海共有三家有能力製造輪船的公司如下：一、中國江南造船所（Kiangnan Dock and Engineering Works）；二、英商耶松有限公司（The Shanghai Dock and Engineering Works Co. Ld.）；三、英商瑞榕機器造船公司（The

---

34　British Foreign Office to the Secretary of US, Aug. 14, 1917, United States National Archives（Microfilms）, Washington, D. C. *Records of Department of State Relating to Internal Affairs of China, 1910-1929.*（hereafter cited as *NA.*）893.642/6.

35　Paul S. Reinsch to the Secretary of State, Nov. 30, 1917, *NA*, 8963.642/7.

36　例如列強在華的鐵路投資和電報事業的競爭激烈，各國之間各有盤算。詳見：吳翎君，《美國大企業與近代中國的國際化》，第4章和第6章。

New Engineering and Ship-buliding Works, Ld.）。三家公司中，英商耶松有限公司據其經理自稱該公司的經營「極其保守」（ultra-conservative），「自1889年以來沒有打造一艘船」。至於另一家英屬英商瑞榕機器造船公司稱可造六艘木船，如果木材原料來源無虞。至於排名第三的江南造船所為原江南製造局的一部分，能造商船及軍艦，目前設備齊全可提供造船。這份報告詳加分析造船梁木（timber）在大戰爆發後價格昂貴，柚木（teak）價格卻比戰前便宜，但木料的進口因大戰運輸困難，難以保證是否能進口足夠的木料來造船。報告中對於中國人勤快、學習有效率，又有木工技術，讚譽有佳。一位上海美孚公司油輪主管就向他遊說上海至少可以找到數百位能繪製輪船圖的一流人才和技術木工[37]。

但副總領事亞當斯的這份報告書不知何故竟被上海總領事忽略，並未馬上送到美國國務院。1917月12月5日，江南造船所總工程師毛根（Robert Buchanan Mauchan, 1868-1936）向上海總領事自薦該所樂意承造美國輪船的熱切誠意，並陳述該所技術先進，足以承造大型輪船的能力，檔案中提到該局同時可以承造2艘5,000噸級或3艘3,000噸級的鋼質船，中國工人足以承擔這件工作，而且保證品質優良。毛根說：「如果美國政府需要3千噸級的輪船，無疑本局工人可以打造出不輸於世界任何地方的一等輪船」[38]，這封郵件連同前述上海副領事於1917年6月所做的8頁調查報告，到了1917年12月13日才一併送交美國國務院。國務院

---

37 Vice Consul Walter A. Adam（Shanghai）"Facilities and Materials at Shanghai for the Construction of Wooden Vessels of Standardized Parts Thereof," June 15, 1917, *NA*, 893.642/8.

38 R. B. Mauchan to Thomas Sammons（American Consul-general, Shanghai）, 5th Dec., 1917, *NA*, 893.642/8.

收到上海總領事的報告後，非常不悅，質疑上海副領事亞當斯為
何將如此重要的情報延宕半年之久，要他解釋公文延宕的理由。
此事最後不了了之[39]。蘇格蘭工程師毛根於1905年起擔任關於江
南造船所的技術顧問和「商業代理人」，與江南造船所建立有效
的經營合作關係，毛根也因成功交涉承造美艦案獲得劉冠南所長
的信任，雖然有人評論毛根濫用職權，然而他在劉冠南擔任所長
任內（1916-1925）彼此默契良好，為促進造船所現代化、承攬外
國訂單和防止外國勢力控制該廠等議題有所貢獻。據資料顯示，
江南造船所在毛根主持監督下，1912年製造的「光華輪」已打破
上海一地出廠船隻的噸位[40]。

　　1917年12月13日，上海總領事西蒙斯（Thomas Sammons）

---

39 The Secretary of States to Thomas Sammons, Jan. 29, 1918, *NA*, 893.642/8.

40 毛根亦延攬其弟在該廠工作，因而有小大毛根之稱。1926年在全中國的排外
罷工運動中，大毛根辭職，次年返英，於1936年病故。其弟小毛根則於1927-
45年間仍服務於江南造船所，但其權位和威望遠不如其兄。詳見：（法）科
爾耐著，黃慶華譯，〈大毛根與江南造船所（1905-1927）——中外合作一
例〉，《國外中國近代史研究》（北京：中國社會科學院近代史研究所），第
24輯（1994年），頁120-132。科爾耐對大毛根在1887年來上海之前的經歷
較不清楚，筆者據1936年其過世後《南華早報》（*South China Morning Post*）
的報導簡略補充如下：他在1882-1887年曾在蘇格蘭鄧巴頓（Dumbarton）從
事高壓鍋爐的工作，1887年進入李鴻章創辦的輪船招商局，1894年進入英商
和記洋行（Boyd & Co.），向中國口岸正興起的新式工廠推銷蒸汽機器。
1895-1900投入上海正新興的新式紡織業推銷繰絲機器，後來成為上海英商耶
松船廠的一員，負責修理1904年日俄戰爭後破損的俄國船隻。1905年受中國
政府之請加入江南船塢所，迅速擴充船廠規模。DOCK MANAGER DIES:
Well-Known Identity Of Shanghai Waterfront MR. R. B. MAUCHAN, *South
China Morning Post*（1903-1941）; Mar. 24, 1936; ProQuest Historical
Newspapers: *South China Morning Post*. p. 2.

轉給國務院關於「在上海造艦的可能性」（Shipbuilding Possibilities at Shanghai）時，除陳述中英三家可供造船的公司之外，他也推薦江南造船所比起其他二家英國公司更適合與美國政府合作。但他又加上個人評述，認為目前原料價格如此高昂，在中國造船要仰賴進口木料和原料，如果造價是美國政府的主要考量，那麼中國市場的廉價勞力和昂貴的進口原料將兩相抵銷，這項交易並不划算；除非美國政府有意通過與江南造船所的合作來促進中美友好關係[41]。

　　1918年7月初美國船政局長赫爾利（Edward N. Hurley, Chairman of the Board）請求國務院指示是否批准江南造船所的申請書，因其轄下的「急難船隊公司」已收到江南造船所提出申請，盼為美國政府打造數艘輪船，希望美國方面能供應所需造船原料。該局表示由於美國造船工業目前大量需要原料供給，以該局的政策並不贊同在美國境外建造輪船，但是此一合約是和中國政府的船廠增加關係的可能機會[42]。美國國務院很快批示「國務院出於政治立場（political standpoint）認為和江南造船所簽訂的這項合約是件好事」。國務院提及美國船政局目前和日本境內的船廠也有類似的合同，而據駐華領事報告也顯示江南造船所具造船的良好裝備和能力，國務院認為「美國船政局應極盡可能利用此一機會促成此事，並可在此一時機促進中美友好，由此顯示美國在這一合約中並無歧視，排除似偏愛日本船廠的疑慮」[43]。一戰時期美國在海外的造船計畫不僅是兵商用途，其原料管制和造艦需

41　"Shipbuilding possibilities at Shanghai", December 13, 1917, *NA*, 893.642/8.

42　Edward N. Hurley to the Secretary of States, July 1, 1918, *NA*, 893.642/13.

43　Alvey A. Adee（Second Assistant Secretary of the Secretary of State）to the United States Shipping Board, July 3, 1918, *NA*, 893.642/13.

求均和國防外交聯繫一體。美國最初確係為解決戰時中美航線之需求而與中方有所接觸，然但孰料戰時原物料一再上升，美國政府最後同意江南造船所的案件主要係基於向中國表示友好，且對中國表示和日本並無差別待遇之意。

　　為不致延遲此案，且因往返電報商議殊難詳盡。1918年4月8日江南造船所所長劉冠南建請中國海軍部派工程師毛根赴美與美國政府直接交涉此案[44]。毛根於該年5月9日啟程赴美商談此事[45]。7月13日，美國船政局轉請美國政府致電美國駐上海總領事「告訴江南（造船所），合同條款規定其可全力以赴」[46]。但美國船政局合約司經理費瑞斯（Merris D. Ferris, Manager, Contract Division）顯然有所疑惑，以密件詢問國務院遠東司司長衛理（Edward Thomas Williams）這件在中國的造船合同是否係「特殊條約或外交文書」（a Special Treaty of Diplomatic Correspondence，原文為大寫），國務院是否要在合約中加上特殊的子句[47]。遠東司長很快回覆這件在中國的造船合同並非所謂外交條約或外交文書，此約由船政局代表、毛根、大來公司代表羅司（Ross W. Smith）於遠東司洽談，遠東司衷心樂見此一結果[48]。這件事美國

---

44 海軍部致駐美顧公使（維鈞）函，1918年4月8日。《外交部檔案》，03-12-010-03-001.

45 江南造船所所長劉冠南致駐美顧公使，1918年5月8日。《外交部檔案》，03-12-010-03-006.

46 "inform Kiangnan that contract is concluded to take up full capacity of their works." The United States Shipping Board to the Secretary of States, July 13, 1918, *NA*, 893.642/17.

47 Merris D. Ferris（Manager, Contract Division）to Edward T. Williams（Chief of Division of the Far Eastern Affairs）, July 18, 1918, *NA*, 893.642/21.

48 Edward T. Williams（Chief of Division of the Far Eastern Affairs）to Merris D.

政府等於扮演居中角色，讓中美企業作為雙邊合作的主人，且又能以促成此一合同展現中美邦友。紐約《布魯克林鷹報》（*The Brooklyn Daily Eagle*, New York）次日即引述華府的善意說詞，稱中國成為以造船來協助擊潰德國的國家成員，此一合同是大戰以來中美關係最受矚目的成果之一，中國也通過此事展現中國試圖發揮參戰國一員的作用[49]。

（二）合約議訂——中國如何替美國造船？

1918年7月25日，中美簽訂正式合同17款（共18頁）。由美國船政局祕書伯恩（S. N. Bourne）、局長赫爾利、中國駐美公使顧維鈞、江南造船所總工程師毛根共同簽署。議訂造船材料由美國船政局幫忙購買，江南造船所按美國政府擬定之價給付，限自每艘材料到齊上海後6個月內造竣，載重1萬噸之船4艘，每艘定價1,950,000美金，4艘共約800萬美金，分7期交付。第一期之款限於合同簽字後15日內付，餘隨建造進行情形續交，至船抵美時付訖。第17款提到雙方理解並同意（understand and agree）未來兩年內（1919月7月10日）船主可指派合約人通過經理人後續訂購至多八艘輪船。值得注意的是大來公司為合約人所任命之經理人和收款方，付款支票將寄給大來公司，而勞勃‧大來正是從清末到民初催促美國政府重視太平洋航運和貿易的重要牽線人[50]。這

Ferris（Manager, Contract Division）, July 20, 1918, *NA*, 893.642/21.

49 "China to build Four Ships for the United States", *The Brooklyn Daily Eagle*, New York, Sunday, July 14, 1918. http://bklyn.newspapers.com/image/54538122/（2015年4月12日點閱）。

50 顧公使函外交部，1918年7月28日。《外交部檔案》，03-12-010-03-008. 收有7月10的英文草約。勞勃‧大來於1910-1911曾兩度率領美國實業團來華訪

份合約雖是訂購4艘輪船，但日後得以增加到12艘，為未來的合作預留了更大的空間。合約簽定之後，美國船政局局長赫爾利轉來賀電，對中國造船工業的進步表示祝賀，並將此約視為中國得以與協約國一致共同對抗敵對國家，使中美傳統友誼更加鞏固[51]。

8月4日，北洋政府海軍部給駐美公使顧維鈞的電報中，除了對顧維鈞促成此事之功表示感謝外，更進一步希望毛根設法招徠讓福州船政局也能接到美國訂單，顧維鈞收文後批示「約毛工程師來見」，但後續如何因相關資料不足，不知結果。由海軍部的這份電報可知中國政府甚盼美方繼續向中國政府購買輪船的企圖，不僅僅是江南造船廠而已，福州船政局亦能勝任，希望藉此打開中國輪船在美國市場的版圖，希望顧維鈞向美國航業部總理遊說，使中國各廠均有發達。電文中也提到「際此德奧戰事方殷，我國既加入參戰，凡有應盡義務之處自當黽勉為之」，中國替美國造船一事，亦是善盡協約國之責任義務[52]。

問，《東方雜誌》熱鬧報導，日後亦促成1915年中國實業團赴美參加巴拿馬萬國博覽會的盛事。吳翎君，《美國大企業與近代中國的國際化》，頁304-307。

51　為使讀者清楚理解美國國務院這份電文的意義，照錄原文如下："This happy arrangement enabled Chinese industry to become more effective in support of our splendid armies who are now advancing toward their assured victory. By making ships, China will be directly making war upon the common enemy. The occasion is one of good augury of future industrial and commercial cooperation between your great country and the United States, and confidently believed will more firmly cement the traditional friendship between the two peoples."（底線為筆者所加）The United States Shipping Board to the Secretary of States, July 26, 1918, *NA*, 893.642/19.

52　海軍部致駐美顧公使（維鈞）函，1918年8月4日。《外交部檔案》，03-12-010-03-010。這份電報中也收錄次日江南造船所所長劉冠南給美船政局長的感謝函。

　　顧維鈞之回憶錄並未提到經辦江南造船所之事，但他在給中國外交部陳述這件合約之所以奏捷卻居功不諱，文中提到他和毛根如何向美國船政局吹噓，該局初尚有猶豫，嗣經向美外部示意，大致謂美擬助華各舉多成畫餅，未免可惜，美國可藉由這次造船合約作為兩國邦交敦篤之機[53]。這項江南造船所的案例確實為民初美國協助中國實業的少數成功案例，當時美國對華交涉的案例中，例如美孚石油公司協助石油開採、合眾電信公信參與中國無線電案，都遇到了瓶頸[54]。這次造船廠案的條款內容中的付款辦法亦格外通融，以免江南造船所籌墊為難。顧維鈞的電報也說明了美國官方內部文獻提到的美國船政局正與日本訂造船隻的事情，而江南造船所取得的價格亦比美國向日本訂造之船每噸多美金30元。此外，待這批船隻造好時「如空船來美時，准其裝貨，更係暗中貼補美政府我感情本佳」，顧維鈞認為這次優惠的合同確係展現美國有意聯絡中國的友好情誼[55]。

　　當時中國報刊很快就刊載這份合約的好消息，並非如同北京政府時期一些對外實業借款對外界有所隱。8月9日《申報》報導了這項合約，消息來源取自上海的英文報《大陸報》，稱「江南造船所承造美船四艘現已開始籌備擴張規模，務使此船廠不獨為遠東一支大塢，亦當為中國造船界中之巨擘」。預計在船廠西角圈入新地30畝，政府委員已由京抵滬，辦理續劃官地，以供廠用之事，此外復購買民地。如能有成，則廠中可得容留1萬噸大船6

<hr>

53　外交部收顧公使函件，1919年1月6日。但這份電文中顧維鈞的報告為1918
　　年7月28日所寫。《外交部檔案》，03-18-103-03-001.

54　詳見：吳翎君，《美國大企業與近代中國的國際化》，第3章和第6章。

55　外交部收顧公使函件，1919年1月6日。《外交部檔案》，03-18-103-03-001.

艘之地。而全廠工事進行，先事預備，各工廠改革尤多[56]。對於合約原料和機器提到第一批不出三個月可望提用，「大約再閱八個月，第一艘大貨船當可下水……船各載重一萬噸，此種大船固屬中國境內從未造過，即美國航務部所已造者，亦無如是之大。」對於這批輪船的圖式、規模、速度和設備也詳加介紹：「將依照美國造船局所規定之圖式，並由美政府督工監造，按照圖式，船長四百三十九英呎，闊五十英呎，吃水二十六英呎，有甲板三層，皆以鋼為之，船桅有四，每桅有起重機二，又有輔助起重機二，共計船上有起重機十、緻車十。船之前後皆有雙底，以備裝油，船之燃料非油即煤，船中亦有煤艙也。船中機械皆係最新式，有汽鍋三，其作用壓力約為兩百磅，速率為每小時十海里半至十一海里。」又提到「此項新船係貨船式，全船皆用鋼製，用木之處甚少，一切裝置皆須依照美國造船局與督工員之需要。」[57]

8月30日，《申報》刊出〈江南造船成績優美〉一文，提到江南造船所近日承攬的各家造船公司的訂單，包括為中國海濱公司所造和美孚公司所造，買主均大為讚賞[58]。10月9日，《申報》提到這項工程船料近日可運達，且已在江南製造局西砲台隙地工作[59]。

　　江南造船所承造美國輪船一事，受到上海中外媒體的關注，

56〈江南造船所承造美船之籌備〉，《申報》，1918年8月9日，第3張。

57〈江南造船所承造美船之籌備〉，《申報》，1918年8月9日，第3張。

58〈江南造船所成績優美〉，《申報》，1918年8月30日，第3張。「中國海濱公司所造載重一千兩百噸之新船：土海第二號，昨日下午試驗之後，購主甚為滿意，該船長兩百零三尺，闊二十九尺，吃水約十一尺，所用機械均係最新式者，將由贊賜公司經理，來往於香港、新加坡間」。又為美孚石油公司新式燃油船美南號，試驗順利：「該船長一百四十四尺，闊二十七尺，吃水八、九尺，每小時能行十海哩半，造者與購者對於該船均頗得意云。」

59〈造船所承造美國運艦近訊〉，《申報》1918年10月9日，第3張。

圖3-1：由左至右，美國船政局祕書 S. N. Bourne、局長赫爾利、中國駐美公使顧維鈞、江南造船所總工程師毛根，*Millard's Review*, Nov. 23, 1918

且江南造船廠亦藉此事大事炫耀。江南造船所副所長鄺國華（K. H. Kwong），係1875年10月赴美之第四批留美幼童。他於1918年11月23日在《密勒氏評論報》（*Millard's Review*）以一張半版面的英文刊出這項值3千萬關兩合約的訊息，並有簽約照片（如圖3-1）。文章標題：〈中國如何替美國造船〉（How China Plans to Builds Ships for America!），強調此次造船案乃史無前例，美國如此海權大國竟然尋求中國來建造合乎他們需求的大船，可見得江南造船所的造船技術已可媲比歐美先進國家。該文簡述了江南機器製造局自曾國藩創制以來的變革歷史，強調中國海軍軍艦和商船過去多購自英、美、日等國；自民國肇建以後，江南船塢改稱

江南造船所，經整頓後造船技術日進千里，不僅只是承擔維修輪船，還能建造軍艦和商船共計約316艘。鄺國華誇示該所不僅幫中國政府造船，中國商人及各國在華船主的訂單源源不絕，甚至也為俄國人造船。此外，宣稱這項承造美國萬噸巨船案需動員技術與非技術工人約2,500人、蒐購25畝地以上，此船為該船所造第317號船，裝有三聯式發動機，所有建築工程與發動機及汽鍋均在中國製造，惟獨鋼料由美國供給之。作者表示，「除日本不計外，乃為遠東從來所造最大之船四艘中之第一艘。」這件合約的重要意義顯示「形勢已轉變了，證明中國人已經有能力做到以前必須仰賴外人才做得到的事。由此寫下中國工業發展史的新篇章」[60]。這篇鄺國華署名的英文文章的中文版〈江南造船廠承造美國一萬噸船四艘記〉，不久於《東方雜誌》1919年2月號刊出，但無作者名稱，亦無簽約照片[61]。

　　鄺國華接連又於《上海泰晤士報》（*Shanghai Times*）工業版聖誕節增刊以英文題為〈江南造船所建造美艦之擘劃〉（Kiangnan Dock Making Ready to Build American Ships）整版文章詳述該所經造之輪船的效率、技術和品質，並附上該船所工廠全景和設施照片二張，以及該所出廠為亞細亞油輪、美孚油輪等打造的四張輪船圖片[62]。另一文為〈中國民族造船企業〉（Chinese Enterprise

---

60 H. K. Kwong, "How China Plans to Builds Ships for America!" *Millard's Review*, Nov. 23, 1918.

61 〈江南造船廠承造美國一萬噸船四艘記〉，《東方雜誌》，第16卷第2號（1919年2月），頁195-197。

62 H. K. Kwong（原文拼音如此，但以目前書寫應為K. H. Kwong），"Kiangnan Dock Making Ready to Build American Ships," *Shanghai Times*, Industrial Section, Supplement to Xmas Issue, 1918. 四張圖片為亞細亞油輪Anlan、美孚

in Shipping）由 Nicholas Tsu Engineering and Shipping Works 署名，詳述該廠自製的號稱中國自製第一艘蒸汽船 "Mylie" 號於1918年10月22日下水的消息，訂購者為 Haichow Steamship Company。這二個訊息都向西方人展示中國造船業技術上的突飛猛進[63]。

1920年6月3日，為美國建造的4艘運輸船中的第一艘「官府號」（Madarin）舉行下水典禮，《申報》於6月2日預誌此事，3日刊出近年上海所建之4艘船並繪有樣式圖比較大小。官府號之排水量14,750噸，比1918年江南造船所之江華輪（4,100噸）大三倍，比起上海英國瑞榕船廠所製挪威定造之3,100噸大五倍，比起英國耶松船廠所製英國定造之標準C型輪（7,200噸）大二倍（1919年下水），官府號無疑為近年上海所製最大輪船[64]。4日又刊出官府號下水典禮之盛況和照片。共有中外貴賓四百餘人參加，包括海軍總長劉冠雄、中國巴黎和會專使王正廷、美國在華法庭法官及法學家羅炳吉（Charles S. Lobingier）、美國駐華公使柯蘭（Charles R. Crane, 1858-1939）夫婦和駐上海總領事柯銀漢（Edwin S. Cunningham）等重要人士相繼演說互勉邦交。劉冠南所長及美國駐華公使立於船艦中間，柯蘭夫人以中文致簡要祝詞，並命其名為「官府號」，圍觀者歡呼之聲，歷久不絕[65]。《密勒

油輪 Meitanf、Gas producer Moter "Vigan"，Ice Breaker "Mei Ling"。

63 Nicholas Tsu Engineering and Shipping Works, "Chinese Enterprise in Shipping," *Shanghai Times*, Industrial Section, Supplement to Xmas Issue, 1918.

64 〈造船所承造美艦第一艘下水預誌〉，《申報》，1920年6月2日，第3張。〈上海近年造船之比較〉，《申報》，6月3日，第3張。

65 〈造船所承造美艦舉行下水禮〉，《申報》，1920年6月4日，第3張。《申報》將美國公使譯為「克蘭」，其中文官方名為柯蘭。

氏評論報》於6月5日刊載同一消息，也引用了同樣的4張輪船圖樣，嘖嘖稱奇不已[66]。這件江南造船所承造美船案，由1917展開交涉，次年簽約，到1920年6月完成合約之第一艘船下水；其餘3艘，西勒斯號（Celestial）、奧連討號（Oriental）、客賽號（Cathay）亦皆於1921年間完成，美國航運部致函表示極為滿意[67]。1921年12月以後這4艘船為大來公司所購得，投入該公司的全球航運事業[68]。

　　在承造美國輪船案的遊說中，富機敏手腕的關鍵人物毛根也因此獲得江南造船所長劉冠南的信任，在劉冠南擔任所長期間（1916-1925）雙方具有良好的合作默契。在承造美國船政局四艘輪案之後，毛根曾為怡和洋行打造一巨輪，又因應美國政府航行長江上游的需求打造了六艘砲艦。毛根於1936年病故英國，《南華早報》（*South China Morning Post*）的訃聞中特別提到毛根對該廠有二大貢獻：一、首要之事亦即1918年獲得承造美國船政局四艘輪船合同，使作為協約國一員的中國對大戰做出貢獻；二、打造出60艘蒸汽船確保長江流域上游的貿易不為外輪所壟斷。他擔任江南船政所總工程師兼經理一職任內，帶來3千萬關兩淨值（net profits）的龐大收入，不僅為江南造船所的現代化經營打下

---

66 *Millard's Review*, June 5, 1920.

67 美國航運部曾函監造人謂：「各船成績優美，駕乎自造各輪之上」。此據王世詮，〈三十年來中國之造船工程〉，頁275所引。筆者認為此說雖不免有禮貌客套之詞，但以美國商人之務實，如未達一定造船水準，亦不可能有此一讚詞。

68 大戰結束後，美國政府將戰時徵用的部分運輸船發回民營，大來也因此購得江南造船廠出廠的4艘船及日本淺野（Asano）公司出廠的「東方商船號」（Eastern Merchant）。*Memoirs of Robert Dollar*（San Francisco, Priv. Pub. for the author by W.S. Van Cott & Co. 1922, Second Edtion）, pp. 143-144。

基礎，也參與了中國民族造船工業崛起於世界舞台的關鍵時刻。
儘管毛根於1920年代的中國排外革命勢力中，被迫憤而辭職。但
他對江南船政所的經營策略也反映了一戰前後中外技術與企業合
作的成功案例[69]。

小結

　　本章所探討的中美航運合作事業，說明政府、企業和技術工
業在中美兩國交往進程中的重要意義。一戰時期中美航運的合作
和努力，一方面顯現中國意圖借重傳統友好的美國，達到穿越太
平洋的航運企圖，並向西方展現新式中國造船工業的成就；另一
方面也顯現美國欲藉由商業和交通上參與中國的工業化，拓展在
中國和遠東的影響力。從中國利用外力和外資的角度而言，北洋
政府時代儘管軍閥內戰不斷，內閣更易頻繁，但民初的實業建設
也在一批交通部技術官僚的領導下奠立基礎，中國政府確實也積
極尋求通過對華友善的美國尋求實業合作的機會。在中美合作海

---

69 《南華早報》提到1926年控有上海的軍方當局要他上繳的數額，足以壓垮江
　　南船政所的支出，以致他憤而辭職。DOCK MANAGER DIES: Well-Known
　　Identity Of Shanghai Waterfront MR. R. B. MAUCHAN, *South China Morning
　　Post*（1903-1941）; Mar. 24, 1936; ProQuest Historical Newspapers: *South China
　　Morning Post*. p. 2. 訃聞報導尚有：OBITUARIES AND FUNERALS: Mr. R. B.
　　Mauchan, The North-China Herald and Supreme Court & Consular Gazette（1870-
　　1941）; Mar. 18, 1936; *ProQuest Historical Newspapers: Chinese Newspapers
　　Collection*, p. 488，說法一致。然對於毛根的辭職也有異論，如本文前引科爾
　　耐，黃慶華譯，〈大毛根與江南造船所（1905-1927）──中外合作一例〉，
　　由於其個人的濫用職權等因素，在排外風潮中一切中外合作的形式又加深了
　　中國人的反感，江南造船所的工人甚至衝進毛根辦公室抗議。

運事業中，我們看到的是一種多元交錯的關係網，通過中國官方和民間力量在各個層次的努力，協力拓展了中國民族輪船工業的發展。

　　一戰爆發後，輸送戰時物資之迫切需求，使得輪船不敷使用，其後又受德國無限制潛艇之攻擊，海上船隻銳減，各國想盡辦法以最便捷最合宜的方式建造輪船，而中國正興起已略具規模的輪船工業，正滿足此一需求，因而英美日有意投資中國輪船事業或與中國合作造船事業。然則，戰時物價騰貴，購船造艦價格一再上揚，買賣雙方都得精心盤算有利於己之條件。對於中國政府與民間而言，也敏銳感受大戰的爆發提供中國民族航運業的發展機會，而由梁士詒展開運籌帷幄與「東方太平洋輪船公司」簽訂合約，然由於種種因素此約功敗垂成。同時，一批在美華商也感受到一戰時期中國輪船工業的發展契機而有積極的作為，希望趁著歐洲戰事緊急，中國民族輪船業正可趁勢而起，爭取太平洋航運。當時「中國郵船公司」購得的美國輪船已有萬噸規模，設備均相當先進新穎，且北京政府交通部還予以獎勵，藉此鼓舞海內外華人發展民族遠洋航業。

　　中國政府試圖仰賴西方先進科技以發展實業建設的努力，係延續自清末以來變法圖強和如何走向世界的主張，江南造船廠的蛻變便是展現了從清末作為官督商辦的製造局一再蛻變為現代化造船廠的歷程。「江南造船所」藉由順利承造美國萬噸輪船，超越此前該廠出產的造船噸位，並且在中外媒體大肆宣傳此一創舉。從技術上而言，當時江南造船廠的造船水準已不輸於英國在上海的各家輪船公司，在航速和噸位上也快速直追西方造船工業[70]。江

70　1901年英國愛德華號（King Edward）無畏艦下水，長250.5英尺（76.4米），

南造船所藉由承造美國輪船案展現中國航運工業起飛的新形象，此一旺盛的企圖心，如同一戰結束後中國極欲加入巴黎和會等國際組織的國族情緒，要求國際社會平等待我，希望世界各國認同新中國的強烈願望是一致的[71]。

　　民初美國政府所參與的北京政府公共工程投資案，如無線電報、鐵路、水利建設等設施，多因北京中央政府派系政爭與外國在華勢力的交相糾纏，且因投資金額過於巨大，美國銀行不願擔保，最後多以失敗收場。其中，中國本身的不利因素也使得美國政府較難有立場去推動中美企業與技術上的合作。1918年「江南造船所」順利簽訂承造美國4艘萬噸商輪的合約，實為民初美國在華投資中相當罕見的成功案例。先備條件是中國本身已具有相當水準的造船技術和能力，美國政府有立場來促成此事。在江南造船廠一案英日阻撓在先，但美國政府全力主導，在資金和材料來源上全力支持美國大企業提供擔保。雖然美國船政局認為造船原料由美國方面幫忙購買進口到中國，並不划算，然而美國政府基於向中國表示友好，比照對待日本船廠建造美船的案例，表示

寬30.1英尺（9.2米），航速20.48節。1909年同是江南船塢（Kiangnan Dock）所造的Kan Chuan船，長120英尺，寬20英尺，航速9節。1920年江南造船所承造的「官府號」長439英尺（130.76米），寬50英尺（16.76米），航速12.09節，仍不敵歐美最先進的運輸艦，但從中國近代造船史的發展而言，一戰期間的發展技術確是一大躍升。The Enclosure in the American Legation (Peiking) to the Secretary of US. June 1, 1918, *NA*, 893.642/19.

71 詳見徐國琦兩本關於中國與大戰的專書，Xu Guoqi, *China and the Great War: China's Pursuit of a New National Identity and Internationalization*（Cambridge, UK and New York: Cambridge University Press, February 2005）. Xu Guoqi, *Strangers on the Western Front: Chinese Workers in the Great War*（Cambridge, Mass.: Harvard University Press, 2011）.

對中國沒有歧視，而大力促成此事。

　　就一戰時期的中外關係而言，特別是中國參戰後，藉由承造美國輪船，中國因而有與協約國家站在同一陣線對抗德國的重大意義。4艘萬噸商輪交貨時間已在大戰結束之後，而其開端則和一次大戰提供的合作機遇息息相關。南京政府成立後，出於中國軍事和國防上的內外需求，屬於海軍部管轄的江南造船廠以製造軍艦為主要目標，然而製造軍艦費時更久，技術裝備更加艱難，並非如製造萬噸運輸船或商船，時間或八個月可成。更遺憾的是江南造船所一度輝煌的造船成果，因人事管理、技術升級的缺失，1930年代之後所造軍艦之噸位、武裝、速率，皆不足現代巡洋艦隊標準，可謂重蹈半世紀前輪船招商局失敗的宿命，加以中國內政和外交上的激烈動盪，未能賡續下去[72]。

---

72 1936年所造之「平海號」軍艦為歷年所造最大，但其噸位、武裝、速率，皆不足現代巡洋艦隊標準。中日戰爭爆發後，1938年該所又為日軍所占。王世詮，〈三十年來中國之造船工程〉，收入：周開慶主編，《三十年來之中國工程》（台北：華文書局，1969），頁173-175。王志毅，《中國近代造船史》（北京：海洋出版社，1986）。

第二部分

商人團體、技術組織
與關係網

第四章

一種特殊機遇與多元關係網

賽嘗謂太平洋兩岸大陸中美若兄弟，而共和之輩分中美
若師弟，以其關係之切，自應有提挈之親。

——實業家張謇，1919

前言

　　1914年8月兩件世紀大事，對美國的海外投資發生革命性的影響，同時對中國市場而言，中國亦通過美國加速了中國與國際市場的接軌。一是8月15日，美國開鑿的巴拿馬運河正式通航，縮短了大西洋和太平洋的距離，使得如何打開遠東市場成為重要而迫切的命題。二是，一次世界大戰的爆發，歐洲主要國家都捲入了這場戰爭。美國最初未參加大戰，美國資本家醞釀成立「廣益投資公司」，藉機拓展美國在海外市場的影響力，而中國市場正是他們有意移轉部分歐洲資金進入的地區之一[1]。不論就中美進出口貿易的增加或美國私人企業的在華投資或歐美國家的技術引進中國，在第一次大戰爆發以後都呈現特別的繁榮景況，此與中美兩國的經濟活動、技術引進和人才交流所形成的關係網，環環相扣。這些關係網內包括一戰後留美歸國的實業家，他們建立現代化新式企業，並和美國方面有密切的交往，促進了中美間的聯繫。不少中美交流組織亦扮演重要角色，例如：「美國大學俱樂部」（American University Club of China, AUC）、「中美工程師協會」（Association of Chinese and American Engineer）和美國商人團體──「美國亞洲協會」和「中國美國商會」。這些中美商人、技術組織和知識群體的互聯和發展動向，都是前所未見的。

　　過去研究19世紀末20世紀初中美關係的學者，普遍認為1898年門戶開放政策的提出是美國對華關係的一大轉折，並且形

1　關於美國「廣益投資公司」在華活動，可參見吳翎君，《美國大企業與近代中國的國際化》（台北：聯經出版公司，2012），第4章〈國際大財團投資案──廣益公司與1,500英里鐵路計畫〉，頁143-178。

成美國對華政策的最高指導原則，這是從美國對華政策以及政治作用的意義而言。韓德的經典著作《一種特殊關係的形成——1914年前的美國與中國》，將門戶開放政策放在18世紀獨立後的美國初次與中國接觸以來到一次大戰以前兩國在不同利益集團下所形成的相互作用，這些利益集團主要是商人、傳教士和外交官等決策者所形成的一種特殊關係[2]。筆者以為第一次大戰對近代中美關係史有種實質改造（transformation）的特殊作用，遠遠大於19世紀末作為一種政治宣示意義的門戶開放政策。誠然門戶開放政策自提出後，歷經不同時代已形塑美國人對華政策的一種政治價值和理念，且迄今奉行不衰。然而，筆者更加重視一次大戰以後中美兩國建立所打造的多元特殊關係網的落實，以中國為主體在各個層面的重大轉折及深遠影響。

　　本章主要論述一次大戰所提供中美兩國經濟發展的機遇，是哪些多元的渠道造就一戰後中美兩國的特殊關係？這些多元渠道如何影響了中國本身及其與世界接軌的意義？針對上述議題做一宏觀論述。

2　Michael Hunt, *The Making of a Special Relationship: The United States and China to 1914* (New York: Columbia University Press, 1983). 該書以具體案例闡釋一戰以前中美交互作用下所形成的特殊關係，主線有兩個：第一、美國政治人物（外交官）、商人、傳教士和公眾群體對於美國決策的影響。對華門戶開放政策是這些群體的共同信念；第二、中國決策者對美國的政治主張和外交策略。中國朝廷大員李鴻章、張之洞等人，對中美合作戰略興致勃勃，提出聯美制英的手段。

一、第一次世界大戰與中美經濟關係的轉捩點

　　19世紀末以前美國對華貿易量占其外貿的比重極其微少。在1897-1901年僅有1.0%，1902-1906年為2.0%，此後又下降到1.0%左右，直到一次世界大戰後（1916-1920）從1.1%上升到1921-1925年的2.4%，1926-1930為2.3%，到1931為4.0%[3]。據海關資料「中美直接往來貿易對照表，1864-1928」（表4-1），可以看出不論就洋貨輸自美國或華（土）貨輸往美國的價值，在一次大戰以前數量不大。值得重視的是1898年以前華貨輸往美國的價值均高於美貨輸華的價值，1898年以後才逆轉為美貨輸華價值較高，這也顯示美國對華貿易逐漸起色。一戰期間的1915-1918年華（土）貨輸往美國的價值一度回升，超越美貨輸華，然一次大戰結束後的1919年美貨輸華價值又重占上風。就在1919年，不論美貨輸華或華貨輸美的價值均已突破上億關兩，從數據上說明了中美貿易往來的重大進展，由此可見一次大戰在中美經貿關係上具有樞紐的轉折意義。此後，中美進出口貿易穩定成長，到了1928年洋貨輸自美國突破2億關兩，至於華貨輸往美國，在1927-28年則約有1億2千萬關兩[4]。值得注意的是1915-1918年華貨輸美

3　Peter Schran, "The Minor Significance of Commercial Relations between the United States and China, 1850-1931," in Ernest R. May & John K. Fairbank, eds., *America's China Trade in Historical Respective, the Chinese and American Performance* (Cambridge, Mass.: Harvard University Press, 1986), pp. 239-240.

4　表4-1之數據，詳見附錄：4-1。需說明的是表格中1905年美貨輸華暴增的現象，係因受到1903-1904年中國民間發動的反美華工禁約運動的回彈；在這二年美貨輸華儘管下降，但是積存的訂單貨號在反美風潮降溫後陸續抵達中國，反而造成1905年美國輸華貨品激增的現象。

一度超出美貨輸華的價值，也說明了大戰時期美國貨品通過大西洋輸往戰地歐洲的現象，而使得中國物資通過太平洋運輸得以填補美國貨品內銷或外銷的供需缺口，顯現中美兩國的貿易往來在大戰時期全球物資移動中的意義。這也使得一戰期間的輪船運輸異常重要，儘管大西洋航線向為美國所重，但也因這場大戰爭更加突顯了太平洋航線在一戰期間的補給任務和船隻的供不應求。（參見本書第三章）

表4-1：中美直接往來貿易對照表，1864-1928

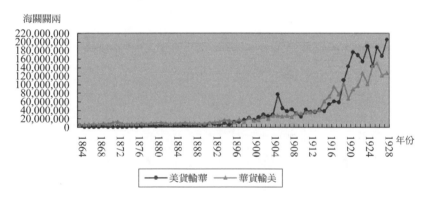

海關關兩

資料來源：楊端六、侯厚培等，《六十五年來中國國際貿易統計》，國立中央研究院社會科學研究所專刊，第4號（1931），頁118，筆者繪圖。

如將一戰時期中美進出口貿易的進展，置於整個中國對外經濟關係中，更能突顯歐戰對中美經濟關係的深度影響。海關年度報告提到戰爭發生之初其實中國國際貿易深受打擊。1915年海關年度報告認為進出口貿易深受歐戰之牽連，中國變更國體或日本提出21條要求所引起的政治動盪，都比不上歐戰牽連，「如無歐戰，運貨船隻連翩而至。」且由於戰時運輸輪船減少，影響進

口[5]。1916年海關報告再次提到「歐戰阻礙，本年殆有甚焉。」同樣提到運貨船少的問題，以及受到歐洲交戰國家的經濟封鎖政策之波及，進口之貨不准轉運別國，影響中國出口。到了1918年歐洲主要戰場淪為焦土，事實上中國貿易亦為之阻塞。加以國內又有軍閥內戰、派系政爭和土匪擾攘等因素，使各種貿易俱受影響。

> 歐洲戰爭三年以來，舉凡秩序，失其作用，⋯⋯夫全球之擾攘既如此，而國內又有流血之政爭，每見繁榮之都，變為蹂躪之地，瘡痍滿目，不勝其數，加之土匪縱橫，火車間亦不敢駛行，受其害者，實有多處。[6]

從海關報告看來，歐戰時期中外貿易俱受其害，而此時中美貿易卻能脫穎而出，不僅是近代中美經濟關係史的一個轉捩階段，就中外經濟關係史亦是一段相當特殊的時期。海關資料亦可看出一戰期間原本占有中國進出口貿易大宗的英、法、德等國家捲入戰爭，歐洲國家對華貿易銳減（特別是1917年中國對德宣戰中德絕交後，德國在華行號撤退，1918年尚有75間，1919年僅剩2家），而戰爭初期處於中立的美國，其對華貿易則有增長，在華行號和人數亦隨之快速增加。以美、英、法、德、日而言，大

5　國史館重印，《中華民國海關華洋貿易總冊》（台北：國史館史料處，1982），民國4年（1915），第1卷，頁12。「本年貿易情形，雖因日本要求條件（指21條要求），恐與大局有關，商家不敢放膽交易，復因創議變更國體，又恐惹動風潮。有此兩層，則與商務一道，誠有阻礙，但牽及之甚，則在歐戰，如無歐戰，運貨船隻連翩而至。水腳運價並不過昂，則本年進口洋貨逆料必能異常發達。」

6　國史館重印，《中華民國海關華洋貿易總冊》，民國7年（1918），頁19。

戰時期美國在華行號和人數增加比率快速，從1913到1918年美國在華行號增加1.7倍之多，其總數雖仍不如英、日兩國，更難望日本之項背，但個別的美國在華跨國大企業則大有起色，甚至在中國市場呼風喚雨（見表4-2）。一戰期間，英法困於歐洲戰爭，對華貿易大量減少。中國對德宣戰後，德僑返國，在滬企業或關或歇。美國和日本資本趁勢而起，在上海進行大批投資。有一資料顯示，美商在上海進出口貿易比重，1913年為13.5%，由1894年的第四位爬升到第二位。戰後的1919年為27.5%，取代英國而獨占鰲頭[7]。

表4-2：旅華各國人民與行號統計表，1912-1922

年代	美國人 （行號／人數）	英國人 （行號／人數）	法國人 （行號／人數）	德國人 （行號／人數）	日本人 （行號／人數）
1912	133/3,869	592/8,690	107/3,133	276/2,817	733/75,210
1913	131/5,340	590/8,966	106/2,292	296/2,949	1,269/80,219
1914	136/4,365	534/8,914	113/1,864	273/3,013	955/84,948
1915	157/4,716	599/8,641	102/1,649	244/3,740	2,189/101,689
1916	187/5,580	644/9,099	116/2,374	281/3,792	1,858/104,275
1917	216/4,618	655/8,479	127/2,262	132/2,899	2,818/144,492
1918	234/4,766	606/7,953	156/2,580	75/2,651	4,483/159,950
1919	314/6,660	644/13,234	171/4,409	2/1,335	4,878/171,485
1920	409/7,269	679/11,082	180/2,753	9/1,013	4,278/153,918
1921	412/8,230	703/9,298	222/2,453	92/1,255	6,141/144,434
1922	377/9,153	725/11,855	229/2,300	184/1,986	3,940/152,848

資料來源：楊端六、侯厚培等，《六十五年來中國國際貿易統計》，頁143-148。

7　王垂芳主編，《洋商史，1894-1956》（上海：上海社會科學出版社，2007），頁111。

　　美國大企業於一戰時期在中國快速擴張，並成為首批具有近代科層管理的在華跨國公司。例如1870年創於紐約的美孚石油公司，1885年在上海設立第一家代理公司，1914年美孚開始設置直銷網由紐約總部直接控制，除了中國上海總部外，香港公司為第二層領導，區域公司則設於天津、漢口、東北等處，並且在各中國條約港口和河岸設立分公司。到了1919年，美孚石油公司有6個區域公司，20家分公司，和500名經銷商遍布全中國[8]。著名的慎昌洋行也於大戰時期崛起。慎昌洋行的創辦人馬易爾（Vilhelm Meyer）為丹麥人，1902年來華，初任職上海寶隆洋行（East Asiatic Co., Ld），1906年在上海創辦慎昌洋行，主要進口紡織機、軋棉機等各式機器和零件。1915年該洋行改組為美國公司，此後慎昌洋行代理奇異公司（General Electric）電燈，占有進口燈市場的60%優勢。1917年美國奇異公司的附屬企業──中國奇異愛迪生有限公司（China General Edison Co. Inc.）成立。慎昌洋行除代理奇異公司產品外，在洋樹浦設有慎昌機器工廠，並從事各式進出口業務，至1920年代已甚具規模[9]。該公司的廣告很明顯帶有以先進秀異的美國工商發明來拯救落後中國的表徵，在1920年代初頻繁出現於在華英文報刊（如圖4-1、4-2）。另外，1902年在華合併創建的英美煙公司，靠著大規模資本、先進技術、廉價原料、廣告宣傳、效率管理和經銷網（最初利用中國買辦制度

8　吳翎君，《美孚石油公司在中國，1870-1933》（台北：稻鄉出版社，2001），第1章〈市場經營與銷售〉，頁1-59。

9　Christopher Bo Bramsen（白慕申），*Open Doors, Vilhelm Meyer and the Establishment of General Electric in China*（Richmond, Surrey: Curzon Press, 2001）, pp. 95-107. 作者白慕申為慎昌洋行創辦人馬易爾的外孫，曾任丹麥駐中華人民共和國大使（1995-2001）、丹麥駐西班牙大使（2001-2004）。

而開展起點）等競爭手段，快速滲透中國市場，成為壟斷中國菸草市場的美國大企業。據統計：1902年英美煙公司在華銷售量為12,682箱，到1919年為309,028箱，足足增加了24倍。1919年，英美煙公司在華企業資本已達12,479萬元，較其最初投資增加了590倍有餘[10]。

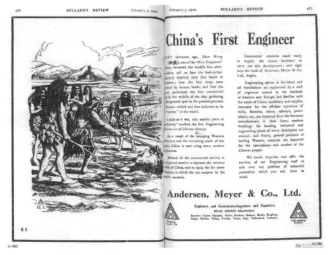

圖4-1：上圖為慎昌洋行廣告，自我標榜為「中國第一工程」，如同古代神農氏教人墾殖農耕、開啟榛萊蠻荒，圖像中頗有將中國人貶抑為野蠻人的意涵。
資料來源：《密勒氏評論報》（*Millard's Review*），1920年2月7日。

---

10 1890年代，英、美煙草即進入中國市場，其中美國煙草大王杜克（James B. Duke, 1856-1925）和英國的帝國煙草公司（Imperial Tobacco Company）兩方競爭激烈，最後於1902年合併創建英美煙公司。上海社會科學院經濟研究所編，〈前言〉，《英美煙公司在華企業資料匯編》（北京：中華書局，1983）第1冊，頁3；Sherman Cochran, *Big Business in China: Sino-Foreign Rivalry in the Cigarette Industry, 1890-1930* (Cambridge, Mass.: Harvard University Press, 1980), p. 13.

圖4-2：慎昌洋行廣告，比擬該公司是提供先進技術工程和機械零件的百寶箱。
雄踞紐約港的自由女神像及紐約通衢大樓，意味著美國人在教育、工商發達和社
會福利的優勢，更意涵著美國人所樹立的一種自由價值。
資料來源：《密勒氏評論報》（*Millard's Review*），1920年1月31日。

　　以各國對華貿易而言，美國對華貿易在1931年以後大大成
長，如排除英、日分別在香港和東北等特殊地區的數據，美國對
華貿易在1931年後已高居各國第一，該年占18.85%。1932年為
21.16%，1933年為20.80%，1934年再上升為23.34%，超過日本
（含台灣，但未含東三省之統計）、英國（不包括香港）和德國[11]。
另據蜜拉‧威爾金斯（Mira Wilkins）的研究，從第一次世界大戰

---

11 周新，〈23年度我國之對外貿易〉，《東方雜誌》，第32卷第12號（1935年12
月），頁15。

到太平洋戰爭爆發，美國在中國的投資領域不斷擴大，1930年達到高峰。即使中日戰爭期間，美商在日軍占領區內仍持續運作，直到美國加入第二次大戰才急遽往下滑落。據她的估算：1900年美國企業在中國的投資約有1,750萬美元，1914年約4,200萬美元，1929年約11,380萬美元，1930年再上升至15,510萬美元（一說是12,930萬美元），1936年則為9,060萬美元，1941年降為4,060萬美元[12]。

就中國國內的新興企業發展而言，從1914至1922年間由中國民族資本所創辦的紗布廠總共有54家，其中1920至1922年間所開設的即達39家，這三年的發展已超過1914年以前二十餘年間中外商人所開設的31家紗廠總數。新廠的增設加之原有老廠的擴充，全國的紗錠數由1913年的484,192枚猛增至1922年的1,506,634枚，布機則由1913年的2,016台增至1922年的6,767台。中國的麵粉工業是在20世紀初才開始發展的，基礎十分薄弱，國內所需麵粉一向多仰給進口洋麵。但到了一戰期間，歐美各國麵粉產量不足，開始向中國購買麵粉，中國由麵粉入超國變為出超國。其結果又刺激了麵粉工業的發展，新設立的麵粉廠如雨後春筍；從1896至1913年總計約53家，資本總額862.2萬元，到1921年則有123家，資本總額達4,000萬元，麵粉廠數增加了一倍多，資本總額增加了四倍多[13]。1918-1920年間，每年華資民族工業增長率達到13.8%。上海是這波工業化浪潮的主要發源地，領軍的

12　Mira Wilkins, "The Impact of American Multinational Enterprise on American-Chinese Economic Relations, 1786-1949," in Ernest R. May & John K. Fairbank eds., *America's China Trade in Historical Respective: the Chinese and American Performance* (Cambridge, Mass.: Harvard University Press, 1986), pp. 285-287.

13　唐力行，《商人與中國近世社會》（台北：臺灣商務印書館，1997），頁304。

產業是棉紡織業，上海華資紗錠數從1913年14.7萬枚，到1921年增加至50萬枚，成長顯著。其中具代表性的企業家，如有留美背景穆藕初（1876-1943），他與1915年在上海創立紡織廠和申新公司的榮宗敬，都各自擁有十餘萬枚紗錠[14]。

　　誠如白吉爾（Marie-Claire Bergère）等學者所言，第一次大戰爆發提供中國新興企業一次「千載難逢的機會」：1915-1927年間，由於戰爭提供的市場機會、中國市場的開放和國家力量的較少介入及其他經濟因素，造就一批中國資本家的興起；此時也是國際資本與外國技術熱絡於中國市場的時間，從而形成民族企業與外國企業的微妙複雜關係[15]。白吉爾的關懷主要在於一戰以後由於中國軍閥混戰的無政府狀態，中央力量的削弱，政府威信的低落，使得1915-1927年成為中國資產階級鼎盛發展的階段，也使中國企業家卓有成效地開拓了通往現代化的通道。然則，筆者以為我們也必須注意歐戰初期中國進出口貿易事實上是呈現整體蕭條之慘境，而中國新興企業卻能在此一凋弊衰象中迅速找到出口，1916年海關報告就提到「近年仿製貨物，進步速極最顯見者，棉貨、自來火，幾與外來之品，能以相敵。」[16]這一情況我們必須留意歐戰時期國際因素的互為消長，而中美進出口貿易在中外經濟蕭條中卻能脫穎而出；同時，國家力量的較少介入，是比

14 丁日初，《上海近代經濟史》（上海：上海人民出版社，1994）第2卷，頁104、123。關於劉鴻生的最新研究，可參見：Sherman Cochran & Andrew Hsieh, *The Lius of Shanghai* (Cambridge, Mass.: Harvard University Press, 2013).

15 白吉爾，《中國資產階級的黃金時代》（上海：上海人民出版社，1994），頁75-80。

16 國史館重印，《中華民國海關華洋貿易總冊》，民國5年（1916），第1卷，頁14。

起過去相對開放的自由市場。從具體事實仍可看到中國的中央政府財經部和交通部，仍舊扮演非常重要的角色，並且與中美經濟交往的網絡相聯互動，彼此輝映。

二、中美經濟活動中的關係網絡

一戰以後在上海從事棉紡工業，並由此發跡的代表性企業家莫如穆藕初。他曾在德州農業與機械學院（Texas A&M）學習植棉與紡織，獲碩士學位，譯有泰勒（Frederick Winslow Taylor, 1856-1915）《科學管理法》（*The Principles of Scientific Management*），為中國引入泰勒科學化管理法的第一人[17]。1914年7月底，也就是大戰發生前夕，穆藕初回到上海，應邀至江蘇省教育會及各地演講，分享留美心得。同時開始投身於棉紡業，先後集資創設上海德大、厚生紗廠，又與人聯合發起鄭州豫豐紗廠之創建。他辦的紗廠採用泰勒的經營管理法，成為同業觀摩的對象[18]。穆藕初除引進新管理法經營紗廠外，亦著力於引進、推廣美國棉種與農學知識傳播。1915年起，他在德大紗廠附近建立60畝的穆氏棉作試驗

---

17 穆藕初於1909年赴美留學，1913年取得伊利諾大學（University of Illinois）農學學士學位。其後入德州農業與機械學院學習紡織工業，1914年獲碩士學位；參見 "Mu Hsiang-yueh," in Howard L. Boorman eds., *Biographical Dictionary of Republican China* (New York: Columbia University Press, 1967-1979), Vol. 3, pp. 38-40. 穆藕初將泰勒書名譯為《學理的管理法》，於1915年11月至1916年3月於《中華實業界》連載，1916年6月由上海中華書局刊行；參見穆家修等編，《穆藕初先生年譜（1876-1943）》（上海：上海古籍出版社，2006），頁62-63、84-85。

18 穆家修等編，《穆藕初先生年譜（1876-1943）》，頁59-62、64、196。1920年美國議院團來訪時，亦曾參觀厚生紗廠。

場，自美國喬治亞州引進各式棉花試種，並發布試驗報告[19]。穆藕初與中央政府所聘請之美籍棉業專家喬勃生（英名不詳）有所往來，討論美棉於中國之栽培[20]。一戰期間（1917）穆藕初與另一著名棉紡企業家聶雲台（聶其傑，1880-1953）等人曾組織中華植棉改良社、華商紗廠聯合會，大力推廣美棉栽植。1919年華商紗廠聯合會曾聘請美國顧克（英文名不詳）博士來華協助技術改良[21]。聶雲台亦曾赴美留學，1915年以中國實業團（Chinese Commercial Mission）副團長身分赴美考察，此次考察行程係應去年（1914）來華之太平洋商業代表團（Pacific Commercial Commission）邀請，參訪舊金山之巴拿馬賽會（Panama-Pacific International Exposition），並考察美國各大城埠，期間聶氏力邀美國棉業專家來華調查並擔任顧問，協助改良中國的棉花種植[22]。

---

19 穆藕初，〈報告美棉遷地之效驗〉，收入穆湘玥著，《藕初五十自述（下）》，《中國現代自傳叢書》（台北：龍文出版社，1989，為據商務印書館1926年版印行），第1輯第10冊，頁46-49。

20 穆家修等編，《穆藕初先生年譜（1876-1943）》，頁106、111。

21 A. R. Burt, J. B. Powell and Carl Crow eds., *Biographies of Prominent Chinese* (Shanghai: Biographical Publishing Company Inc., 1925), p. 66; 穆家修等編，《穆藕初先生年譜（1876-1943）》，頁106-111、147、154。

22 據江紹貞，〈聶雲台〉，收入中國科學院近代史研究所中華民國史組編，《中華民國史資料叢稿：人物傳記（徵求意見稿）》（北京：中華書局，1976），第3輯，頁110-115，「聶雲台是聶緝槻的第三子，少年時隨父住上海，跟外國人學英語，兼學土木、電氣、化學等科。後來到美國去留學，加入過留美學生組織的「大衛與約那甬」（David and Jonathan）的兄弟會組織。」雖然該書1980年出版之版本已無赴美留學及加入兄弟會之語，但其曾跟隨外人學習，且英文流利則為確認。另可參見江紹貞，〈聶雲台〉，收入李新、孫思白主編，《中華民國史資料叢稿：民國人物傳》（北京：中華書局，1980），第2卷，頁249-255；聶雲台於1904年在上海組建復泰公司，承包華盛紡織總局。

　　穆藕初在一篇關於中美工業與商業的專文中，曾闡述一戰以後中國進口美國機械對近代中國實業開展的重要性，並特別強調留美歸國人士開辦的新式工廠在引進新技術方面的貢獻。在1917-1919年間，穆藕初從美國就買進了共750,000枚紗錠（含他名下工廠所需與受他人委託採購在內）；此外，他相當推崇畢業自麻省理工學院的唐炳源（星海），此君於1923年歸國，在1930年代已是慶豐紡織印染股份有限公司董事、九豐麵粉公司董事、潤豐荳油公司董事等職[23]。美方資料亦顯示，1918年中國粗棉產量約250萬包（bale, 1包為500磅），美國約年產1,200萬包。中國棉紡織業在質與量上都進步快速，這和美國專家的技術引進頗有關係，金陵大學農學系則是扮演了培育相關人才的重要地位[24]。

　　一次戰後是一批上海的新興企業家崛起的時間，此時也適逢一批清末留美公費生歸國，投入中國初起步的現代新式工業和現代銀行業等新興企業。這批新興企業家，他們引進西方現代管理的方法和經營型態，並且結合新的一批華人同業工會組織。為擴展成員間的訊息，引進新觀念，他們出版專業雜誌，介紹新的管理方法和生產技術，分析國外市場等。1920年的上海中國總商會的領導層選舉中，一批新興的企業家拱出42歲的棉紡企業家聶雲台打敗了傳統買辦朱葆三（1848-1926），成為上海總商會的

1909年收購華盛全部股份，改名恆豐紡織新局，親任總經理。

23 Mou H. Y., "Commerce and Industry," in *American University Men in China* (Shanghai: The Comacrib Press, 1936), pp. 119-120. 唐炳源於1947年遷居香港，翌年創立南海紗廠，有「紡織大王」之稱。

24 Julean Arnold, "Chinese Products of Interest to American," in Julean Arnold and Various American Consular Officers eds., *Commercial Handbook of China*, Vol. II (Washington: Government Printing Office, 1919), p. 321.

新總會長。在這次改選中，一批在第一次世界大戰期間和戰後成長起來的工業資本家、航運業資本家、銀行家成員加入上海總商會，並有不少成為領導層；這次上海總商會改選的結果，體現一批近代企業家所組成的新陣容意欲取代原有的紳商領導體制的作為[25]。1920年代以後愈來愈多的華資企業試圖進行企業管理體制的變革，確立以廠長—工程師制、標準工作法、新式財會簿記制、產品成本核算等一系列的新制度和方法，替代原來的工頭制為核心的舊式管理體制。代表的著名創新企業：慶豐紡織廠、榮家企業、上海美亞織綢廠和劉鴻生創辦的火柴企業等等，將這些新式管理和科技力量移植落實於企業界的先驅者，不少具有留美背景，即非留美背景，但均受到泰勒科學化管理革新的影響[26]。

---

25 徐鼎新、錢小明，《上海總商會史，1902-1929》（上海：上海社會科學院出版社，1991），頁245。富有改革精神的錢莊經理、上海錢業公會會長秦潤卿（名祖澤，1877-1966）則當選為副會長。拙文此處主要說明的是新興企業家開始投入上海總商會領導層的活動，並占有一席之地。另據李達嘉的研究，1920年上海總商會領導層選舉的競爭，不能僅以新舊派系、浙江幫或非浙江幫等幫派觀點一分為二，還受外在經濟環境競爭、南北政治分裂和軍閥戰爭的影響。上海總商會領導層的選舉受外在勢力影響頗大，不能附會為新舊或幫派之爭。李達嘉，〈上海商會領導層更迭問題的再思考〉，《中央研究院近代史研究所集刊》，第49期（2005年9月），頁41-92。李達嘉，《商人與共產革命，1919-1927》（台北：中央研究院近代史研究所，2015年7月）。

26 徐鼎新，《中國近代企業的科技力量與科技效應》（上海：上海社會科學院出版社，1995），頁44-48。從麻省理工學院取得管理碩士學位歸國的唐星海，回國後試圖改革家族企業慶豐紡織廠，同時留美礦冶碩士薛桂倫被延攬至廠擔任電氣工程師，但該廠在企業化革新過程中，遭到內部工頭勢力和家族長老勢力的反對。榮家集團無錫申新三廠大力推行泰勒的科學化管理，總工程師汪孚禮則是留日背景。上海美亞織綢廠為莫觴清獨資創設，其女婿蔡聲白畢業自美國麻省理工大學，蔡主持廠務後，順利廢除工頭制，建立科學管理化管理。被喻為「天才企業家」從事煤炭和火柴企業的劉鴻生，則是將成本

　　新興企業家社群中有許多是「美國大學俱樂部」的成員，像穆藕初於1923年擔任該俱樂部主席。該組織由畢業自美國大學的中美人士組成，自承以知識分子的使命，推動中美友好關係為宗旨。大戰時期的國際情勢分析與和平秩序的建立始終為該組織所關注，例如1918年該俱樂部餐會中討論的主題即是〈戰爭中的道德士氣〉（The Morality of War）[27]。「美國大學俱樂部」成立於1902年，但其於1908年始接納華人為會員，因此一般誤以為成立於1908年。自成立初期到1912年間，主席皆由美國駐上海總領事出任。唐紹儀（1862-1938）曾於1913和1919年出任兩屆主席，創華人出任此一職位之先例。美國人出任俱樂部主席者有：上海聖約翰大學教授F. L. Hawks（1864-1947, 1915年主席）、美孚石油公司的W. W. Stephens（1916年主席）、美國在華商務參贊阿諾德（Julean Arnold, 1875-1946）於1918年任主席。《密勒氏評論報》（Millard's Review）的鮑威爾（John Benjamin Powell, 1888-1947）則曾於1917年擔任祕書。「美國大學俱樂部」歷任主席皆由頗具社會威望的中美人士擔任，可見得此一組織標舉中美友誼的意義。俱樂部中的華人成員在1920年代以後，更活躍中國政商、工

　　會計視為實施科學管理的重要環節。科學化管理在1920年代為新興企業所採行，但或多或少都遇到舊勢力的抵制。關於1920年代中國新式企業的研究至為豐富，非本文題旨，最新的相關研究介紹，可參見：卞歷南（Morris Bian），〈西方學界最近四十年對於中國企業史研究的述評〉，《經濟社會史評論》（天津：天津師範大學），2018年第4期，頁104-127。

27　*American University Men in China*（Shanghai: The Comacrib Press, 1936）, pp. 19-26. 該組織於1930年共有10名終身會員，196名一般會員，其中有97名中國人。1933終身會員大幅增加到76名，會員總數達383名，共有207名中國籍會員。1935年，共有106名終身會員，會員總數396名，其中有204名中國籍會員。工程界的成員描述參見該書，頁90-106。

程和教育文化界，在各領域位居要職，例如：財政金融界的孔祥熙（1880-1967）和宋子文（1894-1971）。畢業自密西根大學的許建屏則早在1925年任職財政部時即出任俱樂部主席（1934年出任財政部總務司司長）。學者群中胡適（1891-1962）、外交家王正廷（1882-1961）亦為該會的活躍人士。理工領域則有鐵路界的凌鴻勛（1894-1981）、顏德慶（1878-1942）和陳祖貽（1901-1985），水利界的孫輔世（1901-2004）、張含英（1900-2002）等，氣象學的竺可楨（1890-1974）等人。這批歸國學生帶回的新技術和知識觀念，與近代中國科學化和實業化的開展息息相關。（「美國大學俱樂部」歷屆主席名冊，參看附件：4-2）

　　一次大戰後，同時也是各國科學家和工程師積極組織跨國機構，以促進科學專業化和工程技術合作的時代。1919年7月，第一屆國際研究大會（International Research Council）成立於布魯塞爾，共有11個創始國（含日本），超過200個會員代表，其中美國有21個會員代表[28]。雖然英國早於1901年即於上海創建「中華國際工程學會」，但該組織成員主要以負責上海公共租界工程為主，與創建於北京的「中美工程師協會」之承攬北京政府的大型公共工程略有不同[29]。「中美工程師協會」成立於大戰結束後的

28　Emily S. Rosenberg eds., *A World Connecting, 1870-1945*（Cambridge, Mass., London, England: The Belknap Press of Harvard University Press, 2012）, p. 932. 參見 *Report of the Meetings of the International Research Council and of the Affiliated Unions Held at Brussels*, July 18-28, 1919. 創始國有：比利時、加拿大、法國、不列顛聯合王國、義大利、日本、紐西蘭、波蘭、羅馬尼亞、塞爾維亞、美國等。

http://www.ncbi.nlm.nih.gov/pmc/articles/PMC1084535/?page=1（2015/01/01點閱）。

29　詳見：Wu Lin-chun, "Foreign Engineers' Activities in China and the Process of

1919年11月22日，成員主要為在華從事鐵路、公路、開礦、電訊、電力、電車和機械動力相關之工程，亦有少數大學教授參與。該協會以增進工程知識和實務經驗、維持高度專業和培養團隊合作之精神為宗旨，並出版英文刊物《中美工程師協會月刊》（*Journal Association of Chinese and American Engineers*）。該協會的會員許多也是「美國大學俱樂部」成員，甚至有些美籍會員享譽國際工程界，地位相當崇高，例如：美國工程專家古德里奇（R. D. Goodrich）、曾任紐約水利局的資深工程師暨中國大運河署理工程師威京（Thomas H. Wiggin）、美國著名橋梁工程專家溫德爾（John Alexander L. Waddell, 1854-1938）、水利專家費禮門（John R. Freeman, 1855-1932，中文或譯為「傅禮門」）。他們承攬工程和投資的區域範圍，從美國本土、中國延伸到日本等遠東各國，甚至遠達歐洲[30]。「中美工程師協會」與國際研究大會於同年先後誕生，說明在華中美工程師群體對中國工程學的知識化和科學化的熱誠與世界各國相比，毫不遜色。

歐戰爆發初期，在中國方面，1915年著名華商張振勳（張弼士，1840-1916）等人，為發展國際貿易，特聯絡美國商人在中國組織中美銀行，額定股木1000萬，同年10月5日經財政部批准立

China's internationalization: the case of 'The Engineering Society of China', 1901-1941." in María Dolores Elizalde & Wang Jianlang eds., *Chinas Development from a Global Perspective* (Newcastle: Cambridge Scholars Publishing, 2017:8), pp. 375-403.

30 據1922年的會員名冊，除榮譽會員10人，共有一般會員147人，美國籍占87人，中國籍60人。另有準會員（associated member）23人，美籍占5人，中國籍18人。1922年的10名榮譽會員中，中美各占5名。參見*Journal Association of Chinese and American Engineers*, Vol. 5, 1922.

案。張振勳且組織游美實業團赴巴拿馬萬國博覽會並考察美國商
會，當時《東方雜誌》刊出游美實業團在美活動盛事之大合影[31]。
事實上，張振勳此次組織實業團訪美的起源可溯自清末宣統2年
10月美國航運資本家大來和穆爾訪問上海所促成的幾項友好協
議，當時張振勳代表廣州商會被推舉為華方會長，美方議長則是
穆爾，協議結果包括設立中美銀行、兩國商會互設品物陳列、互
派商務調查員和議設中美輪船公司的主張[32]，可惜不久革命爆發，
這些協議來不及實施，然而，中美兩國實業家的斡旋合作並未隨
著中國政治動亂而中斷。北洋政府時期曾與美國政府訂有不少中
美合辦實業的案例，例如開採石油、合辦無電線訊、導淮工程和
電氣工程等事業[33]。延續此一中美實業合作的特殊傳統，以從事實
業為職志的張謇（1853-1926），即稱中美同屬共和，其輩分情誼
「若師弟」，美國應有「提挈之親」。他於1919年致信給對中國至
為親善的美國公使芮恩施的信函說：

---

31 〈中國游美實業團在美時之紀念攝影〉，《東方雜誌》，第12卷第8號（1915年
　　8月），收入王雲五主持，《重印東方雜誌全部舊刊五十卷》（台北：臺灣商務
　　印書館，1971-1976），頁28957。張振勳經商南洋事業有成，曾有「東南亞
　　首富」之稱。另外重要事蹟有：在煙台創辦張裕葡萄釀酒公司、1890年代初
　　期曾任中國駐新加坡總領事。

32 〈中美商團會議筆記〉，天津市檔案館藏，《天津商會檔》，401206800-J128-2-
　　003100-001。Robert Dollar, *Private Diary of Robert Dollar on His Recent Visits
　　to China*, Published 1912.

33 詳見吳翎君，《美國大企業與近代中國的國際化》，在這些個案中1913年到任
　　的美國駐華公使芮恩施涉入甚深。此外，1918年6月，北京政府交通部曾與
　　美國西方電氣公司、日本電氣公司議定合辦中華電氣公司，資本額100萬
　　元。參見李玉，《北洋政府時期企業制度結構史論》（北京：社會科學文獻出
　　版社，2011），頁620-621。

　　賽嘗謂太平洋兩岸大陸中美若兄弟，而共和之輩分中美若師弟，以其關係之切，自應有提挈之親。公與赫綏君及貴國諸君，若更以感情及地位，進而謀兩國實際上之互助，其大有利於兩國，行卜如旭日之方升也。[34]

是年芮思施陪同美國政商人士訪問團訪華，芮恩施和赫綏君表示將招攬一批美實業資本團與中國人士合組發展工商業，張謇對於中美兩國如何組織合作和進行方針，望之甚殷，而有此一信函。

圖4-3：中國游美實業團在美時之紀念攝影
資料來源：《東方雜誌》，第12卷第8期（1915年8月），台北重印版，頁28957。

34 張謇，〈為組中美實業復芮恩施博士函〉（1919），收入張謇研究中心編，《實業》（南京：江蘇古籍出版社，1994），《張謇全集》，第3卷，頁803。赫綏君之英文名不詳。

芮恩施於1913年出任美國駐華公使，使華期間努力促成中美兩國在經濟、投資和文化交流等各方面的友好合作關係，因此在1919年卸任後被邀請出任北洋政府外籍顧問，年薪高達二萬美金，且得在美國行使職務，惜其於1923年病逝於上海[35]。

　　為了促進大戰期間美國對華貿易，1915年6月19日，除了原本的「美國亞洲協會」的組織外，美國在華商人進一步於上海成立「中國美國商會」，商會組織雖屬民間性質，宣稱為一非營利、非黨派色彩的組織，主張自由貿易、市場開放、私有企業和資訊自由交流等原則。然而該會成立之初即帶有官方色彩，不僅成立大會由美國駐上海總領事西蒙斯所號召，名譽委員則包含美國駐京公使和使館代辦（Chargé d'Affaires）、美國上海領事館總領事和美國資深副領事，可見得美國在華企業和美國政府間的密切關連。首次執行委員會議年會於1916年8月18日召開，本次會議中討論的焦點為大戰期間船隻載運不敷使用，必須借助英船與日船所衍生出的相關問題。由於戰時英國實施「協約國敵國貿易法案」限制並檢查與交戰敵國的航海貿易等措施，以及日本對本國國民貨運費的優惠，使在華美國公司的出口業務受到波及。特別是英國對於在中國出口的貨品不得運往至德奧敵國要求出具證明文件，儘管這些美國公司的貨品係運送至美國本土，但仍被英國領事在證明文件上予以刁難，以致延誤交貨，甚至有些美國公司還被英國列為拒運的黑名單，「中國美國商會」希望美國政府能循外交途徑解決此事[36]。

---

35 芮恩施著有使華回憶錄，Paul S. Reinsch, *An American Diplomat in China* （Garden City/N.Y., Toronto: Doubleday, Page and Company, 1922）.

36 "An American Chamber of Commerce," *The North-China Herald and Supreme Court & Consular Gazette* （1870-1941）, Jun. 12, 1915. 刊載了正式成立大會之前

一戰以後，美國在華商會和上海外商總會間開始有密切的交流。首任「中國美國商會」會長麥克邁克爾（J. H. McMichael）呼籲在華美商必須主動和華商建立交誼和拓展社會網絡，而有中美商人團體踏出友好的第一步。1918年4月，「中國美國商會」邀集時任San Francisco Chamber of Commerce副主席的大來輪船公司老闆羅伯特‧大來（即勞羅‧大來，曾任Merchant's Exchange of San Francisco主席）和甫從美國宣揚進軍中國市場歸來的商務代表阿諾德等人與中國實業界名人聚餐。大來言詞激動地談到如何喚起美國人重視中國市場的方案及步驟：首先是訪問美國各地商會，其次是邀請中國代表赴美訪問。當時在舊金山才剛成立中國俱樂部（San Francisco the China Club），人數並不多。羅伯特‧大來提及「美國外貿協會」（Foreign Trade States）上次聚會共有1,500人參加，與會人士最關注的是南美貿易，經由他本人和其他人的鼓動，美國投資者始將中國放入市場版圖的規劃之中。在「中國美國商會」這次的聚會中，駐滬外交部特派江蘇交涉員朱兆莘（甫被任命為中國駐舊金山總領事，1879-1932）也向在座的中美商人表示，中美之間應有更多的經貿交流和經濟合作。此次聚會，出席的中國工商企業家則有：中國銀行的張嘉璈（1889-1979）、L. F. Chai（代表華興麵粉公司，不知中文名）、聶雲台（聶其傑，代表華豐紡織公司）、沈敦和（代表華安合群保壽股份有公司，1866-1920）[37]。同年4月15日，上海總商會會長朱葆三，副會長沈聯芳（1870-1947）邀請「中國美國商會」第二屆主席伯

的聚會討論。

[37] *Second Annual Report of the Proceedings of the Executive Committee of American Chamber of Commerce for the Year Ending*, April, 1918, pp. 17-18.

恩（W. A. Burns）、美國駐華公使芮恩施、上海總領事西蒙斯、美國在華法庭法官羅炳吉、美國亞洲協會主席弗萊明（W. S. Fleming）與中美商人晚宴。雙方興致高昂討論如何促進中美商務發展，宴會大廳中精心布置協約國國家的國旗、鮮花和各式彩燈，顯示中方對此次交誼的重視[38]。

　　1918年4月「中國美國商會」召開的第二次執行委員會議年會中，首先表明去年（1917）以來對商會最重大的事件（the most momentous event）即是美國參加大戰，此一舉動勢必使得美國政府調整其商業事務，但強調美國和協約國國家為同一目標而合作努力的同時，仍需謹守創建「中國美國商會」的基本原則，亦即擴大美國在中國的貿易；不論現在或戰後，美國在華商會在戰事的壓力下，都必須確保對華貿易得以持續。這次執行委員會中亦提到美國對華出口價值的快速增加：大戰爆發前六年平均值約3,500萬海關兩，過去十年的平均值為4,300萬海關兩，過去四年的平均值為4,800萬海關兩，而1917年的數據則是6,100萬海關兩，顯現中國市場對美國愈趨重要[39]。為因應戰爭局勢，此次會議中亦討論與英、法等協約國家在華商會和僑民的合作問題，但他們更強調的是美國商會必須保持和「美國亞洲協會」的合作串聯。會議紀錄中特別提到過去二年來美國兩間私人企業在華的快速成長：一為以生產蛋品類為主的阿蒙鳥禽公司（Amos Bird

---

38 *Second Annual Report of the Proceedings of the Executive Committee of American Chamber of Commerce for the Year Ending*, April, 1918, pp. 18-21. "Chinese Chamber of Commerce Entertains Americans," *Millard's Review of the Far East* (1917-1919); Apr. 20, 1918. 據該報的報導此次聚會時間為4月15日。

39 *Second Annual Report of the Proceedings of the Executive Committee of American Chamber of Commerce for the Year Ending*, April, 1918, pp. 1-3, 5.

Co.），一為奇異電器公司（American General Edison Corporation of China）。這兩家公司靠著中國的廉價勞工快速獲利，不僅提供中國市場的需求，且外銷全球，堪為美國其他製造業的榜樣，紀錄中也提到美國資金和製造業的進駐中國，對於中美雙方都是互惠互利的雙贏策略[40]。

1918年11月《美國亞洲協會期刊》刊出〈中國近代工業的努力〉（China's effort in Modern Industry）一文，指出中國民間企業和新式工廠正欣欣向榮，但美國人多關注北京政爭的演變，而忽略了中國這股蓬勃發展的民間力量。該文配有一幅照片，內容為一群在工廠大門前的中國工人，照片說明稱這些工人工資少、工時長，但卻勤快認真，這在美國是不可能的事。文中特別提到中國新式工業的振興，可歸功於清末湖北張之洞創辦漢陽鋼鐵廠，而張謇踵繼其後。最後亦提到留美學生引介新式機器的作用、中國棉紡織工業的興起，以及中國迫切需要外國的投資來發展實業[41]。這篇文章正說明了美國商人對於大戰結束後中國工業化市場的美好圖像。

如上所述，上海華人新興的企業家中，特別是棉紡織業，有不少人具有留學美國背景。他們適巧於一次大戰後回到中國，將美國棉紡織業和科學管理方法引介進中國正新興的棉紡織產業。不惟新興企業如此，據胡光麃（1897-1997）的說法，一次大戰後在美國學習工程的中國留學生，也基於改造中國的想法，回國參與一次戰後中國急起直追的實業建設。這批學習工程的留學生，

---

40 *Second Annual Report of the Proceedings of the Executive Committee of American Chamber of Commerce for the Year Ending*, April, 1918, p. 11.

41 "China's effort in Modern Industry," *Asia: Journal of the American Asiatic Association*, Nov., 1918, pp. 963-967.

不少在租界裡從事工程設計和進口機器物料。而胡光麃本人也是
「中美工程師協會」的會員[42]。另一幅相應的圖像則是在華美國商
人同樣展現了對中國市場的企圖心，在上海的「中國美國商會」
在大戰以後更加積極爭取中國市場，利用中國廉價勞工，引進資
金和設廠投資，並且與上海華商主動交流，爭取更多的進出口貿
易和市場訂單。據《申報》記載，1917年2月曾有羅司（David S.
Rose, 1856-1932）實業團訪華。羅司曾任威斯康新州密爾沃基市
市長（Mayor of Milwaukee, Wisconsin, 1898-1906, 1910-1912），
是美國全國商會聯合會組織的會員，曾於1916年遊歷北京、上
海，並調查中國商業情形，由於這次訪問他和上海總商會成員相
談甚歡，乃促成1917年2月率領美國實業團體再度訪華之舉[43]。當
時曾醞釀成立「中美國際商會聯合會」，希望通過中美兩國各地
商會的攜手合作設立一個促進中美貿易的聯合組織，此一提議曾
於上海總商會中有所討論[44]。

　　就在一次大戰行將結束之際，在上海中美兩國商人團體也曾
討論過組織「協約國聯合商會」的構想，一來力圖保持協約國家
在戰時的合作以謀求世界經濟的復甦，二來共同抵制戰後德奧等
同盟國在遠東商場恢復其舊有之競爭力，並認為上海的特殊商業

---

42 胡光麃，《波逐六十年》（台北：新聞天地社，1967），頁214-220。

43 〈總商會歡迎美實業家紀盛〉，《申報》（上海），1916年6月17日，第3張。
　　關於1917年羅司實業團訪華，可詳見賈中福，《中美商人團體與近代國民外
　　交》（北京：中國社會科學出版社，2008），頁95-102。

44 〈組織中美國際商會之函稿〉，《申報》（上海），1917年4月23日，第3張。
　　滬商對於加上「國際」兩字與原案未甚符合，冀再提全國商會討論；參見
　　〈滬商會對於組織中美國際商會聯合國之意見〉，《申報》（上海），1917年5
　　月17日，第3張。

地位最為適宜設置此一組織[45]。「中美國際商會聯合會」和「協約國聯合商會」的構想和組織於戰後並未馬上付諸行動，抵制協約國家的行為只聞樓梯響未見影蹤。然則，我們必須留意到一戰之後，不僅是中美在華商會的交流，在國際商會之間有更大的跨國合作企圖。1920年6月在美、英、法、比、意等五國的列名發起下，以恢復歐洲各國經濟繁榮和促進各國合作的非政府國際組織——「國際商會」（International Chamber of Commerce, ICC）宣告成立，成立時有45名國家，自詡為「和平的商人」（the merchants of peace）。一戰時期的敵對國家——德國，要到1925年始被批准入會。中國則是考量自身國際地位與列強有所差距並未加入「國際商會」，直到1931年，國際商會中國分會始告正式成立。

　　一戰結束後，受到歐美在華商人矚目的另一件大事，則是黃浦江的整治和上海國際大港的開發計畫。緣於上海自清末開港以來，黃浦江的淤塞情形對於外國輪船的進出造成很大的阻礙，各國外交使團要求修築上海港及疏浚通往該港河道的意見始終不斷。攸關口岸貿易利益的上海萬國商會，曾擬於1911年提出暫行章程與中國交涉，惟不久辛亥革命爆發。1912年袁世凱政府訂立「浚浦局暫行章程」，其規定組織、營運、經費共12款；內容規定該局由上海通商交涉使、上海稅務司、上海港務局三者組成（第1款），另外規定組成顧問局（Whangpoo Conservancy Consultative

---

45 〈組織協約國商會之主義〉，《申報》（上海），1918年9月29日，第3張。據該報之引述：「此議首倡為英國某著名銀行家，美人商會即援其義，首先向中國商會之代表作公共之討論，中國商會極以為然，而其他商人團體之代表，亦表贊同」；〈組織協約國聯合商會之贊同〉，《申報》（上海），1918年10月7日，第3張。

Board），其局員由擁有出入上海船舶的大噸位之五個國家——英、美、法、日、荷各派一名，中國方面則由上海總商會推派一名。整治計畫在上海浚浦局總工程師瑞典人海德生（H. Von Heidenstam）策劃下展開，基本上維持了航道之需求[46]。大戰爆發之後，上海港的航道和領港問題儘管有國際管理上的困難（因敵對國家的嫌隙），但也如前所述中國口岸進出口貿易量的急遽增加，上海港航道勢需勉力維持，而浚浦工程由海德生督率辦理仍認真進行中。大戰甫一結束後，上海港的迫切整頓立即受到萬國商會的關注而提出數種解決方案。《申報》記載「浚浦局已經外交團議准撥用銀三十萬兩，以供從外國招致極有資格之專家來華詳細測量神灘與杭州灣經費，他日測量後將有報告書從工程學觀察點斷定可否行此計畫」[47]。《申報》也為此詳加報導西人工程師海登斯丹氏（即海德生）與波威爾氏（工程學碩士，英文不詳）的

---

46 辛丑和約（1901）之附件中達成設置「上海浚浦局」之專責機構，並訂有關營運、組織、經費之相關章程。但由於該局委員雖包含上海道台，但仍以洋人居多，而疏浚經費究係由中外各半，亦頗多爭論。光緒31年（1905年）又有「改訂修治黃浦河道條款」，確定成立浚浦機構，由江海關道（上海道台兼任）和英籍海關稅務司組建浚浦工程總局，施工一度順暢，開工數年之後，因經費不足於1911年中止疏浚工作。詳見：森田明著，鄭樑生譯，〈清末民初的江南三角洲水利與帝國主義統制——上海「浚浦局」之設置〉，《清代水利社會史研究》（台北：國立編譯館），頁249-278。

47 《申報》，1919年3月27日，第3張。即有二文提到上海疏浚工程。一篇為〈萬國商會歐戰後大會記〉。一篇為〈西人振興上海口岸計畫〉。前者提到〈萬國商會該議期中所擬版法有（一）在口外神灘開挖峽道深至最低潮流時40英尺為度；（二）在黃埔築壩；（三）在吳淞設立船塢三層。大眾意見黃埔築壩似不可行，因上海溝渠排泄與飲水接濟及航行需要皆將大受影響。吳淞設塢有鐵路直通上海一層乃可行之辦法，但挖深神灘一層須先經極有經驗之專家從事研究，俟得其意見，然後始能討論此經費甚鉅之計畫也。

不同。前者大略為變黃浦江口為一大湖，後者大致為在揚子江角
之西的杭州灣口設一新港，現有淺河與黃浦江口相通⁴⁸。

　　黃浦江的疏浚及浚浦局的管理顯然攸關美國在華航運的進
展，1920年代以後美國商船在長江沿岸的航運業大有進展，美孚
公司、大來（Dollar Line）、捷江輪船公司（Yangtze Rapid
Steamship）為最主要業主⁴⁹。1921年，上海港口技術顧問委員會
成立，由中、英、美、日、法、荷及浚浦局總工程師海德生參
加，並邀請各國海港專家到滬商討上海航道水深問題，專家一致
認為黃浦江航道應繼續挖深，使之能通過吃水10米的船隻。美國
駐上海總領事柯銀漢詳細報導了上海港口技術顧問委員會、各國
商會代表和外交使團之間的反覆討論細節，顯現一戰結束後上海
港計畫受到美國政府的高度關注⁵⁰。1922年4月初於上海召開的
「中美工程師協會」年會海德生提交的論文題目正是〈上海港發
展〉（Shanghai Harbor Development）⁵¹。海德生自1920年提出的
「黃浦江維持改善計畫」，1923年完成第3版修訂，這份計畫共有
八十餘頁，柯銀漢稱海德生計畫書的五大標題（地理特色、港口
容量和聯結、港口的經濟商業活動、港口的行政管理、港口的要
件）提供上海發展為國際港的最有價值訊息，清楚向美國國務院

48 〈西人振興上海口岸計畫〉，《申報》，1919年3月27日，第3張。

49 關於美國商船在中國長江口岸的活動，詳見：David H. Grover, *American Merchant Ships on the Yangtze, 1920-1941*（Praeger Publishers: Westport, 1992），pp. 63-85.

50 "Whangpoo Conservancy Board: Reports of the Consulting Engineers," Edwin S. Cunningham to the Secretary of States, Oct. 20, 1922. United States National Archives (Microfilms) Washington D. C., *Records of Department of State Relating to Internal Affairs of China, 1910-1929.*（本書簡稱 *NA*）893.811/476.

51 *Journal Association of Chinese and American Engineers*, April and May, 1922, p. 2.

傳達支持改善黃浦江航道水深的看法[52]。將上海港發展成為國際大港的計畫在一戰以後成為美國商會、工程師和美國政府共同凝聚目光的焦點。

以上各個面向都說明一次戰後美國在華商人團體、工程界和美國駐上海領事館，均共同參與一個重新出發的中國市場及打造上海成為國際大港，引領中國面向世界市場的願望，並交織出一個具有新氣象、新企業思想的社會關係網以及國際市場的巨大圖像，每一環結同時在中美經濟交往中發揮重要的聯繫作用。

三、美國政府的作用——1922年《美國對華貿易法案》

一次大戰期間美國駐華使領和商務參贊以及美國國務院之間對中國的商業發展和工業化進程極為熱中，並和美國資本家、工商團體組織相互攜手。1915年美國在華商會的誕生固然由於大戰爆發後商人團體的自發性組織，但是美國駐中國各地口岸使領均是重要推手，美國駐華各個商會的成立大會地點甚至是在領事館召開，口岸領事在成立大會代表美國官方致達祝賀詞，美國商人則以美國領事館舍作為美商活動聚點，他們更催促美國在上海應有一幢氣派豪華的領事館得以匹配在華美商的高段身分，並藉此突顯美國對中國利益的重視[53]。1916年美國駐上海新領事館在黃埔

---

52 美國國務院所收錄海德生的上海港改善計畫及報告書詳見："Whangpoo Conservancy Board", Edwin S. Cunningham to the Secretary of States, May 16, 1923, *NA*, 893.811/526. 正文有81頁，另有附錄。

53 "Some Of The Activities of the American Asiatic Association Since Its Organization," *The American Asiatic Association, Printed for the Annual Meeting*, Oct. 21, 1937, New York, 1937, p. 7.

路 13-14 號上啟用，這棟價格不菲的建築物，其美輪美奐足以傲視各國駐上海領事館建築，它的開幕也象徵著美國逐漸從太平洋的另一岸走向遠東舞台的中央。

　　為鼓勵美國商人來華投資，指引美商理解中國口岸城市的各種現況，美國政府動員口岸領事和學者專家深入調查中國經濟、地理和文化，並出版了一份圖文並茂「中國全景式」的官方出版品。1919 年，美國商務部（Department of Commerce）出版《中國商務手冊》（*Commercial Handbook of China*），這份手冊由商務代辦阿諾德擔任主編，手冊分為上下二大巨冊，上冊 629 頁，下冊 467 頁。上冊參與編撰者包括領事館人員，先介紹中國各省發展概況、中國進出口貿易和中美貿易的一般情況，其次就條約口岸各領事區域商業發展的調查，包括廣州、香港、奉天、上海、天津、廈門、安東、芝罘、大連、福州、南京、汕頭、青島等口岸，並配有五十餘幅照片和地圖。縷述中國各口岸的位置、人口、行政組織、教育、農產、礦產、交通電訊、公共事業、進出口貿易、旅遊設施、商業組織、美國利益和各地領事館的建議。下冊撰稿者涵蓋中美兩國人士，照片和地圖有二十餘張，首先以24 頁介紹中國歷史，從上古到民國肇建，略古詳今。其次，介紹中國政府的組織。接著依主題介紹中美之間的關係，包括中美商約、領事裁判、美國法院在中國、版權和專利、美商在中國可能遇到的各種問題之處置（運貨、發票、護照、婚姻、生與死、財產擁有等等）、海關稅收、中國鐵路發展、中國政府的財政稅收、各地銀行、中國的行會和商會、中國物產與美國利益相關者（含礦業、畜牧業、林業、絲工業、製造業、糖業、棉織品等）、在中國的宣傳、勞工和生活水平，對美國製造業和商人的一些建議、進出口貿易、可能的遠景、訓練美國人認識亞洲的建議（包

括學習語文、合作和理解、建立學校和提供獎學金等等）、美國
在華學校的概況和中國留美學生的介紹。這兩大巨冊可謂教導美
商如何洞悉中國市場現況、分析投資環境、各項商情蒐集和理想
願景的教戰手冊，其中並要求美國駐華各領事館以更務實政策與
美商共同合作，以促進美國在中國的利益。美國商務部自詡這套
書對中國商務概況介紹之詳盡為「空前未有」，大有裨益於美商
理解中國的投資環境和文化風俗[54]。

　　1922年9月19日，美國國會通過了《對華貿易法案》（China
Trade Act），該法係為在中國營業的美國公司所專門設立的，其
基本內容是特准美國公民依照此一法案，在美國本土向聯邦政府
登記在法律上作為美國的國內公司，但是總、分公司都必須設在
中國境內，並且在中國境內營業，其可享有聯邦政府稅捐的豁免
權。按照該法規定所組織之「美國聯邦股分有限公司」（Fed. Inc.
U.S.A.）所有人（股東）悉在華居住者（營業），免徵全部公司所
得稅，其他各公司亦得按照在華所有人之比率免除部分公司所得
稅。該法案為鼓勵投資又放寬公司資本不必按照成例，以往美國
方面的資木至少占公司資本金額的51%，現改為只須該公司董事
美國人占有多數，以及經理、祕書和財務等重要主管均由美國人
出任，鬆綁股本所有者的國籍限制[55]。在華商務部國內外商業局
（Bureau of Foreign and domestic Commerce, BFDC）局長克來恩

---

54 Julean Arnold and Various American Consular Officers, *Commercial Handbook of China*, Vol. I, II（Washington: Government Printing Office, 1919）.

55 China Trade Act, 1922: With regulations and forms. *Trade Information Bulletin*, No. 74.《1922年對華貿易法案》內容也牽涉股本和稅制的複雜計算，本文僅列其最主要內容和精神。此外，英國政府曾於1915年針對在華從事貿易的英國公司予以減稅優惠，美國的1922年《對華貿易法案》亦採用相似減稅措施。

（Julius Klein）說明《對華貿易法案》的基本精神在於提供美國商人從事對華貿易的「急需紓困」（urgently needed relief）而制定該法案。值得重視的是這一法案不是專為美國大財團和大企業量身定做，而是更為了鼓舞一些中小型企業來華投資貿易。這份官方文件中指出歐戰以前美國在華的重要企業不過三到四家，以中國對外貿易總量而言，美國僅有6%，遠遜於英、德、法、日等國。但是歐戰期間美國在歐洲市場的削減並與歐洲國家在遠東市場的競逐結果，美國商人已在中國對外貿易中占有立足之地，在法案頒布之前上升到中國對外貿易的17%，1921年突破了二億美元（$200,000,000）。上海美國商會會員（含個人會員與企業會員）由1915年的48位到1921年增加為412位，主要以從事鋼鐵製造、礦產石油、棉紡原料、機器進出口等企業。1921年美國對華出口貨品與價值的統計分布如表4-3：

表4-3：1921年美國對華出口貨品與價值

對華出口貨品	價值（美元）
Iron and steel manufactures,	33,600,000
mineral oils,	23,800,000
tobacco,	20,900,000
loco motives,	6,000,000
electrical machinery	4,700,000
chemicals and drugs	2,600,000
cotton manufactures,	2,600,000
motor cars and parts	1,000,000

資料來源：China Trade Act, 1922: With regulations and forms. No. 74, *Trade Information Bulletin*, by United States. Bureau of Foreign and Domestic Commerce. Published in 1922.

　　克來恩這份解說的最後一句是「中國的經濟發展正在甦醒中，中國市場快速且迫切需求美國製造的每件商品。」[56] 1922年《美國對華貿易法案》的頒布，說明了一次大戰結束後，美國政府大力支持對華投資和擴張商業的具體作為，並對日後美國在華投資產生了重大影響。上述美國政府公告的美國對華出口數字和本章第一節提到中國海關進口美國貨品的統計數字差距不大（美方資料顯示1918年1海關兩約值1.193美元）[57]，都同樣說明一件事，即大戰期間中美貿易的數量、價值和商品項目的大幅進展。

　　《對華貿易法案》公告不久，便出現一些法律與現實上的落差，有更多的聲音是希望再放寬法案，理由是美國在華各大公司之多數，其資本幾完全為居住美國國內之股東所有，這些公司因所得稅免除僅限於在華居住（營業）之股權，多未能按照對華貿易法變更其組織，所以他們並未真正享受到《對華貿易法案》的免稅優惠。1923年1月美國眾議員戴爾（L. C. Dyer）來華訪問——此人原本就是美國對華法案的主要支持者，1月17日在上海的歡迎聚會約有百餘位美國僑民和美國官員出席，由美國中國商會主席哈洛德‧大來（J. Harold Dollar）和美國亞洲協會主席芬德萊（W. T. Findley）共同接待戴爾，這些與會人士更精準表達修正對華法案的心聲[58]。《密勒氏評論報》記者兼主編鮑威爾（J.

---

56 China Trade Act, 1922: With regulations and forms. No. 74 by United States. Bureau of Foreign and Domestic Commerce. Published in 1922.

57 Julean Arnold, "Chinese Products of Interest to American," in Julean Arnold eds., *Commercial Handbook of China*, Vol. II, p. 274. 如附錄4-1，一次大戰結束後的1919年，美貨輸華價值超過於大戰時期，輸華價值110,236,706海關兩，1921年又增為175,789,652海關兩。

58 "Congressman Dyer Pledges Support to U.S. China Trade," *The Weekly Review*

B. Powell，他同時也是商會成員）緊盯著戴爾訪華行程，積極和美國駐華商務代辦李亞（Frank Rhea）聯繫，爭取安排美國商會團體得以在上海和戴爾暨美駐華官員面對面表達意見，將他們的心聲直接傳到美國國會[59]。戴爾訪華期間《密勒氏評論報》真切反映了在華美商要求擴大法案的需求，另對戴爾而言，《對華貿易法案》的意義不僅只是對美商一方有利，而是他堅信美國參與中國市場的開發將有利於兩國友誼，他特別提到美國退還庚子賠款的金額已達到一千五百萬關兩（G. 15,000,000），希望中國政府能好好利用這筆善款做基礎交通建設，使偏遠中國內陸儘早開發[60]。

　　1924年美國國會修正《對華貿易法案》涉及12項條文，其中最重要的修正即是原法案中的股份所得稅規定，使該法案下設置的美國公司稅之免除，不獨限於在華股東之所有者（美國在華居住公民），即在美之股東亦享有同等之權力；同時依據該法案下設置的美國公司，不論是個人或公司的持股均得以享有減免稅捐[61]。

（1922-1923）; Jan. 20, 1923. 戴爾係聖路易州（St. Louis）選區的眾議員代表，曾在1920年首次訪華，頗知曉中國市場對美國的吸引力，催促《對華貿易法案》。《對華法案》通過後，戴爾在1922年12月到馬尼拉訪問，途經上海停留數小時，次年1月返美途中又停留上海聽取美商對貿易法案的意見。"Congressman Dyer Returns to Study Conditions in China," *The Weekly Review* (1922-1923), Dec. 23, 1922.

59　J. B. Powell to Frank Rhea, Dec. 21, 1922. China Trade Act General Record, 1922-49, box 10. Foreign Service Posts of Department of State, Shanghai Consulate General, Commercial Section. United States National Archives, Washington D. C.

60　"Congressman Dyer Returns to Study Conditions in China," *The Weekly Review* (1922-1923), Dec. 23, 1922.

61　〈雜纂：建議修正美國對華貿易法〉，《銀行週報》，1924年（第8卷第12期），頁31-33。文中亦提到在華之美國關係人，還提議修改該法案中有關組織輪船公司之股東限制。

《對華貿易法案》歷經數次修正，據美國政府商務部國際貿易局
網站，在1949年以前約有250家的美國公司受惠於此法而設立，
其間只有4家公司最後解散或因執照過期而被註銷，可見此一法
案實施之成效[62]。

　　據1928年上海美國商會登錄的企業會員名冊，航運業、紡織
業、金融和機器進口業為首要代表企業，同時這份名冊資料也提
供了依據《美國對華貿易法案》而成立的公司（有標註「Fed. Inc.」
之名單）。當時由於受到中國排外風潮影響，上海美國商會的企
業會員雖降為68名，但其中因《美國對華貿易法案》而成立者有
14間，馬達汽車進口、房地產公司、控股投資公司與保險業務都
是新興熱門行業，甚至有從事消毒和衛生設備的專門企業，這些
公司大多不是資本額龐大，顯現對華法案具有鼓勵美國中小企業
到中國發展的指標，而其投資項目也與中國口岸城市化的商機最
為相關[63]。1930年以後美商企業在上海城市的電話電訊、無線電台
和電力設施，占有很大的比重（附錄9-1）。上海電話公司
（Shanghai Telephone Company，1930年成立）和滬西電力公司
（Western District Power Company of Shanghai，1934-35年成立）
也是依美國《對華貿易法案》而設置的公司。值得注意的是，上

---

62 詳見美國商務部國際貿易局網站：http://www.ita.doc.gov/ooms/ChinaTradeAct
　　RCS.pdf（2015/01/10下載）。

63 Mira Wilkins, "The Impact of American Multinational Enterprise on American-
　　Chinese Economic Relations," 1786-1949. in Ernest R. May & John K. Fairbank
　　eds., *America's China Trade in Historical Respective, the Chinese and American
　　Performance*（Cambridge, Mass.: Harvard University Press, 1986）, pp. 289-292，
　　在這份1928年美國商會所錄的上海企業代表68個名單，不包含在中國具有直
　　接投資（direct investments）類型的公司統計，例如：通用（General Mortors）、
　　班達公司（Bordon Co.）和上海電力公司（Shanghai Powers）等等。

海最大的電力公司——上海電力公司（Shanghai Power Co.）在1929年由美商收購約80%股份，成為美國公司，但它並不是《美國對華貿易法案》的公司[64]。然而，美國汽車大製造商福特汽車公司（Ford Motor Company）在華經銷業務的美通公司（又稱美通福特汽車，1927年成立於上海）則是一家《美國對華貿易法案》的公司。為何有些美國公司將其在華分銷處改組為《對華貿易法案》的公司，而有些公司則始終未更動其在華據點的組織型態（像美孚和英美煙等跨國大企業）？一些更細緻的因素迄今仍是不明的。顯然這些跨國公司精打細算後會從中選擇對其最有利的方案，以及股權轉移所牽涉的複雜問題讓不同企業有不同的考量[65]。至少可以解釋的是對華貿易法案的一再修正，不論對美國中小企業或大企業都提供了更有利的配套選擇。

從19世紀末美國提出「門戶開放政策」到一次戰後美國擬訂《對華貿易法案》的1920年代初期，或許也是美國政府和私人企業對華政策合作的高峰期，此後美國政府和私人企業的關係充滿更多的內外張力和國際動盪的變因，而難以一概而論。19世紀末到一次大戰後的1920年代，美國大企業快速向海外擴張，他們秉

---

64 同樣是電力公司，滬西公司為《對華貿易法案》公司，而上海電力公司則不是。經蜜拉·威爾金斯教授告知，上海電力公司隸屬於「美國及海外電力公司」（American & Foreign Power Co.）這家跨國大企業在華投資，而她在American & Foreign Power Co., Annual Reports 1934材料中，又發現滬西電力公司有來自美商上海電力公司的主要資本，筆者不敢掠人之美；在此感謝蜜拉·威爾金斯教授提供的一些《美國對華貿易法案》的寶貴意見。

65 自1922年頒布後，有些美商依據此一法案而改組或轉為《美國對華貿易法案》的聯邦有限股份公司，但有些公司則未必採用這一法案對他們的優勢，其間牽涉的美國跨國企業在華分公司或專門對華貿易而成立中小型企業的個別問題或共同因素，仍是本文力有未逮之處，只能留待後續研究。

表4-4：據《美國對華貿易法案》而成立的美商公司（上海）及其營業項目，1928年

公司	營業登記項目／中文名
American Asiatic Underwriters, Fed. Inc., U.S.A.	Insurance（保險業）／美亞保險總公司
Asia Realty Co. Fed. Inc., U.S.A.	Real estate（房地產）／普益地產公司
Bill's Motors, Fed. Inc., U.S.A. Motor cars	Mortor cars（馬達汽車）／美通汽車公司
China Finance Corps Fed. Inc., U.S.A.	Holding corporation（控股投資公司）／東大陸銀公司；匯眾銀公司（上海）
China Motors, Fed. Inc., U.S.A.	Mortor cars（馬達汽車）／中國汽車有限公司*
China Realty Co. Fed. Inc., U.S.A.	All pertaining to real estate／中國營業公司（房地產相關業務）
The Cosmos Paper Co., Fed. Inc., U.S.A.	Importers and dealers, paper and printing supplies（紙張、印刷等進出口）／古司馬洋行**
C. J. Doughty & Co. Fed. Inc., U.S.A.	Heating and sanitary installation（消毒和衛生設備）
Engineering Equipment Co. Fed. Inc., U.S.A.	Mechanical and electrical engineer／大昌公司（機械與電力工程）
H. S. Honigsberg & Co., Fed. Inc., U.S.A.	Importers and distributors of motor cars（汽車進口與經銷）
Robert Lang, Fed. Inc., U.S.A.	Silks and silk machinery（生絲與絲機器）／藍樂璧洋行
Mark L. Moody, Fed. Inc., U.S.A.	Motor car distribution（汽車經銷）／馬迪汽車公司
Raven Trust Co., Fed. Inc., U.S.A.	Financial agents（財務經理）／普益銀公司；普益信託公司
Universal Hire Service, Fed. Inc., U.S.A.	Car hire and light hauling.（租車與拖運）／環球租賃行

Source: American Chamber of Commerce Bulletin, May, 1928, pp. 17-18.

說明：美商公司中文名稱，參考：孫修福編，《近代中國華洋機構譯名手冊》（北京：團結出版社，1992）。

*中國汽車有限公司1914設於上海，後改制為Fed. Inc。

**古司馬洋行，1925年成立於上海。

持自由貿易的傳統信念——加以自19世紀末以來美國政府採取的
金元外交為之後盾，這是美國大企業得以成功拓展海外事業的重
要因素。1929年美國爆發史無前例的經濟大恐慌，使得美國政府
高舉關稅壁壘政策以保護國內市場，並採行強力干預自由市場，
以解決燃眉之急。然而，多數美國大企業在大蕭條時期反對政府
的過度干預，他們和美國政府間的關係變得異常複雜。在1930年
以前，美國政府政策和私人企業的目標常是平行發展的，但是在
1930年代美國大型財團對市場國際化的想像更加茁壯，他們主張
自由市場的開放，與美國政府的鎖綁政策愈來愈不相同。儘管大
企業仍試圖通過院外集團來影響美國政府的決策，政府亦試圖通
過私人關係影響大企業的決定，但整體而言，從大蕭條時代到二
戰以前，美國政府和大財團的利益愈來愈少互惠，大財團未必配
合美國政府的政策[66]。

小結

　　一次大戰爆發之初，由於歐洲大國捲入戰事無暇顧及遠東，
而使中立的美國得以盤整其海外市場及遠東市場的布局。其中，
中國市場的需求和條件無疑吸引美國資本家的目光。在此一契機
中，中美兩國的企業主、商人及其利益團體所形成的關係網匯集
交融成一股巨大的能量。他們視歐戰的爆發為開拓中國與美國海
外市場接軌之契機，企圖通過中美長遠的友好關係，促使彼此互
利受惠，使美國大企業得以進駐中國，到中國投資。中國方面，

---

66 Emily S. Rosenberg, *Spreading the American Dream, American Economic and
Cultural Expansion, 1890-1945*（New York: Hill and Wang, 1982）, pp. 166-167.

則又期盼引進美國方面的資金和技術轉移，提振中國的工業化，並藉此打造現代中國工業化的夢想。此一中美經濟交往的關係網，共同造就一戰以後中美進出口貿易、美國在華投資、西方技術引進、美國政府對華經濟活動的盛況，並成為此後中美經濟關係發展的一個轉捩點。

　　本章所探討的歐戰爆發後中美經濟交往的關係網，是一段中美共享與合作的歷史，中美之間由上而下、由下而上，呈現一種互動且多元的特殊網絡。在中國方面，中國必須迎向世界的主張，不惟在知識文化界，在一部分具有新思想的商人、企業組織和引介西方技術和知識體系的工程師團體中亦感同身受。泰勒的科學管理新方法、工廠管理和效率、棉紡機器技術和農田實驗等技術改良方法被大大引介到中國來，成就中國擺脫貧困農業社會的主張和行動；各種新興企業和技術網絡欣欣向榮，並與新知識文化的百花齊放同聲共息，共同成為一戰後中國的新圖像。美國政府和民間不同群體的共同合作更占關鍵，美國政府在對華貿易上扮演了「看得見的手」（visible hands）的綿密操作，由第一線的美國駐華使領和商務參贊為先鋒，深入調查中國口岸商情，為美國政府獻計謀略；商人團體則要求政府擬定具體實惠的法案鼓勵美商對華投資。另一方面，美國本土的商人組織和技術專家越過太平洋，將美國本土實施的現代化商會組織和工程師協會運作模式轉移至中國，並形成一個多元活絡的關係網。一戰之後中美商人和工程師群體在中國所開展的本土活動和外延的國際網絡，具體內容我們將於以下兩章詳加分析。

第五章

在華商人團體的成立與轉型
「美國亞洲協會」與「中國美國商會」

東方市場帶給美國人異國想像,美國應以貿易開發亞
洲,扮演拯救「貧窮東方」的要角。

　　　　　　——美國亞洲協會期刊,1914年12月號

中國正萌發出一種「國族精神」,富有理想,愛好和
平,勤快積極,相信數年之間中國可望成為有組織的政
府。

　　　　　　——美國駐華商務代辦阿諾德,1916

前言

一戰爆發之後，美國最初未參戰，為大力拓展中國市場並凝聚美商在華的向心力，一個專屬中國市場的商人組織「中國美國商會」於1915年誕生[1]。在此之前美國在華最早的商人團體為1898年6月成立於紐約總部的「美國亞洲協會」（American Asiatic Association），它在上海設有分會，成立之初是美國門戶開放策背後的最大推力。1915年「中國美國商會」的成立代表美國在華商業發展的一個轉折點——一個更精準表述美商利益團體的誕生，其影響力迅速壯大。由於「美國亞洲協會」和「中國美國商會」的活動頗多重疊，1926年這兩個組織進行合併。「美國亞洲協會」在1920年代以後的功能則愈來愈走向文化事業活動，以贊助美國和遠東國家的教育文化交流，致力亞洲區域的和平理解為目標導向。太平洋戰爭爆發後，美國在華商務活動受到嚴重打擊，「中國美國商會」和「美國亞洲協會」的在華活動始形同停頓。

一戰以前，就美國整體對外經濟關係而言，在華利益確實不大，但是正因為如此，商人利益往往是政府政策的馬前卒。地廣人多的中國，予美國人擴張對華貿易的美好想像，為打造另一種非正式帝國（informal empire）的遠景，跨海而來。成立於1898年的「亞洲協會」便是在這種背景下所成立的商人團體，其動向反應美商在華利益、經濟擴張與美國政府對華政策之間的互動關

1　關於美國商會在中國的組織，成立之時稱 "American Chamber of Commerce of China"，但目前其官網則用 "American Chamber of Commerce in China". 本文仍使用成立時的英文名稱 "OF" China。「中國美國商會」則為現在此一組織官網的中文名稱，特此說明。"American Chamber of Commerce of China: Its Inauguration in Shanghai," *Peking Daily News*（1914-1917），Aug. 24, 1915.

連。早期研究這一段美中關係的學者，不少強調19世紀末以後美
國的經濟擴張和金元外交是美國成為世界霸主的重要動力和手段，
認為美國外交完全以經濟利益的擴張為依歸，並受到大資本家的
左右[2]。但這些研究的視角多是以美國中心為出發點，而關於美國
商人團體在中國的活動及其演變，迄今則尚未有完整的研究[3]。

　　本章主要分析一次大戰以後「中國美國商會」與「美國亞洲
協會」這兩個商人團體在中國的活動、跨越1930年代中國參加國
際商會組織的橫向聯結、中美貿易委員會的成立，以及1920年代
以後「美國亞洲協會」的文化轉型，藉此探討美國在華商人團體
的演變及其文化轉型對近代中美關係的意義。為清楚理解「美國
亞洲協會」創建性質及其轉型，首先有必要先探究其早期創建的
歷史，以接續它和「中國美國商會」的關係。

一、美國在東亞最早的商人團體──美國亞洲協會

（一）成立背景與早期發展

　　1890年代以後，由於美國對華通商貿易的逐步增加，一個以

2　像1960年代Thomas J. McCormick的代表論著，即是從經濟觀點論述美國在
　　中國市場打造的非正式帝國。Thomas J. McCormick, *China Market, America's
　　Quest for Informal Empire, 1893-1901*（Chicago: Elephant Paperbacks, Ivan R.
　　Dee, Publisher, 1967), pp. 77-103.

3　勞羅斯（James John Lorence）的博士論文雖探討「美國亞洲協會」，但該文
　　為1970年之作，且未使用中文材料，也未能討論1926年以後美國在華商會的
　　發展。James John Lorence, "The American Asiatic Association, 1898-1925:
　　Organized Business and the Myth of the China Market," Ph. D. dissertation,
　　University of Wisconsin, 1970.

促進美國在華利益的商業團體——「美國在華利益委員會」
（Committee on American Interest in China）於1898年1月6日成
立，意在促使美國政府對中國的商業利益採取更積極的政策[4]。數
月後，擴大改組為「美國亞洲協會」。此一組織創立之際美國同
時面對兩個議題，一方是列強瓜分中國，另一方則是美西戰爭對
美國西太平洋政策的衝擊。其設置淵源如下：

　　1897年底德國占領膠州後，美國對華投資的最大財團——
美華合興公司（American China Development Company）的法律
顧問凱瑞（Clarence Cary）投書《紐約晚報》（*New York Evening
Post*）表示對美國在華貿易和條約權利的擔憂，希望美國不分
黨派應努力保護美國在華的權益[5]。凱瑞的主張和紐約《商業時

4　據中國海關統計資料，1890年美國在華行號約32家，僑民約1,153人；1895
　　年行號為31家，僑民增加到1,325人；1898年行號約43家，僑民突破2,000
　　人（2,056人）。1899年第一次宣告對華門戶開放政策時，行號達70間，僑民
　　2,335人。1900年儘管發生義和團排外事件，美國在華行號仍增加到81間，
　　僑民則略減為1,908人，顯現一些美國僑民因義和團事件而撤離中國。該年在
　　列強劃分中國勢力範圍之際，美國再度發布了第二次門戶開放政策。1901年
　　八國聯軍之後清廷簽訂辛丑條約，這一年美國在華行號增加到99間，僑民增
　　為2,292人。楊端六、侯厚培等，《六十五年來中國國際貿易統計》（國立中
　　央研究院社會科學研究所專刊第4號，1931），頁143。
5　美華合興公司成立於1895年12月，由美國前俄亥俄州（Ohio）參議員布賴士
　　（Calvin S. Brice）號召美國工商界人士，以獲取在中國建造鐵路、開礦和其
　　他工業投資為目標所創立；成立時的股東包括鐵路界和金融界的大亨，如鐵
　　路大王哈里曼（Edward H. Harriman）、花旗銀行和大通銀行的行長、美國前
　　副總統莫頓（Levi Morton）、摩根公司（J. P. Morgan & Company）的一個合
　　夥人及卡內基鋼鐵公司（Carnegie Steel Corporation）等。William R. Braisted,
　　"The United States and the American China Development Company," *The Far
　　Eastern Quarterly*, Vol. 11, No. 2（Feb., 1952）, pp. 147-165.

報》（*Journal of Commerce*）特約編輯富爾德（John Foord）的想法不謀而合。富爾德長期關注美國在遠東的商業利益，他和凱瑞呼籲美國各個商會應聯合起來成立一個針對遠東貿易的專屬商人組織。由於時值美國為了古巴問題與西班牙陷入緊張關係（到了1898年4月美西戰爭開打），許多美國商會對美西戰爭的態勢表示觀望，以免影響直接貿易輸出最重要的拉丁美洲市場，因此也對太平洋彼岸的中國問題表示緘默。最初波士頓商會、巴爾的摩商會、舊金山商會、費城商會均反應冷淡，只有克里夫蘭商會表示友好；但也有人持論美西戰爭不僅能使美國獲得政治與商業的龐大利益，甚至是通往大清帝國之路的一次難得機會，例如弗瑞澤公司（Frazar & Company）的創辦人弗瑞澤（Everett Frazar, 1864-1901）。列強在中國變本加厲的勢力範圍瓜分行動，引起對華貿易商人的強烈不安。1898年1月，美國在華最具代表的企業──美孚公司的麥克吉（James McGee）主持下，富爾德、凱瑞、弗瑞澤、布魯斯特（Samual D. Brewster，旗下公司為Derring, Milliken & Company）和貝里咸鋼鐵公司（Bethlehem Iron Company）代表季林斯基（E. L. Zalinski），一同聚在華爾街凱瑞的辦公室，這五人小組策劃成立一個以中國市場為擴張重心的遠東商會組織。6月9日「美國亞洲協會」正式成立，首任主席為弗瑞澤，副主席為布魯斯特，財務長派特生（Joseph R. Patterson），祕書富爾德。1889年10月11日，「美國亞洲協會」在紐約召開第一屆年會，當時即將落幕的美西戰爭和平議定書中該如何處置菲律賓群島問題自是最受關注，該協會主張美國政府應全面介入，直到菲島人民能建立穩定的政權，並足以抵抗外來侵略者為止。該年會以正式決議文將他們的堅定主張送交美國白

宮和國務院，由此可見該組織創設之初的高度政治化[6]。「美國亞洲
協會」的成立時間係在美西戰爭和美國提出門戶開放政策之際，
不僅有美商進軍中國市場的企圖，充滿美國對列強在華勢力範圍
的擔憂，另也有以美西戰爭為跳板進攻中國市場的策略主張。

　　「美國亞洲協會」成立之初，約有68個企業團體，成員多為
以紐約為基地的出口商，至1900年快速成長到100名企業會員。
總部設於紐約，並於上海、香港和日本橫濱等地設立分會，後擴
及馬尼拉和新加坡等地。其中上海分會於1898年創設之初設置，
顯現上海在亞洲經貿網絡和對美商的重要性，次年日本橫濱分會
成立（下設神戶支部）[7]。前述提到的美華合興公司（中文稱華美興
合司）曾於1898年獲得粵漢鐵路的築路權，其後該公司將大部分
股權讓給比利時資本，惟此舉違約，清政府遂於1905年將築路權
收回，而該公司更早在1896年向俄國提出合作投資東北鐵路，亦
遭到拒絕[8]。由於美華合興公司在中國開發鐵路事業的受挫，讓美
國資本家認為這是由於美國在中國沒有勢力範圍，以致美國資本
在中國的競爭中處於不利的地位。美華合興公司的大資本家即是
美國商會的活躍分子，大企業主和協會組織彼此互相串聯，由他
們本身實際的遭遇困境，要求各國在中國享有同等的貿易投資權
利，因此，「美國亞洲協會」成為美國對華門戶開放政策的主要
推手。根據中國海關資料，也就是在1898年，美貨輸華價值首度

6　*The North-China Herald and Supreme Court & Consular Gazette*（*1870-1941*），
　　Dec. 5, 1898.

7　James John Lorence, "The American Asiatic Association, 1898-1925: Organized
　　Business and the Myth of the China Market," pp. 34-38.

8　李恩涵，〈中美收回粵漢路權交涉〉，《中央研究院近史所集刊》，第1期
　　（1969），頁149-215。

超過華貨輸美，顯示美國對華出口貿易逐漸重要。（附錄表4-1）

　　1898年7月25日，「美國亞洲協會」發行機關報——《美國亞洲協會期刊》（*Journal of the American Asiatic Association*），由協會祕書富爾德擔任刊物主編和發行人。富爾德掌管實際會務活動、傳達商會的主體立場和內外溝通，是該協會的靈魂人物。創刊號中富爾德以主編身分開宗明義，揭櫫發行機關報的主旨係使「亞洲協會」會員得以交流遠東商業活動的訊息，隨著協會的擴充壯大，對東方事務的聯繫勢必更加緊密，而機關報刊的影響力就更重要[9]。《美國亞洲協會期刊》載有美國進出口概況、會務紀錄、遠東各國的商情、貿易政策的評論和主張，這一商人團體的機關報從創刊之初即和美國遠東政策互相推擁，具體反映商人團體的政治利益，迪奧多・羅斯福（Theodore Roosevelt, 1858-1919）總統的對華外交深受此一商人團體的左右[10]。

　　該協會創立之初頗強調英美兩國對華政策立場的一致性，富爾德甚至致電英商「中國協會」（China Association）上海分會祕書布蘭德（J. O. P. Bland）表示「美國亞洲協會」將配合英美對華政策的共通利益[11]。「中國協會」於1889年3月在倫敦成立，主

9　*Journal of the American Asiatic Association*, July 25, 1898, pp. 1-2.

10　David M. Pletcher, *The Diplomacy of Involvement: American Economic Expansion Across the Pacific, 1784-1900*（Columbia: University of Missouri Press, 2001）, pp. 295-299.

11　布蘭德時任上海公共租界工部局助理祕書。布蘭德（J. O. P.［John Otway Percy］Bland）為英國作家和記者，於1883-1910旅居中國。1883年抵華任職海關，從漢口、廣州到北京總海關，1894-96擔任赫德私人祕書。1896年起任上海公共租界工部局助理祕書，同時擔任《泰晤士報》通訊員。1906年任職於「中英公司」（British and Chinese Corporation, BCC）北京辦事處代表。1910年因其反德言論與該公司政策不符而遭解僱。據說他到北京後，因其通

要由對中國、香港和日本貿易的英國商人為了向其政府遊說而組
成的利益團體，成立時間比美國在華商會早了十年[12]。當時英商
「中國協會」年會報告提到與「美國亞洲協會」在促進對華貿易
上有廣泛共同的利益，特別是對上海公共租界的拓展，兩者將保
持密切友善[13]。上海英文報刊《字林西報》興奮地報導「美國亞洲
協會」的成立，稱英商「中國協會」誠懇歡迎這位新姊妹的到
來，兩個組織將齊心協力促進對華門戶開放政策[14]。當時英美商人
在對華門戶開政策的立場上是聯合一致的，英國既已在華市場占
有先進優勢，在德、法、日等國紛紛瓜分中國勢力範圍的情勢之
下，英國在華商人並不反對門戶開放政策，只是門戶開放的主張
後來由美國政府順水推舟而壯大聲勢，此後再成為美國對華政策
的指導原則。

　　19、20世紀之交，美國商會在對華關係的作用，亦為中國朝
野所知。例如1902年1月美國聖路易斯（Saint Louis）籌備兩年
後舉辦的萬國賽會以紀念美國購買路易斯安那州的百年大會活
動，清外務部檔案收有這份邀請函，期望中國「政府與民間最貴
重之物攜來赴會，藉此益證兩國和好彌敦也」[15]。在此之前，儘管

曉漢語，而著名的莫里遜因不通中文，視其為競爭對手，最後使得布蘭德又
被《泰晤士報》解僱而返回英國。布蘭德有關中國的著作有：J. O. P. Bland,
Houseboat Days in China（1909, 1919）、*Verse and Worse*（1902）等，其中最
有名的兩本暢銷書應屬 *China under the Empress Dowager*（1910）和 *Annals and
Memoirs of the Court of Peking*（1914）.

12 *Journal of the American Asiatic Association*, No. 1, July 25, 1898, p. 2.

13 *China Association Annual Report, 1898-1899*, p. 22.

14 "The American Asiatic Association," *The North-China Herald and Supreme Court
& Consular Gazette*（*1870-1941*）, Aug. 1, 1898, p. 197.

15 〈美國賽會大臣巴蕾致外務部〉，1902年1月14日（光緒27年12月05日），

清政府曾有派員參加1893年芝加哥萬國賽奇會和1898年美國費
城萬國通商賽會的盛事，但在聖路易斯博覽會，不僅由貝子溥倫
率領清特使團參會，並首次出現兩家官民合資專為參展而設立的
公司，清廷更提撥75萬兩的巨款，供辦參展所需。在當時清政府
財政困難的狀況，呈現中美兩國在經貿外交和文化交流上的重大
意義[16]。維新派領袖梁啟超在1903年赴美洲新大陸遊歷時，在紐
約旅行二個月，作為政治名人的梁啟超曾受邀參加美國亞洲協會
晚宴，在這次聚會中，共有美國人23位，日本人2位，華人（包
括梁氏本人）6位。梁氏稱亞洲協會為「亞細亞協會」──「此
會之目的，全在生計上，於政治上毫無關係。然東方知名之人至
者，必饗宴焉，前公使伍（指伍廷芳），現公使梁（指駐美公使
梁誠）皆嘗到（會）演說」。對於該次會議場景的描述如下：「席
間總幹事赫欽士先起演說，極言美國無利中國土地之意，惟願保
和平與商務，余亦照例述感謝之詞，並言中國若不得良政府，則
世界之平和終不可望」[17]。梁啟超筆下的「亞洲協會」呈現政商雲

中央研究院近代史研究所檔案館藏，《外務部檔案》02-20-002-01-009。關於
本次博覽會的中國展示，可參閱：王正華，〈呈現「中國」：晚清參與1904年
美國聖路易萬國博覽會之研究〉，黃克武主編，《畫中有話：近代中國的視覺
表述與文化構圖》（台北：中央研究院近代史研究所，2003），頁421-475。

16 趙祐志，〈躍上國際舞台──清季中國參加萬國博覽會之研究，1866-
1911〉，《國立臺灣師範大學歷史學報》，第25期（台北：國立臺灣師範大學
歷史系所，1997年），頁287-344。據該文研究，從1866年總理衙門首度受邀
參加法國巴黎博覽會起，至1911年清朝覆亡為止，在短短的46年期間，共計
收到超過80次以上的邀請。其中，清廷組團參加了13次，寄物參展6次，派
員參觀11次。而1904年聖路易斯博覽會的經費，為在此之前歷次總和之三
倍，其重要性自不待言。

17 梁啟超，《新大陸遊記》（台北：文海出版社，1967年版），頁19-20。梁啟超
還於次日造訪赫欽士私宅，赫欽士提到義和團排外事件和政治動亂對美國棉

集，清公使看重其政商關係亦頗多聯絡。然而，梁氏本人對美國政府宣稱的門戶開放政策為一種對華的保全政策，則殊無好感，稱此一政策將導致中國淪為外國殖民地的「滅國新法」[18]。而此時的亞洲協會正是大力支持梁啟超所反對的門戶開放政策。

　　1903年清廷與外人簽署的第一次純粹以商務談判的商約中，「美國亞洲協會」便扮演了重要角色。早在1901年八國聯軍後的辛丑和約談判之際，美國駐上海領事即主動邀請「美國亞洲協會」上海分會，希望他們表達對關稅稅則的意見書以轉呈美國國務院參考。《中英商約》捷足先登，踵繼其後的《中美商約》談判之際，「美國亞洲協會」上海分部更表示拒絕以英國藍本作為《中美商約》的版本，要求提出美商自己的主張。在反對中國的釐金制度、商標、貨幣、匯率和礦務開採等有利於拓展中國市場的條件中，都向美國政府提出如何通過更具規範的商約來保護美商在華的利益[19]。「美國亞洲協會」曾就裁釐問題邀宴清政府駐美大臣梁誠，梁誠形容：「該會實為東方商務一大重點，外部遇有事件恆向取決，誠當與其在事諸人婉切商磋，得其一言相助，則

花輸出業造成重大打擊，美國南方業棉花者已倒閉三之一，失業之勞傭數千云云，再次表達美國工業製造業對開闢海外市場的強烈企圖。同時，梁啟超對美國華爾街大托辣斯有所戒心，擔心美國這些美國國內的托辣斯「將演進為國際托辣斯，而受害最劇者必在我中國」。參見：本書緒章。

18 梁啟超，〈滅國新法論〉，中央研究院近代史研究所編，《近代中國對西方及列強認識資料彙編》第五輯，第一分冊，第574-575頁。張忠棟，〈門戶開放政策在中國的反應〉，《美國研究》，第3卷第3、4期合刊（1973年12月），頁121-142。

19 吳翎君，《美國大企業與近代中國國際化》（台北：聯經出版公司，2012），頁83-84。（簡體版由北京社會科學文獻社發行，2014）。

事機可得八九分。」[20] 1905年清政府派端方和戴鴻慈等五大臣率團赴歐美考察，次年抵美國紐約時「美國亞洲協會」於紐約商人俱樂部（Merchant Club）設宴款待[21]。

　　就在美國資本家推動對華門戶開放政策之際，在美國本土卻逢1880年代以後愈演愈烈的排華運動，以及美國國會因受到民意選票壓力而通過排華法案。這時的「美國亞洲協會」適巧扮演了抵制和反對過激的排華法案，因為此一法案不僅和美國在門戶開放政策中所顯示對華友善的原則相違背，更是使美商在華利益受到威脅。「美國亞洲協會」和美國在華外交官聯手向迪奧多‧羅斯福總統施加壓力，不希望激起中國人民對美國的敵意，以致危及美商在中國的權益。他們希望美國政府修改某些限制中國技術人才的移民法，特別是針對中國商人、學生和專業人才不應設置高門檻予以為難[22]。因美國通過極不友善的排華法案，中國民間於1906年發生一波自發性的反美風潮，富爾德甚至於3月赴華府國會聽證，要求美國政府就有關移民條約和清政府重新議訂[23]。雖然最後結果並沒有改變美國國會通過一系列的排華法案，但可看出

---

20 〈外務部收駐美大使梁誠函〉（光緒29年5月初10），中央研究院近代史研究所編，《中美關係史料‧光緒朝五》（台北：中央研究院近代史研究所，1988），頁3542。

21 "Some Of The Activities of the American Asiatic Association Since Its Organization," *The American Asiatic Association*, Printed for the Annual Meeting, Oct. 21, 1937, New York, 1937, p. 7.

22 *The American Asiatic Association*, Printed for the Annual Meeting, Oct. 21, 1937, New York, 1937, p. 7.

23 張存武，《光緒31年中美工約風潮》（中央研究院近代史研究所專刊13，1966年初版）。Guanhua Wang, *In Search of Justice, the 1905-1906 Chinese Anti-American Boycott*（Cambridge, MA: Harvard University Asia Center, 2001）.

亞洲協會強力支持門戶開放政策和其對排華法案採取溫和理性的立場。

　　美西戰後，美國獲得菲律賓和關島，勢力伸入太平洋地區，美日兩國的關係逐漸尖銳。此一緊張關係又因美國西岸興起的排斥日本僑民和移民問題而加劇。為舒緩美日緊張關係，陸軍部長塔虎脫（William Howard Taft，後來擔任美國第27屆總統，1909-1913），於1905年和1907年兩度訪問日本，尋求彼此的諒解[24]。1907年塔虎脫訪日之後於10月訪問上海，亞洲協會上海分會為此舉行盛大晚宴，商界代表紛紛出席，希望美國政府大力支持拓展中國市場[25]。此時面對日俄戰爭（1905年）之後已崛起的日本和一個正拓展遠東市場版圖的美國，在遠東的美商持以怎樣的態度？部分美商有意拉抬中國市場對美國的重要性，要求美國政府應大力轉進中國以牽制日本的崛起。儘管美國內部有不少人對崛起的新興日本感到不安，不少美商對日本大力推進滿洲市場的獨占亦發出警告和忿怒；但同時也有美商擔憂中國發動這一波的抵制美貨運動之後，美國不能再丟掉與日本的貿易機會，一個鞏固穩定

24　塔虎脫首次訪日時間，就在美國為調停日俄戰爭而召開的樸茨茅斯會議（The Portsmouth Conference）之前一個月，簽署一份備忘錄（Taft-Katsura Agreement）。1907年再度訪日，簽署「日米紳士協議」（The Gentlemen's Agreement）非正式協定，對移民問題做出諒解。但簽約之後，美國西岸的排日運動並未減緩，他們希望對已入境的日本勞工採取限制的措施，美國國會最後也未能批准「日米紳士協議」，其結果加深日本對美國和東西方世界的不安感，促進日本內部「泛亞主義者」（Pan-Asianist）的形成。1924年美國又制定更嚴格的限制移民法，嚴格限定日本人和中國人的移民。Akira Iriye, *Across the Pacific*（New York: Harcourt, Brace & World, Inc., 1987), pp. 115-116.

25　"Secretary Taft's visit to Shanghai," *American Association of China*（Shanghai. Press in 1907).

圖5-1：1907年10月8日，美國亞洲協會在上海接待美國陸軍部長塔虎脫來訪。

的日本市場對美國進口商更具說服力。總之，美商步步為營權衡其在遠東市場的最大利益。

　　美國亞洲協會的主導人物富爾德反對排華，對美國西岸時正興起的排日風潮也甚不以為然，認為排斥亞洲移民法案對美國推行門戶開放政策和整體遠東利益都是不利的。同時，他對日俄戰後取得勝利的日本在太平洋地區的崛起以及日本在滿洲的擴張，最初並未到意識到可能損及美國在中國東北的利益，他深信日本應會信守對華門戶開放政策中的平等原則，因此對日本在滿洲的野心企圖，並不以為意。1907年，他在《美國亞洲協會期刊》登高一呼美日關係應當緩解，將有助於遠東秩序的和平論調[26]。也有

26 *Journal of the American Asiatic Association*, Feb., 1907, pp. 1, 3. "Annual Report

美商呼應美日關係應當和緩，同年1月《美國亞洲協會期刊》刊出波士頓商人豪斯（Osborne Howes）的〈日本商業發展〉（Japanese Commercial Development）長文，該文回顧日本古代與海外各國的交往歷史，以及1853年美國艦長培理（Matthew Calbraith Perry）打開日本門戶後日本開始面向西方的改革歷程，認為日本可望成為商業發達的文明國家[27]。

　　美日兩國政府為緩和彼此在太平洋區域的緊張關係及美國排日問題而簽訂數次協議，其中最重要的是1908年11月30日，由日本駐美大使高平小五郎（Takahira Kogoro）與美國國務卿魯特（Elihu Root, 1845-1937）達成協定即《魯特—高平協定》（亦稱《羅脫—高平協定》）（Root Takahira Agreement）。這是日美兩國歷史上首次就太平洋地區的國家主權和領有地問題達成的安全協議。該協議中雙方政府承認（official recognition）領土現狀（the territorial status quo），包括：中國主權獨立和領土的完整（重申海翰門戶開放政策），美日雙方互允維持自由貿易和平等商業交往，日本承認夏威夷王國和菲律賓群島對美國的附屬，美國則承認日本在中國東北的地位。但這項協議美日雙方各自有不同的表述而爭議不休[28]。

　　　of the Secretary," Oct. 17, 1907, *Journal of the American Asiatic Association*, Nov., 1907, p. 298.

27　Osborne Howes, "Japanese Commercial Development," *Journal of the American Asiatic Association*, Jan., 1907, No. 12, pp. 368-374. 該文為在波士頓商會（Commercial Club of Boston）的演講。

28　喬治・F・肯南（George F. Kennan）原著，雷建鋒譯，《美國大外交》（*American Diplomacy, 1900-1950*）（北京：社會科學文獻出版社，2013），頁61-62。

由於清帝國末年瞬息萬變的內外情勢，列強在中國的激烈瓜分和競爭，「美國亞洲協會」內部開始有不同的聲音，一些年輕人視富爾德為老派政客，對遠東政策過於保守溫和立場已跟不上時代。1911-1912年間該協會內部的年輕成員中，許多來自美國棉織品輸出協會（Cotton Goods Export Association）的活躍分子愈來愈走向激進態度，主張美國必須反對其他列強在中國的侵略行動以保護其經濟利益。在領軍人物美國棉織品輸出協會主席艾爾斯（Howard Ayers）的影響下，「美國亞洲協會」愈來愈激進，而中國辛亥革命後的動盪政局、帝國主義國家對中國鐵路權益的覬覦和國際銀行團的強勢作為，也使他們主張為了保護美國在中國的商業利益，美國政府應採取各種可能方式，甚至是武力干涉[29]。

1912年中華民國正式成立後，列強觀望共和新政權的穩定性，並未馬上承認。亞洲協會內部文件坦承他們覺得對承認共和政府一事應保持緘默，直到1913年1月中國政局明朗化，協會始致函美國總統表示正式承認共和政府應有助於強化中美兩國的諒解[30]。共和政府肇建之後，該協會為因應中國新情勢的演變及對華貿易的手段策略，協會內部要求改組的呼聲愈來愈大，希望號召更多的會員加入，而年輕成員尤為他們所重視。「美國亞洲協會」的執行委員會認為有必要擴大該協會的宗旨和理想，除了原來的商業的利益之外，更應從教育、文化與經濟議題的討論促進東西

29　James John Lorence, "The American Asiatic Association, 1898-1925: Organized Business and the Myth of the China Market," pp. 286, 304.

30　"The American Asiatic Association and History," *The American Asiatic Association*, Printed for the Fortieth Annual Meeting, Oct. 21, 1937, New York, 1937, p. 6.

世界的了解，成為東西文明的橋梁[31]。

　　在此一背景之下，一位兼具外交官和銀行家資歷，且活躍於政經文化界的年輕人──司戴德（Willard D. Straight, 1880-1918）眾望所歸於1913年出任「美國亞洲協會」主席，直到1916年卸任。司戴德的遠東經歷不凡（詳後），他於1906年出任美國奉天總領事，適逢清政府宣布東北改制，由徐世昌出任第一任東三省總督，唐紹儀出任首任奉天巡撫。畢業自耶魯大學的唐紹儀（民國以後成為袁世凱總統的首任國務總理），他的美國留學背景令他和司戴德容易溝通，而奉天作為盛京和東三省的都會中心，擔任總領事的司戴德很快地和徐世昌、唐紹儀兩人有密切往來[32]。此外，司戴德在大學時代就認識也在康乃爾大學（Cornell University）就讀的施肇基，施肇基約在1905年返國後活躍於政治外交界，1912年加入了唐紹儀內閣。他形容司戴德「聰敏絕人，惜其早逝」[33]。更重要的是司戴德和美國金融界鉅子──號稱掌控美國鐵

31 "A Large Field for the Association," *Journal of the American Asiatic Association*, April, 1912, p. 69.

32 1907年7月，司戴德建議在排除日本的參與下和英國資本家合作共同開發東北鐵路。次年，哈里曼寫信給國務卿魯特請求讓司戴德特地返美，與美國資本家共商向中國提供借款，以開發東北農業和建造鐵路計畫。而在此期間，司戴德已先和唐紹儀簽訂一筆2千萬元借款的備忘錄，成立中美合作的東三省銀行，並建造一條從齊齊哈爾到璦琿的鐵路。George Kennan, *E. H. Harriman, a Biography*（Boston and New York: Houghton Mifflin Company, 1922), pp. 24-26. 楊凡逸，〈唐紹儀與近代中國的政治外交，1882-1938〉（台北：國立臺灣師範大學歷史研究所博士論文，2010）。

33 施肇基，《施肇基早年回憶錄》（台北：傳記文學出版社，1985），頁32。施肇基於1902年取得康乃爾大學文學碩士，回憶錄中提到1926年該班同學在校舉行第25週年紀念會，以他及司戴德兩人較有聲譽乃捐款設置「施司獎學金」（Sze-Straight Fund）。Herbert David Croly, *Willard Straight*（New York:

路創設和營運的「小拿破崙」哈里曼（E. H. Harriman, 1848-1909）交情不凡，也因此不久被美國摩根財團挖角，於1908年6月代表美國銀行團接洽清政府錦璦鐵路貸款與幣制實業貸款的談判，談判期間司戴德以國際銀行團的美國代表身分，強烈捍衛他所認知的美國在華最大利益。在清末革命風潮的動盪中，他認為中國尚無實行共和的條件，希望袁世凱能維繫大清帝國的統治，改以實施君主立憲政體，司戴德於1911年10月28日給美國友人的信件表達了對袁世凱收拾亂象的信心，甚至稱「我們的朋友袁世凱」。傾向在袁世凱出任內閣總理的條件下，由四國銀行團提供一筆貸款協助中國進行改革，這樣一方面可使中國政局穩定，另一方面也不會有國際對新政府承認的移轉紛擾，而更重要的是亦得以保障各國既有的條約體系[34]。

　　年輕有活力、人脈廣闊，且擁有豐富遠東政經資歷的司戴德及其對門戶開放政策的支持，正是陷入內部紛擾和世代交替的「美國亞洲協會」亟待協調出新方向的領導人選。作為美國遠東政策的前線執行者，不論是作為外交官或金融代表，司戴德始終堅持一個穩定獨立的中國（這也是他在辛亥革命傾心袁世凱之故），將有助於美國在華貿易與商業的發展，也才符合美國長遠的遠東利益。大戰爆發以後司戴德身兼美國大資本家專為海外投資而設置的廣益投資公司第三副總裁（Third Vice President），可見得他當時受到的愛戴光環。司戴德就任「美國亞洲協會」主席

Macmillan Company, 1924），pp. 54-55則提到司戴德在1901年到中國任職海關前曾向正在康乃爾學習的施肇基請教一些中國海關事務，司戴德也曾帶領施肇基參加大學俱樂部活動。

34 Herbert David Croly, *Willard Straight* (New York: Macmillan Company, 1924), pp. 417-418.

圖 5-2：清政府向外國銀行團交涉借款合影。前排左起英國公使朱爾典
（John Jordan）、清內閣協理大臣那桐、清度支（財政）大臣載澤、美國公
使嘉樂恆（William James Calhoun）。後排右起三為司戴德。
資料來源：*Asia: The American Magazine on the Orient*, March 1921. Vol.
XXI, No. 3.

後，這一組織及其官方報刊不僅抓緊大戰時期中國市場的契機，
更對中國的參戰問題所牽動的國際關係和遠東利益高度關注。

（二）一戰時期的關鍵主張

　　1914 年 5 月 27-28 日在華盛頓召開的「全美對外貿易會議」
（National Foreign Trade Convention）中，「美國亞洲協會」與「美
國製造出口協會」（American Manufactures Export Association）聯
手推動一個具有全國代表意義的國際貿易組織的誕生──「全美
對外貿易委員會」（The National Foreign Trade Council, NFTC），

首任主席為美國鋼鐵公司（US Steel）大老闆法瑞耳（James A. Farrell），敦促美國政府保護美商在海外的投資和貿易權益。為提升美國政府的泱泱文明形象，「美國亞洲協會」很早就注意到有必要改善美國在華使領館和外交人員的待遇，大力支持美國國會推動相關措施，該協會在1914年美國政府購建上海新領事館舍中扮演重要推手[35]。

　　一次大戰爆發後，「美國亞洲協會」主席司戴德於1914年10月27日受芝加哥・伊利諾製造協會（Chicago, Illinois Manufacture Association）的邀請，發表講題為〈歐戰與我們對外貿易的機會〉（The European War and our Opportunity in Foreign Trade），呼籲美國銀行家應藉此機會將資金轉向南美洲及遠東市場，促進美國的海外貿易[36]。《美國亞洲協會期刊》密集刊出開拓中國市場的言論。1914年11月，刊出〈美國對華商業〉（American Business in Asia）一文，回顧從1784年美船中國女皇號（China Empress）首航中國後兩國經濟關係的進展。文中談及美國巴爾的摩飛剪船與英國商船在亞洲的競爭、美國對日本的貿易，並討論美國在亞洲市場的最大獲利——輸出粗棉換取精緻的絲品，以及美孚石油公司如何掌控中國石油市場的優勢。該文最後論述東方市場帶給美國人異國想像，主張美國應以貿易開發亞洲，扮演拯救「貧窮東方」的要角[37]。1914年12月，又刊出相似論調鼓勵美商前進中國

---

35 "Some Of The Activities of the American Asiatic Association Since Its Organization," *The American Asiatic Association*, Printed for the Annual Meeting, Oct. 21, 1937, New York, 1937, p. 8.

36 "The European War and our Opportunity in Foreign Trade"（Published 1914），所發表的演講文，共15頁。

37 "American Business in Asia," *Journal of the American Asiatic Association*, Nov.,

的文章〈中國商業的未來〉（The Commercial Future in China）[38]。

除了描繪中國的商業前景，《美國亞洲協會期刊》具體分析對中國市場開發的優勢和潛力。在1916年11月一篇文章中指出許多人都忽略中國是世界生產棉花量的第三大國，美國產量占世界首位，年約13,000,000至14,000,000包（bales, 1bale約等於4 擔picul），其次為印度，年產量約7,000,000包，而中國居第三，約2,000,000包。中國粗棉的產量係在未有政府挹注經費於實驗農場、種子改良或專家協助等背景下，就達到約美國1/7；儘管有一批赴美研讀農業的留學生返華，從事棉業改革，但為數仍不足。作者認為以近年上海一地棉紡工業的欣欣向榮，中國如能引進現代科技，延聘更多技術專家，上海可望成為「遠東的曼徹斯特」（Manchester of the Far East）[39]。12月號的專文則從棉花田實驗、工人的專業培訓和改良種籽的技術層面，縷述未來中國棉紡工業的發展方向[40]。同時，美國駐華與日本商務代辦（American Commercial Attachéfor China and Japan）阿諾德（Julean Arnold）在《美國亞洲協會期刊》呼籲美國大企業將資金轉向中國。他提及自從大戰爆發以來，多數美國製造業關注的仍是前進南美市場，將其視同於美國對外貿易的全部。但大家不了解中國市場更為巨大、更有潛力。阿諾德主張中國人口比起南美逾十倍之多，

1914, pp. 310-313.

38 "The Commercial Future in China," *Journal of the American Asiatic Association*, Dec., 1914, pp. 335-338.

39 "China's Cotton Industry," from *the N. C. Daily News*, *Journal of the American Asiatic Association*, Nov., 1916, pp. 304-306.

40 "The Manufacture of Cotton in China," *Journal of the American Asiatic Association*, Dec., 1916, pp. 335-340.

中國人又比拉丁美洲人更加勤快、工資便宜，而且國內物礦豐饒。當前亟待發展麵粉、棉紡織、榨油、火柴、玻璃等新式工廠的中國，更需要外國的投資和技術引進，而美國銀行家和企業家適可扮演此一角色。他同時認為，中國正萌發出一種「國族精神」（National Spirit）——富有理想，愛好和平，勤快積極，相信數年之間中國可望成為有組織的政府。阿諾德強調美國在華商會、美國駐華領事和華府的「國內外貿易發展局」（The Bureau of Foreign and Domestic Commerce）應密切合作，協助美國製造業和商人提供在中國發展商業的獎掖措施，而此事不必等到大戰結束，更要把握當前的大戰時機[41]。

為鼓勵美商前進中國，《美國亞洲協會期刊》進一步從文化和心理層面介紹何謂中國，意圖翻轉美國人對東方民族的刻板性格。曾任教康乃爾大學的著名政治經濟學者詹克斯（Jeremiah W. Jenks, 1856-1929），撰述〈中國——美國沉默的夥伴〉（China, American Silent Partners）一文，分析中國人自陳「中國人尊敬英國，愛好美國，畏懼日本」一說的歷史淵源。作者縷述自清末駐華公使蒲安臣（Anson Burlingame, 1820-1870）以來的中美傳統友誼，認為美國更應幫助中國走向現代國家，而日本自1860年代以來的改革進步，則印證了東方民族是可以改變的。他首先揭示美國人仍停留於「睡獅中國」的看法有誤；恰好相反，一股中國民族主義的新精神正瀰漫全中國，這股士氣遠超乎美國人的想

---

41 Julean Arnold, "American Trade Opportunities in China," *Journal of the American Asiatic Association*, Dec., 1916, pp. 333-335.阿諾德為大力倡導東方和中國貿易重要性之要角，不惟在各種場合一再呼籲美國政府端出更積極的對華商業政策，並在《美國亞洲協會期刊》上撰文，或接受該刊訪談，闡釋其見解。阿諾德於1914-1917任美國駐華和駐日商務幫辦。

像。主張中國人追求富強和發展實業的企圖心非常旺盛，甚至以
「極度務實的中國人」（the intensely practical Chinese）來形容此一
動向。詹克斯此文用詞激昂，以美國總統傑弗遜（Thomas
Jefferson, 1743-1826）果斷買下路易斯安那地區（Louisiana
Purchase），因而為美國大西部的開發壯舉奠下基礎為例；此時中
國的情況，正可讓美國挾著龐大的動力穿越太平洋，但美國要的
不是領土，而是商業貿易。他同時提到北京政府有不少誠實、愛
國，且有才幹的官員（並特別推崇財政部長陳錦濤的留美背
景），呼籲美國必須把握機會，以財政援助中國，不宜錯失大好
機會[42]。

　　《美國亞洲協會期刊》和美國政府在華官員互相唱和，為說
服美國各大商會前來中國投資，駐華商務代辦阿諾德在美國舊金
山等太平洋口岸和美東紐約、波士頓等地到處演講。1917年3
月，《美國亞洲協會期刊》刊出附有阿諾德照片的專題報導，並
再度援引前述專文的主要內容，強調目前美國對華貿易僅占中國
所有貿易的8-10%，雖已是自美國內戰以來，對華貿易的最高
點，但仍有很大的進步空間。編輯也以顯著的標題指出中國的土
地是日本的50倍大，人口比日本多8倍，並擁有廣大天然資源，
其發展潛力可以期待[43]。

　　從《美國亞洲協會期刊》的文章看來，一戰期間在討論投資
中國市場的同時，美國企業界並不排斥與日本的合作，甚至也主

---

42 Jeremiah W. Jenks, "China, American Silent Partners," *Journal of the American Asiatic Association*, Jan., 1917, pp. 363-367.

43 Frank F. Davis, "Broadening Our Chinese Trade," *Asia: Journal of the American Asiatic Association*, March, 1917, pp. 41-43.

張與日本合作共同開發中國，他們事實上是將日本、中國與遠東
的貿易視為整體來考量其利益。1917年，美國紐約嘎什頓威格摩
爾公司（Gaston, Williams & Wigmore）公司的副總裁威廉斯
（Williams H. Williams）曾親訪上海，並接受「美國亞洲協會」訪
問，他針對美國在亞洲的宏大商業計畫，提出三個主張：一、美
國政府應對美商在海外的投資有所承諾和保障，且讓美商感覺到
有效力的保障；二、在美國政府的資助下儘速拓展太平洋航線；
三、美國可與日本共同合作，日本應會是誠懇的商業合作夥伴。
他認為美國在中國的商業發展，光靠貿易是不夠的，必須有大筆
的投資。他表示上海總商會會長朱葆三就向他提起：美國老是說
要投資中國，且誇說美國對中國比其他國家友好，但都是光說不
練；美國如果真要發展與中國的關係，光靠商品貿易無法發揮太
大作用，美國政府必須強力推進美國大企業到中國來投資。「美
國在中國的貿易和投資，如果抽掉美孚石油公司，就什麼也沒有
了。所以，一定要有美國政府的推動政策和大企業的進駐投
資。」[44]

　　嘎什頓威格摩爾公司係一戰時期由數家船東宣布合組聯營的
航運公司，於德勒克拉瓦註冊，資金5百萬，公司名下有14艘
船。聯營之際，《紐約時報》還熱烈報導此事。這家懸掛美國國
旗的新聯營公司，同時經營大西洋和太平洋航線，但主要因航行

---

44 該文提到上海總商會，但並未指出是誰，由合影始知是總商會會長朱葆三。
　　"The Trade of Asia, An American-Asiatic Business Programme," interview with
　　William H. Williams, Vice-President of Gaston, Williams & Wigmore, Inc., *Asia:*
　　Journal of the American Asiatic Association, April, 1917, pp. 122-124.〈總商會歡
　　宴美國官商〉，《申報》（上海），1917年1月15日，第3張。

太平洋線──從舊金山到俄國、日本和中國口岸而聲名大噪[45]。威
廉斯表示美國如要發展中美貿易，以現有的商船是不足的，呼籲
美國政府應投資太平洋航線的運輸，而且此事大有利益可圖。威
廉斯離華前，曾和甫卸下內閣總長的唐紹儀、上海總商會會長朱
葆三等人會晤，並留下合影。他也抱怨說美國在海外投資的企業
從未從美國政府獲得適當的保障，在中國政治不安穩的情況下，
任何的礦業投資如果得不到美國政府的支持，企業家是不太願意
冒此風險的[46]。當時《申報》稱威廉斯所屬為「美興公司」，上海
總商會會長朱葆三於歡宴致詞中說「東西兩大共和國永聯為兄弟
之邦，商務益臻發達」。威廉斯暢言商人對國際友誼的責任不亞
於外交家：「外交家之光陰，其能專注外交者不過四分之一，而
商家之光陰，其能從事於國際發生商務上更友好交誼之外交者則
占四分之三。」[47]從這些言論也可以看出商人組織自詡在經濟外交
上的任務和作用。

　　1917年7月《美國亞洲協會期刊》特闢「對華貿易」（The
Trade of China）專題，包含三篇文章：〈在中國投資的利益〉
（Profits on Investment in China）、〈大戰與遠東商業〉（The War
and the Commerce of the Far East）、〈學習漢語的商業政策〉（The
Business Policy of Learning Chinese），後兩篇由著名記者鮑威爾
執筆。〈在中國投資的利益〉文中提到：中國的工資低廉，約美
國的1/10，而中國的棉花工廠、開礦和建造鐵路三種產業具有龐

45　*New York Times*, Feb. 24, 1916. 事實上，早在大戰爆發之初，中美兩國政府曾
　　合作開通太平洋航線的合作。詳見本書第三章。

46　"The Trade of Asia, An American-Asiatic Business Programme," pp. 122-124.

47　〈總商會歡宴美國官商〉，《申報》（上海），1917年1月15日，第3張。

圖5-3：美商Williams（右三）、唐紹儀（右四）和上海總商會會長朱葆三（右一）合影。

資料來源：*Asia: Journal of the American Asiatic Association*, April, 1917, p. 122.

業的影響有三：一、日本工業的迅速發展；二、中國相對保守的心態；三、對亞洲市場興趣的增加和東亞工業的發展。他認為這些商業上的影響，其重要性不亞於政治外交領域。日本受大戰的影響對同盟國家的輸出也大有增加，1915年有156,000,000美元，1916年約有220,000,000美元。其中有約70,000,000美元來自俄國的訂單，出口至英國亦增加不少，美國則約占日本出口的30%。在國際航運方面，日本亦為一戰的受惠者，1914年美國進口貨物中，由日本輪船載運的僅2.77%，但到1916年，已上升到8.12%。文末強調東亞低工資也使先進工業國家的工資平衡受到威脅，為謀求雙方的利益，應在東亞培育技術工人使其得以自製半成品商品，如此將使西方工業國家和落後的廉價勞力國家彼此受惠。〈學習漢語的商業政策〉則強調美國若要拓展對華投資和擴大商

業利益，有必要學習漢語和中國文化，以減少誤解。通過語言的溝通──不論是上海的洋涇濱英語（Pidgin English）或翻譯的普遍化，中美人士雙方的鴻溝已愈來愈少。總之，三篇文章從不同角度切入，試圖分析美國在中國的商業利益和方針、日本工業的快速崛起及中國市場的迎頭趕上[48]。

　　至於如何看待對中國事務具有野心的日本？作為美商團體的機關報，《美國亞洲協會期刊》與美國在華外交官和商務參贊往來密切，基本上呼應美國政府的遠東政策。1915年，被美國人冠以「日本摩根財團」的日本大企業家澀澤榮一（Baron Shibusawa Eiichi, 1840-1931）提出美日攜手合作開發中國的想法[49]，當時美國政府對於日本擴大在中國的影響力有所疑懼，並時而展現與日本競爭的意味。直到1917年4月初美國參戰後，因美、日同屬協約國盟友，美國對中國外交事務上與日本的合作始趨於明朗：不僅於1917年11月初與日本簽署「藍辛─石井協定」，承認日本在中國有特殊利益，且在中國的投資開發問題上亦傾向合作。美國參戰後，1917年5月《美國亞洲協會期刊》刊出文章〈我們亞洲的聯盟〉（Our Asiatic Allies），強調美國必須在中、日之間扮演協調者的角色，將日本因素納入遠東整體利益來考量，傾向美日合作的態度[50]。但該刊對於中國反日民族主義之情結亦略有同情，

48　"Profits on Investment in China," "The War and the Commerce of the Far East," "The Business Policy of Learning Chinese," July, 1917, *Asia: Journal of the American Asiatic Association*, 三文刊於頁378-386.

49　澀澤榮一於1902年訪美，被美國媒體稱為「日本的摩根」（J. P. Morgan of Japan），當時他名下已有四十餘間公司、銀行和鐵路事業。*New York Times*, June 14, 1902.

50　"Our Asiatic Allies," *Asia: Journal of the American Asiatic Association*, May,

在日本提出21條要求後中國反日情緒持續高亢的狀況下，該刊曾於1917年6月刊出愛荷華大學商學院的中國留學生 T. L. Li 投書，該文強烈反對美日合作開發中國，認為以美國在工業技術上的領先，根本不需要與對中國虎視眈眈的日本共同合作來開發中國，指稱美國如和日本合作，等同狼狽為奸[51]。

　　1917年2月，中國宣布與德斷交，美國國會於4月初宣布參戰。此時中國是否可能隨美國參加一戰？中國為何參戰？為何中國加入日本和協約國的一方？以及中國希望從英國和美國得到何種程度的回報等議題，同樣受到亞洲協會的關注。在〈中國為何參戰〉（Why China Enters the War）一文中，就中國政府對德宣戰的理由，作者略有保留。因為日本素來對中國的野心和挑釁絕對勝於德國，中國對德宣戰等於和日本成為盟友；此外，如以德國採用潛水艇作戰以致中國人遇難作為參戰理由，亦不具說服力，因為各國都知道中國政府對中國人民的生命財產保護是不力的。這篇文章對中國為何和德國斷交，且可能加入協約國一方的發展略有質疑，但也分析中國欲藉由參戰機會取得若干利益，包括希望獲得英美的支持參與國際事務、財政和軍事援助以及戰後恢復目前被剝奪的權益等多方考量。他提到儘管日本同意中國參戰，但已做好如何保護在中國既有權益的盤算。該文圖文並茂地介紹中國新式部隊的裝備，卻認為這些部隊和裝備若由中國軍官指揮，將無法發揮作用[52]。此文大致呼應了美國政府最初對於中國參

1917, p. 163.

51　"The Trade of Asia: An Objection to American Co-operation with Japan in China," *Asia: Journal of the American Asiatic Association*, June, 1917, pp. 299-300.

52　"Why China Enters the War," *Asia: Journal of the American Asiatic Association*, April, 1917, p. 163.

戰政策的疑慮與態度，並不鼓勵中國參戰，以免中國可能成為協約國家的包袱或中國另有所圖[53]。

1917年8月14日中國正式對德、奧宣戰後，《美國亞洲協會期刊》刊出「今日中國」（Present Day China）專欄作家哈汀（Gardner L. Harding）所撰之〈戰時中國的角色〉（China's Part in the War）。不同於上述中國參戰前該刊持論的消極態度，作者提到中國從華工派遣、原料、兵工廠和食物供給均可對協約國家的援助發揮重要的作用，並肯定中國的參戰可使遠東局勢更加穩定，有鼓舞協約國士氣的作用；強調日本、中國和美國在同一目標的合作之下，中國將在未來更穩定的遠東局勢上發揮作用。該文以近二頁的篇幅介紹華工在英法華工營的優良表現，就中國人對歐戰的貢獻予以正面肯定。文中並提到上海新式工廠的發展，已略現規模，例如Nicholsa Tsu（中文名字不詳）的機械工廠在中國領班的帶領下，已可生產電車、鐵路、輪運等鋼鐵零件，上海新興的棉紡織工廠和漢陽鋼鐵廠也略有規模，甚至在西方技術支援下，剛萌芽的軍火工業，亦可發揮補給物資的作用。該文最後提到近年中國輸出大麥、大豆、冷凍食品和乾貨等的數量快速增加，這些都是中國對協約國家的具體援助[54]。儘管這些物資的輸出是一種獲利交易行為，但不論如何是中國對戰時歐洲民生食物的短缺做出的貢獻。也有資料顯示中國於大戰期間的1918年輸出的火腿肉有400萬磅之多，價值60萬海關兩（約值美金716,000元，當時1海關兩等於1.193美元），而英國則是中國火腿產品的

---

53 吳翎君，《美國與中國政治》（台北：東大圖書公司，1996），頁13-25。

54 "China's Part in the War," *Asia: Journal of the American Asiatic Association*, Oct., 1917, pp. 644-646.

最大輸入國家。這些火腿的產地包括漢口、上海、杭州和雲南，特別是雲南火腿的口碑甚佳，其次為浙江和湖南。中國東北為大豆和豆油輸出中心，以大連為主要輸出口岸，1918年輸出146,186美噸，價值24,047,036海關兩（合28,747,764美元）。雖然中國輸出火腿乃賺取謀生利潤，但早餐火腿在歐洲人生活中的重要性，可能不亞於戰爭時期香菸、可可和巧克力具同等重要的物資和精神鼓舞，成為英國人民的戰鬥力和民生需求的供應環之一[55]。

　　1917年4月美國參戰，8月中國宣戰以及俄國十月革命的發生，海內外美國人愈來愈關注戰爭議題，如何發展中美經貿關係的言論已非焦點所在。特別是俄國大革命後的政治動盪，使得《美國亞洲協會期刊》愈來愈關注東方的政治議題。1918年4月，該刊表明自美國參戰後他們已是一本「戰爭雜誌」（War Magazine），並認為美國在這次大戰的巨大危機中，負有重大責任，宣稱「東方的危險即是我們國家（美國）的危險」、「我們已經在戰爭的中心」[56]。一戰結束前夕（1918年11月），該刊為配合戰時節約政策，表示為節省刊物印刷經費，僅印行會員紙本，不再於書報攤零售。一戰結束之後，因與「中國美國商會」的功能頗多重疊，加上後者快速擴充，亞洲協會及其所屬期刊逐漸轉型。

55　Julean Arnold, "Chinese Products of Interest to American," in Julean Arnold eds., *Commercial Handbook of China*, Vol. II, 274. 該文也說據美國駐大連領事威廉斯的估算，東北年產150萬到200萬美噸的大豆作物，其中可能有至少100萬美噸輸往日本。

56　"The Worst Disaster of the War," *Asia: Journal of the American Asiatic Association*, April, 1918, p. 273.

二、美國在華商會的演變與作用

（一）「中國美國商會」的成立

　　1914年夏第一次大戰爆發，在上海的外商團體——萬國商會因為分屬不同交戰陣營而分裂，無法召開會議。倫敦中國協會在英國參戰後即建議在中國的英商應建立單獨的商業總會，1915年5月有十家上海英國公司聚在英國駐上海領事館籌組英商總會（The British Chamber of Commerce, Shanghai），最初會員60名，1916年快速增加到250名[57]。當時上海萬國商會的停擺情形如下：「此商會之地位已大受時局之影響矣，在戰爭中各國商會相繼成立。……但其戰前之活動將為各國商會所分，數年來未開大會」。「會董竊以為當惡感正熾之時未便集晤敵人於一堂，乃於當年報告中聲敘不開大會之理由，遇有應行討論事件輒發通告知照，照此辦理效用」[58]。一方面受英國總會成立的影響，另一方面在華美商在大戰時期深感成立獨立專責的美國商會之必要。1915年6月12日約有50位美國商人聚在上海皇宮酒店（Palace Hotel）共商籌組此事，美國駐上海總領事西蒙斯（Thomas Sammons）

---

57 "An American Chamber of Commerce," *The North-China Herald and Supreme Court & Consular Gazette*, Shanghai, May 22, 1915, p. 537. 首任主席為H. H. Girardet，祕書長為F. J. Norbury。目前此一組織的情況可參見官方網站http://www.britishchambershanghai.org/en/about-history（2015年07月24日下載）。

58 〈萬國商會歐戰後大會記〉，《申報》，1919年3月27日，第3張。該文為針對戰後萬國商會如何解決上海口岸淤塞問題。「萬國商會仍為租界中必要之機關俾討論關於萬國利益之問題，而執行國際管理部關於浚浦與領港等事之職權。」戰後各國代表共聚討論上海港開挖方案。

參與了這次籌備會議，會中推舉豐泰洋行（Frazar & Co.）創辦人麥克邁克爾為籌備會議主席，祕書布萊恩特（P. L. Bryant）負責商會的規章制定。該會籌備委員囊括最早一批美國在華跨國企業及其代表，例如美孚石油、英美煙公司和美國美國鋼鐵公司（U.S. Steel Products Co.）等等[59]。1915年6月19日「中國美國商會」在上海正式成立，正式選出麥克邁克爾擔任首屆主席，副主席為加拉赫（J. W. Gallagher）。上海美國商會（AmCham Shanghai）被喻為對華「美國貿易之喉舌」（Voice of American Business），是美國在本土之外，在海外所建立的第三個商會，可見得美商很早就看出上海在國際貿易的重要性[60]。

　　「中國美國商會」首次執行委員會議年會於1916年8月18日召開，據會員名錄共有31個公司會員和28位個人會員。本次會議中討論的焦點為大戰期間對美國在華商業活動的處境及機遇，特別是如何解決大戰期間的船隻貨品運輸問題[61]。1918年4月「中

---

59 "An American Chamber of Commerce," *The North-China Herald and Supreme Court & Consular Gazette (1870-1941)*, Jun. 12, 1915. p. 793. 刊載了正式成立大會之前的聚會討論，這些企業及其代表如下：中日貿易公司（China and Japan Trading Co.）的代表F. A. Fairchild、大來公司（Robert Dollar Co.）的Harold Dollar、美國鋼鐵公司（U.S. Steel Products Co.）的J. W. Gallagher、豐泰洋行的J. H. McMichael、太平洋輪船公司（Pacific Mail Steamship Co.）的O. H. Ritter、美孚石油（Standard Oil Co.）的C. H. Blake、英美煙公司（British-American Tobacco）的Thomas Cobbs、梅西公司（R. H. Macy）的N. T. Saunders、中國橡木進出口公司（China Import and Export Lumber Co.）Carl Seitz等人。

60 AmCham Shanghai官方網站，https://www.amcham-shanghai.org/en/about-amcham（2015年07月24日下載）。

61 *First Annual Report of the Proceedings of the Executive Committee of American Chamber of Commerce for the Year Ending*, Aug. 18, 1916, pp. 1-2, 52-57.

國美國商會」召開的第二次執行委員會議年會中，會員數已增加，共有公司會員38位、個人會員28位、非駐地會員5位[62]。隨著美商在中國口岸業務的快速壯大，1918年5月美國商會成立天津分會，共有36名個人會員和11間公司會籍會員出席該次籌備會議，天津商會是美商在華北最大的商業利益團體[63]。1920年3月17日在美國駐漢口領事海因茲爾曼（P. S. Heintzleman）召集下，漢口美國商會成立，約有29名來自漢口和武昌的公司代表出席，他們認為上海、天津和漢口等地的美國商會有必要採取一致的行動，如此才能確保和壯大美商在華的整體利益。美國商會漢口分會繼上海、天津之後，成為美國在中國城市設置的第三個商會，其重要性不輸於美國在海外其他的商務據點。漢口商會的主席曼恩（Hunter Mann, L. C. Gillespie and Sons 公司代表），副主席為霍納（C. B. Horner，大來公司代表）。祕書為美孚公司的克勞弗（P. P. Clover）。執行委員除正副主席之外，包括：中國瓜哇出口貿易公司（The China and Java Export Company）的杭克爾（G. R. Henkel）、慎昌洋行（Anderson, Meyer and Company）的科布斯（J. J. Cobbs）、美孚公司的哈姆雷特（R. W. Hamlet）、亞洲銀行（Asia Banking Corporation）的卡雷遜（Theodore Carlesen）。漢口是長江沿岸的交通樞紐和蓬勃開展的工商城市，美國漢口商會的執行委員包含航運、機器進出口、貿易和銀行業，而美孚石油公

62　*Second Annual Report of the Proceedings of the Executive Committee of American Chamber of Commerce for the Year Ending*, April, 1918, p. 1-3, 5. 會員名錄見該書，頁114-120。

63　The American Chamber of Commerce at Tientsin—a Progressive Organization, *Millard's Review of the Far East（1917-1919）*, May 4, 1918, p. 358.

司代表就有兩位，可見石油商品在中國市場的商機和勢力[64]。

　　「中國美國商會」從成立之初，其會員和「美國亞洲協會」中國分會會員頗多重複，兩會會員共同呼籲和促進對華貿易多所串聯，並且他們與上海總商會的往來頗為密切，形成一個活躍的互聯網絡，特別是在1917年中美共同成為一次大戰的協約國陣營之後，三方的合作更加頻繁。1918年4月15日，上海總商會會長朱葆三，副會長沈聯芳（1870-1947）邀請「中國美國商會」主席伯恩、美國亞洲協會主席弗萊明、美國駐華公使芮恩施和上海總領事西蒙斯與中美商人晚宴，聚會中興致高昂討論如何促進中美商務發展[65]。一次大戰進入尾聲之際，1918年9月在「亞洲協會」中國分會和「中國美國商會」兩會促成之下，以促進大戰期間中美同為協約國家的商業利益為名義，共同邀請上海總商會會長朱葆三、副會長沈聯芳等人，共聚一堂。這次會議約有150位中美人士參加，會中就中美貿易和航運開展問題熱烈討論[66]。

　　1922年9月19日美國總統批准《美國對華貿易法案》後，放寬了美國商人得以在中國開設公司的大門，大大吸引美商在遠東的商機[67]。（詳見本書第四章）接著美國在華商會採取了更具野心

64　"An American Chamber of Commerce Formed In Hankow," *Millard's Review of the Far East（1919-1921）*, Apr. 3, 1920, p. 245.

65　*Second Annual Report of the Proceedings of the Executive Committee of American Chamber of Commerce for the Year Ending*, April, 1918, pp. 18-21. "Chinese Chamber of Commerce Entertains Americans," *Millard's Review of the Far East（1917-1919）*, Apr. 20, 1918，據該報的報導此次聚會時間為4月15日。

66　"Americans Entertain Chinese: Chamber of Commerce," *Millard's Review of the Far East（1917-1919）*, Sep. 21, 1918.

67　"The China Trade Act aid for American Firms," *South China Morning Post*, Oct. 4, 1922.

和效率的措施。1922年10月，來自上海、天津、北京和漢口的美國商會代表聚集上海成立「聯合美國商會」（Associated American Chambers of Commerce），宣告聯合美商在中國各地商會的組織和勢力成立一個更具領導權力的中央組織（Central Organization），除了因應《美國對華貿易法案》的成立，尚有中國本土的投資環境和政治情勢正處於激烈變化的階段，成立此一組織將更有效聯繫中國各地商會的意見。章程中規定正會員必須在美國商會中至少登錄有五間公司會籍，副會員則可少於五家公司。由於正副會員的門檻高，並不是每位美商都能具有此一要件，從「聯合美國商會」正副會員之階層運作和各項會務委員會的推動看來，係敦促美國投資者在中國努力創業和投資，使其享有在商會組織中的更高地位和影響力[68]。

（二）兩會在華商務活動的合併

　　「中國美國商會」的聲勢愈來愈壯大，而其會員又多同屬「美國亞洲協會」成員，兩會乃有合併之議。1926年「美國亞洲協會」在華的商務活動被併入美國商會，「美國亞洲協會」仍保有其名，以從事教育文化事業為主。當時在華英文報刊多簡稱「美國亞洲協會」中國分會為「美國協會」，稱「中國美國商會」為「美國商會」。合併內容有四：一、美國協會與美國商會進行合併，係以聯合商會的形式運作；二、美國協會既有會員不論其職位地位或既有美國商會中的個人會員，只需交年費10元，其中

---

68 U.S. Commerce Chambers in China Form a Central Organization, *The Weekly Review*（1922-23）, Oct. 28, 1922, p. 304. "American Chamber of Commerce: Common Association Formed in Shanghai," *The North-China Herald and Supreme Court & Consular Gazette（1870-1941）*, Oct. 28, 1922, p. 304.

5元捐為社區基金（Community Fund），賑災或其他用途；三、美國協會現有的各項基金將轉到美國商會的社區基金，由特別委員會管理；四、美國商會需於下屆年會召開時成立至少七人的社區委員會（Community Committee），需有美國商會的個人會員出任多數委員，延續過去美國協會承擔的社會救濟或其他公益事務[69]。

　　1926年「美國亞洲協會」與「中國美國商會」的商務活動合併後，在商業推動的影響力更為壯大。1927年，擴大組織後首次會議選出新董事名單（表5-1），其中利吉特公司（Ligget & Myers Tobacco Co.）和美孚石油公司均為著名跨國企業，利吉特公司與美國煙草大王杜克（James B. Duke, 1856-1925）所創的美國煙草公司（American Tobacco Company）甚有淵源，美孚和美國煙草公司都是在1911年同時受到美國最高法院謝爾曼反托辣斯法案（Sherman Anti-Trust）的判例，而被勒令強制分立為數個獨立公司。其次，總公司設於美國德州休斯頓（Houston）的美國船級社（American Bureau of Shipping, ABS，成立於1862年）是建立和維護船舶及航運設備相關技術標準的非政府組織，以船舶監造和定期檢查等措施，來確保航海設備滿足其規範。船級社成立起初係因保險商為減少其承擔的風險，依據船舶之特性給予等級（classify），而發展出的一套檢驗系統，它在上海設有辦事處，並成為美國商會的董事，說明上海輪船業和保險業愈來愈重要。再者，滅菌消毒和檢測驗證等企業列於董事名單，也顯示美商對上海的城市公共衛生和文明都市的生活品質和據此發展的檢

69　"New American Combination: American Association to Unite with the Chamber of Commerce," *The North-China Herald and Supreme Court & Consular Gazette (1870-1941)*, Dec. 4, 1926, p. 451.

測準則，逐漸在外人社群中獲得認可[70]。

表5-1：1927年「中國美國商會」董事名單

姓名	公司及機構	營業項目
C. B. Arthur	Ligget & Myers Tobacco Co.	煙草業
W. H. Bolton	W. H. Bolton Bristle Co.（Sterilization and Dressing of Bristle）	滅菌消毒與敷料
R. E. Buehanan	U.S. Testing Co, Inc.	測試、檢測、驗證公司
T. J. Cokely	The Robert Dollar Co.	航運業
W. I. Eisler	American Bureau of Shipping	美國船級社（上海辦事處）
R. F. Evans	C. K. Eagle & Co, Inc.（Raw Silk export）	生絲出口
Wm. S. French	Anderson, Meyer & Co Ltd.	機械及零件進口
C. E. Garner	Standard Oil Co. of New York	石油業
S. C. Kingsbury	Connell Bros Company	食物進出口
J. B. Murray	The Texas Company	石油業
Frank. J. Raven	Raven Trust Co., Ltd.（中文名：普益根公司）	信託投資業

資料來源："American Chamber Of Commerce Holds Its Annual Meeting And Elects Directors for Year," *The China Press*（1925-1938）; Apr. 27, 1927.

1927年「中國美國商會」年會中，有一重要決議——開除《中國每週評論》（*China Weekly Review*，前身為《密勒氏評論報》[*Millard's Review*]）的會籍，由於時任主編鮑威爾對襲捲長江流域的排外運動和革命軍事行動的報導言論與「中國美國商會」不

---

70 "American Chamber Of Commerce Holds Its Annual Meeting And Elects Directors for Year," *The China Press*（1925-1938）, Apr. 27, 1927. 刊出此屆新董事名單。

同調，且拒絕配合商會的立場，因而該年年會經過無記名投票要
求該刊應辭去會籍，這件事創下該會創始以來開除會員會籍之首
例[71]。由於美國商會曾要求在上海的英文報刊大力宣傳國民黨左派
和共產黨人煽動反帝運動的言論，鮑威爾認為這樣的宣傳將使國
民黨內原本的溫和派（如蔣介石）也被貼上紅色標籤，反而擠垮
了國民黨溫和派，最後將強化了國民黨倒向共產黨及其蘇聯支持
者。美國商會則希望藉此宣傳北伐軍事行動和排外風潮的串勾，
挑動美國政府軍事介入中國的政治動亂。鮑威爾在其《中國二十
五年回憶》（*My Twenty Five Years In China*）中提到被除名這件事
應係包裹表決，但事後證明他的立場正是呼應了美國政府主張不
宜軍事介入中國內政的想法[72]。「中國美國商會」是美國人在中國
本土最具分量的角色之一，它和美國在華傳教組織成為1920年代
後期美國對華政策的兩個最大壓力團體，基督教會和外國企業是
中國排外運動中最受生命威脅和迫害的對象，為煽動帝國資本主
義假借基督教義壓迫中國的具體表徵。有別於傳教士對中國民族
主義風潮具有同情心，「中國美國商會」則認為排外風潮帶來的
騷動不利於商業投資，他們大力宣傳和要求美國政府應採取軍事
介入，此一舉措使得南方的國民政府撻伐美國商會已悖離往常商
會的貿易性質[73]。

---

71 "American Chamber Of Commerce Holds Its Annual Meeting And Elects Directorate for Year," *The China Press*, Apr. 27, 1927.

72 事實上就在美國商會開會之前，鮑威爾收到來自華府記者訊息，美國政府宣稱除了保護美國在華僑民的生命財產安全無虞之外，反對軍事介入中國事務。John B. Powell, *My Twenty Five Years In China*（The Macmillan Company, 1945），pp. 165-167.

73 "Nationalist Government Aiming Criticisms Against Activities Of The American

　　1920年代後期中國興起的一股民族主義排外風潮，以及國民政府利用「革命外交」的宣傳手段以收回國家主權的目標，再加上中國內戰問題，嚴重威脅外國僑民在華安危。1927年1月間，美國政府為避免國民革命軍及北方張作霖部在上海發生戰爭，嚴重危及各國僑民。由美國國務務卿凱洛格與遠東司長詹森磋商後，決定提出上海中立化的主張。具體意見為：一、國務院不贊成派遣正規陸軍部隊到上海，以避免刺激中國人民、甚至不慎導致美國同南方派軍隊開戰；二、立即與廣東派、北方張作霖聯繫，尋求達成保障公共租界的協議[74]。美國政府宣稱不干涉中國內政的立場，不論是北方軍閥混戰或南方國民革命軍發動的北伐戰爭中，美國政府尚稱中立，而以保護美國在華商民的性命安危為第一考量。這是由於美國公眾對於世界大戰後的國際政治大為失望，這種情緒滋長反對以武力解決國際問題的各種聲浪。從1920年代起，美國民眾日益反對帝國主義，而且對於使用武力對抗未開發國家甚為反感。1925年國內的壓力迫使凱洛格簽署一項公約宣布戰爭為非法。在此一背景下，美國政府不得不對在中國以軍事武力保護美國在華利益及僑民安危，表示猶豫[75]。

　　隨著1927年下半年後中國政情的明朗化，美國商會始逐漸調整其因應步伐。1927年著名的美國國會議員暨外交事務委員會（Committee on Foreign Affairs）主席波特（Stephen G. Porte）提出

Chamber of Commerce," *The China Press*（1925-1938），Aug. 30, 1927.

74 Kellogg to MacMurray, Jan. 28, 1927, *FRUS*, 1927, Vol. II, p. 61. 關於「上海中立化」問題，詳見：吳翎君，《美國與中國政治》（台北：東大圖書公司，1996），第5章，頁205-216。

75 Warren I. Cohen, *American's Response to China*（New York: Columbia University, 1990), p. 96.

對華新政策《波特決議案》（The Porter Resolution Act），有意緩和中國高亢的民族主義排外情緒，並對中國可望從南北之爭或軍閥交戰的混亂狀態中逐漸脫身，率先釋出善意；要求美國柯立芝總統與代表全中國人民發言且強而穩定的中央政府進行商談，以便修訂中美兩國間的條約，俾使今後兩國外交關係建立在平等互惠的基礎上。《波特決議案》被視為次年6月美國與國民政府展開中美關稅自主協議的一個前哨站，美國政府並通過此一外交協議等於承認甫成立的南京政府。「波特決議案」的幕後推手即是美國在華商會，但美國商會的出發點在於排外風潮造成美國僑民在華生命財產的損失和不確定感，而選擇對中國民族主義者要求簽訂中美平等新約的退讓與妥協，並協助已撤離中國的美商能儘速返回中國繼續從事商業活動[76]。整體而言，1920年代中期「中國美國商會」和國民政府的關係相當緊張而尷尬，一直到1928年南京國民政府作為政治形式統一後的中國政府，該年英美商會始含蓄表達中國政治的穩定將有助於中外貿易，期待中國市場的繁榮前景[77]。

（三）對中國參與國際商會和推動中美貿易委員會的作用

　　1928年南京政府在政治形式上統一南北，並獲得國際各國的承認，成立於1919年，以巴黎為總部的國際商會組織邀請中國加

---

76 美國政府並通過此一外交協議等於承認甫成立的南京政府。1928年9月11日，國務院致電馬慕瑞：「你可聲明北京公使館已授權與南京政府在完全承認（full recognition）的基礎上發展正式關係。」詳見：吳翎君，《美國與中國政治》，頁198-199、245-247。

77 "Shanghai American and British Chambers Hold Annual Meetings," *The China Weekly Review* (1923-1950), Apr. 28, 1928.

入該組織，這一邀請顯示中國實業市場攸關世界經濟發展前途的
意義，也勢必牽動美國商人團體在中國的權益。

　　國際商會的主旨本為促進世界經濟發展，然而本次大會預備
會議之中在討論中國經濟建設和財政交通問題的同時，中國撤廢
治外法權問題卻成為主要焦點。1929年7月10日國際商會第五屆
大會於荷京阿姆斯特丹召開正式大會，中國代表團主席為張嘉
璈，陳光甫（輝德）及上海南市商會會長朱吟江任副代表，另有
郭秉文等普通代表10名。英美法日等國駐滬商會代表有意在國際
商會正式大會中提案反對中國撤銷治外法權，理由是根據華盛頓
會議之決議，由美英中法日所組成之調查委員會對中國法律狀況
的調查結果：「中國尚未能達到司法獨立，中外人民生命財產之
安全未獲法律上和行政上之完善保護。」他們據此要求美英法日
四國務當堅持華會的調查報告，作為討論國民政府所請各節之依
據。中國代表則相繼演說各國在華治外法權問題和不平等條約係
中國對外貿易之障礙，要求與世界各國發展正常經濟貿易關係，
並主張國際合作之精神應在中國主動願意合作，且絕對無損於中
國主權的條件下進行合作。在中國代表的堅持之下，國際商會最
後答允將英美法日四國駐滬商會的提案書撤回，同時將中國代表
要求取消治外法權的各項理由，「載入」提交大會正式討論的中
國問題報告書中。最後會議主席畢蘭諾（Alberto Pirelli）的處置
方式可說是一種「存而不論」的妥協，允諾正式大會決議書中除
致達歡迎中國入會之外，不涉及中國其他問題 78。

78「國際商會第五屆大會中國代表團報告書」，〈國際商會暨參加美國世界博覽
　　會籌委會規程〉，《國民政府》，國史館藏，數位典藏號：001-110020-00008-
　　001。代表團主席張嘉璈陳述國民政府不願為行政經費與無計畫之借款，亦不
　　願各國有共同拘束之財政援助，明白揭示中國開展中外合作之意願且獲得益

　　美國作為一戰後的世界霸權國家和強大經濟體，並在1923年和1939接續推動道斯計畫（Dawes Plan）和楊格計畫（Young Plan），協助戰敗德國經濟重建，使其有能力償付賠款，並進一步復甦歐洲經濟，因此，美國在國際商會中的角色自不待言。而中國一旦加入國際商會，對「中國美國商會」在華事務的推動當然也產生若干影響，這也是上述為何英美法日等國駐滬商會代表在國際商會正式大會中提案反對中國撤銷治外法權的主要原由。

　　在第五屆國際商會中，關於中國之會議席上美國代表團主席拉蒙脫（Thomas W. Lamont）致詞，他樂見中國加入國際商會，也對中國國民性格和近年商業進步有所稱譽，但他也直指「中國的國際信用之薄弱為任何人所不得而否認，在中國政府尚無建設國際信用之具體辦法以前，任何具備優惠條件之（中國）政府公債決不能售諸紐約市場，抑且不能募於歐洲市場，此鄙人所敢斷言者。」拉蒙脫曾充當美國銀行團代表，在一戰前後來華接洽國際銀行團對華借款事宜，對中國內戰連連以致國際信評低落表示焦慮，認為除非中國內部軍事革命成功而告一段落，尚可望得到國際經濟財政上的援助，否則實在難言經濟援助中國之可行性[79]。英國代表貝爾福爵士（Sir Arthur Balfour）的發言更點出中國必須

　　處，但絕對不願對外借款受到各國「共同拘束」。陳嘉璈提到原本愛文和諾多瑪兩氏原本打算在第五屆大會正式會議有對華不利的政治演說，會場上正反意見各執一方，形勢緊張。後來進行討論會之前會長畢蘭諾先和他私下見面，表達對中國代表之尊重，將原設之中國問題委員會取消，婉謝愛文諾多瑪二氏之演說。

79 「國際商會關於中國之會議席上——美國代表團主席拉蒙脫氏之致辭」〈國際商會暨參加美國世界博覽會籌委會規程〉，《國民政府》，國史館藏，數位典藏號：001-110020-00008-001。

自行整理財政經濟，將國家收入運用得當（尤指國家收入，大半用於軍需），才能談到輸入外資問題。英美代表的發言說明中國政治的和平發展與商業投資的紐帶關係，在中國經濟財政狀況不佳之下，美國銀行家在商言商，是不太可能給中國大宗借款，要求中國率先整頓本身的財政問題，才可能獲得友邦協助。中國加入國際商會的最初成效主要仍在於活絡中外企業的投資和國際商人團體交流，而非在於政府層次，英美雖邀請中國加入國際商會，但是在預備會議中不論是廢除治外法權或取得國際經濟援助均未獲有具體成果，甚至在預備大會中讓中國政府代表嘗盡歐美霸權當頭棒喝或有干涉中國政治之難堪感受，難怪與會者的報告書呈現強烈受辱的感覺[80]。

　　南京政府在國際商會的主張，可說係延續1920年代以來中國要求廢除列強在中國的特殊權益，並希望以世界平等的國家身分進入國際社會的願望。最初中國政府顯然對參與國際商會賦予一種政治榮耀，但這次與會並未達成廢除治外法權等政治外交成就；儘管如此，這次會議是中國商人組織首次躍入國際舞台，表達中國欲以國際社會的平等主權國家身分，參與國際商會組織，並和世界各國發展正常貿易關係的決心。此後中國全國商會聯合會經兩年的討論和籌備，至1931年中國始成為國際商會的成員，國際商會中國分會正式成立，推舉上海商業儲蓄銀行總經理陳光甫為會長，郭秉文為副會長，林康侯為祕書長[81]。由於中國工商界

80　育幹，〈國際大會與中國〉，《東方雜誌》，第26卷第15號，頁6-9。另據《張公權先生年譜》（上），頁92。

81　關於中國參與國際商會的詳細經過，可參見朱英，〈中國商會走向國際舞台的新步幅──中國商會加入國際商會的歷程及影響〉，《近代史學刊》，2001年第2期，頁6-16。本文不擬贅述。

的經濟實力遠落後於歐美國家，加以分會內部經費和人力不足，加入國際商會成為會員者並不踴躍，當時胡紀常特為此窘境撰述《國際商會概論》，鼓勵中國人應凝聚團結力量，加入國際商會中國分會[82]。早期參與國際商會的重要成員陳光甫（商業學士）、郭秉文（教育學博士）俱是留美派，可能是語言溝通的優勢和其人脈幹才，陳光甫很快在1930年代中美經濟關係上扮演極重要的民間與政府之間的橋梁角色[83]。郭秉文也於1931年出任國際貿易局局長，1934年擔任第一屆中美貿易委員會委員。

　　就中國參與國際性商會組織方面的實質運作和影響力而言，「中國美國商會」對中美雙邊的影響力肯定高於國際商會。「中國美國商會」的會務持續拓展，到了1934年6月，在美國對外貿易委員會（National Foreign Trade of United State）的構想和促成之下，國民政府成立「中美貿易委員會」（Chinese American Trade Council），直接通過「中國美國商會」和「中國全國商會聯合會」的緊密合作關係強化中美經濟和貿易關係。1934年第一屆的中美

---

82 胡紀常，《國際商會概論》（上海：商務印書館，1933），頁88-89。中國參與國際商會雖有政府為後盾兼具民間外交性質，財政部並補助中國全國商會聯合會及該會中國分會之出席費用，但中國民族企業最初並不熱中參與。「國際商會催繳中國分會會費暨出席1938年、1945年國際商會大會案」。中央研究院近代代史研究所檔案館，《經濟部檔案》，8-23-00-145。

83 關於陳光甫的研究可參見：陳鴻明，《游走政商：陳光甫與國民黨政權（1927-1949）》，國立暨南國際大學歷史學研究所碩士論文，2015。郭秉文為哥大教育學博士，也是中國第一位教育學博士，著有《中國教育沿革史》一書。歸國後曾任南京高等師範學校（後改建為國立東南大學）教務長、校長，被稱為「東南大學之父」。1931年郭秉文出任國際貿易局局長，參與銀行金融界。紐約「華美協進社」（China Institute in America, 1926-）創辦人，一生提倡中美文化交流不遺餘力。

貿易委員會成員14名與職掌（附錄：5-3），會長陳光甫、副會長
郭秉文。中美兩方的組織成員為旗鼓相應：美方委員中除美國商
會代表6名之外，尚包括美國駐華商務代辦阿諾德，中國委員中
亦然，6名來自中國全國商會聯合會的代表之外，另包括國際貿
易局局長的郭秉文[84]。

　　為促進美國在太平洋地區的整體商業利益，1934年美國對外
貿易委員會擬議組成一個龐大的「美國遠東經濟考察團」，由
「美日貿易委員會」（American-Japanese Council）和「美中貿易委
員會」（American-Chinese Council）規劃，通過紐約、東京、上
海等地的相應貿易組織以及美國亞洲協會的共同合作，而促成此
次壯舉[85]。中國方面則特別組織了「美國經濟考察團招待處」，專
門設置執行委員會安排考察團在華活動及預期成效，包含中國國
際貿易協會、國際商會中國分會、上海市商會代表各派出二人，
另有執行委員會推請之代表。執行委員會下設有議事組、考察
組、會序組、宣傳組和事務組，不僅安排中國各地的正式考察，
甚至各種娛樂活動和讌會茶會遊園都在安排之列，並發動報紙和
記者緊密配合宣傳，還徵集各界發表對考察團和中美經濟前景的
論文談話，各項細節之精心運籌宛若一場盛大的排演，顯現南京
政府對這件事情的高規格重視[86]。由此可見這一訪問團可以說是出

84　"Trade-Council Got Start in 1934, Now Live Organization," *The China Press*, Nov. 20, 1936. 到了1936年，委員改為12名，中美代表各6名。

85　美國遠東經濟考察團，於1935年出版官方報告：*Report of the American Economic Mission to the Far East: American Trade Prospects in the Orient*（New York: National foreign trade council, 1935）, pp. v-viii.

86　執行委員會設置各組如下：一、議事組，關於中美貿易問題之研究、中美貿易進展之提議、徵集國內對於該考察團之意見、中美經濟論文之撰寫、各界

自中美雙方各自的利益需求而共同籌劃的一場商業外交的盛事。

　　「美國遠東經濟考察團」團長由擔任過駐日公使和菲律賓總督的福布斯（W. Cameron Forbes）出任，他們於1935年3月22日自舊金山出發，搭乘大來航運公司（Robert Dollar Co.）的柯立芝總統號（S. S. President Coolidge）先抵首站日本，4月22日自日本抵達上海。訪問團在中國造訪了上海、南京、北京、天津、漢口、廣州等城市。此行他們與中國工業家和銀行家密切交流，了解美商在中國投資的條件和困境，並且美國在中國各口岸的商會和口岸領事藉此盛事，推進與中國商人的理解合作[87]。這一浩大的商人團體在中國搭乘鐵路和飛機，而且他們可能是第一個搭乘中國國航（China National Aviation Corporation）考察中國各城市的實業團。在上海由市長吳鐵城邀集中美商人共聚於美國人俱樂部（American Club）餐敍。24日，抵國民政府首都南京，由南京政府實業部資源委員會和財政部要員熱烈接待（並安排赴中山陵謁靈）美國駐華公使詹森亦親自接待訪問團，顯現美國政府的重

及專家談話會之召集；二、考察組：籌劃內地各處參觀之路程、沿途招待員嚮導及議員之委派、各地歡迎會談話會演說會之接洽；三、會序組：負責考察團在京滬時各種集會訪問參觀時間、謙會茶會遊園會、聘請招待人員和各項娛樂節目之籌備；四、宣傳組：集中發表考察團抵滬後之行動與言論、考察團往內地時記者之遣派、各演說會談話會速記員之遣派；五、事務組：臨時人員之聘請或僱用事項、銀錢出納及記帳事項、文書郵電之撰擬與收發事項、一切庶務事項。〈美國經濟考察團招待處組織大綱〉，天津市檔案館藏，《天津商會檔》，401206800-J128-2-003080-003。

87　"American Economic Mission Arrives in Shanghai," *The China Weekly Review* (1923-1950), Apr. 27, 1935, p. 295. "*The American Asiatic Association and History*," 福布斯曾於1909-1913年間任美國駐菲律賓總督、1930-32年間任美國駐日公使。

視。訪問團一行於6月18日轉往菲律賓[88]。訪問團歷經三個月在日本、中國和菲律賓的考察，完成了一份69頁的商情調查報告。這份報告可說是中國對日抗戰以前，美國對遠東最重要的三個商業利益國家的商業調查，副標題「對東方貿易的期待」（American Trade Prospects in the Orient），內文完全不涉及敏感政治問題，詳錄三國各地的接待、參訪和參與者名單，在這份報告中對投資中國著墨最多，共有43頁，包含中國財政信用、中國投資機會、美國銀行業在中國、美國白銀政策對中國的影響、中國農工礦業的調查等等[89]。報告的執筆者有撰述《外人在華投資》一書的雷麥（C. F. Remer），同時收錄了1935年美國「美中貿易委員會」和上海「中美貿易委員會」的成員，這些成員顯然也都是中美兩國商會的活躍分子（附錄5-4）。報告總結認為中美貿易的拓展機會，大於實質的障礙，而這些障礙都是技術操作的次要問題。這次訪問團的經費主要由美國大企業合力贊助，包括大通銀行、美孚公司、紐約花旗銀行、大來航運、國際電話電報公司等14家具全球影響力的跨國公司[90]，顯現美國大企業和商人團體對廣大中國市場

---

88 "American Economic Mission Arrives in Shanghai,"*The China Weekly Review* (1923-1950), Apr. 27, 1935.《申報》，1935年4月24日，第3版。

89 *Report of the American Economic Mission to the Far East: American Trade Prospects in the Orient*（New York: National foreign trade council, 1935）.關於日本的報告，在頁1-16；關於中國，頁17-60；關於菲律賓，頁61-69。

90 1935年「遠東經濟訪問團」贊助名單如下（金額不詳）：American Chamber of Commerce of America, Inc., The Chase National Bank of New York, Chemical Construction Corporation, Colgate-Palmolive-Peet Company, Dibrell Brothers, Inc., Dollar Steamship Lines, G. Ellsworth Huggins, International General Electric Company, International Telephone & Telegraph Corporation, Millers National Federation, National City Bank of New York, Standard-Vacuum Oil Company, The

的潛力，始終抱有信心。

　　1936年「中國美國商會」慶祝成立21週年時，回顧該會在華創立的初始歷程，當時三件事最受重視：一、促進對華航運；二、要求美國在華商人得享有與各國公民一樣的權益；三、美國政府在上海應有一棟與美國國力相當的領事館。這些目標都逐一實現，他們對中國市場榮景充滿樂觀[91]。甚至在不久日軍侵略並占領上海後，美國商會仍持續運作，1941年2月21日在上海召開的年會中，仍有150名會員參加，直到珍珠港事件發生，美中貿易和美國在華商人的處境始發生劇烈變化[92]。

三、「美國亞洲協會」的文化轉型

　　1926年，「美國亞洲協會」中國分會與「中國美國商會」合併之後，在紐約總部的「亞洲協會」仍持續運作，但該協會自一戰以後除了商業活動之外，自許能對亞洲各國的相互了解做出貢獻，旗下刊物有意朝向以亞洲為一體的文化和人道關懷。《美國亞洲協會期刊》於創刊時開本為B5，係以商人利益為喉舌的報刊，在大戰期間1917年3月改版為A4大小，正式轉型為一本關注遠東所有事務的時尚文化刊物，而不僅僅是一本商業情報刊物。

Texas Company, United States Steel Products Company. 資料來源：*Report of the American Economic Mission to the Far East: American Trade Prospects in the Orient*, p. IV.

91 "American Chamber Celebrates 21st Anniversary on Aug. 20," *The China Press* (1925-1938), May 23, 1936.

92 "American Chamber of Commerce Meeting,"*The North-China Herald and Supreme Court & Consular Gazette* (1870-1941), Feb. 26, 1941.

刊物轉型的主要關鍵來自1913年出任美國亞洲協會主席司戴德，亦即前述1915年出任廣益公司第三副總裁的傳奇人物。司戴德的早期遠東經歷，直接影響亞洲協會的發展及其文化轉型，有必要詳述之。

　　司戴德畢業於康乃爾大學建築系，大學時代活躍於各個藝文社團。出於對遠東的好奇幻想，大學畢業後赴中國海關任職，當他抵達中國時，北京外交圈對義和團事件的陰影仍驚魂未定，但他經常四處旅行，並以畫筆描繪中國各地的風土人情。海關行政人員的無趣工作令他日生厭倦，日俄戰爭爆發後他擔任報社通訊員跟隨日軍報導戰情。司戴德童年時曾和母親待在日本二年多，對日本有特殊的情誼，然而1905年2月他以戰地記者的身分來到日俄戰爭的交戰區邊界——被日本人占領的牛莊，得以實地觀察這場戰爭在第三國境內開打的荒謬現象——中立國家中國的處境，並對日本的軍事擴張逐漸有所疑慮[93]。其後司戴德出任美國駐朝鮮漢城副總領事，由於美國領事館就位於朝鮮皇宮旁，他親眼目擊朝鮮王室被日本威脅而被迫成為日本保護國的驚駭情景，速寫一張「朝鮮簽字揮別自由」（Korea Signs Away Her Freedom）的素描。司戴德親眼見證了朝鮮民族的無助與日本的步步威逼，意識到日本將成為亞洲的侵略國家，這件事對他後來在中國的活動產生關鍵性作用，期望這樣的事情不會在中國重演[94]。司戴德對

---

93 司戴德6歲喪父，母親帶著他和姊姊到日本教人學英文，以維持生計；9歲時母親也因病去世。母親的美國好友將他帶回美國教養成人。筆者曾撰有司戴德專文，吳翎君，〈司戴德與清末民初中國〉，「辛亥革命暨南臨時政府成立國際學術討論會」，南京：南京大學，2011年10月16-17日。（未正式出版論文集）

94 Herbert David Croly, *Willard Straight* (New York: Macmillan Company, 1924), pp. 168-170.

美國政府的背信也表示不滿，因為依據1882年的《朝美修好條約》，美國允諾尊重朝鮮的君主制和獨立地位。日本在朝鮮政策激起司戴德的憤怒，使他轉而愈加關注中國事務，而讓他發揮所長的機會已經不遠了。1906年司戴德出任美國奉天總領事，負責交涉美國對華鐵路投資和實業借款等重要事務，接著又出任摩根財團代表，繼續參與美國國際銀行團對中國的談判[95]。

司戴德對中國的政治、社會、中國人民和文化有深刻的關懷，對中國的水患與飢民問題尤為同情。這位康乃爾大學建築系畢業的高材生非常喜愛素描，他以繪圖長才和敏銳的觀察力畫出眼中所見的中國，不論是大人物或市井小民都是他的素材，販夫走卒、喇嘛、和尚，以及中國婦女在他的筆下不是窮苦或卑憐的形象，而富有一種清新樸實之感。司戴德也極力促成他的母校康乃爾大學展現對庚子賠款獎學金（1908年實施）中國學生最友善的一面，開啟了康乃爾大學成為早期留美學生的學術大門。司戴德的好友同時也是為他立傳的柯羅里（Herbert David Croly, 1869-1930）形容他的性格「令人印象深刻，敏感、機伶、好奇，很快適應任何狀況和職務的挑戰。但他不是喜怒無常的藝術家，是最果敢行動之人，在他準備報告和重新詮釋之前肯定是先從生活中行動」；並概括他在中國的活動是「想通過政治和社會組織的改變，為中國邁向現代化之路提供裝備」[96]。柯羅里本人則在1909年

---

95 Herbert David Croly, *Willard Straight*, pp. 190, 195.

96 Herbert David Croly, *Willard Straight*, introduction, XI; XIII. 柯羅里所寫的傳記主要運用司戴德日記為文本，圖文並茂厚達569頁。彼德‧巴克（Peter Buck）研究康乃爾大學中國留學生創建的「中國科學社」時，也特別強調司戴德牽繫起康乃爾大學最早一批中國留學生的貢獻。Peter Buck, *American Science and Modern China, 1876-1936*（Cambridge: Cambridge University, 1980），pp.89-90.

出版有《美國人生活的承諾》（*The Promise of American Life*）一書，倡議打造一個經濟富裕、社會平等、努力實現自我，並凝聚在充滿愛國精神下的美國人認同之國度，成為美國 1920 年代進步主義運動的領軍人物之一。這兩位好友互相唱和，時用文字和言論表達對國內和國際政治的主張，共同參與了迄今仍富有影響力的《新共和》（*New Republic*）雜誌的創辦[97]。同樣為打造美國新共和的愛國主義精神所感召，司戴德在 1917 年 4 月美國參戰後，投入美國陸軍，遠赴法國擔任聯絡官，曾獲頒傑出服務獎章（Distinguished Service Medal），並被拔擢為上校。次年 12 月因感染西班牙流感（Spanish Flu），不幸於巴黎去世，死時猶未滿 40 歲。司戴德過世後，《亞洲：美國亞洲協會期刊》從 1920 年 9 月號起連載格里夫斯（Louis Graves）所著《一個美國人在亞洲》（*An American in Asia*），共 9 期，以示對他的誌念[98]。

才華洋溢的司戴德在大學時代即是校刊編輯，他與《新共和》雜誌的友人對進步主義有股狂熱的追尋，在出任「美國亞洲協會」主席後，以他對於朝鮮、日本和中國的特殊經驗，使他有意改變《美國亞洲協會期刊》作為商人團體機關報的性質。在司戴德的主導下，1917 年 3 月刊物改為《亞洲：美國亞洲協會期刊》（*Asia: Journal of American Asiatic Association*）（簡稱：《亞洲》〔*Asia*〕雜誌），主要介紹中國及亞洲國家的文化，兼及美國對遠

---

97 Herbert David Croly, *Willard Straight*, "introduction," XI.

98 該文主要選用司戴德的日記，並配有他親筆所繪的插圖和照片，內容止於 1912 年司戴德回到紐約。*Asia: Journal of American Asiatic Association*, 1920 Sep. to 1921 May，這 9 篇文章後來輯為專書出版，更名為：《司戴德在東方》（*Willard Straight in Orient: with illustrations from his sketch-books*, [New York: Asia Publishing Company, 1922]）。司戴德畢生文件收藏於康乃爾大學。

圖5-4（上圖）：司戴德與中國人合影
Asia: The American Magazine of Orient.
Vol.19, No. 8（Sep., 1920）, p.764.
圖5-5（下圖）：司戴德素描的北京車
伕夫婦。
Asia: The American Magazine of Orient.
Vol. 21, No. 5（May, 1921）, p. 438.

東政治和文化的看法。改版後的《亞洲》雜誌，除了持續報導美
國與遠東的商務和政治關係之外，尚介紹亞洲地理知識和歷史文
化。這也是為何「美國亞洲協會期刊」的全稱編號最後出現於
1916年12月號封面，此後封面不再印有「亞洲協會」的機關名

稱，然而改版後刊物仍由「亞洲協會」贊助合作[99]。大戰結束後，
《美國亞洲協會期刊》編輯部再次省視該刊物的走向和編輯方
針，意圖轉型為一本以分享東西交化交流的文化期刊，並渴望成
為歐美國家認識亞洲的一個媒介。

　　1919年11月，編輯部宣布代表商人利益的「美國亞洲協會」
組織正式退出該刊的管理和運作，其編務方向更加獨立，不受協
會掌控。1919年12月，該刊再度改版並更名為《亞洲：關於東方
的美國雜誌》（*Asia: The American Magazine on the Orient*），封面
也沒有「亞洲協會」機關名稱，其報導內容更含括遠東和中東消
息，但中國議題始終占有最多的篇幅。轉型後的《亞洲》刊物視
司戴德為該刊的創始人，然而，不知為何，直到1925年「亞洲協
會」的官方紀錄中，始宣告與《亞洲》雜誌出版社自1917年來的
行政隸屬關係正式終止，刊物獨立運作[100]。不論如何，從行政上
徹底轉型為獨立的文化期刊後，《亞洲》雜誌對近東和亞洲地區
的藝術、文學、旅遊和風土特色的介紹更加不遺餘力，《亞洲》
雜誌對中國人的心靈思想、中國文化特質、中國鄉村和農民，以
及中國人如何看待世界等議題相當熱中[101]，當時尚未成名的賽珍

---

99 "The American Asiatic Association and History," *The American Asiatic Association, Printed for the Annual Meeting*, Oct. 21, 1937, New York, 1937, pp. 28-29. 改版之初，該協會會員頗不知悉 "Asia" 與該組織的關連，編輯部於 1918年8月15日起，又冠上 "Bulletin of the *American Asiatic Association*," 的小字編號。

100 "Some Of The Activities of the American Asiatic Association Since Its Organization," *The American Asiatic Association, Printed for the Annual Meeting*, Oct. 21, 1937, New York, 1937, p. 11.

101 Edward II. Hume, "Science and the Chinese Mind," *Asia: Journal of the American Asiatic Association*, 1927, VOL XXVII, No. 7, July, 1927, pp. 562-567.

珠（Pearl S. Buck）曾於該刊生動描繪中國女性的故事[102]。1930年
3月邀請中國著名京劇表演藝術家梅蘭芳到紐約演出，引起轟
動[103]。在1937年回顧在華40年的特刊中，該協會提到它的會員遍
布整個亞洲地區，強調菲律賓、印度、中國以及整個亞洲是世界
動盪局勢中的重要區塊，自期該協會扮演了美國人維護東方的任
務[104]。

　　「美國亞洲協會」在中國的會務並未停止，但影響力確不如
作為早期商人團體時期。1922年4月，協會創始人富爾德病逝於
華府，似乎也宣告了該協會標誌商人色彩的輝煌時代的結束，以
及一戰後新時代的文化轉型。1920年起「亞洲協會」和紐約自然
歷史博物館（American Museum of Natural History）合作，贊助博

John McCook Roots, "Chinese Head and Chinese Heart," *Asia: Journal of the American Asiatic Association*, 1927, VOL XXVII, No. 2, Feb., 1927, pp. 91-97. Owen Lattimore, "The Chinese as a Dominant Race," *Asia: Journal of the American Asiatic Association*, 1928, VOL XXVIII, No. 6, June, 1928, pp. 450-457. John Earl Baker," Chinese Views of Truth and Justice," *Asia: Journal of the American Asiatic Association*, 1928, VOL XXVIII, No. 7, July, 1928, pp. 532-539.

102 Pearl S. Buck, "A Chinese Woman Speaks. A Story," *Asia: Journal of the American Asiatic Association*, 1926, VOL XXVI, No. 4, April, 1926, pp. 304-310. Pearl S. Buck," Chinese Woman Speaks.-II. A Story," *Asia: Journal of the American Asiatic Association*, 1926, VOL XXVI, No. 5, May, 1926, pp. 413-419.

103 "The American Asiatic Association and History," *The American Asiatic Association, Printed for the Fortieth Annual Meeting*, Oct. 21, 1937, New York, 1937, p. 31.

104 "The American Asiatic Association and History," *The American Asiatic Association, Printed for the Fortieth Annual Meeting*, Oct. 21, 1937, New York, 1937, p. 32.

物學家和探險家安得思（Roy Chapman Andrews）率團遠赴中亞和蒙古考察；這支隊伍的重大發現，包括歷史上首次發現了恐龍蛋，為安得思本人和「美國亞洲協會」獲得很高的聲望[105]。1923年日本發生7.9級的關東大地震，該協會大力參與了美國紅十字會發起的救災捐款工作。對於一戰以後菲律賓的自治獨立運動，該會頗為同情，並組成研究小組向美國參議院領土與島嶼事務委員會（Committee on Territories and Insular Affairs）陳情[106]。

南京政府成立後，「美國亞洲協會」與它保持良好互動與中美友好。1928年南京政府成立後，由於中國政局不穩，美國駐北京大使館遲遲仍未搬遷，一直到1935年才遷到南京，但早在1931年該協會就積極主張大使館遷到南京。1928年該協會曾資助貝克（John Earl Baker）擔任中國交通部顧問，貝克是華洋義賑會賑災行動部主任，是美國人參與中國賑災中最有經驗的專家之一。1929年資助晏陽初所創辦的中華平民教育會，提升中國鄉村農民的識字率和教育文化水平；同年該協會派出代表戴維斯（O. K. Davis）參加在阿姆斯特丹舉辦的第五屆全球國際商會聯合大會，發表對中國事務的看法。1931年中國黃河大水患發生，該會在美國積極募款賑災。鑑於九一八事變後日本在東北的經濟壟斷和滿洲國的成立對美國商業利益造成的影響，「美國亞洲協會」再一次為半個世紀之前由他們一手推動的門戶開放政策用力發聲，要

---

105 "The American Asiatic Association and History," *The American Asiatic Association, Printed for the Fortieth Annual Meeting*, Oct. 21, 1937, New York, 1937, p. 29.

106 "The American Asiatic Association and History," *The American Asiatic Association, Printed for the Fortieth Annual Meeting*, Oct. 21, 1937, New York, 1937, p. 31.

求美國政府向日本施加壓力，不得在東北實施經貿壟斷[107]。

　　為了維持會務的永久運作和穩定經營，1929年「美國亞洲協會」成立終身會員制，共25名，終身會費100美元。同年該協會加入「美國聯邦商會」（The Chamber of Commerce）和國際商會會員，希望與這兩個組織的結合能發揮更大的影響。從會務報告看來，嚴格而言，自1926年該會在華商務活動與美國商會合併後，對華事務的發言權已遠不如「中國美國商會」，最後一次風光成果應屬1935年該協會參與了「全國對外貿易協會」（NFTC）所組織的聲勢浩大的「美國遠東經濟訪問團」（American Economic Mission to the Far East）的遠東之行（如前所述）。亞洲協會的文件宣稱共有12名活躍會員參與這次任務，並將此事列為年度重大成就[108]。

　　1937年中國對日抗戰前夕，當時剛取得哈佛碩士學位在中國和日本進行考察研究的賴世和（Robert Karl Reischauer）在《亞洲》雜誌發表「日本戰爭之路」（Japan's Road To War）一文，對日本將發動一場侵略戰爭致使遠東深陷危機發出警世鐘[109]。不久日軍果真轟炸上海（1937年8月13日），40萬難民流離失所，9

---

107 "Some Of The Activities of the American Asiatic Association Since Its Organization," pp. 12-14.

108 "The American Asiatic Association and History," *The American Asiatic Association, Printed for the Fortieth Annual Meeting*, Oct. 21, 1937, New York, 1937, p. 32.

109 Robert Karl Reischauer, "Japan's Road To War," *Asia: Journal of the American Asiatic Association*, 1937, VOL XXXVII, No. 2, February, 1937, pp. 80-82。賴世和（1910-1990）於1939年獲哈佛博士學位，並在哈佛任教。1961-1966年出任美國駐日大使。他與知名漢學家費正清在哈佛合開東亞文明課程，可說是美國研究東亞文明的奠基者，1973年創辦哈佛大學日本研究所。

月「美國亞洲協會」紐約總部致電其會員上海美國商會主席普蘭
特（W. H. Plant）──當時的上海國際救濟委員會主席（Chairman
of the International Committee for the Aid of Chinese Refugees）協
助籌款和搶救難民工作[110]。中國抗戰後宋美齡、林語堂曾在該刊
發表文章，向國際宣傳國民政府抗戰的決心，並爭取美國人民支
持中國政府。珍珠港事件發生後，《亞洲》期刊顯然受到戰爭影
響無法定期發刊。1942年11月封面大字為 "Asia"，小字加上
"and the Americas"，有意以亞洲作為主體，聯結亞洲與美洲的文
化橋梁。該刊因中國內外局勢動盪而無法正常運作，1946年國共
內戰之際停刊，在華發行近50年。1946年1月發行的雜誌封底還
是印著「由司戴德創立於1917年」（Founded in 1917 by Willard
Straight）。

小結

　　由以上可知美國商人團體在中國的演進，從1898年美國「亞
洲協會」中國（上海）分會的最早成立，到一戰期間成立「中國
美國商會」，此後兩國商會組織中再精揀出更直接的「中美貿易
委員會」，這一核心化過程也伴隨著中國進入國際商會組織，並
且參與國際各種商業活動，同時1930年代後期中國愈來愈進入以
美國為首的世界經濟市場的體系運作，對美經濟活動更與外交策
略密不可分。在不同階段都說明了美國在華商人團體與政治權力
的掛勾至為緊密，成立於1898年的「美國亞洲協會」事實上是開

---

110 "The American Asiatic Association and History," *The American Asiatic Association,
Printed for the Fortieth Annual Meeting*, Oct. 21, 1937, New York, 1937, p. 18.

創了美國商人如何影響政治決策的傳統——推動門戶開放政策，後面則有「中國美國商會」踵繼其後，推動了 1922 年的「美國對華貿易法案」；美國商人團體在華活動的軌跡和演變，說明了從 19 末到 20 世紀商人利益團體如何影響對華政策的一種傳統特質之延續。

就美國商人團體在中國的發展脈絡，「美國亞洲協會」創立的前 15 年主要以在美國本土人資本家為主，它們在中國市場主要仰賴中國買辦，在對華事務上主要聯合美國紐約和波士頓的美國本土資本家直接向美國政府施壓。到一戰時期的美國在華商人團體，則是由總部設在美國本土、分部設在中國條約口岸的跨國大企業自己發聲；它們在中國市場的影響力已完全由自己培育的專業經理人取代了中國傳統買辦，並且通過「中國美國商會」的組織動員大力介入美國對華政策。在 1920 年代中葉中國排外運動風起雲湧之際，「中國美國商會」過度保護美商僑民財產，要求美國政府軍事介入的作為，最初和美國政府對中國內部的政治判斷和政策走向發生短時間的扞格。由於激烈的排外風潮並未消褪，為了保護中國市場的持續開發，他們在 1920 年代後期轉而對中國民族主義的排外運動採取較退讓妥協的作法；這時期美國商會在中國各口岸的活動和董事名單，也具體呈現了美國企業所引入的現代化新式行業。

成立於 1898 年的「美國亞洲協會」從早期作為商人利益團體，到一次大戰後的 1920 年代逐漸轉型為不具商業色彩的文化團體，在某種意義上它也和美國本土自一戰以後迅速成長的和平文化團體互相呼應，以「亞洲」作為跨國共同體的理想，標舉國際主義取代狹猛的民族主義作為解決國家關係的主導原則；在商業上則是主張自由貿易和開放的市場，堅信國家之間經濟聯繫的加

深可以帶來繁榮與和平[111]。大戰之後的文化轉型也印證了華盛頓
秩序下民間力量對遠東和平秩序的發聲正和政府力量相互推進。
雖然國際競爭和衝突始終未歇，轉型後的「美國亞洲協會」通過
文化傳播的力量致力於美國對東方的理解和亞洲區域的和平，頗
有一種「共有亞洲」（A shared Asia）的遠大理念，並將此一理念
付諸實踐行動。促成「美國亞洲協會」轉型的主要關鍵人物——
具有豐富遠東經歷的司戴德當居功厥偉，他賦予《亞洲協會期
刊》承擔促進亞洲和近東國家相互理解的領航責任，他所主導的
理念深深影響了後繼者。一戰爆發後他侃侃而談美國如何拓展海
外貿易以增進對世界的責任，並參與創辦《新共和》這份重要政
論刊務，顯現他對進步主義價值的維護，而最後他作為一名軍人
為他所奉獻的愛國信念而趕赴歐洲戰場卻不幸病亡。「美國亞洲
協會」在中國的演變，歷經商人團體到文化組織，展現了中美關
係中多元觸角和活絡的關係網絡。

　　最後，中國加入國際商會組織或中美貿易委員會成立的時
間，正值1930年代中國愛用國貨風潮鼎盛之際[112]。中國加入國際
多邊或中美雙邊組織，熟稔歐美商會和國際金融事務的運作合作

111　例如創始於1910年卡內基和平基金會（Carnegie Endowment for International
　　Peace），在一戰以後會務迅速壯大。其他法治主義團體、國際主義和平團
　　體、基督教團體等等，在一戰後更以倡導將美國的法治概念推廣到世界、戰
　　爭非法化和世界和平等理想，並通過跨國活動來推行其主張。關於一戰以後
　　美國本土非政府組織所倡議的跨國共同體理想和具體活動。詳見：王立新，
　　《躊躇的帝國：美國崛起後的身分困惑與秩序追求，1913-1945》（北京：中
　　國社會科學出版社，2015年），第6章，頁373-478。

112　詳見：Karl Gerth, *China Made: Consumer Culture and the Creation of the
　　Nation*,（Cambridge, Mass.: Harvard University, 2004). 中文版有：《製造中
　　國：消費文化與民族國家的創建》（北京：北京大學出版社，2007）。

方式，理解國際各種新興企業和組織的經營模式，同時參與雙邊
或多邊的非政府國際組織也展現了旺盛的國族主義企圖心。1930
年代中國社會興起一股愛用國貨風潮藉以抵制外貨運動襲捲之
際，同一時期中國卻努力參與國際商會組織的現象，兩者並不是
一種矛盾的圖像，恰恰說明了1930年代中國藉由跨國商會活動呈
現中國的國族身分認同，試圖以平等國家身分躋身國際經貿組織
的交流意義。

第六章

在華技術組織的成立與演變

中美工程師協會

以商立國者英國是也，以工程實業建國者美國是
也……。美國賴以發達其天然之富有，工藝工程也。故
工藝之巧，工程之精，各國中當推美國為第一。

——朱庭祺（留美學生），1911

前言

　　1919年「中美工程師協會」於北京成立，為中美兩國工程師所組成的友好組織。創建之初受到中美兩國政府的支持，榮譽會員含括北京政府交通部官員和美國駐華公使，而其主要會員則投身於中國的公共工程建設，如鐵路、公路、水利、礦務和電報等，亦有少數大學教授參與，此一組織堪稱一次大戰後中美兩國工程師精英的跨國合作，並為1920年代以後的中國國家建設做出重要貢獻。該協會有出版英文刊物《中美工程師協會月刊》，完整保存於北京國家圖書館和美國密西根大學（University of Michigan），該協會最興盛的時間正是大戰結束，創立初的十年，顯現一戰後中美合作與帶領中國走向國際化的強烈願望，然而過去並未有人注意到「中美工程師協會」的重要性。這一批跨國工程師群體在中國邁向現代國家過程中扮演多元且重要角色，在國家公共工程、工業和經濟建設、人才培育、引介學科知識和中美關係等層面的活動網絡，過去鮮少為人所知。本章除利用該協會出版的官方期刊，並利用上海檔案館、大英博物館、麻省理工學院收藏之工程師文件等原始檔案和報紙期刊，釐清此一協會在華軌跡。

　　關於近代中國工程建設的研究有愈來愈受到關注之勢，不少學者從國家治理、工程師專業化，以及技術專家對形塑現代國家的作用等視角提出有意義的見解，其中較具代表的當屬大衛‧佩茲（David A. Pietz）所著關於17世紀中葉以後二百年來的黃河水利治理和民國時期淮河治理（1927-1937）的兩本學術專書[1]。此

1　David A. Pietz, *Engineering the State: The Huai Riverand Reconstruction in*

外，新近有學者探討港際工程的技術個案或從工礦地質學科的引
進探討近代工程學科的奠基，或是研究中國本土工程師組織。但
是關於跨國工程師組織在中國的活動及其作用，則仍未有學者深
入討論[2]。本章以中美工程師協會的發展為主軸，探討一次大戰後
這群技術專家如何與中國政府合力推動中國工業化建設，引介工
程知識和開創建設思路，並分析其對中美兩國和走向世界的聯結
作用。

Nationalist China, 1927-1937（New York and London: Routledge, 2002）. David
A. Pietz, *The Yellow River: The Problem of Water in Modern China*（Cambridge,
Mass.: Harvard University Press, 2014）. Pierre-Etienne Will, *Bureaucracy and
Famine in Eighteenth-Century China*（Stanford, Calif.: Stanford University Press,
1990）and *Nourish the People: The State Civilian Granary System in China, 1650-
1850*（Ann Arbor: University of Michigan Center for Chinese Studies, 1991）.

2　Shellen Xiao Wu, *Empires of Coal: Fueling China's Entry into the Modern World
Order, 1860-1920*（Stanford, Calif.: Stanford University Press, 2015）一書，考察
19世紀以來近代地質學家以及採礦學和近代工程學科的建立。朱瑪瓏，〈「港
際」工程：1875年來自日本的兩位荷蘭水利工程師對上海吳淞內沙的調
查〉，《中央研究院近代史研究所集刊》，第90期（2015年12月），頁55-
93。對「中國工程師學會」較新的研究有：房正，《近代工程師群體的民間
領袖──中國工程師學會研究，1912-1950》（北京：經濟日報出版社，
2014）。此外，Shirley Ye, "Business, Water, and the Global City: Germany,
Europe, and China, 1820-1950," Ph. D. thesis, Harvard University, 2013著重德國
水利工程對近代中國的城市建設和經濟全球化的研究視角。筆者另有專文討
論以英國工程師為主，1901年在上海創立的跨國工程師組織──「中華國際
工程學會」（The Engineering Society of China）。參見：WU Lin-chun, "Foreign
Engineers' Activities in China and the Process of China's Internationalization: the
Case of 'The Engineering Society of China', 1901-1941," María Dolores Elizalde
& Wang Jianlang eds., *Chinas Development from a Global Perspective*（Newcastle:
Cambridge Scholars Publishing, 2017）, pp. 375-403.

一、創立宗旨與會務運作

1914年8月歐洲大戰方酣之際，15日巴拿馬運河通航，當時
美國尚未參戰，急欲向世界各國展示美國在科技和工藝上的優異
領先地位。次年9月20-25日，第一屆國際工程大會（First
International Engineering Congress）在舊金山由美國土木工程師學
會（American Society of Civil Engineers）等機構盛大舉辦，這次
會議以慶祝巴拿馬運河的通航象徵國際各國工程師的通力合作為
號召，而事實上係向全球宣告美國工程界和國家團隊的勝利時
刻[3]。從2月22至12月4日，美國以持續十個月之久的時間在舊金
山舉辦巴拿馬太平洋萬國博覽會，希望藉由此一占地635英畝、
匯聚各國工藝參展的賽會活動，向各國展示主辦城市舊金山自
1906年大地震廢墟中重生的嶄新面貌，並且通過林立宏偉的現代
化都會建築和先進工藝器械的展示，證明美國已是傲踞全球的工
業科技強國[4]。當時中國實業界在農商部籌辦下組團參加，由陳琪
出任巴拿馬賽會事務局局長，這次活動不僅為拓展中國對外貿易
並與世界交流，也為增加中美之間商業網絡和技術交流的機遇[5]。
而就在巴拿馬運河竣工之後，原擔任巴拿馬運河管理局（Panama

3　International Engineering Congress, *Transactions of the International Engineering Congress*, San Francisco, CA. Sep. 20-25, 1915.

4　Sarah J. Moore, *Empire on Display: San Francisco's Panama-Pacific International Exposition of 1915*（Norman, OK: University of Oklahoma Press, 2013）.

5　梁碧瑩，〈民初中國實業界赴美的一次經濟活動——中國與巴拿馬太平洋萬國博覽會〉，收入：顧雲深、石源華、金光耀主編，《鑑往知來：百年來中美經濟關係的回顧與前瞻》（上海：復旦大學出版社，1999），頁323-344。謝輝、林芳，《陳琪與近代中國博覽會事業》（北京：國家圖書館出版社，2009），頁132。

Canal Board）的賽伯特上校（William Luther Sibert, 1860-1935）通過紅十字會的居中牽線，則是參與了整治中國大運河和導淮工程[6]。在此一脈絡之下，「中美工程師協會」的創建及其宗旨，可說是賦予美國政府一種引領中國走向美國所打造的工業技術帝國的想像和使命感。

　　一次大戰後「中美工程師協會」的出現，除了體現中美兩國在知識文化上的合作意義之外，也顯現歸國留美學人對建立具有近代意義的知識社群之作用。如同任鴻雋於1916年「中國科學社」的致詞稱知識社群對於傳播近代西方科學方法的重要性：「譬如外國有好花，為吾國所未有。吾人欲享用此花，斷非一枝一葉搬運回國所能為力，必得其花之種子及其種植之法而後可。今留學生所學彼此不同，如不組織團體互相印證，則與一枝一葉運回國中無異；如此則科學精神，科學方法，均無移植之望，而吾人所希望之知識界革命，必成虛願」[7]。留美學生對實用知識和技術專業化的強調，樹立技術性的路數（A Technical Approach），建立專業化（professional specailization）的身分認同；並且認為學習實學是為了促進實業，「實業救國」是當時留美學生的流行語[8]。不

6　關於美國巴拿馬運河工程師團隊及紅十字會參與中國導淮計畫，詳見：吳翎君，《美國大企業與近代中國的國際化》，第5章〈人道主義工程投資案〉，頁179-215。

7　〈常年會紀事〉，為1916年「中國科學社」之社務會議記事，《科學》第3卷第1期（1917年1月），頁72。關於「中國科學社」的創建歷史，詳見：張劍，《賽先生在中國——中國科學社研究》（上海：上海科學技術版社，2018）。Peter Buck, *American Science and Modern China, 1876-1936*（Cambridge: Cambridge University, 1980), Ch. 5, pp. 91-122.

8　葉維麗（Ye Weili）著，周子平譯，《為中國尋找現代之路——中國留學生在美國，1900-1927》（北京：北京大學出版社，2017年2版），頁56-67。

少留美學人認為美國是應用科學技術致富的典型，中國土地形勢和物產豐饒又與美國最為相近，是故中國應以美國為模本：「以商立國者英國是也，以工程實業建國者美國是也……。美國賴以發達其天然之富有，工藝工程也。故工藝之巧，工程之精，各國中當推美國為第一」[9]。留美學生中具理工背景者，回國後也多成為「中美工程師學會」的骨幹成員（下詳），正如創建「中國科學社」的知識精英所持的理想抱負，成立於一次大戰之後的「中美工程師協會」，欲藉由學術性社團的推動，將理念轉化為行動，匯聚知識與實務，並且通過中美兩國政府層次上的合作意義，更加發揮此一具有近代意義的工程師社團對國家建設的力量。

「中美工程師協會」於1919年11月22日在北京成立，其宗旨有：一、促進工程學的知識與實務經驗；二、維繫工程師專業水準，培養同儕合作精神，樹立工程專業規範；三、為中國正開展的工程建設所遭遇的問題尋求可行之解決方案。次年（1920年）9月發行機關報《中美工程師協會月刊》，榮譽會長前內閣總理熊希齡於創刊序言強調留美學生對中國工程界的貢獻，以及美國工程師出任北京政府公共工程顧問及承擔各項工程要職，顯現中美友好之情誼。他提到「工程師」（engineer）與中國傳統「工匠」（artisan）有所不同，前者是伴隨著近代工業革命以後工程學的誕生所形成的一個知識創新與技術勞動的職業群體，略謂傳統工藝技術與現代科學的最大不同在於對知識方法論的整理和進步精準，中國缺乏近代工業革命後的工程專業技術人員，封閉的中國必須與世界接軌，而「中美工程師協會」的成立適逢第一次大戰

---

9 朱庭祺，〈美國留學界〉，留美學生會編，《庚戌年留美學生年報》（1911年6月）。頁11-12。

重大國際衝突後的重建工作，中美兩國工程師的相互扶持和鼓勵，揭示了中國知識分子寄望戰後「新中國」黎明的到來[10]。

　　1922年該會第三屆年會於上海召開時，正會長顏德慶（外交官顏惠慶之胞弟）因有事未能與會，由副會長楊豹靈主持並宣讀會長演說詞，演說詞中也特別強調華盛頓會議後中國可望有一新氣象，而工程師的責任可謂任重道遠：「華會現既閉幕，遠東將有一新氣象，中國即將達於健康與經濟發展時期，而工程學在其中，非僅有小部分也」。演說詞中陳述該會有三種必要之旨趣：一、工程學識及練習之精進；二、高尚之職業基礎之維持；三、合作與群誼精神之培養。楊豹靈和顏德慶為留美學人，楊於1911年返國從事水利工程，顏於1902年返國專擅鐵路工程，兩人的職業身分正是該協會最為熱中的項目[11]。

　　就在一戰爆發之後，一批留學美國學習工程的青年學生，有感於工業化潮流的必然，而於1918年於美國東部組織「中國工程學會」。「中國工程學會」的主要成員為「中國科學社」骨幹，該社係1914年由康乃爾大學為主的一批留學生為發起人，首任會長為任鴻雋，而康乃爾大學正是庚款留美學生的大本營，各種知識社團相當蓬勃[12]。「中國工程學會」與「中國科學社」這兩個留美

10　Hsiung his-ling, "Introduction," *Journal Association of Chinese and American Engineers*（hereafter cited as *JACAE*）, Vol. I, No. 1, Sep., 1920, pp. 1-3.

11　《申報》，1922年4月5日，第3張。

12　胡光麃，《波逐六十年》（台北：新聞天地社，1976），頁163-164。據胡光麃所記，1918年8月，在美東的「中國工程學會」與「中國科學社」在康乃爾大學舉行聯合年會，因為一半以上的會員參加兩個學會。關於「中國科學社」的演變和歷史，詳見：張劍，《科學社團在近代中國的命運──以中國科學社為中心》（濟南：山東教育出版社，2005），頁1-14。

學生組織成員，回國後與「中美工程師協會」的關係密切。「中美工程師協會」在創刊之初便詳加介紹了清華大學校長金邦正——同時也是「中國科學社」發起人，於1920年9月接任清華校長的訊息和照片[13]。康乃爾大學的歸國學人在「中美工程師協會」始終居有重要地位，例如曾於土木工程系進修的孫多鈺於1923年任職交通部次長時即出任該「中美工程師協會」會長[14]、工程學博士鄭華於1936年出任該協會會長[15]、水利專家李書田1937年出任協會會長[16]。

　　一批早期留學美國學習工程的學生於1920年代陸續返華，成為中國現代化實業建設的先鋒，特別是因工程學背景相近，且可用英語溝通，有不少人加入「中美工程師協會」。就以1922年《中美工程師協會月刊》載有的名錄，康乃爾大學留學生就有孫多鈺、施肇祥和楊豹靈，另有曾於哥倫比亞大學深造的凌鴻勛和畢業於麻省理工學院胡光麃（Hu, Kuang-Piao, 1897-1993）等人[17]。1924年會員名錄有普渡大學（Purdue University）的程孝

---

13 "The President of Tsing Hua College," *JACAE*, Vol. I, No. 4, Dec., 1920, pp. 8-9.

14 "Hon. T. C. Sun" *JACAE*, Vol. IV, No. 8, Oct., 1923, 照片夾頁和說明，無頁碼。

15 鄭華於1917年取得康乃爾大學工程學博士學位後，曾在麻里蘭和賓州從事鐵路和橋梁工程，於1919年回國，進入交通部鐵路司承擔津浦鐵路和山海關橋梁等工事。"PhooHwa Cheng," *JACAE*, Vol. XVII, No. 4, July-Aug., 1936。附照片。

16 "Li ShuTien," *JACAE*, Vol. XVIII, No. 3, May-June, 1937. 附照片。李書田係康乃爾大學工學博士，1927年返回中國後出任順直水利委員會祕書長、北洋大學教授。他於1928年後參與中國水利工程學會的成立並任副會長。曾任國立交通大學唐山土木工程學院院長、國立北洋工學院院長，建立了中國最早的水利專業和水利系。1938年榮任「中美工程師協會」會長。

17 "List of Members of the Association," *JACAE*, Vol. III, No. 8, Sep., 1922, pp. 2-9.

剛、理海大學（Lehigh University）的顏德慶、北俄亥俄大學
（Ohio Northern University）的鄧益光等[18]；這些早期的中國工程界
精英，他們和外籍工程師群體組織的關係及其建立的社會人脈網
絡，不僅意含著跨國人才的流動、技術的擴張和中西文明的觸
媒，亦對彼此的知識觀念和工程技術經驗帶來新的動力。

　　「中美工程師協會」成立之初，會員約百人。創會後的慣例
是現任交通部和現任美國公使為固定榮譽會員。1920年有榮譽會
員7名，這7名榮譽會員中中國人4名，美國人3名：有前內閣總
理熊希齡、駐華公使柯蘭、交通總長葉恭綽、美國廣益投資公司
副總裁亨利（Philip W. Henry, 1864-1947）、大運河疏浚局副總裁
兼全國水利局副總裁（署理總裁）潘復、美國著名河工專家費禮
門（John R. Freeman, 1855-1932）、中國交通部鐵路技司司長沈琪
（慕韓）。創刊號和第三期分別介紹了榮譽會員前內閣總理熊希齡
和交通部長葉恭綽的經歷[19]。不久，著名的史蒂文生（John F.
Stevens, 1853-1943）受邀擔任榮譽會員，他當時即是以建造美國
大北鐵路（The Great Northern Railway）和擔任巴拿馬運河首席
工程師（1905-1907年）而享譽國際工程界，協會還特別介紹了
他的經歷[20]。1922年美籍榮譽會員增加為6名，除了新加入的史蒂
文生，再加入著名河工專家溫德爾（John Alexander L. Waddell,
1854-1938, 一般縮寫J. A. L. Waddell），美國公使則更換為舒爾曼
（Jacob Gould Schurman）；中國籍榮譽會員6名為：熊希齡、葉恭

---

18 "List of Members of the Association," *JACAE*, Vol. V, No. 1, Jan., 1924, pp. 4-15.

19 "List of Members of the Association," *JACAE*, Vol. I, No. 1, Sep., 1920, pp. 38-43.
　　酈景揚（K. Y. Kwong）名字出現於頁38。第三期人物介紹是交通部長葉恭
　　綽，見於*JACAE*, Nov., 1920, p. 1.

20 "John F. Stevens," *JACAE*, Vol. I, No. 4, Dec., 1920, pp. 1-2.

綽、潘復、沈琪、王景春（新任交通總長）和張謇，均具有鐵路
交通工程之背景及任職交通部或財經部門之經歷。這些中美人士
的榮譽會員延攬了美國駐華前後公使、中國鐵路和水利官員，以
及美國最著名的工程界人士，此一黃金隊伍打響該組織的名號，
1922年會員數激增為239名會員[21]，1924年再增加到270名會員[22]。
在「中美工程師協會」創辦初期，在行政奧援上除了有北京政府
交通部的大力支持，駐華時間不長的美國駐華公使柯蘭功不可
沒。柯蘭於1920年3月到1921年7月初擔任駐華公使，抵華後對
推動中國的經濟發展和工業建設不遺餘力，費禮門和陶德
（Oliver J. Todd, 1880-1974，或譯作塔德）等重要河工專家均受他
的大力支持而成就日後對中國水利工程的事功[23]。柯蘭、溫德爾和
亨利等三位長期擔任該會的榮譽會員，據1938年會員名錄中這三
人仍保有此一頭銜[24]。

　　「中美工程師協會」採會員制，據會章分為榮譽會員
（Honorary Members）、正會員（Members）和副會員（Associate

21 "List of Members of the Association," *JACAE*, Vol. III, No. 8, Sep., 1922, pp. 2-9.

22 "List of Members of the Association," *JACAE*, Vol. V, No. 1, Jan., 1924, pp. 4-15.
　　1924年的榮譽會員為13名，其中12名延續自1922年，王景春雖卸下交通部
　　長職務，但仍擔任榮譽會員，增加的這一名即現任交通部長，但因北京內閣
　　更迭不斷，因此名錄中僅有交通部長頭銜而未出現名字。

23 柯蘭具有廣泛的歐洲和中東遊歷經驗。在1915年前是名繼承家業柯蘭公司的
　　成功商人，此後他辭去公司總裁投入自己感興趣的科學與教育事業，曾任麻
　　省Woods Hole海洋生物實驗室（Marine Biological Laboratory at Woods Hole）
　　主席，投入土耳其伊士坦丁堡女子教育，並有俄國遊歷經驗。獲威爾遜總統
　　邀請擔任巴黎和會國際委員會中對土耳其問題的美國代表，此後才奉派擔任
　　駐華公使。*JACAE*, Vol. I, No. 4, Dec., 1920, pp. 1-2.

24 "List of Members of the Association," *JACAE*, Vol. XIX, No. 2, Mar.-Apr., 1938,
　　pp. 95-102。溫德爾逝世於1938年。

Members）的階層制度，有資深領導新進人員的意味。正會員和副會員享有投票權，僅有正會員有資格擔任會務職務，任何正會員一旦成為榮譽會員得保留正會員的權益。正會員必須曾在美國的學院或大學研讀，並有五年的工程實務經驗；惟畢業自美國工程相關的學院或大學者可抵兩年實務經驗。副會員的規定則較寬鬆，只要從事工程實務即可入會。榮譽會員必須是在其專業領域或工程領域卓有成就者，人數不超過十位。該協會機關刊務雖保存完整，但並非每年都刊有會員名冊。從姓名研判華籍工程師人數從創刊開始人數始終勝於美籍工程師[25]。首屆協會會長為京綏鐵路總工程師鄺景揚（又名鄺孫謀，留美幼童出身），第一副會長為膠濟鐵路代理總工程師蘇利文（Murray Sullivan），第二副會長為直隸水利局的楊豹靈。首屆協會會務從會長、副會長、理事、各個委員會（財務、出版、活動）等職掌，均以任職於交通部成員的中美兩國工程師為核心（附錄：6-1），且幾乎由中美人士各司其半職務。從會務運作而言，係以中美合作為目的，並落實於會務職掌和活動。

　　創立之初，參與年會大會需繳交註冊費10至15美元不等，參觀旅費自付[26]。協會董事會議每月第三星期開會一次，機關刊物

---

25 "Association of Chinese and American Engineers, Constitution," *JACAE*, Vol. III, No. 8, Sep., 1922, pp. 10-11. 早期會員名單均為英文姓名，許多華人名字只有簡稱或特殊拼音，較難以得知其正確中文名字。1931年後的會員名錄始有中英文姓名並列。

26 這份資料來自1922年4月在上海召開年會的財務報告。本次大會，上海會員註冊費為15元，上海以外的會員交10元註冊費。亦需支付參觀旅費和聚宴費。"The Financial Report of the Spring Convention," *JACAE*, Vol. III, No. 4, Apr.-May, 1922, p. 6.

年繳5美元，單本50分美元。1922-1927年間為該組織人數最多
且維持在250人左右。1924年以後，「中美工程師協會」會員擴
及不駐地會員（nonresident member / absent），到1930年非駐地
正會員28人中（有一位來自東京，一位神戶，其他都居住在美
國）。1930年後會員總數不如創刊初期，總人數快速下滑，到
1931減到163名。1934年初設立終身會員，共有29名終身會員，
終身會費為100美元[27]。為擴充該刊的影響力，1936年以後不僅有
終身會員、不駐地會員，另增加附屬會員（Affiliate member）。
1936年終身會員增加到38名，但並沒能重振該會之聲勢，總會員
數降到139名[28]。受中日戰爭影響，1941年發行5-6雙月號後即未
預警停刊[29]。該協會的全盛時期從創立到1930年代中期，之後開
始式微，原因容後分析。（會員人數，見附錄6-2）

　　「中美工程師協會」會員亦有本書第四章提到的1920年代新
式企業工廠興起後所聘用的商業工程師（為推動科學化管理，由
廠長—工程師制，取代傳統企業的工頭制）或者任職於私人工廠
的專家工程師，但如前所述，此一組織的會員主要以中國交通部
聘用的中美兩國工程師會為主，民間企業的工程師並非此一組織

---

27 "Report of Council," *JACAE*, Vol. XV, No. 4, July, 1934, pp. 3-4.由王景春（C. Y. Wang）出任會長。

28 "List of Members of the Association," *JACAE*, Vol. XVII, No. 2, Mar.-Apr., 1936, pp. 104-111. 這38名終身會員中，從姓名研判華籍應有31名，較著名者如鄭華、程孝剛、胡光麃、金濤、李國普、李國鈞、李書田、王金職、凌鴻勛、孫家錄、顏德慶、楊豹靈等人都是較早入會的會員，一般會員如薛卓斌、薩福鈞、高大剛、施肇祥、徐世大、王正黻、王寵佑等人，也都是工程界的重要人物。

29 北京國家圖書館所收最後一期為1940年發行11-12月號。密西根大學藏有1941年5-6月號，卷22，第3號。

中的核心會員。雖然一些服務於交通部的工程師也可能身兼他職或自營工程，但是會務職務的運作主要以交通部成員為骨幹。此外，據名冊所錄姓氏，該協會基本上是男性工程師，會員合影僅有1922年4月出現一位女士（見圖6-2前排中央），但應該不是會

圖6-1：中美工程師會員大會合影，1921年10月5日合影，漢口。

圖6-2：中美工程師會員大會合影，1922年4月3日至4月7日，上海。

員。該年大會紀要並無特別提到這位女士的名字[30]。

　　據《申報》所記出席1922年「中美工程師協會」大會的重量級會員名單如下：

表6-1：1922年出席「中美工程師協會」年會之重要名單

機關及職務	姓名
京綏鐵路總工程師	酈孫謀（酈景揚）
慎昌洋行電機工程師	潘銘新
交通部全國鐵路線路審查會會員	董寶楨
上海美國鋼鐵公司	美國人薛藩理（Frederick R. Sites）
交通部鐵路技術委員會	專任員浦峻德
內務部參事上辦事（按：原文如此）	楊豹靈
川漢鐵路工程師兼總工程師處	英文祕書劉錫三
津浦鐵路管理局機務處	總管蔡國藻
天津順直水利委員會工程處	主任技師美國人顧德啟（R. D. Goodrich）
允元實業有限公司	1.總理林允方 2.工程師劉朗 3.工程師高大綱
交通部唐山工業專門學校	機械科機車教授楊以驤（E. G. Young）
美商亞洲建業有限公司	1.總工程師塔德（Oliver J. Todd） 2.總董兼總理衛琛（Paul Page Whitham）

資料來源：《申報》，1922年4月4日，第4張。4月5日，第4張。

---

30 "The Shanghai Convention," *JACAE*, Vol. III, No. 4, Apr.-May, 1922, pp. 1-3. 這次會議紀要並無特別提到照片中的女性。《申報》（1922年4月4-5日）詳述本次會議的經過，亦無提到這位女士的姓名。筆者雖試圖臆測這位女士可能是美國駐華機構（使領館、商務代辦的職員或夫人）或是活躍於上海美國人俱樂部的婦女，惟仍存疑。

表6-1，看出「中美工程師協會」的首要成員來自鐵道部和水利局，文中提到的工程師塔德，亦即著名水利專家和交通部顧問陶德（詳下）。當時陶德同時擔任美商亞洲建業公司總工程師，負責山東河務局和該公司簽訂的堵合宮家壩決口承包工程[31]。允元公司係同時在紐約和上海註冊，登記為美國公司，據胡光麃的說法，其中有一些從麻省理工學院和哈佛畢業的留學生任職該公司。由於當時租界內的工程，人都被洋行和洋人勢力所壟斷，中國人還沒有經營工程的公司，只有少數由洋行訓練出來的繪圖員能設計圖樣，但不為租界當局認可，亦不發給准建執照，允元公司是最早一批有中國人參加的工程公司[32]。高大綱後來在1930-32年擔任上海「中華國際工程學會」（The Engineering Society of China，詳下）委員會職務，可能是第一位在該學會有重要職務的華籍會員。高大綱曾加入這二個跨國工程師組織學會，也說明了分踞北京和上海的這兩個國際工程學會的互動關係[33]。

為具體了解「中美工程師協會」的會務活動，茲以1922年會務蓬勃期為例說明之。本次年會官方發布日期為4月3日至4月7

---

31 1921年7月，黃河在山東自境內利津、宮家壩等處決口，山東北部遭受重大水災。據山東省大事記，1922年11月22日，美商亞洲建業公司承包宮家壩堵合工程，費用為120萬銀元。1923年5月，堵口工程竣工。http://lishi.zhuixue.net/2016/1202/51185.html（下載日期2018年9月30日）。

32 胡光麃，《波逐六十年》，頁219。允元公司創辦人為格萊因斯（Stanley E. Glines），據胡光麃的說法該公司有不少麻省理工學院和哈佛畢業的中國校友，主要業務為工程設計和進口機器物料。關於允元公司，筆者曾有文討論，詳見：吳翎君，《美國大企業與近代中國的國際化》，頁269、281-285。

33 "Council for Session 1930-31," "Council for Session 1931-32," *Engineering Society of China, report and proceeding*, 1930-31, 1931-1932。高大綱係於1923年加入中華國際工程學會，當時他也是「中美工程師協會」會員。

日（中文報章記為4月4日至4月8日），會議到場者有近五十人，開會之外，考察上海及鄰近之工廠，受到報章媒體關注，《申報》每日皆發文報導。該協會年會的參訪活動可謂精心布置，開幕宴報到後，先安排實務參訪，最後才是召開會員大會。4月4日在亞東旅館舉行開幕宴，在未開宴之前先往四川路青年會簽名報到。4日4-5日的參訪地點包括工廠、企業和上海工部局電氣廠等現代化設施、兩所重要大學（一為美國教會聖公會創辦的聖約翰大學，另一為理工科見長的交通大學），演講活動則是關乎中國重要城市口岸上海和廣州的基礎建設，以及工礦學科之專業演說。4月5日參訪的上海萬國檢驗所（Shanghai International Testing House），位於上海香港路10號，係中美絲商為改善輸美生絲品質而合作籌設，由美國紐約生絲檢驗所派員監督，引進現代檢驗設備和理念並訓練一批檢測技術人才，被譽為近代中國第一所完善的生絲檢驗機構[34]。溝渠整理試驗場則為關係交通設施和上海公共衛生的汙水處理工程。接著6日晚間十時乘輪赴南通，4月7日赴實業家張謇（張季直）及南通商會之宴，8日自南通抵上海召開人會。由參訪內容的安排，可見得中美工程師團體和新式資本家攜手關注中國現代化技術、提升生產質量、科學化管理和

---

34 Lillian M. Li, *China's Silk Trade, Traditional Industry in the Modern World, 1842-1937* (Cambridge, MA: Harvard University Press, 1981), p. 181. 上海萬國生絲檢驗所雖是中美絲商對生絲檢驗的國際合作範本，引入現代化檢驗設備和技術人才，但在創立之初，美國絲商團體和生絲出口洋行之間亦頗多攻訐。這一組織在1920年代後期中國民族主義昂揚，收回國權運動意識高張後，被視為對國民政府統一檢驗權的侵奪，關係著中國國體主權問題，直到1929年始由國民政府接收。詳見：宋時磊，〈檢權之爭：上海萬國生絲檢驗所始末〉，《中國經濟史研究》（北京），2017年第6期，頁115-126。

城市公共文明等理念，兩者之間關係緊密。他們和1920年代中國美國商會會員及關注的議題頗有相通之處，形成一種交織相映的關係網絡。（參見第五章）

1922年4月4日（第一天）	1922年4月5日（第二天）
參觀工廠九時聚集本會乘汽車赴工部局電氣廠	上午九時半聚集赴香港路十號萬國檢驗所參觀
十一時十五分赴厚生紗廠（創辦人穆藕初）	十時半出所赴金利爾路溝渠整理試驗場
十二時聚餐，一時四十五分乘汽車赴安迪生電泡廠	十二時半在聯華總會午餐
三時參觀聖約翰大學、交通大學	二時至二時半開會會長讀開會辭二時半
四時回至本會進茶點四時半	至四時演說 （一）浚浦局海工程師演說上海港之發展 （二）謝作楷演說廣東市政之發達
至六時演說 （一）脫利路君及丁君演說礦律 （二）陳君演說交通大學與教育狀況 （三）道達君演說物質標準比較	四時至四時半休憩進茶點
六時至七時電映工業影片	四點半至五點半電映工業影片晚間宴會

資料來源：《申報》，1922年4月4日，13版。

　　「中美工程師協會」創立之初獲得北京政府交通部的財政資助，由1925年11月公布的年度財務報表（1924年10月1日至1925年10月31日）顯現正會員年費收入1,046美元，副會員會費273美元，不駐地會費收入101.35美元，出售刊物所得僅22美元，而來自交通部支付的廣告刊登費用就高達2,000美元，為該會主要收入[35]。機關刊物《中美工程師協會月刊》最早為月刊，

35　"Financial Statement," *JACAE*, Vol. VII, No. 1, Jan., 1926, p. 41.

1929年出刊時間略混亂，該年9月才發行第一號，10月至12月回復正常月刊，1932年以後改為雙月刊。該刊為英文發行，早期鮮少有華人學者提交專業學術論文，直到1930年代華人學者始踴躍發表專業論文。每年年會和研討會則有中美兩方的工程師熱烈加入討論，此外留美學人像梅貽琦、胡適、張維藩等人皆非會員，偶或參加該會活動，可見得該會年會亦為留美學生互相聯誼之聚會[36]。據1935-38年「中美工程師協會」的會員名冊，有來自中央和地方各省的工程師加入該學會，其會員分布於中國境內，甚至有來自雲南和福建的中國籍會員[37]。該會設有天津、青島、上海南京等地的通訊員，串聯起中國各地的工程師通報國內與國外最新的工程知識訊息。

二、中美工程師群體的關係網

　　「中美工程師協會」創立之初即和美國本土工程學會進行跨國

---

36 〈科學新聞〉，《科學》，第21卷第6期（1937），頁485-486。1937年4月19日在北平華語學校召開第17屆年會有：關祖章，金濤，唐化成，楊豹靈，王子文，丁寅及黃河水利會顧問英人塔德（即陶德 O. J. Told）等三十餘人參加。共有四位會員宣讀論文，中美學人各占一半，為：金濤〈平綏鐵路修養執道述要〉、可克（W. E. Cooke）〈過灣風流之阻礙〉、王宛佑〈以種種方法採礦物水油〉和陶德〈工程師之地位〉討論熱烈。會後有參訪製皮廠、玻璃廠、觀嶗山風景和遊頤和園等活動，晚間在歐美同學會聚餐。惟這份資料提到當時該會有永久會員73人，正會員33人，副會員34人。人數與筆者據該協會1937年名冊有所出入（見附錄6-2），應以筆者據協會正式名錄為核，而每人每年交會費5元，永久會費100元，則是相同。

37 "List of Members of the Association," *JACAE*, Vol. XIX, No. 2, Mar.-Apr., 1938, pp. 96-97. 林輯西（來自福建州協和建築部），彭炳祿（來自雲南府永固建築廠）。

聯結，不僅榮譽會員擔任美國各項工程學會要職，《中美工程師協會月刊》也常報導美國本土最具規模的「工程協會」（Association of Engineering Societies）訊息。該學會於1880年12月4日成立於芝加哥，於次年1月起發行刊物，最早由四個工程師團體發起成立，後加入各地工程師分會[38]。《中美工程師協會月刊》創刊第一年12月號，就有文章介紹美國「工程協會」的組織，也報導了「美國土木工程師學會」的歷史，不僅是和美國相關學會的聯繫，更有打開世界知識之窗的作用[39]。

　　「中美工程師協會」的成員之間有聯誼合作關係，但也不免有衝突。民國初年擔任導淮和運河整治工程的全國水利局總裁兼導淮總裁的張謇，亦是「中美工程師協會」的榮譽會員。張謇對於導淮整治的專業意見與美國河工專家費禮門（兼協會榮譽會員）歧異頗大，但兩人主要是治水理念的不同，私人關係並未交惡。不似民國初年張謇曾和一位由紅十字會派遣的美籍水利工程師詹美森（Charles Davis Jameson, 1855-1927）有激烈摩擦，甚至暗指後者有道德品格上的惡習，不願與其合作[40]。姑不論張謇和費

---

38 發起成立美國「工程協會」的四個團體為：Western Society of Engineers, Civil Engineers' Club of Cleveland, Engineers' Club of St. Louis, Boston Society of Civil Engineers，後擴及全國各地。北京國家圖書館藏有「工程協會」出版的多數官方期刊，收藏的第一本為1895，係由哈佛大學於1939年贈予北京國家圖書館。

39 "Recent development in the Organization of the Engineering in the United States," *JACAE*, Vol. I, No. 4, Dec., 1920, pp. 3-4. "American Society of Civil Engineers Meeting," *JACAE*, Vol. VI, No. 10, Oct., 1925, pp. 83-87.

40 民國初年張謇在治理導淮工程期間，與美方技術人員頗多合作，亦有所衝突，其中和詹美森的嫌隙最大，不僅是治河方案的不同，亦牽涉張謇認為詹美森性情狡黠，有私德瑕疵。詳見：吳翎君，《美國大企業與近代中國的國

禮門兩人在工程方案之見解孰為高下，相對於張謇受人肯定，費禮門對治理中國水患的貢獻似為中美雙方所忽略。費禮門是「美國土木工程師學會」會員長達40年，曾榮任會長，鼓吹美國應成立國家級的水力實驗室（National Hydraulic Laboratory），發表過不少重要學術論文。1932年費禮門過世，美國國家科學院有專文表彰其對美國工程界及工程教育上的貢獻，在這篇16頁的文章中，提到費氏在中國的活動僅有6行，扼要陳述費禮門在1917-20年擔任改善大運河和整治黃淮水患的工程顧問，曾在1919年來華考察，並為中國選派一批工程師從事調查工作[41]。可見得中國工程的險峻和費氏對中國水利的重要貢獻也未必為美國國家科學院所熟知，原因之一是當時的中國對多數的美國科學院士而言不僅遙遠陌生，而且在白種人優越意識中不受到重視。儘管費禮門實際待在中國本土的考察時間不長，但他回美國後仍持續參與和關注中國水利和工程現代化問題，他和華洋義賑總會的陶德不斷通信，始終關注如何解決中國的水患問題。費禮門於1922年重新設計過的導淮工程圖，於1930年代為國民政府所選用[42]。

際化》，頁202-205，本書不再贅述。

41　Vannevar Bush, "Biographic Memoir of John Ripley Freeman, 1855-1932," *JACAE*, Vol. XIV, No. 1, Jan., 1933, pp. 171-187. 關於費禮門在中國的活動，在頁177。

42　另據，中國水利部，黃河委員會官網。http://www.yellowriver.gov.cn/hhyl/hhjs/mgsq/201108/t20110812_95205.htm（2018年5月19日下載）。也提到1929年德國漢諾佛大學教授方修斯（Otto Franzius, 1878-1936）曾任導淮委員會顧問工程師，並在他創辦的漢諾佛水工及土工試驗所作過兩次黃河試驗。1929年來華，在參與起草〈導淮計畫〉之餘還致力於黃河研究，返德後發表了〈黃河及其治理〉一文，認為「黃河之所以為患，在於洪水河床之過寬」，與美國費禮門的見解相近。

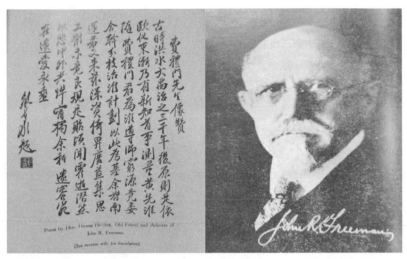

圖6-3：熊希齡，〈費禮門先生像贊〉和照片。
資料來源：刊於 *JACAE*, Vol. XIV, No. 1, Jan., 1933，夾頁。

　　《中美工程師協會月刊》在1933年1月刊出費禮門逝世專刊，熊希齡以書法題詞稱費氏在華功蹟如同古代大禹治水，遺愛永垂。陶德以及多位留美華籍會員楊豹靈、鄭泰、薛卓斌發表專文表彰費禮門在工程學上的創見和貢獻[43]。駐華公使柯蘭特撰「費禮門為中國做了什麼？」（What John R. Freeman did for China）表彰費氏對中國的貢獻。美國胡佛（Herbert Hoover）總統出席費氏出生地普羅維登斯（Providence）的工程學會稱頌費氏是「最頂尖的美國工程師和來自普羅維登斯最好的希望大使」（The

43　熊希齡，〈費禮門先生像贊〉，刊於 *JACAE*, Vol. XIV, No. 1, Jan., 1933，夾頁照片，無頁碼。O. J. Todd, "In Memoriam," *JACAE*, Jan., 1933, pp. 1-6. Yang Pao Ling, "Mr. John R. Freeman," *JACAE*, Jan., 1933, pp. 7-8. Chen Tan, "Memories of John R. Freeman," *JACAE*, Jan., 1933, pp. 9-12. Hsueh C. P., "A Source of Inspiration," *JACAE*, Jan., 1933, pp. 13-14.

圖6-4：1919年來華訪問的美國實業家及政治人物。前排右三為美國駐華芮恩施公使（任期1913-1919）。右二為前國務總理熊希齡（時任全國煤油督辦）。左三為正在中國訪問的美國哲學家杜威（John Dewey）。

資料來源：*Asia: Journal of the American Asiatic Association*, Feb., 1922, p. 107.

foremost of American Engineer and the finest ambassador of good will from Providence）[44]。費禮門提攜的工程師陶德後來全力投入中國水利工程，被喻為「河流馴師」（River Tamer），他於1930年代長期擔任中美工程師協會祕書、財務長，亦曾出任會長，成為此一協會的靈魂人物[45]。

　　費禮門的文件收藏於麻省理工學院特藏圖書館，關於中國的

44 Charles R. Crane, "What John R. Freeman did for China," *JACAE*, Vol. XIV, No. 1, Jan., 1933, pp. 18-20. "John R. Freeman, World Famous Engineer-praise by Hoover," *JACAE*, Jan., 1933, p. 21，原刊於 *Providence Journal*, Oct. 7, 1932.

45 陶德在1923年獲聘為「華洋義賑救災總會」（China International Famine Relief Commission）首任總工師，負責規劃大型工程與賑災計畫，直到1935年才光榮下台。George Gorman, "Major O. J. Todd," in O. J. Todd, *Two Decades in China* (Peking: The Association of Chinese and American Engineers, 1938), pp. 1-6.

文件共有六大盒數千張往來文件和各種水利工程圖表，以及各界
人士向他詢問工程專業問題或推薦來華的工程師人選。費禮門本
人對這些來往文件相當重視，甚至保留當事者的名片，一絲不苟
的性格由此可見，更看出他對中國充滿激情的敦促善意。1919年
他到中國考察時，由運河工程局外籍總工程師李伯來（Joseph
Ripley）在天津利順德飯店擔任東道主的宴客名單中，有總理運
河總督辦熊希齡（前國務總理）、直隸省長曹健亭、美國駐華使
領館員、美商公司經理人、北洋大學工礦相關領域學者和中外記
者等社會名流，名單中還赫然出現了正在中國講學的美國著名學
者杜威（John Dewey），宴客之前由費氏先發表如何控制中國黃
淮水患的演說，提到三年前他初訪中國（時為芮恩施公使任
內），就感覺到中國必須培養中國本土工程師之必要，文中稱
「中國工程上之事，亟有待中國少年工程師整理者，實重且大」[46]。
費禮門在1920年返美後給熊希齡的私人文件中，熱情邀約即將訪
美的熊希齡若能偕同張謇來美尤佳，他很樂意擔任兩人的嚮導，
帶他們參訪舊金山各地工廠及各地築堤之機器，更主動提出俄亥
俄州邁阿密（Miami）水利總工程師亦是他的好友，他可以安排
他們參訪該處的防洪工程[47]。在這批文件中令人驚奇的是厚生紗廠
創辦人，也是第一位翻譯美國人泰勒《科學管理法》的穆藕初
（本書第四章），曾在1920年寫信給費禮門（時任普羅維登斯公司
火險公司）詢問可否提供他有關工廠保險（factory insurance）之

---

46 〈民國8年李伯來君在天津利德飯店恭讌費禮門君來賓名次〉。MIT Library,
Institute Archives & Special Collections. J. R. Freeman papers, MC 51, Box127, F.
104.

47 "Freeman to Hsiung Hsi Ling, July 20, 1920," MIT Library, Institute Archives &
Special Collections. J. R. Freeman papers, MC 51, Box128, F.131.

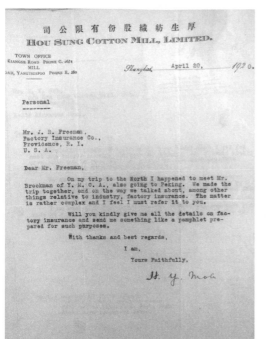
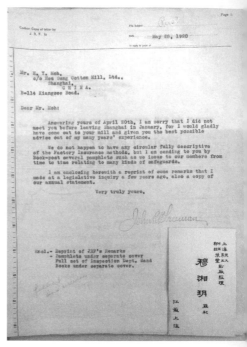

圖6-5：費禮門與穆藕初往來信件，1920年。
資料來源：J. R. Freeman papers, MC 51, Box128, F.130. 美國麻省理工學院圖書館
（MIT Library）, Institute Archives & Special Collections.

類的指導手冊，費氏的回信中首先客氣地說很遺憾在他1920年1
月離開上海之前兩人未能碰面，但他很希望有機會去參觀厚生紗
廠，並能盡其多年實務經驗提出對工廠管理的建言。費禮門說他
沒有具體針對工廠火險管理的一份手冊，但他提供了好幾頁摘自
火險管理實務的手冊內容，頁內並有重點畫線加記。在這封回信
的複本中，費氏還夾有張穆藕初（湘玥）的名片。（如圖6-5）由
此件小事可知，費禮門個人在中國的活動網絡不僅限於工程界，
還包括政商名流，如張謇和穆藕初等人。

清末民初外人在華工程師團體，尚有1901年1月由英國工程師毛里遜（Gabriel James Morrison, 1840-1905）所倡議成立於上海的「中華國際工程學會」（當時只有英文名稱The Shanghai Society of Engineers & Architect），這是在中國本土最早成立的工程師協會。毛里遜並擔任首任學會會長，初始會員有85人[48]。該學會創立之際正是維多利亞女王（1819-1901）時代結束，這是歷經二次工業革命之後的大英帝國在海外進行擴張的巔峰年代，同時另一對照則是「辛丑和約」後的中國，外人取得在華開發和開礦的更多權利。在歷經義和團事件外人飽受驚嚇之餘，此一外人在華協會的成立，也揭示當時中國初萌芽的現代化工程對外籍工程師的吸引力。上海租界的特殊背景，使得這一國際工程師群體在創建之初抱持將上海打造成為一個「摩登上海」的現代化城市，使其向中國其他口岸展示西方先進工程的櫥窗及示範作用，並很早就注意到培育中國本土技職工人以維持現代化城市的施工品質。「中華國際工程學會」的歷屆會長多任職於上海工部局或中國海關，以及從事上海水利工程、煤氣公司、滬寧鐵路、黃浦江疏浚局和上海電話公司等等公共工程。這一組織在1901年創建之初即發行機關報刊，刊物名稱在1940年後略有變更[49]。

---

48 *The North China Herald*, Jan. 23, 1901。毛里遜為1876年由英商集資建築上海吳淞鐵路時的總工程師。該鐵路通行未及半年，因火車壓死一個行人，激起附近中國居民的反對。幾經交涉後由清政府出資將這條鐵路收買，最後將鐵路拆除。毛氏於1902年退休返英，1905年病逝英國。"The Late Mr. G. J. Morrison- Engineers' and Architects' Tribute," *The North China Herald*, Feb. 17, 1905。

49「中華國際工程學會」創建之初，即發行機關報刊。最初名稱為：Engineering Society of China, Report and Proceeding, 1901-1939，保存於上海市徐家匯藏書樓和大英博物館。1939年10月起改名為 *Journal of Engineering Society of China*，目前查到的最後一冊為May, 1941, Vol. II, No. 1.藏於大英博物館。

　　事實上，「中華國際工程學會」自創建以後並未取有中文名稱，直到1939年更名為 "Engineering Society of China"，始同時有中文命名——中華國際工程學會[50]。中文報刊在其未有中文命名之前則多稱之為「上海工程會」[51]。上海租界的新式建築和現代化等公共設施成長快速，使上海成為各國工程師精英匯聚之處，該組織順勢成長。1916年該學會會員已逾200人，會員擴大到歐美、日本和中國等國籍。1920年會員有254人，1924年成長到276人。在排外風潮激烈時期的1924-1928年間，會員人數仍有三百人之譜。1937年日軍攻陷上海，但對會務影響不大，會員約有347人，1939年會員中甚至有埃及人國籍。到了1940年會員達415人，太平洋戰爭前夕有456人[52]。

　　「中華國際工程學會」的第一位華籍會員是詹天佑，他於1905年加入該會，拓展了他與世界各國工程師接觸的機會，此一

---

50 最初名稱為 "The Shanghai Society of Engineers & Architect"。到了1912年，有鑑於近代工程學愈趨於專業和精細化，建築師們決定另組學會以和工程師專業區隔，該協會於1912年改為 The Engineering Society of Shanghai，當時並未取有中文名稱。Presidential address by N. W. B. Clarke, *Journal of the Engineering Society of China*, 1940-41, pp. 1-2, 9-13. 倫敦大英圖書館藏。

51 鄭保三，〈外國工師論我國工程學生之教練法〉，《教育與職業》，第12期（1919年12月），頁1。

52 "Note of History of the Society," *Journal of the Engineering Society of China*, 1940-1941, pp. 15-50. 關於上海「中華工程師學會」的歷史，詳見：WU Lin-chun, "Foreign Engineers' Activities in China and the Process of China's Internationalization: the Case of 'The Engineering Society of China', 1901-1941," pp. 375-403. 吳翎君，〈打造摩登城市與中國的國際化——「中華國際工程學會」在上海，1901-1941〉。收入：蘇智良、蔣杰主編，《從荒野蘆灘到東方巴黎——法租界與近代上海》（上海：上海社會科學院出版社，2018年12月），頁187-204。

起點也成為詹天佑日後建立中國本土的工程師協會──「中華工
程師學會」（1913）的參考藍本。有「中國鐵路之父」、「中國近
代工程之父」的詹天佑，是中國首批留美幼童之一，畢業自耶魯
大學土木工程學系，過去對他的研究中並未有人提到詹天佑曾是
上海「中華國際工程學會」的第一位華人會員[53]，他成為會員之際
（1905）正值擔任京張鐵路會辦兼總工程師。京張鐵路全長220公
里，須穿越長城內外的燕山山脈，爆破、興築隧道和橋梁工程，
面臨很大的工程挑戰；該線在資金和工程涉及各國在華競爭鐵路
事業的複雜問題，當時直隸總督袁世凱決定全由中國人自辦。後
來京張鐵路的完工被喻為成功打下中國人自行修建鐵路的開端，
1907年京張鐵路八達嶺山洞和居庸關山洞相繼打通後，二名外國
工程師考察該工程，對詹天佑至表佩服[54]。詹天佑加入上海國際工
程學會的學習和跨國交往說明了詹天佑時時觀摩西方先進工程技
術的進展，而工程實務和理論的相互發明，也促使他後來創辦中
國本土工程師學會的想法。

　　詹天佑病逝於1919年4月「中美工程師學會」創建前夕，當
然無緣加入該工程組織，但詹天佑曾加入中華國際工程師學會及
其與外國工程師群體的聯繫合作，顯然長期以來被人忽略了。詹
天佑過世後，留美的沈琪（慕韓）扛起交通部鐵路技術委員會的
重要職務，同時擔任起「中美工程師協會」的榮譽顧問，1921年
初「中美工程師協會」期刊詳細介紹了榮譽顧問沈慕韓的各項經

53　筆者據下述資料所發現。"Note of History of the Society," *Journal of the Engineering Society of China*, 1940-1941, p. 20.

54　詳見茅家琦、高宗魯，《詹天佑傳》（南京：江蘇古籍出版社，1987），詹天佑於耶魯大學的學士論文是〈碼頭起重機的研究〉（Review of Large wharf Crane），頁16、104。

歷[55]。

「中美工程師協會」的舵手陶德曾撰述〈中國的現代公路〉（Modern Highway in China）一文，道破外籍工程師在中國奮鬥中的種種艱難處境。其一，作為外國工程師在中國所面臨的困境是以現代科技投入的這個領域在中國並無前例可循，這是一個全新的領域，並無同道前輩可分享其經驗。此外，這個新領域阻礙年輕工程師在中國的發展，特別是建造公路，因為社會大眾對於公路的開拓並無明顯感受到好處，例如多數農民認為公路的開通是搶了農民耕作的良田，而讓商人和官員受益。他同時抱怨中國不誠實的地方官員在工程設施上的收受回扣，而外國工程師實在不擅於此道[56]。比較張謇和費禮門、詹天佑和陶德的事蹟，可以發現外籍工程師對中國的貢獻長期以來被中國民族主義所譽揚的「愛國工程師」勞苦功高的事蹟所淹沒，乃至於跨國工程師群間的合作，在歷史集體記憶的傳遞中被有意或無意地忽略了。

在北京的中美工程師協會係以中美兩國在北京政府交通部服務的工程專家為主要會員（兼有少數商業工程師），而在上海由英人創立的「中華國際工程學會」其組織和歷屆會長則是以洋人為主導的工程師群體，僅有少數華人。兩個組織均以促進中國的工程近代化和提升工程師的專業能力為宗旨，在中國分踞南北，並都發行具有學術性質的刊物。這兩個組織深有聯繫，彼此轉載文章或交換圖書或聯誼活動[57]，上海聖約翰大學校長伊利（John A.

---

55 "Mr. M. H. Shen," *JACAE*, Vol. II, No. 1, Jan., 1921, pp. 1-2.

56 此文最初發表於1926年9月號出版的《中美工程師協會月刊》（*Journal Association of Chinese and American Engineers*），後收錄於：O. J. Todd, *Two Decades in China*, pp. 218-222。內文所引見：頁219。

57 例如：中華工程師學會的文章 "Engineering and Economic" 為 Dr. H. Charley 於

Ely）甚且擔任「中華國際工程學會」會長（1933-1936）和「中美工程師協會」會長（1938-1940）[58]。

　　前述1918年由美東工程界留學生所籌組的「中國工程學會」與詹天佑創立的「中華工程師學會」（1913年創立），此兩會於1931年於南京舉行合併聯合年會，通過合併案更名為「中國工程師學會」[59] 1930年代在中國本土的華人工程師群體的合流與成功重整，使得以華人工程師認同的工程師團體聲勢蒸蒸日上[60]。並且，南京政府統一之後通過國家力量的操作，將各種工程技術專業人員有效地吸納到政府體制之中，尤其是以關乎國家基礎建設的鐵路工程與水利工程最為明顯，使得中國本土工程師群體的陣容和自我認同感愈來愈堅固。華北水利委員會往往同時邀請尚未合併的兩個中國本土工程師學會和「中美工程師協會」共同出席討論水利工程之新學理與經驗，以促進水利建設之實施，但獨缺上海「中華國際工程學會」，也可見中美工程師協會與中央政府的特殊友好關係[61]。

該年會發表，於1928年1月被《中美工程師協會月刊》轉載，*JACAE*, Vol. IX, No. 1, Jan., 1928, pp. 20-23.

58　"John. A. Ely," *JACAE*, 1938, Vol. XIX, No. 3, May-June, p. 137.

59　吳承洛，〈三十年來中國之工程師學會〉，收於周開慶主編，《三十年來之中國工程》，下冊（台北：華文書局，1969），頁9-13。

60　「中國工程師學會」在1931年的普通會員有2,169人，1936年有3,069人，1940年有3,290人（另加上26個團體會員）。房正，《近代工程師群體的民間領袖──中國工程師學會研究，1912-1950》，〈中國工程師學會會員人數統計表，1931-1949〉，頁61。

61　〈公牘‧函中國工程學會、中華工程師學會、中美工程師協會，請分函貴會水利專家出席華北水利討論會由〉，《華北水利會月刊》，第3卷第2期（1930），頁54。

　　由以上分析，我們可以看出中國本土工程師團體和「中美工程師協會」之間形成一個微妙的關係網絡，並且有著技術合作和政治權力的關係，亦和上海英人創立的「中華國際工程學會」南北相映。中國第一代工程師如詹天佑等人最早受益於上海的「中華國際工程會」，許多歸國留美學人也在北京「中美工程師協會」中逐步成熟，但在1930年代中國本土工程師團體逐漸壯大，並形成一股工程界的「本土化」（internalization）風潮（詳下）。此一過程對雄踞南北的兩個工程師協會造成了不同的影響，在北京的「中美工程師協會」會務和聲勢逐漸沒落；然而，以上海為主要根據地且吸納不同國籍的「中華國際工程學會」的會務並不受影響。甚且在1937年以後，上海淪陷，日軍尚未占領公共租界中、西區和法租界時，大量人力和資本進入而形成一度畸形繁榮的「上海孤島」時期，「中華國際工程學會」的會務仍穩定成長。上海租界的特殊地位使得「中華國際工程學會」得以運用其國際化（internationalization）因素持續發揮影響力。其後隨著太平洋戰爭的爆發，「中美工程師協會」和「中華國際工程學會」的會務都不得不被迫中止[62]。

三、聯結中國與國際工程知識的橋梁

　　早在一戰之後，中國本土的知識界報刊已留心轉載外籍工程

---

[62]「中華國際工程學會」會員在1935年有250人，1936年更打破300人之譜。為因應孤島時期快速興建的城市大樓和公共設施，此一組織大力倡導學徒制，通過和上海工部局的合作認證，以培育合格工程人才來保證上海公共租界的專業施工品質。詳見：吳翎君，〈打造摩登城市與中國的國際化──「中華國際工程學會」在上海，1901-1941〉，頁187-204。

師對中國如何培育工程師人才的文章，例如《東方雜誌》於1918年連續二期刊有法國工程師賴福萊（英文不詳）應震旦學院之邀，介紹世界各國之中學教育和高等專門學校如何培育工程師養成法[63]。1919年12月號的《教育與職業》雜誌，則以十頁篇幅譯介任職於滬寧和滬杭甬鐵路的總工程師克禮雅（A. C. Clear）及其助手顧烈斐（D. P. Griffith）合力發表的〈中國工程學生之教練〉一文，指出中國學生最大缺點即不能應用其由書本得來之知識於實際，又有多數學生其本質不合置身工程而學校不加阻止，一經任事則失敗隨之。「外國工程師多出世家，幼年時代觸目皆工事，常眩迷於機械事物，其遊戲品為引擎或火車或雛形機械⋯⋯中國學生泰半來自詩禮之家，藐視戶外工作而不屑。顏色淡白，指爪纖長，可見其少受日光未曾作手工也」。又提到中國學校教育制度專重記憶，而工程學必須著重數學思考，理論與實驗並進[64]。《中美工程師協會月刊》除簡要報導會務會訊之外，亦非常重視中國工程教育和人才培育等等議題，該學會討論的議題從工程學基本原理、工程實務經驗，延伸到中國工程界應用技術的標準化（standardization）和產品規格化（specification）、在中國技術專利的保護和推廣，均為該組織所深切關懷。近代中國高等教育中的工程學專業學科的奠基和工程師人才之培育並非本文

63　法國工程師賴福萊，〈工程師養成法〉，《東方雜誌》，第15卷第7號，頁99-105；第15卷第8號，頁115-118。

64　A. C. Clear and D. P. Griffith, "Chinese students in Engineering, Education and Training," *Engineering Society of China, report and proceeding*, 1916-1917. pp. 254-255. 1917-1918, p. 240。原文係發表於上海「中華國際工程學會」。鄭保三，〈外國工論我國工程學生之教練法〉，《教育與職業》，第12期（1919年12月），頁1-10。

之目的，本節偏重此一協會所扮演的聯結中國本土與國際工程知識的橋梁。

（一）倡議工業標準化

「標準化」為歐洲第二波工業革命以後的產物，奠基於標準化零件可相互轉換的便利性，使得近代工廠得以操作大量生產方式。19世紀末工業競爭愈為劇烈，獲利邊際越來越難，企業主乃採取更有效率的科學管理，使物資、勞力和機械三者作最有效的利用。標準化和科學化管理的結合，更進一步推動了近代工廠的「生產裝配線」運作，在歐美等先進國家開啟了工業化時代的新紀元。尤其是美國科學管理之父泰勒倡議科學管理法以提高有效的工作方法和生產效率，施行標準化原理（例如工具標準化、操作標準化、勞動動作標準化等理念），並且使勞資雙方在科學化管理中共同受惠的主張，在歐美國家大受歡迎。學者普遍認為1880年代以前，美國為工業技術革新所做的貢獻不大，但在企業和工廠管理方面，美國卻是真正的先行者。大批生產標準化的商品物件，這些具有互換性的零件，隨時可進行簡單組裝，成就了「美國製造體系」的世代。美國聯邦政府首先將這種體系應用到兵工企業的生產，後來又廣泛運用到整個美國製造業，最終傳播到全世界的製造行業[65]。1920年擔任商務部部長（Secretary of Commerce）的胡佛（1929年出任美國總統），因出身自工程企業家及其對工業化時代的深刻體認，在擔任部長任內更是指揮商務部轄下的「國家標準局」（The National Bureau of Standards）大力

---

65 J. R. McNeill and William H. McNeill, *The Human Web: A Bird's-Eye View of World History*（W. W. Norton & Company Inc., 2003）, p. 242.

推動工業標準化[66]。

「中美工程師協會」的會員——不論是一戰以後陸續歸國的留美學生或美籍工程師，都是見證美國推動工業標準化風潮並帶動美國工商製造業而有所感知的一批專業人士。而留美企業家穆藕初則是最早將泰勒 *The Principles of Scientific Management* 一書譯為《學理的管理法》，並引進中國的第一人（參見本書第四章）。工業標準化和科學化管理，這兩件關乎近代中國工程和新式企業的革新，莫不與工程師群體和商人團體的引進息息相關。

工業標準化在中國的實施，最早係由一批外籍工程師在上海租界首倡電力標準化為始，然後逐漸擴展到鐵路等其他事業。1914年1月，在兩位工程師威廉斯（R. A. Williams）和古柏（J.S.S. Cooper）的力促下，上海「中華國際工程學會」首次成立「電力標準化委員會」。此一委員會自許能在中國有所作為：「這是電力工程的歷史時刻，如果委員會可以成功推動此事，不僅只是對中國造成影響，更是走在歐美國家之前，無庸置疑標準化將是世界的趨勢」[67]。後來由於第一次世界大戰爆發，1917年中國參戰且加入協約國（Allies）方面，位於上海租界的「中華國際工程學會」乃英國人所創，以英人為首的協約國家會員便以此一理由要求敵對的國家會員退出該組織，造成該學會的首次分裂，電力標準化

---

66 美國國家標準局1901年經美國國會提案而設置成立，最早功能是測量標準的檢驗室。1903年正式隸屬商務部，推進標準，促進技術，並以獎勵技術革新帶動美國在國際的工商業競爭力成為目標。胡佛出任商務部長的職位後，更是標準化的大推手，他甚至直接召集工業家齊聚一堂開會，商討合力推動標準化的細節。Daniel Immerwahr, *How to Hide an Empire: A History of the Greater United States*（New York: Farrar Straus and Giroux, 2019）, pp. 300-306.

67 *Engineering Society of China, report and proceeding*, 1915-1916, p. 171.

圖6-6：美國鐵路工程師藍道夫（Richard W. Randolph）考察長江上游的湖廣鐵路西段，地方官和士兵共同保護其安全。
資料來源：*Journal of the American Asiatic Association*, Aug., 1919.

的合作運動也因而中斷 68。

　　一次大戰後在華盛頓會議所倡導的合作精神之下，1920年代「中美工程師協會」與上海「中華國際工程學會」同時倡議「標準化」。不同的是上海「中華國際工程學會」關注的是電力標準化，而「中美工程師協會」則較關注鐵路標準化。可能是由於前者的會務以上海租界設施為主，電力設備攸關上海外人生活的便利和各式新式工廠的運轉，而「中美工程師學會」的會員則多任職交通部，中國鐵路統一和鐵路標準化議題最為所重，顯現兩個學會的不同關懷。「中美工程師協會」在1920年11月曾有專文探

討「標準化」的重要性，此後一再闡釋標準化與鐵路統一對近代中國工業化的必要性[69]。然而不論電力標準化或鐵路標準化均有賴於中國與各國的通力合作，特別是後者關係近代以來各國在華築路所涉的路權和規格化問題，這一目標若非有一強而有力的中央政府之推動，勢難達成。

就中國政府而言，最早關注的「工業標準化」是從鐵路標準化工程開始，然後逐步向其他經濟生產和科學管理擴散開來的。南京政府成立後，曾宣布統一全國度量衡標準，直到1931年南京政府始在經濟部管轄下成立工業標準委員會，始有初步的成果[70]。曾任實業部度量衡局首任局長（1930年），並大力推動工業標準化的吳承洛定義「工業標準化」，亦即「實業合理化運動」（the movement for industrial rationalization），包括管理科學化、組織協作化和物料標準化。他特別提到中國的標準化運動始於歐戰期間交通部之整理鐵道會計，統一統計，曾邀請美國專家擔任顧問[71]。可以說工業標準化在中國的推動，一開始就受到美國方面的影響。

工業標準化運動關乎南京政府對內推動工業建設的成效，也攸關中國要與世界先進國家的工業化標準接軌的重大意義。事實上，直到1926年國際標準化協會（International Federation of the

---

69 "Standardization," *JACAE*, Vol. I, Vol. I, No. 11, Nov., 1920, pp. 3-7.

70 《中國工程師學會會務特刊》，1942年第9卷第1期，頁7。

71 吳承洛，〈中國工業標準化之回顧及今後應採途徑之擬議〉，《工程》，1943年第5期，頁9-27。內文所引在第12頁。該文並介紹英、美、法、比、德國、蘇聯、日本等國工業標準之系統分析，論述中國必須實施工業標準化及設置相關機構。吳承洛（1892-1955）係留美背景的化工學家，南京政府成立後曾任實業部度量衡局局長、中央工業試驗所所長、經濟部工業司司長和商標局局長等職，關於他與近代中國工業標準化的推動，可參見吳淼，《吳承洛與中國近代化進程》（上海：復旦大學出版社，2011年），頁107-133。

National Standardizing Associations，簡稱ISA）始正式成立。南京政府工業標準委員會對標準化的認識和推動完全順應當時世界工業發展的潮流，時間並不算晚。1930年代國際標準化協會促進各國求取以下工業標準化議題，例如：公差長度和配合度之國際系統（International system of tolerance limits and fits）、自動車之零件、螺釘螺帽規格、農產品輸出分類等級、汽管嘴和節氣鑰之形式、航空發火器之樣式、標準數用於檢定機械標準之大小、工藝製圖之國際規則等等議題，緊鑼密鼓展開，可惜後來因為第二次世界大戰爆發而停擺[72]。戰後在聯合國標準協調委員會（United Nations Standards Coordinating Committee，簡稱UNSCC）的提議之下，成立一個新的全球標準團體。1946年10月，ISA和UNSCC來自25個國家的代表齊聚倫敦，同意聯合起來創建新的國際標準組織（International Organization for Standardization，ISO），1947年2月正式開始運作[73]。而也在同年（1947）年3月，南京政府工業標準委員會與全國度量衡局合併，成立經濟部中央標準局，逐步朝向與國際標準化體系的接軌[74]。工業標準化在全球各國的推動都是來自工程師及其團體，在中國的發展亦是如此，而其最後的一致目標則必須仰賴全球的國際合作。

（二）借鑑國際經驗──鐵路工程和水利工程之推動

「中美工程師協會」的重要成員均為交通部官員或美國顧問

---

72 維翰（譯），〈1934年國際標準化會議概況〉，《工業標準與度量衡月刊》，第2卷第3期（1935），頁27-30。

73 International Organization for Standardization（ISO），官網https://www.iso.org/home.html（2018年10月1日下載）。

74 中央標準局，《中央標準局概況目錄》（南京：中央標準局，1947），頁1。

專家，兩大公共工程議題最受關注：一、鐵路工程；二、水利工程。1920年2月間，交通部連續召開第一次公共工程會議和第一次機械工程會。創刊號刊出這二次會議的開幕致詞，特別強調中國統一全國鐵路的擘劃應該借鑑於同有廣大領土的美國其建造鐵路之經驗[75]。該會認為20世紀初美國在鐵路標準化的設計和實務領先其他國家，而此一優勢主要來自數個不同工程技術學會和獨立組織的合力研究成果，期許「中美工程師協會」亦應在中國發揮同一作用[76]。沈慕韓和熊希齡於該協會的致詞中再三強調標準化對中國統一鐵路工程的重要性，而北京政府已延攬了一批重要的技術顧問來協助建設中國鐵路，顯現北京政府交通部銳意推動現代化工程的決心[77]。1923年該協會的通訊中提到交通部內部檢討當時中央政府所掌控的數段鐵路標準不一，不利於國防和經濟發展[78]。由於清末以來中國鐵路的路權掌握在不同國家銀行和財團手中，鐵路規格和貨運計算等標準的不一致，加深中國交通的效率

---

75 "An Opening of First Civil Engineering Conference in Peking," Speech by the Minister of Communication, *JACAE*, Vol. I. No. 1, Sep., 1920, pp. 14-15. （創刊號）

76 "The Commission on Railway Technics," *JACAE*, Vol. I. No. 1, Sep., 1920, p. 10。本文提到的協力單位有：The Master Car Builders' Association, the American Railway Master Mechanics' Association, The American Railway Engineering Association, the American Society for Testing Materials, The Railway Signal Associations 等。

77 1918年1月交通部成立鐵路技術委員會，延聘中外技術專家，討論各項技術標準化，鐵路標準化為首要工作。沈慕韓（沈琪）任鐵路技術委員會會長。"The Commission on Railway Technics," *JACAE*, Vol. I. No. 1, Sep., 1920, pp. 6-8. "Speech by the Minister of Communication," *JACAE*, Vol. I. No. 1, Sep., 1920, pp. 14-15.

78 "Standardization of Government Railways," *JACAE*, Vol. IV, No. 10, Dec., 1923, pp. 26-28.

和管理統一工作，因而此一工作的推動則有賴於各國的通力合作。由協會的報導可看出北京交通部技術官僚的深具國際視野，但當時中國鐵路統一議題除了列強在華的利益嫌隙之外，尚有中國官場無法化解的政治派系對立因素，該協會的學理論辯並不受用[79]。次年該協會邀請南洋大學汽車工程學教授江超西演講，題為「建築中國道路可以發達在華萬國工程市場」，提出「振興交通，以築鐵路為最佳。但鐵路成本雄厚。現國庫空虛，徒興力不從心之歎。故今最易辦之法，當推建築道路」。不論如何，交通事業為中國亟需發展之實業[80]。

　　「中美工程師協會」可說扮演了聯結中國與國際工程知識的橋梁。1921年3月，有一華人會員參加「美國機械工師學會」（American Society of Mechanical Engineers）年會，並報導了此次會議的重點，他山之石，可以攻玉，文末評述如何將美國經驗轉換於中國。鑑於大戰後美國鐵路發還私營，民間企業與政府管理法規的爭執不斷，如何有效管理運輸的問題成為該次會議的討論焦點；中國作為鐵路工業尚在起步的後發國家，他認為中國的鐵路事業或應由政府統一建造或掌管，但鐵路管理的內部權責則必

---

79 太平洋會議前後中國嚴重陷入派系政爭風潮，鐵路統一之正反爭議，成為親美研究系（贊成）和親日交通系（反對）互相詆毀的帽子，親日和親美派系雙方都對中國主權有所論述，但因派系恩怨淹沒理性的政策論辯，以致無法平心靜氣討論中國鐵路該如何統一的方案。吳翎君，《美國大企業與近代中國的國際化》，頁170-175。「中美工程師協會」年會的討論議題係從學理上論辯中國必須有統一的鐵路規劃，但其管理上並非交通系所指稱中國鐵路將以「統一」之名而淪為列強共管。

80 江超西時兼有滬太汽車公司顧問工程師並道路協會編輯部名譽幹事，〈中美工程師會月會江超西之演辭〉，《申報》，1924年3月22日，汽車增刊第2-3版。

須分開且有效管理，避免各單位事權衝突[81]。「中美工程師協會」的榮譽會員溫德爾是黃河鐵橋的工程專家，他於1921年會主題發言中比較了中美兩國鐵路發展的不同，稱道中國現今鐵路事業的情況就如同50年前的美國，惟有一明顯的例外，亦即美國鐵路是聯結偏鄉與都市的運輸系統，以交通帶動經濟開發和人口遷移，但中國的鐵路線係建造在人口稠密的都市，美國鐵路往往要營業多年後才開始賺回本金，在中國則不然，鐵路通車後很快就有經營利潤。他建言中國鐵路事業在快速獲利之下更應注意鐵路管理與發展規劃等長遠效益[82]。溫德爾於1921年返美任職紐約市的國際工程顧問及其他部門，活躍於國際工程界。1928-30年間他再次被國民政府交通部所延攬，擔任鐵路技司部門顧問。溫德爾在華盛頓美國工程學會（American Association of Engineer）和美國國家福利工程學組織（The National Welfare Engineering Organization of United States）的支持下出版一本書《工程專業指導》（*Vocation Guidance in Engineering Line*），邀集了世界著名工程師和學者撰述參與大型工程計畫的專業考察和實務經驗的分享，是一本針對年輕工程師的教戰手冊，共有52作者參與，厚達550頁之多，含50張全開的工程圖片，該書編寫計畫從1926年著手，直到1933年才發行。「中美工程師協會」於1933和1935年兩度介紹溫德爾其人和該書撰述目的，陶德至為推崇本書的重要貢

---

81 "The Annual Meeting of the American Society of Mechanical Engineers," *JACAE*, Vol. II, No. 3, Mar., 1921, pp. 8-11.

82 "Address by Dr. Waddell," *JACAE*, Vol. II, No. 6, June, 1921, pp. 1-12. 關於黃河鐵橋工程案，詳見吳翎君，《美國大企業與近代中國的國際化》第7章〈技術團隊投資案——美國工程顧問公司與黃河鐵橋投標案〉，本文不贅。

獻[83]。

黃河和淮河水患問題為中國數千年黎民之苦艾，中國水利工程的進展和世界最新工程技術相關訊息，是「中美工程師協會」創刊之初的另一關注焦點。清末以來中國與西方的接觸，使得外籍工程師得以將西方水利技術與經驗轉移至中國；20世紀以後因交通資訊的便捷和人道救援問題，中國黃淮流域的治理受到國際救援團體的關注，不僅有美國紅十字會派員前來，1921年更成立跨越國際的非政府組織——中國華洋義賑會（China International Famine Relief Commission, IFRC）的成立[84]。華洋義賑會的成立時間和中美工程師協會相近，不同的是前者關注國際協力賑災，以更加科學化和專業化的中外合作方式，統籌財力、人力和物力，期使建立更為有效的全國賑災網絡和急難救助的經營組織；而後者——「中美工程師協會」則著重引進防災工程、實務操作的方法、解決工程挑戰和困難。該協會偶亦報導華洋義賑會的活動，反映了彼此的資訊互流[85]。

---

83 溫德爾為美國橋梁工程界的重要人物，曾參與加拿大、日本、古巴、蘇俄和紐西蘭的大橋計畫，於民國初年曾擔任黃河鐵橋工程顧問委員會的委員，負責審查招標事宜。1916年溫德爾曾撰有一本工程學專書，暢言世界各地興建大型橋梁工程之心得和經驗，從工程學理論到建造個案的研究，共兩大冊80章節。1933年則為總編最新的工程學專書。"Vocation Guidance in Engineering Line," *JACAE*, Vol. XIV, No. 5, Sep., 1933, pp. 4-6; C. Calor Mota, "Dr. J. A. L. Waddell," *JACAE*, Vol. XVI, No. 6 , Nov.-Dec., 1935, pp. 340-343.

84 關於華洋義賑會的研究，參見：Andrew James Nathan, *The History of the China International Famine Relief Commission*（Cambridge, Mass.: Harvard University Press, 1965）. 黃文德，《非政府組織與國際合作在中國：華洋義賑會之研究》（台北：秀威資訊，2004）。

85 "China International Famine Relief Commission, Extract from the Annual Report," *JACAE*, Vol. V. No. 4, Apr., 1924, pp. 9-20.

圖6-7：北京政府黃河鐵橋委員會的技術顧問，1921年。左4，著深色西服者為美國工程師溫德爾。
資料來源：*JACAE*, Vol. 11, No. 8, Aug., 1921.

　　1928年南京政府成立後建設委員會的設置，統籌和強化了淮河水利的中央管理，次年成立導淮委員會，並引進國際技術和金融組織參與淮河治理。1930年代初在「國聯與中國技術合作委員會」（Committee of the Council for Collaboration between the League of Nations and China）的協助下又有一批工程專家協助各地水利工程，導淮工程事實上轉由國際聯盟接手，派遣外籍技術專家成為南京政府和國聯具體合作的重要項目[86]。1931年中國第一

86　張力，《國際合作在中國——國際聯盟角色的考察，1919-1946》（台北：中央研究院近代史研究所，1999），頁154-163。本書提到國聯專家所考察之水

個民間水利學術組織──中國水利工程學會成立，李儀祉被推選為會長。李儀祉於1916年自歐洲遊學回國後即投入黃淮水利和水利人才培育，1933年出任黃河水利委員會委員長兼總工程師後，延攬了一批自歐美回國的水利技術專家。李儀祉所率領的工程團隊借鑑並再次研究了美國紅十字會（1914）、江淮水利局（1919）、安徽水利局（1919）、費禮門（1920）、全國水利局（1925）等各種治淮方案，並提出整治中國水利的調查報告[87]。中國整治水利的工程學和技術問題始終是《中美工程師月刊》的重要訊息，可以看出許多工程技術人員是在實施工程中成長起來的，著名的河工專家溫德爾和陶德常發表他們在中國各地考察工程進度的文章。中國水利專家李書田（該協會終身會員）和北洋大學教授汝人鶴（Ju Jen-Hao）於1934年9月共同於該刊宣告中國成立第一個水利實驗室的歷史經過和雄圖目標的長文[88]。可惜的是黃淮水利工程於1937年春國民黨政府為了阻止日軍從東北南下，蔣介石下令炸開河南花園口的黃河大堤，河水整治工程最後

利工程有：一、導淮工程；二、華北水利；三、黃河水利；四、揚子江水利；五、綏遠灌溉工程；六、陝西灌溉工程；七、山西水利工程。國聯方面的檔案，收藏於：League of Nations Archives, Geneva. "Technical Collaboration with Chinese Government: Transit Question," No. 50-22799-610.

87 David A. Pietz, *Engineering the State: The Huai River and Reconstruction in Nationalist China, 1927-1937*, Ch. 3, pp. 45-46. 李儀祉曾在柏林大學和丹斯哥大學學習，1916年回國，先後在多個部門任職，包括張謇創辦的河海工程專門學校。擔任導淮委員會總工程師後延攬了一批水利工程師，包括曾於德勒斯登頓技術學院接受水利工教育的沈怡，後來沈怡成為全國資源委員會的核心成員。來自漢諾威大學的水利工程教方修斯任導淮委員會工務處的技術問，提交淮河流域的調查報告。

88 "The First National River Hydraulic Laboratory of China," by Li Shu-Tien and Ju Jen-Hao, *JACAE*, Vol. XV, No. 5, Sep., 1934, pp. 39-46.

中斷於對日戰爭中的國家軍事目的，此一犧牲數十萬無辜村民被淹死的慘劇，究竟為抵擋日軍侵略之成功戰略或者過當手段引起不同爭議[89]。此後太平洋戰爭的加劇和隨後爆發的國共內戰，以致基礎建設難以開展，一些工程師率領勞工冒著生命危險搶通交通運輸的情形，成為戰爭中驚險英偉的故事[90]。

四、國際合作與中國工程師團隊的形成

19、20世紀之交，工程師的全球移動已非常普遍，以協會創刊時的榮譽顧問史蒂文生而言，他是建造美國大北鐵路公司和巴拿馬運河總工程師（1905-1907）。1917年俄國大革命後，以美國技術委員會主席身分協助俄國臨時政府整頓西伯利亞鐵路（Trans-Siberia），臨時政府垮台後擔任協約盟國技術委員會（Inter-Allied Technical Board）的會長，負責中東鐵路和西伯利亞鐵路的管理和運作[91]。1921年1月，該協會刊出美國廣益投資公司副總裁亨利（該協會榮譽會員）的專文談論〈工程師的合作〉，廣益投資公司為一戰後由美國華爾街大財團組成的全球投資公司，中國市場為其目標之一。這篇文章的主旨強調「中美工程師協會」應拋棄個

---

89 David A. Pietz, *Engineering the State: The Huai River and Reconstruction in Nationalist China, 1927-1937*, pp. 116, 120-121.

90 陶德於1940年代重返中國參與聯合國戰後救濟總署（UNRRA）的黃河水利和救災工程，因為該工程艱巨而重要，且因國共內戰不斷，以致工程時而被迫中斷，過程充滿驚險。Jonathan D. Spence（史景遷），*To Change China: Western Advisers in China*（New York: Penguin books, 1980, reprinted in 2002），pp. 205-216。

91 "John F. Stevens," *JACAE*, Dec., Vol. I, No. 4, 1920, pp. 1-2.

人成見以該組織的團體力量改造中國[92]。

　　作為工程技術團體組織，該協會的活動和發表的期刊論文有一特點是談論「國際主義」（internationalism）、國際合作（international cooperation）以及對工程師的社會責任和自我期許，這一想法貫穿該協會在華歷史並形成該協會以工程建設改變中國的理想主張，特別是在創刊初期有多篇文章論述此一觀點。為何創刊初期特別強調國際合作和知識文化上的國際主義？此一情況呈現大戰後知識分子對於國際和平的渴盼，工程師的跨國活動經驗更讓他們體認藉由工程合作來消弭各國人民之間的仇恨與對立。會員美國都市計畫專家與工程師古德里奇（Ernest P. Goodrich, 1874-1955）於1921年2月所撰〈國際主義在工程界〉（Internationalism in Engineering）一文最能代表歐戰後工程師群體對科技文明所帶來的戰爭破壞的焦慮感，冀盼各國工程師對戰後各國的迅速重建有更大的責任感，對於以跨國合作來減緩軍國主義的復甦寄予希望[93]。

　　1922年美國工程理事會（American Engineering Council）由斯泰潘內克（Bedrick Stepaneck）提議成立世界工程學基金會（World Engineering Foundation），通過以國家為單位代表各國來

---

92 Philip W. Henry（Vice-President, American International Corporation），"Cooperation Among Engineers," *JACAE*, Vol. II, No. 1, Jan., 1921, pp. 3-4.

93 Ernest P. Goodrich, "Internationalism in Engineering," *JACAE*, Vol. II, No. 2, Feb., 1921, pp. 3-5. Goodrich在1905年獲美國工程學會頒給35歲以下的年輕工程師的獎項柯靈烏（Collingwood Prize）。1910-16年於紐約曼哈頓公共部門，此後曾在上海和南京，參與黃埔江擴充計畫，1930年創辦交通工程師協會（Institute of Traffic Engineers），於1930-1932年間擔任會長。此人與中美工程師協會中1927年天津通訊員R. D. Goodrich（任職河北水利委員會）為不同人。

召集國際工程大會的構想，而且此一組織將以每一國家只能有一個工程學會作為國家代表會員[94]。成立「工程師世界聯盟」（The World's Federation of Engineers）構想終於在1929年10月29日在東京舉辦為期十天的「萬國工程會議」（World Engineering Congress，或譯「萬國工業會議」）受到廣泛的重視，這次會議由日本工程學會（Nihon Kogakkai）所籌劃，是東方與西方暨全球工程師互相合作的一次具指標意義的大會。各國代表承諾朝此一目標努力，喊出「團結將使我們站立，分裂就倒下」（United We stand, Divided We fall）[95]。萬國工程會議是主要以國家為單位的國際會議，「中美工程師協會」儘管標榜國際合作，但不具有代表單一國家的象徵身分，而在這次會議中國工程界的代表──「中國工程學會」在政府支持下派出二十餘人參加，與會者深深感到參與國際頂尖工程組織的榮耀[96]。然而，「中美工程師協會」的成員並沒有缺席這次東京的萬國工程會議，現任會長陶德、前會長施肇基和兩位富有聲望的榮譽會員費禮門和溫德爾等人都參與了這次盛會，施肇基還在《中美工程師協會月刊》記載此次國際工程師盛會的情形[97]（圖6-8）。大會中美國代表著名的發明企業家史

94　Oct. 16, 1935, Presidential Address by J. A. Fly, *Engineering Society of China, Report and Proceeding*, 1935-36, p. 6.

95　*Engineering Society of China, Report and Proceeding*, 1935-36, p. 7. *Proceedings: World Engineering Congress, Tokyo, 1929*, published by Tokyo: World Engineering Congress, 1931.

96　〈中國工程學會將參加萬國工程會議〉，《申報》，1928年8月28日，第14張。〈本會在國際間之榮譽〉，《中國工程學會會務月刊》，1930年5期，頁5。

97　S. C. Thomas Sze, "The World Engineering Congress, Tokyo, 1929" *JACAE*, Vol. X, No. 4, Dec., 1929, pp. 3-5. 由於中美工程師協會係以英文發行，英文誤將李書田的姓打成Liu。照片合影的中文名字均為筆者比對，故以英文在前，中

圖6-8：中美工程師協會成員在1929年東京萬國工程協會的合影，於帝國
飯店。由左至右為李書田、H. E. Wessman, M. T. Shen, Y. Y. Wu, O. J. Todd
（陶德）、T. K. Kao（高大綱）、榮譽會員費禮門（John R. Freeman）、榮譽
會員溫德爾（J. A. L. Waddell）、F. S. Williams, J. H. Ehlers、施肇基、王寵
佑（C. Y. Wang）
資料來源：*JACAE*, Vol. X, No. 4, Dec., 1929.

派瑞（Elmer A. Spery, 1860-1930）發表文章，對當前工程師的社
會地位終於獲得社會肯定表示欣慰，也意味著工程師對全世界的
人類福祉有更高的使命[98]。

　　1930年代中國本土工程組織在南京政府的扶植下愈來愈為壯
大，加深了對中國本土工程團體的認同之際，而一批留學美國的
工程師同樣也參與了中國本土工程師協會，當然分散了中國工程

　　文在後呈現。

98 Elmer A. Spery, "Recongnition of the Engineer and the American Engineering
　　Societies," *JACAE*, Vol. X, No. 4, Dec., 1929, p. 22.

師對於「中美工程師協會」的向心力，因此參與活動的人數逐年下降。更重要的是「中美工程師協會」樂見中國成立本身專屬的工程學會，培育和提升中國工程人才本來就是該協會創建宗旨之一，他們與中國工程師協會之間並無一種競爭關系。1929年工商部咨議建設委員會派代表參加東京7月19日舉行的世界動力會議（World Power Conference），並由財政部撥款籌組世界動力會議中國分會（Chinese National Committee of Word Power Conference）；在擬組成的中國分會名單中除鐵道部等政府機構、大學教育單位和中央研究院之外，民間社團就是中國科學社、中國工程學會和中國礦冶工程學會[99]。1931年在德國柏林舉行的「世界動力協會會議」由「中國工程師學會」上海分會會長黃柏樵帶領會員參加。1936年在華盛頓舉行第三次「世界動力協會會議」和世界第二次巨壩會議，「中國工程師學會」積極派員參加，中國工程師以國家代表隊身分參與國際工程大會的成軍，大大提升中國本土工程學會的國際知名度[100]。

　　誠如柯偉林（William Kirby）所指出1928-37是中國邁向「工程國家」或「技術官僚治國」的誕生階段，中國開始由一批技術專家來規劃中國的基礎建設，這一理想固然和孫中山的實業計畫藍圖有所淵源，但是在南京政府時期通過建設委員會、資源委員會等組織，並尋求國際聯盟技術專家的合作，積極推動全國

99　工商部咨建設委員會，〈本部提出請代出席東京會議及組織萬國動力協會中國分會議案已奉令修正通會相應咨請查照由〉，附「世界動力協會中國分會組織大綱」，1929年7月3日。中央研究院近代史研究所藏，《建設委員會檔案》，23-25-00-017-01。

100　〈中國工程師學會二十四年度會務總報告：關於推派代表參加世界動力協會會議事項〉，《工程週刊》，第5卷第10期（1936），頁3。

大型建設和公共工程，國外技術團體的人脈和資源被有效整合到中央政府內部，逐步完成國家基礎建設的藍圖[101]。從1930-1935年「中美工程師協會」的主要幹部由任職交通部鐵路司、經濟資源委員會、黃埔江水利局、華洋義賑會或華北水利會等會員分任（附錄6-3），可顯現南京中央政府與「中美工程師協會」會員的統合密切關係。

　　「中美工程師協會」的組織動員和活力在1930年代以後已不如創刊之初，使得該協會在1935年以後刊物改為半年刊，會員數下滑到130人左右。1930年代「中美工程師協會」的會長和委員不乏由學者擔任，學者特質反映在此一時期的刊物上，強調培養工程教育人才和教育機構的重要性，並闡揚工程師應具有人文精神的涵養。1932年7月《中美工程師協會月刊》刊出美國胡佛總統擔任商務部長時所撰的一篇〈向工程師致意〉（"A Tribute to the Engineers"）文章，美國胡佛總統年輕時曾任大清帝國工程師，靠採礦起家並由此致富。胡佛提及美國當時約有20萬名訓練有素的工程師，他個人覺得工程師的地位在美國愈來愈崇高，幾乎已

---

101 柯偉林探討經濟資源委員會和國聯技術顧問的技術合作對重建南京新政府的工業生產戰略和建設目標的作用，並提出南京政府時期工程專家的形成如何影響戰後台海兩岸工業建設方針的宏觀解釋。William C. Kirby, "Joint Ventures, Technology Transfer and Technocratic Organization in Nationalist China," *Republican China*, 12, no. 2（April 1987）. Kirby, William C. "Engineering China: Birth of the Developmental State, 1928-37," in Wen-hsinYeh ed., *Becoming Chinese*（Berkeley: University of California Press, 2000）. pp. 137-160. William C. Kirby, "Engineers and the State in Modern China," in William P. Alford, William Kirby and Kenneth Winston, eds., *Prospects for the Professions in China*（Routledge Studies on Civil Society in Asia. London: Routledge, 2010）, pp. 283-313.

等同於「紳仕」（gentleman）；期許美國工程師團隊以工程專業把握機會改變時代，並應積極為社會發聲[102]。

1935年「中美工程師協會」舉辦「為何要加入一個工程師學會討論會」（Why Join an Engineering Society-A Symposium），再度強調加入學術社群的重要意義。由溫德爾擔任主持和引言人，引言題目「機會」（Advantages），強調工程師對世界的進步負有積極責任，尤其是該組織的中美會員多位居中國政府公共工程的要職，掌握建設中國為工程國家的命運，如果沒有工程師的巧手和睿智，就沒有發展和進步。交通部王景春的致詞則強調工程師的人道主義關懷，期勉年輕工程師全心投入國家改造的建設[103]。1936年於國立北平圖書館召開第16屆年會，會長丁恩（S. M. Dean）時任華北工程技術學校校長（North China School of Engineering Practice），在開會致詞中表示將邀請美國四大工程師學會成為「中美工程師協會」之組織會員，同時「中美工程師協會」會員也可以加入美國四大工程學會，以壯大協會的聲勢[104]。次年第17屆年會決議函請美國各大學及工程專家成立中美工程師協會分會，並且每年設置工程論文獎學金200元，以在華就讀工程學院的大學四年級生中，徵求論文比賽[105]。然而「中美工程師

---

102 Herbert Hoover, "A Tribute to the Engineers," *JACAE*, Vol. XIII, No. 4, July, 1932, pp. 24-29.

103 "Why Join an Engineering Society-A Symposium," *JACAE*, Vol. XVI, No. 5, Sep.-Oct., 1935, pp. 268-274.

104 這四大學會指的是：美國土木工程學會、美國礦冶工程師學會、美國機械工程師協會和美國電機工程學會。《時事月報》，第14卷第6期（1936），頁36-37。此次會議由鄭華當選會長，李書田為第一副會長，史篤培（美籍）為第二副會長。

105 《時事月報》，第16卷第6期（1937），頁33-34。

協會」在華的光輝時代已結束，1938年會員數僅138人[106]。

筆者認為創建於一次大戰後的「中美工程師協會」見證了跨國工程師群體如何在南京政府成立後被有效地吸納到國家基礎建設的行列中，而該協會不僅見證此一過程，且大力協助中國培養自己的工程團隊。1929年陶德已在中國服務近十年，這位「中美工程師協會」和華洋義賑會的靈魂人物感於十年前和他一起來華的美籍工程師多已返美，中國的公共建設從鐵路、公路和河水整治都需要有資深工程師的帶領，而目前亟待開展的各項公共建設急需有工程專業的人才投入。他積極呼籲中國應培養自己的本土工程師，讓從歐美回國的中國年輕工程師從實地考察中累積實務經驗，而他也大力促成他的母校密西根大學遣送工程畢業生來華參與中國政府的各項基礎建設；他強調引進西方最新的工程方法改善中國人的生活，可能成就一場偉大而務實的教育運動[107]。雖然就「中美工程師協會」內部文獻未見到會員們對會務沉寂趨勢的具體回應，但我們可以看到一種跨越國境的高度胸襟，主張工程師群體應堅守專業回饋社會和人群；更重要的是這些訊息不論來自中國或美國會員，均透露「工程師」在中國已然形成一種專業身分的認可，且與國家建設和社會責任的期許連結一氣。可以說「中美工程師協會」在參與建設中國藍圖的同時，也展現了一種世界主義對人類共同進步的追求高度。

---

106 "List of Members," *JACAE*, Vol. XIX, No. 2, Mar.-Apr., 1938, pp. 95-102. 此外，《時事月報》，第16卷第6期（1937），頁33，提到第17屆年會會員有四百餘人，係有誤。

107 O. J. Todd, "A Practical Educational Movement," *The China Weekly Review*, Jan. 26, 1929, Reprinted in *Two Decades in China*, pp. 316-319.

小結

　　創建於一次大戰後的「中美工程師協會」一方面是中美政府友好關係下的產物，由一批留美歸國的工程學精英和美籍工程師為主要會員的群體組織；另一方面也呈現一戰以後文化國際主義全力發展的時代，大戰的毀滅性破壞，促使歐美知識精英和藝文人士期望從教育、文化和藝術展演等方面，取代國際政治和軍備的競爭[108]。此一組織與「美國工程學會」的關係相當密切，該學會榮譽會員也都是美國工程界的領軍人物。《中美工程師協會月刊》除討論工程專業文章之外，亦常於會訊報導正進行的中美政府合作工程的進度和困難，同時對於國際工程界的最新訊息亦深為關注。不論就該協會刊載的學術刊物或工程訊息或推動標準化等主張，均與全球技術革命同聲共息，可說中國直接受惠於歐洲19世紀中葉以後第二次工業革命的技術成果與技術觀念的創新。

　　隨著南京政府大力運用國家力量和中央資源，國外技術團體的人脈和資源被有效整合到政府內部和國家策略目標，以及1930年代「中國工程師學會」的專業功能愈來愈為完備並且以國家代表隊身分參與國際活動，而以國家為單位的國際工程組織如「萬國工程會議」也適時成立，在國族主義大纛下更加鞏固了本土工程師的自我認同感。原本以中美友好和文化國際主義為號召的「中美工程師協會」之功能和作用，在此一情勢之下逐漸退場。儘管如此，迄於太平洋戰爭爆發前夕，「中美工程師協會」始終

---

108 Akira Iriye, *Cultural Internationalism and World Order* (Baltimore: The John Hopkins University Press, 1997), p. 184. Akira Iriye, "Culture and Power: International Relations as Intercultural Relations," *Diplomatic History* 3, no. 3 (1979), p. 115.

扮演了工程專家及群體組織之間的橋梁，且與中央政府的國家建
設工程聯結起來，讓這些工程專家得以匯聚和交換他們的專業知
識參與建設國家工程的梯隊。該協會所發行的近三十年機關報刊
因而提供了一個歷經北洋政府到南京政府時期，中國如何建設工
程國家的思維理路，以及與世界接軌的具體圖像。

北洋政府時代參酌了美國剛完成的巴拿馬運河工程經驗而提
出紅十字會的導淮報告和費禮門方案，當時的報告偏重水利防
洪。到了1929-1931年，導淮水利工程計畫在管理上則參考了美
國政府田納西流域治理的大型計畫經驗，不僅僅是水利防洪的根
本問題，還要著重水力發電、航運和灌溉，以發達國家水利管理
的指導原則，30年間的水利建設思路已出現不同的演進。就此而
言，刊載於《中美工程師協會月刊》的水利報告乃成為記錄中國
水利建設思路的軌跡。

太平洋戰爭爆發之後，將中美技術人才的培育合作，推進到
一個極為特殊的階段，一批南京政府派遣赴美培訓的技術工程人
才，對於戰後中國的重建和戰後台灣也有重要貢獻[109]。當時「中
美工程師協會」已停止活動，非本文討論範疇。但值得留意的是
在美國允諾之下，南京政府派遣工礦電業諸種技術人才赴美實
習，以精進技術能力與學識專業，最主要的電力人才實習地點亦
即是田納西河流域管理局（Tennessee Valley Authority, TVA）[110]。一

---

109 太平洋戰爭時期美方協助中國技術人才赴美訓練，由資源委員會派遣工、
　　礦、電業各單位之高級技術人員，分批赴美。戰後尚有「揚子江三峽計畫」
　　和「西屋電氣公司」（Westinghouse Electric Corporation）派遣人才赴美訓練
　　合作計畫。程玉鳳編著，《資源委員會技術人員赴美實習史料——民國三十
　　一年會派》，上冊，（台北：國史館，1988），頁5。
110 這批赴美技術專家對戰後台灣的影響和貢獻，可參見：林蘭芳，〈戰後初期

直到冷戰時代的台灣，在美援技術委員會的支持下，1956年4月
1日創辦了《中美技術》雜誌，從技術合作及其背後的政治文化
意義等諸多層面而言，係與一次大戰後創建的《中美工程師協會
月刊》理念一脈相承。

資源委員會對台電之接收（1945-1952）──以技術與人才為中心〉，《中央
研究院近代史研究所集刊》，第79期（2013年3月），頁87-135。1943年4
月4日於美國田納西州諾克斯威爾（Knoxville Tenn.）召開了TVA區中國留
美工程師第一次學術會議，由TVA負責培訓。太平洋戰爭發生後，南京政
府派送人員赴美訓練，在電力方面的技術幹部主要都安排在TVA實習，像
俞恩瀛、謝佩和、王平洋、蔡同璵、張光斗、孫運璿等人。這些技術人才像
孫運璿等人隨國民政府來台，直接參與了台灣電力公司的接收與重建。程玉
鳳編著，《資源委員會技術人員赴美實習史料──民國三十一年會派》，上
冊，收錄赴美人員在TVA的照片與文字紀錄。

第三部分

企業、戰爭
與外交

第七章

中國抗戰初期
美國在華跨國企業的遭逢

美國在中國的工商業，是經過幾代人經營起來的，日本
人卻用壟斷措施、外匯管制和其他全屬非法的手段使之
毀於一旦，這是因為日本人要在經濟、金融、政治各方
面把工商業領域全部控制起來。……我深深感到日本若
仍堅持目前的政策，就等於往礁石直衝。

———1940 年 9 月 2 日，

美國駐東京大使格魯（Joseph C. Grew）日記

前言

1937年7月，中日全面戰爭爆發。日本除了持續強化其自九一八事變後即占有滿洲全土的政經控制之外，接著在華北和華中等各個占領區進行經濟擴張與壟斷。日本在中國及東亞的擴張引起美國的關注，美國政府開始策劃從經濟上進行抵制策略。1939年下半年開始，美國政府著手單方面廢除《日美通商航海條約》（簡稱《日美商約》，使日本進入美國的貨品不再享有關稅上的互惠平等，以抵制日本在中國的經濟壟斷[1]。1940年1月，《日美商約》廢止生效。3月，美國政府貸款給中國政府2千萬美元。該年9月，當日本與德、義正式簽定「軸心國」協定後，美國宣布對日本的進一步禁運措施，包括飛機製造等一切軍用技術及備件、生產用機械和戰略物資等。而另一方面，從1940年起，日本在華北實施《產業開發第一次五年計畫修正案》，對華北的煤、鐵、棉等重要產業的生產及營運，以及華北的交通、能源、通訊等設施進行統制及壟斷措施[2]。

伴隨著華北的緊張情勢及美國政府的遠東政策，引起在華美

---

1 1911年簽訂的《日美商約》為近代美、日關係的第一個平等條約，讓日本取得關稅自主權。1939年7月26日，美國國務院照會日本駐美大使堀內謙介（Horinouchi），表示美國擬廢除1911年2月21日所簽訂之《美日通商條約》，依該條約第17款所規定條約之終止將自照會起始之六個月後生效。The Secretary of State to the Japanese Ambassador Horinouchi, July 26, 1939, *FRUS*, 1939, Vol. III, pp. 558-559.

2 Li Lincoln, *The Japanese Army on North China, 1937-1941, Problems of Political and Economic Control* (London: Oxford University, 1975), pp. 122-153. 居之芬、張利民主編，《日本在華北經濟統制掠奪史》（天津：天津古籍出版社，1997），頁153-170。

商的不安。但究竟美國在華企業面對日本日益強大的商業擴張和
壟斷有何具體回應和採取怎樣的手段？其與美國政府之對華政策
有何關係？中日戰爭時期美國在華企業的經營策略和以往有何不
同？過去對於此一題旨並未有較完整的分析。理由或許在於外交
史學者著重遠東政策的政治層面，而企業史學者著重美國在華投
資等經濟層面的分析；即便以探討中美經貿與外交關係而論，研
究1937年中日戰爭爆發至珍珠港事件前夕美國在華投資的相關研
究顯然相對不足[3]。高家龍在〈企業、政府與中日戰爭〉一文中，
處理以下三個個案：一、中國大企業──申新紡織廠（榮宗敬）
與國民黨政府的衝突；二、日本大企業──南滿鐵道株式會社與
日本軍方的競爭；三、美國大企業──美孚石油公司（Standard
Vacuum Oil Company）與美國國務院與中國的合作，著重1930年
代初期[4]。高家龍的這篇文章比較戰時中、日、美三國的大企業及

3　探討民國時期外人在華投資和中美經貿的相關著作中，多數專著係以1937年
　　作為時間下限。例如侯繼明的研究專書：Hou, Chi-ming. *Foreign Investment
　　and Economic Development In China, 1840-1937*（Cambridge, Mass.: Harvard
　　University Press, 1965）。仇華飛，《中美經濟關係研究，1927-1937》（北京：
　　人民出版社，2002）。國民政府前財經顧問楊格（Arthur Young）所著《中國
　　與戰時援助，1937-45》（*China and the Helping Hand, 1937-45*, Cambridge,
　　Mass: Harvard University press, 1962）主要環繞如何控制通貨膨脹和財政穩
　　定，討論抗戰時期中國向美國及國際社會尋求財政（稅制、貨幣、金本位制
　　問題）、軍事和技術的援助，與本文著重美國企業在中國的活動，重點大為
　　不同。

4　Sherman Cochran, "Business, Governments, and War in China," in Akira Iriye &
　　Warren I. Cohen eds., *American, Chinese, and Japanese Perspective on Wartime
　　Asia, 1931-1949*（Wilmington: Scholarly Resources Inc., 1990）, pp. 117-146. 但後
　　來高家龍的研究興趣轉向消費文化，並未針對此一主題再做進一步的研究。
　　新近巫仁恕的研究《劫後「天堂」：抗戰淪陷後的蘇州城市生活》（台北：台

其政府政策的關係，從企業史和政治史的跨域研究，頗具別出新裁之意，但該文與本章著重的華北危機的時間點所突顯的美國遠東政策和經濟利益間的緊張關係，所關懷的問題仍有所不同。

　　在中日戰爭愈趨緊迫而美國政府尚未參戰前夕，美國在華企業面臨區域市場的生存危機，美國大企業在戰爭時期和「日偽」臨時政府的關係究竟該如何看待？其如何反映跨國公司的處境及其與美國政府的關係？繼滿洲國成立後，華北危機成為日本與各國在華利益的新衝突點，再一次考驗美國所宣稱的中國門戶開放政策和維繫遠東和平秩序的誠意。通過中國抗日戰爭時期外國公司在中國的商業活動，將有助於拓展我們對於戰爭史研究中不同國家和人民的不同處境及其行為動機的多元視角。過去的研究較多關注日本在滿洲國的經濟專斷，而對日本在華北經濟的壟斷及其導致相關利益國家的回應，研究成果顯然較少；而從美國的遠東政策而言，它正是日本邁向珍珠港事件（1941年12月）之前的一場硝煙，適足以測試當華北利益傷及美國僑民之際，美國政府的因應之道及其對遠東安全策略的整體布置。本章討論時間主要以1939年下半年起日本在華北勢力的擴大，而美國政府謀思廢除《日美商約》等經濟制裁日本的措施為始，下迄於1941年12月9日珍珠港事變發生。擬以美國在華的兩大跨國公司──大來公司和英美煙公司作為考察對象，探討中日戰爭時期美國在華企業之遭逢。

　　灣大學出版中心，2017），則是透過蘇州的茶館、菜館、旅館與煙館等四種休閒行業的研究，呈現抗戰時期蘇州「畸形繁榮」的城市生活、淪陷區城市仍持續進行的商業化活動，以及蘇州城市社會結構的變遷。該書的導論對戰時上海城市的經濟活動、社會控制和城市文化等面向有較全面的回顧。

一、關閉個案——美國大來青島分行

（一）大來分公司在華北

1940年初，美國駐北京公使詹森（Nelson Trusler Johnson）針對日本進一步執行其在華北的政治與軍事控制計畫，向美國務院做了具體的情勢報告和分析：

> 日本當局正以其強大的國家政策組織，對於各項重要經濟活動進行全面壟斷，包括運輸、交通、工業、農業和銀行。這些大部分的組織是所謂「臨時政府」（Provisional Government）下成立的「合股公司」（joint-stock companies），可視為中日合資，但是中國的持分遠少於日本，在多數的個案中，中國的資產被日本所接管。雖然有些大型組織仍掛有中國頭銜，實權均掌控在日本人手中。這些組織的立即目標是：
>
> 一、為日本軍隊的占領提供運輸和補給。
>
> 二、生產、強行徵收或以低價格購買原料，以提供日本母國工業之所需。
>
> 三、使華北成為日本企業的獨占區，並成為日本剩餘產品的傾銷地。[5]

詹森的電報透露對美國在華北利益的不安。他的結論是日本正在華北複製其滿洲經驗，通過對占領區的經濟控制，形成與日

5　The Ambassador in China（Nelson T. Johnson）to the Secretary of State, Jan. 15, 1940, *FRUS*, 1940, Vol. IV, p. 262.

本帝國互通聲息的網絡。此舉嚴重違反「門戶開放」政策，除非美國政府有力挑戰，否則無疑將導致美國在華北地區的合法貿易被排擠出來[6]。

就在詹森向國務院報告的同時，美國在華最大的貨運公司——大來公司（Robert Dollar Company），在華北的主要營業為木材運輸與經銷，正飽受日本公司在華北的競爭和市場侵吞而面臨關閉。同時美國在華最大煙草公司——英美煙公司在華北市場亦面臨是否與日本企業合作的抉擇。這兩家大企業在華市場的活動有其指標意義。

大來輪船公司（Dollar Steamship Company，或稱Dollar Line），由勞勃・大來所創始。原為蘇格蘭人。其事業起於1893年購得美國太平洋岸一間鋸木工廠，後來他和兒子史丹利（Stanley Dollar）建立大來輪船公司，經營貨運生意。1902年，該公司開始插足國際運輸業，經營租船航次（chartered voyage）到橫濱和菲律賓。1916年，該公司在加拿大英屬哥倫比亞Roche Point購得一百畝地建造木材工廠即大來頓廠（Dollarton）。1920年代該公司購得美國政府7艘總統型號的輪船，以及接收太平洋郵船公司，成為全球獲利最大的船運公司之一。1929年經濟大恐慌發生，該公司的營運雖受影響，但仍繼續擴張，除購得新輪船，並開闢橫跨太平洋的客輪。同年公司更名為大來輪船有限公司（Dollar Steamship Line Inc. Ltd.）。1930年代初，大來公司向美國政府大筆借款打造「胡佛總統號」（SS President Hoover）、「柯立芝總統號」（SS President Coolidge）為橫跨太平洋的客輪，

6　The Ambassador in China（Nelson T. Johnson）to the Secretary of State, Jan. 15, 1940, *FRUS*, 1940, Vol. IV, p. 262.

同時大來公司也成為掛著美國國旗的最大一家貨運與客輪公司[7]。

勞勃‧大來對中國的首航是1901年，他率領「阿拉伯號」（Arab）滿載木材來到中國，然因所載木料不受歡迎而賠本而歸，但他並未灰心，反而更有意探尋中國木材市場和其他商品的生意。大來公司以其雄厚資本、研發特製的木材質量，並以削價競爭等行銷策略，很快地打進中國木材市場，在1920年代幾乎壟斷中國木材進口業[8]。在航運方面，他亦投資中國的內河航行運輸，1920年起懸掛美國國旗的大來號商船開始定期航行於上海、重慶口岸，但長江航運的經營在中國內戰動亂時期充滿風險，利潤不大。1930年代以後，大來在中國內河航運的經營事業沒落，仍以經營大洋航線為主，而大來公司在華北的木材市場始終居於領先地位[9]。

1941年6月，美國駐青島領事邁爾（Paul W. Meyer）致國務院的密電，透露大來公司青島分行將於該月底關閉。理由是從北美西岸到青島的木材營運，無法和日本公司所享有的優惠貨運費、稅率以及半官方所掌控的組織在青島和整個山東省的木材營

7　Robert Dollar, *Memoirs of Robert Dollar* (San Francisco: Privately published for the author by Schwabacher-Frey, 1918).

8　阮渭經，〈美商大來洋行在中國的掠奪〉，收入：《淘金舊夢：在華洋商紀實》（北京：中國文史出版社，2001），頁78-96。

9　David H. Grover, *American Merchant ships on the Yangtze, 1920-1941* (Westport, Connecticut: Praeger Publisher, 1992), pp. 75-84. 除航運和木材兩大主要業務之外，大來公司也經營進出口業務，另外，亦設有一家環球無線電公司，以收發無電報為主要業務。大來公司在上海設有總部，於天津、漢口、北京、南京、蕪湖、青島、漢口、重慶、廣州、香港等地設有分支機構。中國人一般稱之為大來洋行。阮渭經，〈美商大來洋行在中國的掠奪〉，頁91。

運互相競爭[10]。大來青島分行於1924年5月開張，有經理1名及聘僱6名當地職員，辦公室為租賃，由於公司關閉，美國經理將被資遣回國，6名職員也將被解僱[11]。

　　大來公司從加拿大或美國進口的木材貿易長期以來在華北市場占有一枝獨秀的地位，包括原木、地板材料和木板製品等。青島分公司在當地並未經營鋸木工廠，它的地板材料和木材製品主要由加拿大英屬哥倫比亞的大來頓廠供應。從1932年至1940年間，大來青島分行的木材交貨量和當地市場占有率，如表7-1：

表7-1：大來公司青島分行木材交貨量和市場占有率，1932-1940

Year	Lumber deliveries（feet）	% of total market
1932	2,056,611	41.4
1933	3,715,580	50.5
1934	4,993,380	44.5
1935	3,027,180	47.0
1936	3,119,494	45.0
1937	3,743,922	52.0
1938	1,107,168	21.0
1939	2,123,005	37.4
1940	553,035	05.8

資料來源：American consul in Tsingtao（Paul W. Meyer）to the Secretary of States, June 21, 1941. p. 2. *Internal Affairs*, No. 893.5034/404.

---

10 American consul in Tsingtao（Paul W. Meyer）to the Secretary of States, June 21, 1941. No. 893.5034/404, pp. 1-2. U.S. Department of State, Confidential U.S. State Department central files. China, 1940-1944: *Internal Affairs*. United States National Archives, Washington D. C.（microform）以下簡稱 *Internal Affairs*.

11 American consul in Tsingtao（Paul W. Meyer）to the Secretary of States, June 21, 1941. pp. 1-8. *Internal Affairs*, No. 893.5034/404.

　　由表7-1，可知華北地區當時木材市場需求量頗大，多用於重建各項設施之建材，此外作為鐵路、礦業、房子和公共工程的材料，其市場需求量亦不少。由附錄7-1：大來青島分公司與英、日公司的木材營運比較可知，1937年以前大來公司在華北可謂獨占鰲頭，直到1938年才首度被英國的中華進口公司（China Import Co.）超越。1938年以後日本迅速進入華北的木材營運市場，各家運輸公司競相出頭，使得大來公司青島分行的業務由1939年的37.4%市場占有率驟減為1940年的5.8%，不僅落後於英國的中華進口公司10.2%，且整個市場幾為日本所吞噬。日本最大的一家河田木材公司（Wada Lumber Co.）市場占有率由1939年的7.1%躍升到1940年的41.1%。其他日本公司的營運量亦超過英國和美國，而中國在青島的木材航運公司的營運早於1932年即遠不如英、美國家的優勢。

　　日本公司之所以能快速控制青島木材市場，主要來自日本政府的經濟壟斷，並以具體手段對進出口、木材經銷和運費進行控制。此外，日本占領華北後，企圖掌控華北金融，於1938年2月11日創辦中國聯合準備銀行（Federal Reserve Bank, FRB）。總行設於北京，另在天津、青島、濟南、開封等地設立辦事處。該行強迫中國銀行、交通銀行、大陸銀行等數家銀行共同出資，並企圖以該行發行的紙幣（聯銀券）變成唯一合法的貨幣，藉此掌控物資流通及外匯[12]。日本在華北木材市場的操盤如下：

12 至於聯合準備銀行究竟發揮多大的作用，學界的看法不一。國民政府財經顧問楊格認為1939秋至1940年年中「聯銀券」和法幣在華北的價值相當。但之後法幣逐漸掉價，並在1941愈為惡化。根本原因是「聯銀券」的貶值沒有重慶政府統治區的法幣貶值那樣快速，到1941年聯銀券成為華北日軍占領區最重要的貨幣。*China and the Helping Hand, 1937-45*, p. 158. 也有學者認為聯合

　　對進出口和外匯率，日本進行嚴格管制，木材進口業實際由日本政府建立一套壟斷機制，由指派的四家日本木材公司取得訂單和交貨。他們是三井物產會社（Mitsui Bussan Kaisha）、三菱貿易公司（Mitsubishi Trading Company）、山長建材公司（Yamacho Lumber Company）和田村商店（Tamura Shoten）等四家公司組成的「日美進口公司」（Japan-American Importing Company）。這套制度不僅存在青島，實則全面實施於華北地區。從1940年6月29日開始，日本在華北全面實施木材進口法令，主管部門設於北京，控制從日本本土、東北、韓國和中國所有占領區的木材到中國不同港口，同時也控制從中國占領區木材的再出口；除非獲得日本控制的聯合準備銀行的進口批可，是不可能從日本和中國以外的地區進口木材。在青島還設有「木材運輸協會」（Lumber Importers Association），除非獲得該協會的同意，中國業者不能進口木材或再出口木材，而此一協會完全掌控在當地最大的數家日本木材公司手中[13]。

　　此外，青島木材銷售中還有兩個障礙。其一、外匯的支付問

準備銀行由於在國際貨幣市場沒有價值，且因只能通行於華北，不能直接在日本購買產品進口，其所起的作用有限。再者，由於戰爭局勢的惡化和交通中斷問題，造成通貨膨脹。雖然官方資料的出口統計，日本占領後的出口金額沒有下滑；然而，事實上由於貨幣的貶值，出口價值反為下降。Li Lincoln, *The Japanese Army on North China, 1937-1941, Problems of Political and Economic Control*, pp. 55, 144. 拙文說明大來公司的報告確係呈現美國企業在青島的進口業務和匯率轉換受制於聯合準備銀行的實情；至於聯合準備銀行對國際金融體系和日本進出口價值所起的實際的作用究竟有多大，則非本文所能一併討論。

13 American consul in Tsingtao（Paul W. Meyer）to the Secretary of States, June 21, 1941. p. 4. *Internal Affairs*, No. 893.5034/404.

題：雖然所有外國輪船公司依照「太平洋西航會議」（Pacific Westbound Conference）均同意遵照航行太平洋海域到東方的木材貨運費率，然而歐美貨運公司長久懷疑日本業者根本逃避這些費率，他們藉由日本輪船公司的名義以當地匯率支付貨運費。如此一來，木材進口到中國的運輸成本不同，在市場上的開價就不同，特別是目前木材進口的貨運費大約是木材成本價格的一成到一成半。這種懷疑基於木材價格在美國的行情及在中國銷售市價的評估，鑑於日本木材商的低售價，應是以當地輪船公司的名義鑽營貨運費的結果。二、為大型建物所需的木材採購，完全操控於日本政府及日本代理商手中，例如鐵路建造等工程。從1940年6月開始，華北地區的鐵路和軍事合同中的木材原料直接經由日本木材商而非透過當地業者。因此當地業者的獲利比起以前約損失80%[14]。

（二）日本航運政策對大來分公司的遮斷

在航運政策方面，從1937年以後，日本海軍就發表所謂「遮斷航行」宣言，封鎖渤海灣與南方的航路，1937年底又宣布封鎖中國全部領海。1939年9月，日本繼續禁止第三國船隻在中國沿海航行，這樣日本幾乎控制中國的領海權，大大影響各國輪船進出華北各港口。與此同時，日本在華輪船迅速增加，不僅原有的日本郵船、日清汽船、大阪商船、大連汽船等會社繼續擴大航運範圍。此外，為進一步強化航運業，以日本郵船、大阪商船為基礎成立東亞海運株式會社，該會社兼併了往來於中日之間的各家

---

14 American consul in Tsingtao（Paul W. Meyer）to the Secretary of States, June 21, 1941, pp. 5-6. *Internal Affairs*, No. 893.5034/404.

航運公司，專門經營中日、中國沿海及中國與其他國家之間的航
運業，使華北各港口的航運業幾乎全被日本掌控。據海關資料顯
示1938年進出天津的船隻共5,808隻（5,570,559噸），其中日本
船舶有3,203隻（2,292,607噸），占55.5%。1940日本進出港船舶
分別占所有船隻和噸位總數的70.70%和65.48%。在青島的情況
亦一樣，1938進出青島港的日本船舶占總數的62%，到1940年上
升至80%以上；噸位數由1938年的76.5%，到1940年上升至90%
左右[15]。

　　如據青島商會的報告，日本船隻裝載貨運量的市場占有率，
比中國海關所錄還高。英、美、日各國所占之市場比數，如表
7-2：

表7-2：各國輪船公司由青島至美國及加拿大載貨量比率，1936-1938

年度／國家	1936	1937	1938	1939
日本	63%	53%	90%	98%
英國	13%	25%	7%	0.5%
美國	23%	17%	3%	1%
德國	-	5%	-	0.5%

資料來源：Tsigtao American Chamber of Commerce, Biweekly Bulletin, No. 31 上海
市檔案館，Q-459-1-257, p. 183

　　不惟如此，日本軍方建造新碼頭，且壟斷華北各港口碼頭倉
庫，除在天津興建「特三區碼頭」外，1940年8月華北交通公司

15《海關中外貿易統計資料年刊》，轉引自：居之芬、張利民主編，《日本在華
　　北經濟統制掠奪史》（天津：天津古籍出版社，1997），頁185-186。

碼頭完工，共760米長，兩座倉庫總面積達7,500米，為軍用、客貨用及散裝碼頭[16]。日軍在占領青島後，海、陸軍盤據港口碼頭和倉庫，到了1940年後開始更加明顯。據統計1940年後，在31個泊位中，除軍用、定期航班和煤鹽專用泊位外，很少有供貨船使用的泊位，而軍事用途的泊位則達30%，至於倉庫也多為軍隊所占領[17]。日本當局對外宣稱新增二個泊位貨棧供第三國家使用，但事實卻不然，他們甚至在貨棧和碼頭的貯放及搬運上進行刁難，據青島美國商會的報告如下：

> 1940年1月13日以來，沒有一位外國輪船公司得以使用二個新增的泊位貨棧和夜間作業的權利，事實上日本貨運公司的員工之前就對外宣稱外國輪船不得停泊此二個新增泊位或夜間作業的權利。任何一家貨運公司也不必期待將來有此一可能。這二個新的泊位早已保留給日本輪船公司，並繼續為日本利益所壟斷……許多申請新泊位的卷宗被歸檔，日本政府總是以各種理由拒絕外人使用這二個新泊位。[18]

---

16 1938年8月，日本華北株式會社開始進行「特三區碼頭建設計畫」，它是在天津英、法租界各碼頭的下游，原德租界內，計畫兩年內使其年吞吐能力為100萬至120萬噸，碼頭岸線長約1,200米，可同時停靠2,000噸級船10艘，並另建造倉庫16座，5萬平方米，堆場12萬平方米，及鐵道岔道4條。李華彬，《天津港史》，古近代部分（北京：人民交通出版社，1986），頁214-217。

17 中村隆英，《戰時日本の華北經濟支配》（東京都：山川出版社，1983），頁244-245。居之芬、張利民主編，《日本在華北經濟統制掠奪史》，頁185。1940年統計，青島港前方倉庫有8座，其中軍用倉庫占2座；後方倉庫16座，軍用倉庫11座。

18 Tsigtao American Chamber of Commerce, Biweekly Bulletin, No. 32. 上海市檔案館，Q-459-1-257, p. 159.

　　上述航運政策對大來公司及其他公司的影響，可舉例說明如下。一艘從太平洋岸裝載木材的輪船（Kozui Maru，應是日本貨運公司）於1940年初抵青島口岸，由日本代理商安排停靠第二號碼頭卸貨。這批貨係大來青島公司所託運的木材，就在卸貨之際，日本當局就以處理的速度過慢，因此強迫該船轉到後灣（Back Bay）停泊，並以筏船將貨品運上岸。結果大來公司就得多負擔三倍的卸貨和搬運費用。這種情況在英商亞細亞石油公司（Asiatic Petroleum Co.）和美商德士谷石油公司（Texaco Petroleum Co.）的油輪中也曾發生過，該油輪被迫中斷油管線運輸，只得轉到後灣，等待日本軍方的運輸船卸貨完畢，這樣這批油貨就耽擱了四天之久[19]。

　　更有甚者是密西根號（The SS Michigan）的案例，該船為一艘將青島設為停靠港的美國籍貨輪，固定航行已有二年之久。1940年2月14日從太平洋岸載運一批木材抵達青島口岸。該公司的經銷商和美國駐青島領事館聯繫，希望安排二號或三號碼頭，但是竟遭到日方拒絕，儘管碼頭根本是閒置狀態。日方指派一號碼頭供第三國家貨輪使用，該泊位事實上太小，不利於搬運木材；唯一的取代方式，是轉到後灣卸貨，但不僅不便利且又耗損搬運費用[20]。

　　相較之下，另一值得注意的事，只有2艘德籍輪船和2艘日籍輪船曾使用後灣卸貨。據非官方的統計數字，1939年度共有1,253艘日籍輪船盤踞所有碼頭，另有118艘中國籍輪船和14艘滿

19　Tsigtao American Chamber of Commerce, Biweekly Bulletin, Feb. 15, 1940. 上海市檔案館，Q-459-1-257, p. 164.

20　Tsigtao American Chamber of Commerce, Biweekly Bulletin, Feb. 15, 1940. 上海市檔案館，Q-459-1-257, p. 164.

洲輪船使用過青島碼頭。此數字尚不包含頻繁載運日本軍人的小艇[21]。

如上述分析，從中日戰爭以來，大來青島木材行的營運在1938年大受打擊，儘管1939年青島分行仍有約2,000,000板材量尺（board feet）的載運量，但隨著日本軍方對華北貿易的控制愈為嚴格，加以日本木材公司得享有優惠的貨運費率，官方及半官方組織直接向生產者下訂單的運作方式進入木材市場，以致大來公司的青島市場削減大半。1939年市場占有量為37.4%，到了1940年市場占有率僅有5.8%，因此，大來分公司不得不於1941年6月關閉青島分公司。美國駐青島領事邁爾只能無奈地表示，這是另一具體事例證明日本挑戰美國在中國的門戶開放政策[22]。由本文所示，1939年以後大來公司在華北的業務日形惡化，木材市場價格悉為日方所操控，且運輸碼頭亦為日本軍方所強占，美國國務院經由領事報告完全掌握和理解此一情況，但是美國政府對於大來公司的華北利益從未能積極處理，導致該公司不得不關閉分公司。

二、從「觀望」到「合作」個案──英美煙公司在華北

（一）日本排擠英美煙公司的手段

1890年代，英、美煙草即進入中國市場，其中美國煙草大王

---

21 Tsigtao American Chamber of Commerce, Biweekly Bulletin, Feb. 15, 1940. 上海市檔案館，Q-459-1-257, p. 164.

22 American consul in Tsingtao（Paul W. Meyer）to the Secretary of States, June 21, 1941. pp. 7-8. *Internal Affairs*, No. 893.5034/404.

杜克和英國的帝國煙草公司（Imperial Tobacco Company）雙方激烈競爭，最後於1902年合併創建英美煙公司，形成對中國煙草市場的壟斷[23]。據統計1919年英美煙公司的銷售量為309,028箱，是1902年的24倍（1902年為12,682箱）。英美煙公司獨步中國煙卷市場，在1920年代雖有華資的南洋兄弟煙草公司與其激烈競爭，但它在中國煙卷市場始終占有最大銷售量。1934年，英美煙公司在中國成立頤中煙草股份有限公司（Yee Tsoong Tobacco Co.）和頤中運銷煙草有限公司（Yee Tsoong Tobacco Distributors Co.），負責承擔中國市場的煙草製造和銷售業務[24]。在1937年日本入侵中國時，英美煙公司在中國和香港已擁有33家不同的企業，資本總額達28,840萬（8,480萬美元），其在中國各種資產的帳面價值達46,180萬元[25]。

1937年7月中日全面戰爭爆發前後，在東北地區，英美煙已與日本東亞煙葉公司（Toa Tobacco Company）協議分占市場的限額[26]，次年12月英美煙公司為保有東北市場的營運，又同意參與

---

23 Sherman Cochran, *Big Business in China: Sino-Foreign Rivalry in the Cigarette Industry, 1890-1930* (Cambridge, Mass.: Harvard University Press, 1980), p. 13.

24 上海社會科學院經濟研究所編，《英美煙公司在華企業資料匯編》（北京：中華書局，1983），第1冊（全4冊），〈前言〉，頁3。上海社會科學院經濟科學研究所編撰的這4冊資料，為英美煙公司撤離中國之前的業務紀錄，然其編撰的目錄和編者註記則反映帝國主義國家勾結日偽政權，並壓跨華資企業的民族主義立場和意識形態史觀。雖然如此，這批資料內容和公司業務數據，仍對學界貢獻甚大。

25 Sherman Cochran, *Big Business in China: Sino-Foreign Rivalry in the Cigarette Industry, 1890-1930*, p. 199.

26 Memorandum of Agreement by Toa Tobacco Co. and Chi Tung Tob. Co.1937. 上海社會科學院經濟研究所企業史資料室，《英美煙公司抄檔》，（55）13-B1-4. p. 0051.

組織滿洲煙草公司（Manchou Leaf Tabcco Co.）[27]。隨著中日戰局的
演變，日本在中國各地占領區，一再複製東北的軍事和經濟統治
經驗，而鄰近的華北地區更是首當其衝。日本在華北又一次的軍
事和經濟壟斷政策，正適以考驗美國處理遠東危機的決心。

據資料所示，1938年春，日本軍方已展開排擠外國卷煙公司
的計畫，許多日本人的卷煙不交付任何稅，私運到上海。相對的
是「外國卷煙製造商，每箱五萬支卷煙要交付統稅約一百元，日
本人逃稅後將他們的紙卷煙售與小企業」[28]。約此同時，日本迅速
擴大其在華北的煙草市場。他們打算建立河北煙草公司，預計每
年以15億支的產量生產。此外，日資河北東亞煙草公司則將一家
中國的煙草公司——晉華公司納入附屬公司，年產5億支。在青
島亦規劃出一個年產15億支卷煙的新廠。另在天津和秦皇島的兩
家日資企業共年產24億支卷煙，且即將邁入30億支。因此華北
的日本工廠不久後即可能有年65億支的生產量，而華北的每年卷
煙消費量約350億支，雖然英美煙公司在華北尚占有絕大市場，
但在長期競爭中，顯然對英美煙公司造成壓力[29]。

1939年11月，華北日本星期週報（*The Japan News Week*）的
編輯（W. R. Wills）從日人筑井健仁（Kenjin Chikui，或譯筑井賢
人）處得知一份極機密訊息，日本軍方正正拉攏英國怡和洋行和
日本數家公司正有意簽署一項「聯合貿易公司」（Joint Trading
Corporation）的合同。數家日本公司中最有名的當屬王子製紙公

---

27 〈1938年12月英美煙參與組織滿洲煙草公司〉，Approval of Company's
participation as shareholder in Manchou Leaf Tabacco Company Litmited. 上海社
會科學院經濟研究所企業史資料室，《英美煙公司抄檔》，（58）13-C-4.

28 《英美煙公司在華企業資料匯編》，頁475。

29 《英美煙公司在華企業資料匯編》，頁476。

司（Oji Paper Company）[30]。這份合同首先是由日本軍方南京當局
所擬定，據悉出自岡田（Okada）少佐和宇都宮（Utsunomiya）
兩人的規劃。該計畫始於《日本星期週報》前任職員Redmond居
間聯繫，由他引介筑井和怡和洋行經理Keswick認識。而怡和洋
行對此事頗為猶豫，他們非常企盼美國大企業能加入此一聯合貿
易公司，特別是英美煙公司，或者再加入美孚石油[31]。

　　這數家公司中，英國怡和洋行為老字號跨國集團。英美煙及
美孚為美國在華最大的兩家跨國公司。日本王子製紙公司成立於
1873年，初名為「抄抵會社」。1893年，以創業地（東京府下王
子村）冠名，改稱為「王子製紙」。1933年，與富士製紙及樺太
工業合併，成為占日本機製紙總產量80%的公司。涵蓋範圍廣
泛，從絲棉日貨、機器、煙草、石油、紙業等商品交易，不一而
足；此一合作契約一旦成立，無疑對華北經貿物流市場造成絕大
的影響力。

　　怡和洋行希望這項合同有美方加入的的理由有二：一、萬一
未來英國陷入歐戰泥沼，這項聯合公司的外人利益能有美國的支
持；二、萬一上述情況發生，則怡和洋行的財產，例如輪船、船
塢等財產，可租給美國人。為求謹慎，這項合約係通過怡和洋行
轉達，日方尚未和任何一家美國公司直接聯繫，直到這項合約得
以公開或為美國國務院所同意。這項由日本軍方授意起草的合
約，涵蓋華北五個省份。由於傳聞汪精衛政權即將於次年1月成

---

30 The Ambassador in Japan（Joseph C. Grew ）to the Secretary of State, Dec. 2,
　 1939, *Internal Affairs*, No. 893.5034/381.

31 Memorandum of conversation Nov. 28, 1939, between Mr. Wills and the American
　 Ambassdor. *Internal Affairs*, Enclosure in No. 893.5034/381.

立，宇都宮表示汪政權成立後，聯合貿易公司的合同立即可生效，合同一旦簽訂，南京方面會馬上停止在中國占領區的反英風潮。日本顯然也有意以此為誘餌，爭取怡和洋行加入[32]。

這項合作提議，名義上係為促進華北經濟發展所展開的一項中（日）、美、英的合作計畫。總裁由日人出任，副總裁由外人（英美）出任，在管理上給予英美商人相對副手的地位。而在資本和獲利方面亦提出相對的保障。主要重點如下：

一、合資公司的總部設於天津，支部可能在青島、北平、東京和上海。

二、合資公司為1千萬聯合準備銀行貨幣資本額的有限公司，由中日占一半，外國占一半。

三、中日一方所占資本為當地貨幣，英美一方所占資本為英鎊或美元或財產；中日資本額係存放在中日銀行，而外國資本則存放在外國銀行。

四、公司董事會（Board of Directors）組成分子為：總裁1位由日人出任，副總裁1人由外人出任。執行董事2位，日人和外人各半。6位常任董事和2位公證人，日人和外人各半。

五、在獲利方面，紅利不應超過本金的10%，其餘額應作為儲備金之用。紅利在外國一方以外匯計算，日本當局並全力支持外匯市場的運作。

六、兩方同意盡力合作。英（美）一方同意在組織和資產上盡力投注此一新公司，而在日本一方則允諾將爭取日本當局的協

---

32 Memorandum of conversation, Nov. 28, 1939, between Mr. Wills of Japan News Weeks, Tokyo, and the American Ambassador, Mr. Grew. Nov. 28, 1939, *Internal Affairs*, No. 893.5034/381.

助，以促進此一新公司帶動華北的經濟[33]。

為確信這項消息來源的可靠性，美國國務院遠東司向英方求證，並探詢英國的態度。英國駐東京大使克雷格（Robert Craigie）給美國國務院的回函相當謹慎，表示無法得知最近的訊息，但這件事早在去年（1939年）10月開始，上海怡和洋行即抵抗日本軍方強迫其合作的要求。當時英國駐東京大使和英國駐上海使領館都認為合作的時機「不成熟，且是個輕率的提議」（premature and ill-advice），使領館已盡其所知和怡和洋行溝通過，而這些公司當然仍可自行採取這種他們認為合宜的措施。他個人同時表示對筑井印象不佳，這項消息來源應謹慎對待[34]。美國遠東司司長洪恩培克（Stanley K. Hornbeck）則表達需掌握筑井和該合作計畫更詳盡的情報，在局勢未明朗化之前，美國政府不宜有任何表示[35]。

這項擬議中的「聯合貿易公司」，由於美國政府沒有表示肯定意見，而英美煙公司對於這樣的組合也心存疑慮，因此採取觀望態度，這項提議最後未能成局，然而其結果則是坐視該公司在華北業務的惡化。據青島美國商會的報告，1940年2月在所有65,000,000磅煙葉的收成中，預估有15,000,000到20,000,000磅煙草未銷售出，仍在製造商手中；意即所有收成的70%已被購買，實際上它是由日本所獲利，所有的中國買主全是由日本軍方所支

---

33 擬議中的合同草文見："Tentative draft of the articles of the Joint Trading Corporation." in the enclosure of The Ambassador in Japan（Joseph C. Grew）to the Secretary of State, Dec. 1, 1939, *Internal Affairs*, No. 893.5034/381.

34 The British ambassador in Tokyo, Sir Robert Craigie to the American Ambassador, Mr. Grew. very confidential, Dec. 1, 1939, *Internal Affairs*, No. 893.5034/381.

35 The Division of Far Eastern Affair, comment, Jan. 30, 1940, *Internal Affairs*, No. 893.5034/381.

配。煙草的價格為每磅 72 分，預計農曆年後將漲到每磅 80 分以上，而在中日戰爭之前，華北地域煙葉的平均價格僅有每磅 17 分。華北地區購買煙草還遭逢另一大困難是缺少鐵路貨運可將煙草送到青島或其他地區再次烘乾，中國買主和外國買主都面臨無車可用的困境，而如上所言，鐵路運輸亦由日本軍方所掌控，春天以後天氣轉暖，煙草如無貨運送出再次烘乾，很快就會敗壞，將造成英美煙公司不小的損失 36。

　　鑑於煙葉價格的持續飆漲，1940 年 3 月日本當局宣稱之前和日本原訂的內地煙葉交易的協議將於該月 25 日起取消，所有的買主被授意關閉銷售點；消息一公布，華北農民即拋售更多的煙葉，買主便抓緊機會降低內地的煙草價格。此一情況顯示日本當局已完全操作華北地區的煙草買主、農民和煙葉市場的優勢 37。不唯如此，6 月，一名頤中煙草公司的管理人（supervisor）S. J. Kuh（中文不詳）被日本軍方扣留二星期之久。理由是個人資金和公司資金來源的交代不清；然實情不免啟人疑竇。這件消息在青島美國商會的報告中披露出來，受到華北美商的重視 38。

（二）從抗拒到妥協

　　1940 年 7 月 26 日，日本在華北恢復實施許可證制度，凡從國外（包括日本、第三國以及偽滿洲等）進口商品，進口商不得以

---

36 Tsigtao American Chamber of Commerce, Biweekly Bulletin, No. 32. Feb. 22, 1940. pp. 7-8. 上海市檔案館，Q-459-1-257, p162.

37 Tsigtao American Chamber of Commerce, Biweekly Bulletin, No. 36. Mar. 31, 1940. 上海市檔案館，Q-459-1-257, p. 113.

38 Tsigtao American Chamber of Commerce, Biweekly Bulletin, No. 41. July 1, 1940. 上海市檔案館，Q-459-1-257, p 21.

法幣或其他貨幣直接支付，必須從聯合準備銀行買進外匯支付，且該項買進的外匯又必須以出口比該項外匯價高出10%的商品來抵償，方能獲得聯合準備銀行准予輸入物資的「許可證」，才准輸入物資[39]。為了控制貨物不致運入內地和防止貨品到達敵區，日本方面組織一個協會，所有的卷煙必須通過該協會進行交易；協會一旦組成，除了該協會外，其他一律不發給許可證，顯然此一許可證制度是要壟斷卷煙銷售以謀取利益。日本軍方實施制度之初，最早即邀請頤中公司加入這一協會組織。然而，頤中公司認為該公司有權在交付統稅後自由進行貿易，因此不同意加入協會：「這樣做意味著我們將服從該公司的規章制度，其結果，我們對自己的組織將全部失去控制，因此我們不能同意參加該組合」[40]。然而，不加入協會的結果，不到半年之間，英美煙公司及其運銷公司頤中公司的貨品均無法運送到內地，對其業務造成嚴重打擊[41]。情況如表7-3：

---

39 居之芬、張利民主編，《日本在華北經濟統制掠奪史》，頁243。

40 上海社會科學院經濟研究所編，《英美煙公司在華企業資料匯編》，頁478-479。關於許可證制度的態度。

41 《英美煙公司在華企業資料匯編》，頁481。不惟是華北的煙草市場受到日本的全面控制，從上海運銷到內地的通路亦然。1940年9月，頤中公司約有價值法幣658,000元的卷煙七千萬支，由於無法運銷內地，已存放庫房數月，再不運出就得全數銷毀，因而被迫向日本軍方經濟局許可證處交涉，經交涉約半年仍未有結果。這份備忘錄見於1941年1月9日上海花旗煙公司備忘錄。提到上海許可證制度實施的時間是1940年6月10日，而在6月10日至9月21日之間尚可由日本代理商昭和公司運銷少量的貨。但此後不論是直接運，或通過運銷公司，或即使是日本代理商都不能運任何貨到內地。

表7-3：英美煙公司及代理商頤中公司之卷煙裝運數（支），1939-
1940

年月	英美煙公司品牌	頤中公司品牌
1939.11-1940.05	25,620萬	164,205萬
1940.06-1940.12	225萬	31,370萬

資料來源：上海社會科學院經濟研究所編，《英美煙公司在華企業資料匯編》，
頁481。

　　由於貨品無法運銷到中國內地，英美煙公司不得不填具要求
銷售貨物的「申請書」。到了1941年10月1日，北平中國事務局
經濟部主管高瀨（Takase）致函北平頤中煙草公司，針對該公司
要求銷售貨物的申請書，日方所開列的「批准單」條件如下：
一、該公司必須接受中國事務局推荐之四名顧問。
二、該公司必須同中國事務局協商實行一項銷售計畫：
　　（一）總額12,000箱。
　　（二）分配至下列稅務管理區的銷售額（含天津、青島、
　　　　　濟南、北京、石家莊、煙台、開封、唐山等區）進
　　　　　行配額銷售。
　　（三）產品購買者的姓名、購買數量和品牌都得事先向中
　　　　　國事務局報告，將根據凍結令發給許可證，上述交
　　　　　易和運輸均由中國事務局妥為照料。
　　（四）銷售產品的貨價收入則需立即存入聯合準備銀行，
　　　　　提款時批准整數，事後要向中國事務局報告款項用
　　　　　途[42]。

_____

42　上海社會科學院經濟研究所編，《英美煙公司在華企業資料匯編》，頁481-482。

　　上述日方的「批准單」條件，從人事管理、經銷、運輸等項目，可謂全面掌控英美煙公司在華北的業務，連貨價收入亦被日本控制下的北平中國事務局經濟部全面監督。如與1939年11月日方所提議的「聯合貿易公司」條件相較之下，1941年10月的「批准單」足以顯見日本在華北全面壟斷之優勢。

　　就在1941年10月日方提議這項條件不久，頤中公司也已配合實施上述措施，但是華北各分處的業務仍受到阻難，其中最緊急的是一批已在天津完稅的二千多箱煙卷，仍無法獲得許可令。頤中公司又和高瀨交涉，提到在日方的凍結令之下，該公司填報聯合準備銀行的各項表格，包括運銷品牌、經銷商、價格等冗長程序，致使該公司業務嚴重延誤，造成巨額損失。他們請求北平中國事務局應立即讓這批已完稅的煙品獲得通行，否則這項提議將失效，因為錯不在該公司[43]。然而日方並不予理會。次年1月起，日軍在華北建立「分銷協會」（Distributing Union），入會者才可分配煙草銷售，頤中公司的華北經銷商不得不正式加入該協會，由日本軍方配給限額經銷煙草，至此，頤中公司等於在日軍管理下恢復銷售業務[44]。

　　回顧上述英美煙公司的處境，可見得1939年以後英美煙公司

---

[43] YITD Ltd.（頤中公司）ToTakase, 1941. Oct.（日期不清），上海社會科學院經濟研究所企業史資料室，《英美煙公司抄檔》，（55）13B1-4, p. 0110.

[44] Memorandum of YITD Ltd. 上海社會科學院經濟研究所企業史資料室，《英美煙公司抄檔》，（55）13B1-4, p. 0130. Resumption of Sales, Shanghai, 26th Jan., 1942,（55）13B1-4, p. 0114. 在華中地區，太平洋戰爭爆發後，日本陸軍和海軍在上海占領區以強制命令方式，令頤中煙草公司將香煙運交華中煙草公司進行銷售，關於運銷的細節則根據興亞院華中辦公處的指示進行具體安排。上海社會科學院經濟研究所編，《英美煙公司在華企業資料匯編》，頁487。

在華北的業務受創劇烈，對於日本所採取的經濟控制的形式和協會壟斷組織，最早英美煙總公司選擇不予形式上的承認，要求美國政府維護其具體利益，甚至不願加入日方提議的協會組織；及至日本進一步頒布「許可證」特許制度，該公司貨品無法運銷到中國內地，造成嚴重滯銷，最後迫使英美煙公司不得不讓步，甚至主動向日本軍方交涉，填具「申請書」，要求日方合理解決屯貨之損失。

三、美國政府對日本的經濟制裁及其遠東外交策略

太平洋戰爭之前，羅斯福總統對日本的政策可說是一條不刺激日本的路線，直到1938年以後日本南進政策的積極布局，威脅到美國在太平洋的整體利益，美日雙方關係進入尖銳的衝突，美國政府開始展開禁運等經濟制裁措施[45]。在美國對外貿易中，日本的地位較中國更為重要。1931-1935年的統計中，遠東貿易占美國對外貿易的19%，其中日本占43%，中國（含香港）只占14%，

---

45 關於抗戰時期中美關係的研究相當豐富。以中國為主體評述抗戰時期美國的遠東政策，則可詳見齊錫生的兩本代表論著，《舞台邊緣走向中央：美國在中國抗戰初期外交視野中的轉變1937-1941》（台北：聯經出版公司，2017）和《劍拔弩張的盟友：太平洋戰爭期間的中美軍事合作關係（1941-1945）》（台北：聯經出版公司，2011）。英文學界的重要成果多為1970年代左右的著作，主要有：Dorothy Borg, *The United States and the Far Eastern Crisis of 1933-1938: From the Manchurian Incident through the Initial Stage of the Undeclared Sino-Japanese War* (Cambridge Mass.: Harvard University Press, 1964). Akira Iriye, *Across the Pacific* (New York: Harcourt, Brace & World, Inc., 1967).

美國在日投資，更是在華投資的三倍以上[46]。美國政府雖不滿意日本自九一八事變以來侵略中國東北的行為，但認為其尚未動搖美國遠東利益，不願因此影響美日貿易關係。因此，儘管羅斯福總統在1937年10月5日發表「隔離演說」（Quarantine Speech），被外界認為針對德、日、義等國之侵略行為而來，但在考量國內輿情與美日關係下，仍不願對日採取強硬政策。即便同年12月美國軍艦潘納號（Panay，也譯作「帕奈號」）及三艘商船在長江被日軍擊沉，亦未採取報復行動，而讓日本賠償了事。潘納號事件的確傷及美日友誼，但當時美國決策者盡可能避免美日關係進一步惡化，避免美、日訴諸戰爭武力解決爭端[47]。

美國政府在1939年以後面對日本在華北一波波的軍事侵略和經濟控制措施，採取的便是溫和的對日經濟制裁政策，包括廢除1911年《日美商約》及其後的一系列對日出口的削減計畫，直到最後採行禁運石油措施為止。《日美商約》的廢除，意即美國政府擬採取進口關稅的歧視政策，軟性制裁日本，一家美國進口商

---

46 Whitney A. Griswold, *Far Eastern Policy of the United States*（New York: Harcourt, Brace & Company, Inc., 1938）, pp. 468-469.

47 楊凡逸，《美日「帕奈號」（U. S. S. Panay）事件與中美關係，1937-1938》，國立政治大學歷史學系（碩士論文出版），政治大學史學叢書，2002。一向主張維繫美日友好的美國駐日大使格魯（Joseph C. Grew），在1937年12月26日美國接受日本道歉書的當日日記，一方面欣慰美日政府雙方節制情緒接受和平解決，但也同時寫下他的憂慮：「瞻望未來，我絲毫沒有萬事大吉之感。可以肯定，還會出現難關，也許還會更加艱難。美國人民的忍耐不是沒有止境的。僅僅損害甚或摧毀我國在中國的有形利益或侵犯條約破壞我們所維護的原則，尚不至引起日美戰爭，但是，再有某種侵凌美國主權的行為或者屢次三番的公開侮辱，戰爭就很容易挑起了。約瑟夫‧C‧格魯著，蔣相澤譯，《使日十年》（北京：商務印書館，1992），頁244。

乃要求對日本貨運採取「貨到付款」的自保政策；為因應美日無
商約的狀態，美國政府將採取怎樣的關稅策略猶未可知，因此他
們同時要求收貨方可以拒收日本貨運，請求這項指示應在日本貨
運公司同意所有貨物先不付款的前提下，以防商場上的萬無一
失。據青島美國商會的報告如下：

> 鑑於美日商約的失效，一家美國大型進口公司指示對所有
> 由日本商船承運的貨物務必做到貨到付款。裝運清單上必須
> 寫明「倘若美國政府以日本無商約地位為由，對日本貨運的
> 商品採取歧視稅率，收貨方可以暫時拒收受到歧視稅率的貨
> 物」。此一指示顯示美國商人已經預測到此類歧視對待的稅
> 率可能發生。因此**除非**日本貨運公司同意所有貨物先不付款
> 的做法，美國商人可能無法同日方做貨運交易，因其將對此
> 地的託運人帶來生意上的風險。[48]（按：「除非」兩字係加大字
> 體，為原文所強調）

在日本方面，面臨美國所採取的經濟制裁可能造成的衝擊，
由日本外務省成立「對美政策審議委員會」等機構，專門負責審
議和制訂與美國廢除商約通告相關的對美政策。委員會認為美國
的廢約措施證明了美國已經不願和現在的日本保持友好關係，日
本應予以反擊，使美國充分認識到日本的實力和貫徹東亞政策的
決心，顯然日美關係已進入前所未有的惡化地步。「對美政策審
議委員會」也指出日美問題在根本上是對中國新秩序的承認問

---

48 Tsigtao American Chamber of Commerce, Biweekly Bulletin, No. 38. Apr. 30, 1940.上海市檔案館，Q-459-1-257, pp. 121-122.

題，而就當前來看已是通商條約的對策問題；兩者既有輕重之別，又相互緊密聯繫，而解決之道則繫於日本如何調整對華關係及在中國的第三國關係。因此，日本外務省主張對美策略雙管進行：一方面盡全力打破九國公約體制，使美國承認中國的新秩序，另一方面盡力防止日美進入無條約狀態，強調「日本不能暴露出任何動搖跡象」或「給人以我害怕陷入無條約狀態的印象」，營造出一種對美國實施物資禁運的心理準備[49]。

美國石油業、鋼鐵和棉織品的禁運輸日，對日本影響最大。日本政府和日本商人聯手阻擋美國採取的禁運措施和經濟制裁手段，據《中國每週評論》（*China Weekly Review*）的報導，日本政府正動員一些日本大財團，例如三菱、三井、日本郵船株式會社（Nippon Yusen Kabushiki Kaisha）和至少二家在美國的日本商會募集5百萬巨額美金（約值3千萬中國國幣），在美國發起強大的宣傳，要求美國國會廢除或修正一系列不利於日本的中立法案。據美國最新的民意調查，大概只有一成的美國人是對日本的大東亞野心表示同情，有59%的民意是支持中國（另有40%未表態）。這意味著日本必須投入更多的資金來收買和動員美國報紙的宣傳，例如：慫恿美國報紙製造美國商人和傳教士應撤離中國市場，「以免美國捲入東方戰爭」的宣傳。一位美國演說家唐·貝特（Don Bate）就坦承不諱他被紐約的日本商會收買而大力主張美國政府應強制所有美國商人撤離中國，以免美國將被拖向戰爭

---

49 日本政府關於美國廢除《日美通商條約》通告的對策方針，詳見：鹿錫俊，〈日本的國際戰略與中日戰爭的國際化──論連接中日戰爭和太平洋戰爭的一個關鍵原因〉，《近代史研究》（北京），2007年第6期，頁41-62，內文所引在頁50。另見鹿錫俊，〈中國問題與日本1941年的開戰決策──以日方檔案為依據的再確認〉，《近代史研究》（北京），2008年第3期，頁90-103。

的言論。一張刊在《聖路易斯郵報》（*St. Louis Post-Dispatch*）的
報紙漫畫——係被日本人收買，指向美國人正掉入中立法案的陷
阱中進退維谷，擺明美國應及早脫離遠東危機的困境[50]。（圖7-1）

圖7-1：一張意指美國正陷入中立法案困境的諷刺畫
資料來源：本圖轉引自：*The China Weekly Review*（1923-1950）; Apr. 8, 1939.

日本政府方面對美策略採取軟硬兼施，希望遏止美國實施禁
運政策之際，並積極挽救美日關係，通過向來對日本友好的美國
駐東京大使格魯（Joseph C. Grew）居中協調。1939年8月30日

---

50 "Japan Spending U.S. $5,000,000 to Block U.S. Embargo Legislation: Neutrality
　Trap!" *The China Weekly Review*（1923-1950）; Apr. 8, 1939. 該文刊載了《聖路
　易斯郵報》的諷刺畫。

就任的阿部信行（Abe Nobuyuki）內閣試圖改善和美國的關係。
格魯和新任外長野村吉三郎（Nomura Kichisaburo）頻頻接觸，
提議日本重新開放長江下游的航行，以換取簽訂新的《日美商
約》的談判。格魯亦曾敦促美國政府接受這樣的條件以使日美關
係轉向「積極健全的渠道」（a progressively healthy channel）。但
華盛頓方面拒絕此一提議，美國國務院給格魯的指示很清楚，一
是美國長期以來國家利益的具體維護，包括過去長期以來美國在
華權益應獲得保障。二是美日關係可在一個更廣泛的基礎上來進
行，但不宜就經濟和財政的具體項目和日本談判，以免產生誤
解[51]。國務院的基本立場是不就具體項目和日本談判條件，因為如
此一來，可能導致美國在華條約利益受到更大的傷害。同時美方
也懷疑阿部內閣究竟任期有多長能實踐此一承諾。果不其然，阿
部內閣於1940年1月下台，兩星期後《日美商約》正式終止。美
日兩國在珍珠港事變發生以前，果然並未再有機會談判新的商
約[52]。一向以「和平使者」為信念（Peacemaker）自許的格魯，他
反對美國政府以廢除《日美商約》及採取禁運政策作為經濟制裁
日本的手段，擔心過激的手段將使美國捲入一場大戰。後來珍珠
港事變發生，美日正式斷交，格魯的大使任期以美日正式宣戰而
告終，不免使這位和平使者深感遺憾[53]。

---

51 The Secretary of State to the ambassador in Japan（Grew）, *FRUS*, 1940, Vol. IV, June 4, 1940, pp. 344-345.

52 Waldo Heinrichs, "Franklin D. Roosevelt and the Risk of War, 1939-1941", pp. 150-151. Waldo Heinrichs, *American Ambassador: Joseph C. Grew and the Development of the American Diplomatic Tradition*（London: Oxford University Press, 1986）.

53 班奈特（Edward M. Bennett）概括格魯於駐日大使任內（1932年2月19日至

　　在美國駐東京大使格魯與阿部內閣試圖緩和美日關係的同時，外交戰線的另一端則是蔣介石積極要求美國援助中國。就在阿部內閣甫上任的1938年9月，陳光甫抵達華盛頓，開始與美國方面談判桐油借款事宜。10月下旬，中美桐油借款正在磋商之際，日軍攻占武漢和廣州，隨即日本首相近衛發表第二次聲明，公開提出建立「東亞新秩序」。此時日本獨霸東亞的野心使美國加快了援華步伐。11月底，羅斯福批准向華貸款。12月15日，美國國務院宣布由美國進出口銀行貸款給陳光甫任總經理的世界貿易公司2,500萬美元，用以購買美國商品，但附加條件是不得購買軍火、飛機、汽油等重要工業品。12月16日，蔣介石收到孔祥熙轉呈之借款公布電報後，欣然表示「美借款告成，此乃對敵最大之打擊」[54]。1939年2月，中美雙方正式簽訂《桐油借款合同》，規定在5年內中方以22萬噸桐油運美出售，以售款償還本息，由中國銀行擔保。這是中國抗戰開始以來美國向中國提供的第一筆貸款，對於正在艱苦抗戰的中國軍民，這是一個極大的鼓

1941年12月7日）的對日政策為「和平外交」（Diplomacy of Pacification）。在他任內極力想調和美、日間的緊張關係，但他的心態是比較同情日本，在政治手段上也比美國政府的立場更加對日讓步。當1937年羅斯福在芝加哥發表隔離演說，譴責德、日的侵略行為時，格魯對美國政府的外交政策持保留態度；後來他反對美國政府以廢除《日美商約》及禁運政策，作為經濟制裁日本的手段，因此與國務院立場時相衝突，而格魯則始終對自己的妥協政策辯護。詳見：Richard Dean Burns and Edward M. Bennett, eds., *Diplomats in Crisis: United State-Chinese-Japanese Relations, 1911-1941*（Santa Barbara, Calif.: ABC-Clio, 1974）, pp. 65-89.

54 次日（1938年12月17日），蔣介石復致電胡適並轉陳光甫，表示「借款告成，全國興奮，從此抗戰精神必益堅強，民族前途實利賴之，惟望為國珍重，常保康健」。蕭李居編，《事略稿本》，第42冊（台北：國史館，2010年），頁675、677。

舞。當時擔任駐美大使的胡適認為：「此款成於我國力最倒霉之時，其富於政治意義至顯。」[55] 1939年11月30日，汪精衛政權與日本政府簽訂《基本關係條約》的同一天，羅斯福宣布給予中國一億美元的貸款（美東華府時間為11月29日），此即之後的對華金屬貸款與平準基金貸款。根據美元一億元貸款的初步決定，中美於1941年2月4日簽訂《金屬借款合約》，規定美國向中國提供5,000萬美元貸款，年息4釐，中國向美國出售價值6,000萬美元的錫、鎢等金屬，於7年內還清本金。這是美國在1939年以後一面以經濟制裁日本，一面以中立國家的身分釋出對中國的善意和援助行動，就後者而言是奠定珍珠港事件爆發之後中美合作的信任基礎[56]。

　　然而，美國以經濟制裁作為抵制日本在遠東擴張的手段，這種成效究竟有多大？也令人質疑。1940年7月2日美國政府所頒布的第一道對日禁運令中，以下三種物資列入需申請許可證範圍。一、所有武器彈藥、軍事裝備；二、非常時期戰略物資，包括鋁、鎂等原料；三、飛機零件、裝備、附件、光學儀器和金屬加工機械。但是對日本至關重要的石油並未包括在內。美國政府處心積慮採取對日經濟制裁，但是他們也擔心禁運措施將使日本更迫切想控制荷屬東印度公司的石油，因此美國政府決定勿跨過

55 中國社會科學院近代史研究所編，《胡適任駐美大使期間往來電稿》（北京：中華書局，1978年），頁5、8。關於胡適於抗戰時期駐美大使任內的作為評價，詳見：齊錫生，《舞台邊緣走向中央：美國在中國抗戰初期外交視野中的轉變，1937-1941》，第2和3章。

56 Michael Schaller, *The U.S. Crusade in China, 1938-1945* (New York: Columbia University Press, 1971). 吳翎君，〈對美關係〉，收入：呂芳上主編，《中國抗日戰爭史新編·對外關係》（台北：國史館，2015年7月），頁21-70。

一些門檻[57]。無論如何，禁運措施最後卡在石油問題中，也顯現美國政府的軟弱，使得經濟制裁的路徑看似變成一種伎倆。因為日本仍可以獲得廢料和較劣質的石油，而此時美國又已伸出對華貸款的援助措施，這種情況使得美國的對日禁運措施顯得是美國在遠東政治外交上的兩手策略，看來更像一種高明的政治謀略，而這些精打細算的策略當然是以美國國家安全利益為最高考量。由於日本缺乏油源，主要購自美國公司和荷屬東印度群島。在美國採取對日禁運石油政策之前，日本石油運銷公司和美國的美孚、德士谷公司在中國東北和華北激烈搶奪市場，其形成的詭譎畫面則是日本油商向美國買油，然後到中國市場將美國石油排擠出去。石油為戰時飛機、裝甲車等軍需重要燃料，不同於英美煙公司和大來的個案，隨著戰爭情勢的緊繃，美國這兩家石油公司對美國遠東政策的影響力就愈大。

小結

1939-1941年間，美國在華企業面臨日本強大的經濟壟斷，美國國務院雖再三申令「門戶開放政策」的精神，或採取廢除《日美商約》和禁運政策等經濟制裁的手段，希望從商業政策上對日本造成懲罰。但對在華企業而言，這些措施對他們是緩不濟急，且亦無直接受惠；在日本占領區軍方的威脅恐嚇或利誘合作等各種手段下，美國在華企業如何維繫他們在中國市場的營運利

57　Waldo Heinrichs, "Franklin D. Roosevelt and the Risk of War, 1939-1941." in AkiraIriye & Warren I. Cohen eds., *American, Chinese, and Japanese Perspective on Wartime Asia, 1931-1949*, pp. 154-156.

益才是最實際的。卜正民《通敵》一書指出在中日戰爭時期的日
軍占領區江南五城（嘉定、鎮江、南京、上海、崇明等五處），
中國人民與日本政府的「合作」（collaboration）甚至更微妙的
「共謀」（complicity）關係，他們固然反對日本的作為，卻必須
與合作者密切配合，揭示了占領時期為維持城市秩序各方力量的
運作、在地社會精英和平民百姓處境的心態[58]。在中日戰爭時期美
國尚非交戰國家成員之際，在日本占領區的美國人民財產正遭受
破壞或摧毀，美國僑民遭受生命威脅時，美國政府採取的是一條
極其保守的外交路線。美國政府甚至坐視美國在華企業倒閉情
形，也不願強勢介入日本在淪陷區的壟斷政策和跋扈作為，僅僅
採取消極的經濟制裁手段。因而，美國企業不得不有一套自救之
道，他們私下和日本軍方打交道，設法與占領機關尋求調適，並
做出有利企業本身的抉擇。本文兩個個案一為關閉模式；一為從
「觀望」到「合作」模式，兩個個案的形成和處理方式均頗有轉
折，可看出戰時美國企業在華的困境及其伴隨著局勢演變所採行
的變通策略。

　　美國在華企業一方面要求政府堅持門戶開放政策，尋求美國
政府的支持，另一方面它們也和日方周旋，試圖仍以自己的銷售
網絡保有營運市場。在本文的個案中，1939年以後英美煙公司在
華北的業務受創劇烈，對於日本所採取的經濟控制的形式和協會
壟斷組織，最早英美煙總公司選擇不予形式上的承認，要求美國
政府維護其具體利益，甚至不願加入日方提議的協會組織；及至
日本進一步頒布「許可證」特許制度，該公司貨品無法運銷到中

58　卜正民（Timothy Brook）原著，林添貴譯，《通敵：二戰中國的日本特務與
　　地方菁英》（台北：遠流出版社，2015）。

國內地，造成嚴重滯銷，最後迫使英美煙公司不得不讓步，甚至主動向日本軍方交涉，填具「申請書」，要求日方合理解決屯貨之損失。據統計從1931年至1941年，英美煙公司仍占有中國2/3的卷煙市場（包括東北）。1931-1940年，該公司的利潤達到17,860萬美元，這七年間的資金回報比1935年所估價的該公司在中國的賬面資產總額還多1,880萬美元，直到1941年珍珠港事件爆發後，英美煙公司才終於撤出了它在中國的西方代表，在太平洋戰爭期間中止在中國的業務[59]。而大來公司在青島木材營運業務從1939年市占有量的37.4%，到1940年市場占有率的5.8%，最後不得不於1941年關閉青島經銷處。另據大來公司的員工回憶，天津大來木行的情況則是一面撤退，一面物色一個代理人，珍珠港事變爆發後，他們不得不讓華人員工擔任分銷處經理和日方進行交涉，而總公司則在舊金山遙控，改變市銷為遠洋出口[60]。這些案例，顯現中日戰爭時期美國在華企業的生存之道相當靈活。

在日本方面，從1939年下半年，由日本軍方提出由日本王子製紙公司和怡和洋行、英美煙公司、美孚石油公司等合作的「聯合貿易公司」計畫，雖未獲得回應，但亦看出日本軍方對於英美大型企業的戰時策略，一方面實施經濟控制，一方面則以攏絡手段，企圖達到雙贏目標；及至1940年下半年，日本已全面掌控華北政經與運輸動脈，美日兩國交手之形勢和日本軍方開列之條件

---

59 Sherman Cochran, *Big business in China, Sino-Foreign Rivalry in the Cigarette Industry, 1890-1930*, p. 199. 陳真編，《中國近代工業史資料》（北京：生活・讀書・新知三聯書店，1957），第2卷，頁94、135。汪熙，〈從英美煙公司看帝國主義的經濟侵略〉，《歷史研究》，第4期（1976年8月），頁85-93。

60 阮渭經，〈美商大來洋行在中國的掠奪〉，收入：《淘金舊夢：在華洋商紀實》（北京：中國文史出版社，2001），頁78-96。

已全然易位。林肯·李（Lincoln Li）對於1937-41日本軍方在華北的政治活動和經濟控制的研究，認為日本私人企業對於華北的煤、鐵開發是比較存疑的，因為投資金額龐大，風險過巨。日本在華北雖有意仿照東北模式，將煤、鐵的工業開發作為日本母國工業的原料地，但並不成功[61]。本章個案則顯示木材運輸和煙葉物流的控制可由日本軍方直接控管，短期操作即可見成效，但石油個案則完全不同，不同經濟物資個案顯示戰爭時期經濟占領與政府政策間的複雜多元面向。

本章的研究顯示美國政府無視於日本在華北地區的經濟壟斷，對於美商在華北的個別遭遇予以漠視。特別是針對日本繼滿洲國成立後，再一次複製其在東北的軍政壟斷經驗，肆意挑戰美國門戶開放政策，美國政府並未做出積極的回應。本書第五章曾指出美國在華企業代表是19世紀末美國對華門戶開放政策的催生者，美國政府對保護僑民在華利益不餘遺力，然而這並不意味著美國政府無條件支持美國企業採取各種手段來維護商業利益，即使在1920年代中國排外風潮鼎盛之際，美國政府對如何使用武力保護在華僑民的生命和財產安全亦相當謹慎。在1930年代日本挑起的遠東危機中，美國政府對美國在華企業的利益該如何保護則是始終在避開與日本政府的正面衝突中打轉，美國政府希望他所採取的一連串對日本的經濟制裁能發揮阻遏作用，但最後不僅事與願違，更不斷增長日本人對達成某種妥協的希望及擴大其建立亞洲帝國的雄心。美國政府開始對遠東問題的態度由消極轉向積極，關鍵點在於1939年日本南進政策，而不是日本的侵略中國。

---

61 Li Lincoln, *The Japanese Army on North China, 1937-1941, Problems of Political and Economic Control*, pp. 122-153.

南進政策最終導致美日關係的尖銳，而南進政策的高峰點——珍珠港事變的爆發，終於迫使美國對日宣戰，使得美國將亞洲戰爭與歐洲戰場聯繫起來，為本身的安全體系而戰[62]。攫取東南亞豐富的自然和勞力資源，成為日本建立和鞏固其亞洲帝國的大戰爭策略，我們將於第八章以戰爭時期的重要物資　　石油議題，來說明此一觀察。

---

62 Akira Iriye, *Across the Pacific, An Inners History of American-East Asian Relations* (New York: Harcourt, Brace & World, Inc., 1967), pp. 200-211. 第8章「走向珍珠港」。

第八章

戰爭與石油

美國與戰時中國石油問題

「誰能控制石油，誰就可以控制世界！」在這個強權勝
於一切的時候，這句話是千真萬確的。石油不僅是戰爭
的賭本，也是和平的基石。一國有了石油，而後資源更
足，府庫更充；於是民富國強，無往而不利。

——李澤彥，〈比黃金還要寶貴的石油〉，

《東方雜誌》，1943 年 11 月

前言

　　第二次世界大戰期間，中文有句俗諺：「一滴石油，一滴血」或「石油是液體黃金」，價值更勝真金[1]。自1937年到1941年，中國大部分的沿海地區都落入日本的掌控，石油的進口量比戰前掉了50%。日軍轟炸中國鐵路幹線，癱瘓主要運輸系統大動脈，使得卡車及人力運送軍用物資變得更加迫切。1941年以前，中國的石油輸入主要經由香港進口，但1941年12月日軍攻陷香港，而在1940年日軍攻下法屬印度支那之前，聯結雲南昆明和緬甸仰光的滇緬公路，成為「自由中國」（Free China）或「非占領區中國」（unocupied China）的主要補給運輸線。1942年4月，在仰光失守及滇緬公路相繼關閉的情況之下，石油補給的問題更加嚴峻。中國始終相信陝甘和新疆等地蘊藏豐富的油礦，如果能發掘和開採中國本地的油田，就不必仰賴進口，這應是戰爭時期解決燃眉之急的石油問題最有效可行的方法。然而，中國本身沒有開採的技術，中國需要美國的技術、專家人才，以及美國政府的援手。

　　在日本方面，1940年5月及11月日本曾兩度要求荷屬東印度保證對日本供應石油資源，然荷蘭在英國及美國之支持下，拒絕日本的請求。在所謂「ABCD四國（美國、英國、中國、荷蘭）包圍」下，日本不得不與德國合作。雖然如此，日本仍希望能與美國溝通，即便是向來被視為極端保守之平沼騏一郎內閣，仍希

1　李澤彥，〈比黃金還要寶貴的石油〉，《東方雜誌》，第39卷第18號（1943年11月），頁44-46。對石油價值有「一滴油一滴血」的認識和比喻，西方則早在第一次世界大戰開始使用飛機坦克和潛艇等工業機械化戰爭中即有此一警語。

望與美國維持友好關係；昭和16年7月近衛文麿再任首相，甚至提議訪問美國，要與羅斯福（Franklin Delano Roosevelt）總統面對面談判[2]。研究石油全球史丹尼爾‧耶金（Daniel Yergin）指出荷屬東印度群島當時受到荷蘭流亡政府在倫敦的支配影響之下（荷蘭在1940年5月被德軍占領），日本人突然要求大大增加從荷屬東印度群島獲得的石油，顯示日本非常焦慮ABCD四國將在石油資源上聯合切斷日本的石油供應[3]。石油的短缺匱乏和供給的穩定性，始終是日本對外擴張的「阿奇理斯的腳跟」（Achilles' Heel），1940下半年美國進一步緊縮石油禁運政策之後加速惡化美日兩國在太平洋的緊張關係，最終導致日本轟炸美國在夏威夷海軍基地──引爆珍珠港事變，並由此揭開第二次世界大戰中的太平洋戰爭。

安德森（Irvine H. Anderson）在他的專書《美孚真空石油公司與美國遠東政策，1933-1941》（*The Standard-Vacuum Oil Company and United States East Asian Policy, 1933-1941*）闡釋了美孚真空石油公司、殼牌公司（Shell Oil Company），以及英美外交官團體，加速了他們的緊密合作關係──尤其是在日本對滿洲和華北地區實施經濟壟斷之後，因為日本違反了門戶開放政策的基

2　Jonathan G. Utley, *Going to War with Japan, 1937-1941*（New York: Fordham University Press, 2005）, pp. 172-173；吉田裕，《アジア‧太平洋戰爭》（東京：岩波書店，2007年），頁13-14。轉引見李朝津，〈中日戰爭與歷史反思〉，《二十一世紀》（香港：香港中文大學），第142期（2014年4月），頁4-13。

3　Daniel Yergin, *The Prize: The Epic Quest for Oil, Money, and Power*（New York: Simon & Schuster, 1991）, pp. 360-388. ABCD四國實際上形成對了對日本的經濟包圍。一旦美國和荷屬東印度群島不供給日本石油，日本在沒有足夠的自身儲備石油供給之下，就勢必要冒著戰爭的風險或者挑起戰爭。

本原則。事實上美國政府的禁運政策，以及日本基於戰略因素的考量，為獲取穩定油源而意圖攻占東印度群島的必要補給線，這些因素使得美國石油公司在珍珠港事變以前必然地捲入美國遠東政策的形成與實施[4]。安德森的研究主要針對九一八事變之後到1941年以前，美孚真空公司與美國政府的遠東決策的關係。此外，日本學者岩間敏的論著主要著重日本政府對石油戰略的備戰、應戰與外交政策，三輪宗弘的研究則針對石油作為戰時物資對日本軍事和經濟動員的一體作用[5]。迄今為止的研究均較少關注到太平洋戰爭時期，以中國為主體，從石油能源的需求、開採和技術援助的重要性，考察戰時中美與遠東危機的關係。

　　本章將聚焦於以下兩個相關的議題：一、日本在中國占領區的石油政策。日本在占領區除了開採東北的油田，還實施石油壟斷政策，此一強硬手段，導致在華北石油市場具有長期優勢的美國企業在1940年初感到威脅。究竟日本人如何壟斷中國占領區的石油市場？日本的石油壟斷政策，對美國各家石油公司造成的衝擊為何？而這些石油公司又如何處理與美國政府的關係？二、非占領區的中國石油問題。當國民政府竭力開發中國油田，來自美國的技術援助變得不可或缺。究竟中國政府要如何解決石油的短缺，並順利贏得戰時美國的石油援助和合作？當太平洋戰爭爆發後，美國意識到石油議題對中美聯合戰線之急迫與重要性，它又通過怎樣的手段和組織運作，開展與中國政府的石油合作。

4　Irvine H. Anderson, *The Standard-Vacuum Oil Company and United States East Asian Policy, 1933-1941* (Princeton, NJ: Princeton University Press, 1975).

5　岩間敏，《アジア・太平洋戦争と石油：戦備・戦略・対外政策》（東京：吉川弘文館，2018）。三輪宗弘，《太平洋戦争と石油——戦略物資の軍事と経済》（東京：日本経済評論社，2004）。

一、日本在占領區的石油戰略與美國的回應

（一）美國面臨「霍伯森的選擇」

　　1930年代初期，美國石油公司在中國的投資始終受到美國政府的支持。美孚真空石油公司（The Standard-Vacuum Oil Company，另稱Stanvac）在中國的直接投資額為4,300萬美元，不僅是美國在東亞的最大資本額公司，也是與美國政府關係特別緊密的一家跨國企業[6]。在1930年代早期，控制廣東的西南政務委員會企圖限定地方上的營業項目和活動給予華資企業。當時中國正襲捲一股愛用國貨風潮，由於煤油係進口產品，美孚公司惟恐因此挑起抵制洋油的骨牌效應，要求美國政府介入；美孚公司戰戰兢兢，挑起了一場美國石油與中國地方政府之間的「煤油戰」（kerosene war）。最後，美國政府通過南京國民政府財政部長宋子文的協調，使宋子文掌管的財政部對進口石油課徵關稅，而當地華資企業交付的稅則進入了地方政府的口袋，美孚公司獲得在華南生產精煉煤油的許可證後，就以低價方式打擊華資競爭對手[7]。華盛頓當局也替美孚真空石油公司順利爭取到日軍在1937年

6　美孚真空石油公司係由紐澤西美孚公司（Standard Oil of New Jersey, present-day Exxon）與蘇康尼真空石油公司於1933年合併而來。美孚公司英文名稱標準石油公司（Standard Oil Co.），自1860年代成立之後，早於1870年代即運銷煤油到中國，獨占中國煤油市場，直到跨世紀之交開始和亞細亞石油公司激烈競爭。吳翎君，《美孚石油公司在中國，1870-1933》（上海：上海人民出版社，2017，修訂版）

7　Sherman Cochran, "Businesses, Governments, and War in China, 1931-1949," in Akira Iriye and Warren Cohen, eds., *American, Chinese, and Japanese Perspectives on Wartime Asia, 1931-1949* (Wilmington, Del: SR, 1990), pp. 132-135.

炸毀帕奈號時毀損的三個油槽的賠償金[8]。然而隨著1937年以後日本在中國發動一波波的侵略戰爭，當中國危機變得險峻，美國與英國政府較無意願或者不太能支持英美石油公司對抗日本政府為日本石油公司撐腰的壟斷政策。他們正面臨所謂的「霍伯森的選擇」（Hobson's choice）──若展現過於堅決的毅力，可能將迫使日本採取更激烈的手段；若示弱則可能導致英國在中國甚至印度的利益有災難性的後果。美國的政策使得已在前端火線的石油公司孤立無援，且又無法影響日本的政策[9]。

　　1937年8月日方的不宣而戰（undecared war），將美國大眾分為同情中國的一方與畏懼戰爭的一方。美國政府的決策者面對以下三個因素，難以找出一個援助弱勢中國的理由──國內的孤立主義、歐洲戰略制定的優先性，以及日本的軍事實力。朵洛西‧博格（Dorothy Borg）在她研究遠東政策的經典之作中下了一個結論：「美國政府採取的被動程度很有可能是我們之後回想起來，在1930年代的遠東最驚人、最有特色的紀錄。」[10]

　　在太平洋戰爭爆發，美國參戰之前，日本除了開採該國本土的稀少油源──位於本州西北部和北海道中部──之外，在台灣與俄國北薩哈林（North Sakhalin）開挖油田，同時也在滿洲及南薩哈林（South Sakhalin）探勘油田。日本加入第二次世界大戰

8　Thomas A. Breslin, "Trouble over Oil: America, Japan, and the Oil Cartel, 1934-1935," *Bulletin of Concerned Asian Scholars*. Vol. 7, Vo. 3（July-Sep., 1975）, pp. 41-50.

9　Stephen J. Randall, *United States Foreign Oil Policy Since World War I: For Profits and Security*（Montreal: McGill-Queen's University Press, 2005）, pp. 88-90.

10　Dorothy Borg, *The United States and the Far Eastern Crisis of 1933-1938: From the Manchurian Incident through the Initial Stage of the Undeclared Sino-Japanese War*（Cambridge: Harvard University Press, 1964）, pp. 539-544.

後，將大部分的重心轉向於東印度群島豐沛油田的改良與開發，以快速供給為征服太平洋地區所需的長程運輸用油料[11]。顯而易見的是，日本的本土油源只能供給於國內需求的極小部分，不足以用來發動一場太平洋戰爭。

日本在中國占領區的石油壟斷政策引起了美國兩大石油——德士谷石油公司和美孚石油公司的關切，並直接考驗美國政府採取經濟制裁作為反擊手段的外交政策。自1939年後半起，美國準備廢除《美日通商航海條約》（The Commercial Treaty of 1911），用以抗衡日本在中國的經濟壟斷。（關於《美日通商航海條約》參見本書第七章）美國政府更在日本於1940年9月加入軸心國後，加緊了禁運手段，但其禁運的程度則受人質疑[12]。到了1941年7月25日，羅斯福總統始下令凍結日本在美國的資產，使日本無法獲得資金購得物資，尤其是日本緊缺的石油。日本如果想購得美國商品，都必須要獲得美國政府的出口許可。但是美國並非全面停止對日出口石油產品，仍有少量的低辛烷汽油可售予日本，美國此一兩手策略的作法係基於集體安全的自身考量，儘可

---

11 Leo W. Stach, "Petroleum Exploration and Production in Western Pacific during World War II," *Bulletin of the American Association of Petroleum Geologists 31* (August 1947), pp. 1384-1403.

12 美國政府在1940年9月以後加緊了禁運政策，政府部門對此決策的討論，詳見：*FRUS*, 1940, Vol. IV: *The Far East: China*, p. 813, *FRUS*, 1940, pp. 625-635, 984-992. 但是針對石油禁運的問題，1940年9月以後的幾個月中則仍是混沌不明的。安德森根據美國政府的相關文件顯示，甚至在1941年7月，羅斯福總統本人僅僅提到減少對日本的石油輸出，因為「此時一旦完全切斷石油，可能加劇太平洋區域的戰爭，並危及英國和澳大利亞、紐西蘭之間的聯繫」。Irvine H. Anderson, *The Standard-Vacuum Oil Company and United States East Asian Policy*, pp. 175-176.

能避免使日本有入侵荷屬東印度奪取油源的藉口[13]。

自1940年2月初，在華北的美孚真空石油公司、德士谷公司，和隸屬於荷蘭皇家殼牌的亞細亞石油公司（Asiatic Petroleum Co.），顯然遭受日本公司分支機構在青島、天津、北京等地的嚴重威脅。在「日本亞洲事務部」（Japanese Asia Affairs）的官方支持之下，一個由主要日本石油進口公司組成的「華北石油協會」進一步成立。根據日本媒體的報導，該協會成立的目的旨在讓日本製成的石油順利進口，並加以統合[14]。

表8-1：日本在山東的煤油進口量和市場占有率，1936-1939

Year	Unit（1 unit = 10 gallons）	Percentages
1936	90,000	6%
1937	32,700	3.5%
1938	158,000	24%
1939	364,203	42%

資料來源：Peking Embassy to Secretary of State, March 13, 1940, *NA*, 893.6363/223.

在擁有3千萬人口的山東省，日本石油公司的煤油進口量，從1936年到1940年間增加了四倍（表8-1）。事實上日本正展開一項計畫，即1939年由日本著名貿易公司三菱株式會社在青島設

---

13 入江昭著，李响譯，《第二次世界大戰在亞洲及太平洋的起源》（北京：社會科學文獻出版社，2016），頁178-179。

14 Tsingtao Shinpo, Jan. 26, 1940. Confidential U.S. State Department Central Files. China, 1940-1944: Internal Affairs, collected by National Archives（以下簡寫為 *NA*），Samuel Sokobin（American consul at Kobe），"Japanese kerosene and gasoline imports in North China from organization to control distribution and prices," Feb. 16, 1940, *NA*, 893.6363/222.

置的十座總容量高達18,000噸的儲油槽，進而掐緊煤油或其他石油產品在山東市場的優勢利潤。該儲存量等同於英美三大石油公司（美孚、德士谷和亞細亞）在青島所有設施加總起來的60%。在1939年10月，日本油輪聖佩德羅號（San Pedro Maru）的單趙航運，就從美國運來了13萬加侖的汽油、6,000單位的煤油、200桶潤滑油，以及604噸的柴油至青島[15]。

日本是美國石油的大買家。一場在洛杉磯舉辦的國會聽證會中提及，日本購買的美國石油量約落在每日十萬桶[16]。然而，該購買量包含了日本擴張華北市場的銷量。油品的運送，不僅在日本石油買主的操作之下從美國直接運往中國，還有從日本運往中國的部分──而日本的產油量根本不及消耗量的十分之一。在1938年至1939年間運往青島的主要石油進口量，可見表8-2。

表8-2：日本石油產品在青島的進口量及市場占有率，1938-1939

Year	1938			1939		
Item	Total	Japan % of total imports		Total	Japan % of total imports	
Gasoline（Gal.）	237,000	-----		1,626,000	254,000	15.6%
Kerosene（Gal.）	3,475,000	918,000	26.4%	6,470,000	2,550,000	39.4%
Liquid fuel（Ton.）	2,227	2,093	3.9%	6,871	6,176	89.8%
Lub. Greases（Lbs.）	92,700	72,700	78.4%	170,800	160,200	93.7%
Lub. Oils（Gal.）	179,900	150,600	83.7%	752,000	694,000	92.2%

資料來源：Standard-Vacuum Oil Co., Tsingtao, *NA*, 893.6363/223

---

15 Tsingtao's Telegram, May, 19, 1939, *NA*, 893.6363/210.

16 United Press item dated Los Angeles, Jan. 19, 1940, *NA*, 893.6363/222.

（二）美國石油公司在華經營困境

美國兩家在華最大的石油公司——德士谷公司和美孚石油公司，在1920年代已經在中國主要港口設有油棧和分公司，分公司之上有區域公司和亞洲分部，並和美國總公司形成層層管理的經銷系統，是美國在華最具代表的跨國企業型態[17]。

1.德士谷公司

據德士谷公司[18]在1937年至1941年間的報告，它在中國主要城市及其周邊區域的市場概況如下：

（1）上海區公司

中日戰爭爆發後，所有經由日本占領區長江流域運送的煤油和汽油，都必須在日本的控管之下進行安排，自由的商業活動全面中止。即使在寧波、紹興、溫州等未占領區，德士谷公司的經銷商出於對日本侵擾的恐懼，不敢進口大量的石油貯貨。在1940年的第一季，尚有可能藉由鐵路將貨物運出上海，然而鐵路車輛的數量卻不足，主要的水路也遭到關閉，德士谷經銷商的經營備受阻礙。在第二季，德士谷的銷售量慘跌，導因於季節性的銷量下降，且屢遭日本當局因偏袒日本油商所帶來對英美公司的種種限制。在第三季期間，日軍封鎖了海岸線，並嚴格限制貨物運往

---

17 關於美孚和德士谷在中國的經銷網系統，筆者在專書中曾繪有這兩家石油公司在華經銷網圖表。可參見：吳翎君，《美孚石油公司在中國，1870-1933》，頁21、165。

18 德士谷公司於1902年由喬瑟‧柯利南（Joseph Cullinan）創辦。Marquis James, *The Texaco Story: The First Fifty Years, 1902-1952*（New York: Texas Company, 1953）.

內陸。德士谷的銷量每下愈況，更曾庫存見底。但在第四季時，走私貿易的規模開始變大。當時石油的走私方式是藉由手推車、獨木舟、腳踏車，或苦力來運送。嚴格來說，所有外國油品都不可能進口至日本占領的內陸口岸，其結果是日本石油公司的銷量因此暴增。這些限制存貨輸送到內陸的行徑日積月累下來，導致石油貨物價格大幅上漲；在零售市場方面，與1940年初相比，漲幅更達到80%至100%[19]。

在南京，「石油管制協會」（Petroleum Control Association）儼然成為最有影響力的組織。其成員包含下列數家的日本公司：出光興產（Idemitsu）、江南（Kiangnan）、淺野物產（Asano Bussan）、三井（Mitsuiyi）、大丸（Dai Maru）等。這些成員在確保允諾的要件下得以用自己公司的名義從上海進口供應物。除了南京石油協會之外，還有一個稱為「南京石油產品小經銷商協會」（Nanking Petroleum Products Small Dealer's Association）的次級組織，該組織由20名日本成員與18名中國成員共同組成[20]。這一組織有中國人參與，可見得戰爭時期日本占領區的社會經濟組織和中日兩國平民共同參與的經濟運作模式，比起我們想像中來得複雜。

（2）青島管理處

據德士谷公司的報告，在海州鐵路與隴海鐵路東段，日本的油品暢通無阻，但所有外國油品都不能運輸通行。日本進口油商

---

19 California Texas Oil Company Limited（New York）to Department of State, March 26, 1941, *NA*, 893.6363/244, p. 1-2.

20 California Texas Oil Company Limited（New York）to Department of State, March 26, 1941, *NA*, 893.6363/244, p. 3.

以優惠的匯率轉換之便，用低於市場公定價40%的價格出售，導致德士谷公司在許多個據點的經銷系統無法與其競爭或進行重整，尤其是在青島及其鄰近的市場。

自日本占領後，從芝罘（今煙台市）至內陸的石油運輸就被禁止。1940年1月，一些採購團體在日本官方的控制下成立。這些團體被賦予全然的煤油進口壟斷權，使大量的日本煤油得以進口；另一方面，則是外國產品因無法獲得許可而被排除在外。

三菱公司在青島建造了一個儲油貨棧，並利用其強大的政商關係來促進運銷。據說這家公司是在「新亞事務局」（New Asia Affairs）幕後操縱之下，該事務局負責所有日本消費產品的配額，並下達了只能購買日本商品的官方指令。且所有購買活動都必須由三菱、出光興產，或其他被官方認定可作為供應商——等級相當於三菱——的日本公司來進行[21]。

（3）天津管理處

天津地區在1940年大幅提高了從鐵路區運送到內陸的貨物限制，針對運往內蒙古的貨物運輸，並附有強烈差別待遇的進口規定。由日本官方機構制定的價格控制方案，在1940年內於各主要城市（北京—天津—山海關線除外）普遍施行。為了增加庫存量，日軍控制了蒙古邊境線地區，並先提高公定價格，讓三家外國公司的經銷商（德士谷、美孚石油、亞細亞石油）大量輸入貨物，而待貨物輸入完成後，旋即降低公定價格，使外國石油公司的經銷商蒙受巨大損失。

21　California Texas Oil Company Limited（New York）to Department of State, March 26, 1941, *NA*, 893.6363/244, pp. 4-6.

（4）大連管理處

在大連，德士谷公司在日本交易管制機構的認可之下，持續以每月定額的方式販售油品。此外，德士谷還成功接到了來自三菱和南滿洲鐵道株式會社的訂單（兩者皆由日本管轄）。其後在大連的銷售狀況完全取決於剩餘庫存量，以及由日本當局管控的外匯金額。

（5）華南管理處

1940年，日本在華南占領區施加貿易限制，並提高對非日資企業的差別待遇。在此情形下，德士谷在江門（廣東地區）、汕頭、廈門三地的貿易皆受到日本的壟斷機制，以及要求有貨物運輸許可證的嚴重影響[22]。

德士谷公司在報告中指出，他們曾企圖對這種違反美國門戶開放政策的壟斷機制展開抗爭，但這些經由美國領事機構提出的抗議，卻毫無效用[23]。在各淪陷城市中，所有的制約與管控狀況都是類似的，且都在「華北石油協會」的掌握之中。究竟該協會是如何得以操縱這套精心設計的壟斷機制，並讓它在石油市場中有效運作呢？

「華北石油協會」的總部位在北京，由興亞院（東亞事務機構）的石油部門直接管轄，它們在天津和青島設有支部。協會中的進口部門，由日方欽點的「投資成員」控制，並且與日本支配的大華石油公司、三菱、出光興產等三大勢力合作。他們同時成

---

22 California Texas Oil Company Limited（New York）to Department of State, March 26, 1941, *NA*, 893.6363/244, pp. 6-8.

23 California Texas Oil Company Limited（New York）to Department of State, March 26, 1941, *NA*, 893.6363/244, pp. 6-8.

立了「分配部」來決定協會中每個成員能分配到的配額[24]。

　　「華北石油協會」關切的重點為價格的控制，以及日本公司如何將石油從日本進口到華北。新的進口限制，與預料中的價格控制與進口配額，代表著外國石油經銷商只能任憑該協會與「中國事務部北京辦事處」（Peiping officer of the China Affairs Board，該部門屬於「臨時政府」，並接收來自日本官方的命令）的擺布。為了實施新的貿易限制與日圓貿易圈（Yen bloc trade），「中國事務部」監督了所有貿易協會的建立，而這些協會受到日本大公司及天津的日本商會的管轄，1937年1月以後的進口項目（以貨物為基準）更須附上會員申請表。很明顯地非日本公司不可能經由日本在華領事館的註冊取得此一便利，或是在進口協會所掌控的情況下，取得將貨物自日本進口的許可[25]。

　　1938年2月11日，日本在華北設置的「聯合準備銀行」（FRB），實施金融統制，發行大量聯銀券，與日元等價，總部設於北京，分支有天津、青島、濟南和開封。在聯合準備銀行的運作之下，日本可以任意拒絕或不批准任何非日圓貿易圈國家企圖進口貨物交易至華北的許可申請[26]。此外，日本人得以利用進口協會的運作利器，驅除在華北的歐美企業與競爭者。這些協會組織的影響力，不僅僅是在華北和滿洲國，甚至在上海亦然[27]。

24　Texas Oil Company Limited (China) Ltd. Shanghai to the American Ambassador (Peking), Sep. 6, 1941, *NA*, 893.6363/254. For the Kōain (Asia Development Board), see John Hunter Boyle, *China and Japan at War, 1937-1945: The Politics of Collaboration* (Stanford, CA: Stanford University Press, 1972), pp. 160-170.

25　Tientsin Dispatches to the Peking Embassy, July 7, 1940, *NA*, 893.6363/232.

26　詳見：Li Lincoln, *The Japanese Army on North China, 1937-1941, Problems of Political and Economic Control* (London: Oxford University, 1975), pp. 55, 144.

27　Tientsin Dispatches to the Peking Embassy, July 7, 1940, *NA*, 893.6363/232.

2.美孚真空石油公司

從1940年7月開始，美孚真空石油公司的天津分公司，也被「聯合準備銀行」要求提供關於該公司過去的詳細商業資訊，以及未來預計所需的貨幣交易量[28]。美孚真空石油公司指控華北石油協會和日本的石油壟斷政策，干預了美國石油公司的獲利。他們擔心日本公司會成為在華北的競爭者，特別是鑑於這一事實──渤海石油公司（Pohai Petroleum Company）、三菱，和大華石油公司等受日本控制的石油公司都在天津與塘沽興建了儲油槽及貨倉以存放油品[29]。

1941年3月，美孚真空石油公司與德士谷公司的代表知會美國駐神戶的領事館表示，經營中日航空運輸的在華日資公司遇到了無法從上海的英、美著名石油大公司取得汽油的困難。這些難處迫使了這些日資航空運輸公司使用一些「天真怪異」（as interesting as they are naive）的詭計。日本報紙藉機宣傳兩家位於上海的美國公司「受到了美國軍需處（U.S. Board of Munitions）（指示），禁止在未來儲存航空用汽油。」[30] 這些宣傳意味著日本擔心在中國的占領區可能無法獲得著名的美國石油公司（意即德士谷和美孚）在上海進口的石油貨量，但對美國大石油公司而言，當時美國政府尚未參戰，兩家公司之詢問領事館帶有一種試探美國政府石油政策的性質。長期關注中國事務的美國駐神戶領事索

---

28 Division of Far Eastern Affairs, U.S. Department of Sates, Aug. 6, 1940, *NA*, 893.6363/232.

29 Tientsin Consulate General to the Secretary of State, "Activities of the North China Petroleum Association and Japanese Competition in the Trade for Petroleum Products." July 9, 1940, *NA*, 893.6363/234.

30 《大阪日報》（*Osaka Mainichi*），March 7, 1941.

克斌（Samuel Sokobin），早在1926年擔任瀋陽總領事時就對日本在東北的擴張政策甚有警覺。他說目前在中國的日資航空公司它們未來究竟能從美國獲取的石油供應量著實令人關切，他向國務院大力建言應立即調查每個口岸的統計數據以作為評估從美國出口至日本占領區口岸的石油比例[31]。

在1941年9月，幾乎就在日本擴張軍事侵略的同一時間，受日本掌控的「華北石油協會」適時擴大它的規模。美孚真空石油公司知會美國駐京大使館——該公司的經銷商相信他們將被迫要求加入「華北石油協會」，以取得許可證來經營公司，如此一來協會成員的貿易皆會被嚴格控管；如果該協會依照計畫運行的話——且當它最終發生時，美孚公司要求美國政府的權責機構必須發出有力的抗議。美國大使館相信「華北石油協會」將進一步將英、美石油公司在此一區域的商業利益置於日本掌控之下。但是華府方面坐待結果發展，毫無進一步作為[32]。

1941年12月，英國亞細亞石油公司計畫將其總部從香港遷至馬尼拉，以避開英國與日本日漸升溫的敵意之中，該公司尚能維持良好的溝通和營運。12月3日，美孚真空石油公司的代表梅伊

---

31 American consulate, Kobe, Japan, March 10, 1941, *NA*, 893.6363/239. Subject: "Efforts by the Sino-Japanese Air Transportation Companies in China to Obtain Gasoline." 索克斌駐瀋陽領總事時大量報導了日本打造鋼煤工業和擴張軍事帝國的舉動，這些報導令國務院一些人感到不安，且產生爭議。然而，正由於他對日本政情的評估，使他被調往日本神戶出任領事。在此之前索克斌在中國豐富的外交經歷如下：1919-20擔任重慶副領事，1921-24年任張家口副領事，1925年升任領事。Roy M. Melbourne, *Conflict and Crises: A Foreign Service Story* (Lanham, MD: University Press of America, 1993), p. 46.

32 Richard P. Butrick (Counselor of Embassy in Peking) to the Secretary of State, Sep. 4, 1941, *NA*, 893.6363/253.

（A. G. May）詢問國務院是否握有任何資訊，得以為總公司針對其位於上海的華南管理處可能採取的類似預防性措施而辯護。作為回覆，遠東事務部建議他們應該將總部遷往新加坡而非馬尼拉，「不論如何，這個問題應該要引起國務院高層官員的關注」[33]。不久之後，馬尼拉便落入了日本人的掌控之中。

　　除了在華北占領區的壟斷政策，日本在東北占領區所能開採利用的油源也極為有限。1931年日本侵略東北以前，中國最大的石油生產來自於撫順的油頁岩蒸餾廠。在日本占領東北的第一年（1931），該油廠產出了44萬桶的原油，1933年以後的原油年產量已超過了59萬桶。1935年，在大連設置了煉油廠。在《日本─滿洲國年鑑》（*The Japan-Manchukuo Year Book, 1940*）中記載，該煉油廠的年產量為44萬桶原油[34]。此外，日本政府也在滿洲國境內發掘油田。阜新油田發現於1938年，且一開始似乎前景看好，滿洲國政府聲明這個新油田「比蘇聯的巴庫油田稍微小一點，但品質超越了蘇聯石油。」[35]滿洲國總務長官星野直樹說：「無論如何在滿洲能發現石油都是很令人振奮的，跟之前斷言這個國家沒有石油時相比」[36]。儘管如此，在滿洲東北油田並沒有發

---

33 Memorandum of Conversation, Division of Far Eastern Affairs, Department of State, Dec. 3, 1941, *NA*, 893.6363/261.

34 Helen Smyth, "China's Petroleum Industry," *Far Eastern Survey 15* (June, 1946), p. 189.

35 *Japan Weekly Chronicle* (Kobe), May 23, 1940.

36 Voluntary Report, subject: Importation on petroleum prospecting and discovered in Manchuria. Prepared by A. Bland Calder, Assistant Commercial Attaché, July 9, 1940, *NA*, 893.6363 Manchuria/318. 滿洲國總務長官星野直樹是策劃對中國東北實行經濟侵略的重要人物，他策劃成立了由日本人控制的滿洲國中央銀行，全面控制滿洲金融命脈，並鼓動日本國內財閥到東北投資。

現較高的辛烷值可以被製成航空汽油或一般汽油[37]。1943年日本占領南太平洋荷屬東印度群島後，阜新的鑽油設備被移往該群島油田，而在阜新的鑽油作業則被擱置直至1945年戰爭結束時，當時已有81座鑽油井完成，但原油的產量非常稀少[38]。

對石油匱乏的危機意識，使得日本政府在未和美國正式宣戰之前，即在中國占領區以各種手段希望增加占領區的石油貯備量和實施壟斷政策，直接影響的是美國在華的跨國石油公司。由以上分析可以看出，美孚真空石油公司與德士谷公司都採用了相當保守的政策來解決上海與華北的石油存貨問題，卻又希望能避免倒閉。再者，雖然美國政府意識到身陷遠東危機之中，但就日本在中國占領區的經濟壟斷而言，或更明確地說——至關重要的石油問題——美國除了終止《美日商約》（1911年）之外，並無採取任何反擊措施。在珍珠港事變以前，美國在中國占領區的石油政策可說是孱弱且猶豫的。

二、非占領區中國的石油問題與美國的石油戰略

在甘肅開發油田和汽油產品的計畫一旦成功，將會對一直以來，在中國市場供給汽油與其他石油的外國石油公司，造成可觀的財務損失……（然而）此刻，開發（中國）油田的激情正被大大鼓舞，因為迫切需要汽油，才能讓卡車載送軍火和其他主要物資。

---

37 U.S. Foreign Service, American Consulate, Darien, May 12, 1941, *NA*, 893.6363 Manchuria/319.

38 申力生主編，《中國石油志》（台北：中國石油公司，1976），pp. 901-902.

——詹森（*Nelson Trusler Johnson*）致羅斯福（*Franklin Delano Roosevelt*），於1941年4月29日。[39]

　　1941年4月底，美國駐重慶的詹森大使提議（1940年9月國民政府遷都重慶），應立即著手開發甘肅油田和汽油產品。這意味著戰時中國依賴本土石油產品及其替代品的重要性，已達到空前嚴重程度。如眾所知甘肅、陝西、四川和新疆等地蘊藏有油田，但卻因中國缺乏資本與先進技術而遲遲無法開採。太平洋戰爭期間，出於戰爭策略而開採新油田和擴充舊油田，在美國提供的先進設備與足夠的運輸設施等協助之下，中國期許最終可以達到石油的自給自足[40]。

　　此處必須簡單回溯1930年代中國礦業法與石油開採的問題。1931年國民政府公告的礦業法（1930年制定），規定外人持有的礦業股份限定於50%，中國人股份需超過一半以上，半數以上的公司主管必須是中國人，董事會和經理人亦然。儘管中國的礦業法中包含有上述不利外國公司的投資條款，但中國的實業家與銀行家仍比較傾向和外國的石油公司打交道。他們提議，中國可和德士谷公司、美孚真空石油公司、亞細亞石油公司，和上海威廉·杭特公司（William Hunt & Company of Shanghai）合作，畢竟讓中國政府自己來可能會太慢，且中國缺乏這種大型工程所需的技術財力和人力等重要資源[41]。當時美孚真空石油公司急切地想

---

39 U.S. Embassy（Chungking）to the Secretary of State, April 29, 1941, *NA*, 893.6363/241.

40 Helen Smyth, "China's Petroleum Industry," pp. 187-190.

41 U.S. Embassy（Chungking）to Secretary of State, 29 Apr., 1941, *NA*, 893.6363/241. 這些報告雖是1941年，但回溯了1930年代中國的礦業法規定。

和中國人合作，並表達了「我們應該努力合作，使中國發展本身既有的原油產品」的期許[42]。然而，國民政府新設置的經濟相關部門，卻非常排斥和任何的外國公司合作，並堅持石油發展計畫應完全由中國政府所控制。對中國政府來說，石油產業很嚴格地必須是國營事業，而和外國公司合資、合作的建議也因此被駁回[43]。中國政府既希望吸納足夠的資金用於石油開發，卻又不願外人侵奪本國石油開採權，因而亟須由可靠的國內私人資本出面解決這一兩難問題。在這一情勢之下，當時暫居國內的外交家顧維鈞聯合周作民、錢永銘、嚴恩槱等民間投資者向國民政府提出申請，取得了甘肅、新疆、青海三省的石油勘探和開採特權，於1935年建立中國煤油探礦公司（Chinese Petroleum Company）。這是由政府授意，讓民間投資者向國民政府提出申請，取得西北石油勘探和開採的特許權。然而，隨著日本對華侵略威脅加深，國民政府決心由中央政府統籌開發西北油田，以應付迫切需求的石油問題，因此又收回了顧維鈞等人的石油開採特權[44]。抗戰期間，資源委員會全權接管了中國的石油開發。

---

42 Department of State, Memo of Conversation, 23 Nov., 1943, *NA*, 893.6363/299.

43 1935年間，美國商人阿爾脫鍾斯曾多次申請勘探甘肅、新疆、陝西、四川等地的油礦，並願出資至少一千五百萬美金，但均被國防設計委員會以種種理由駁回。皇甫秋實、賈欽涵，〈顧維鈞與中國西北石油開發〉，《復旦學報（社會科學版）》2017年第1期，頁74。

44 皇甫秋實、賈欽涵，〈顧維鈞與中國西北石油開發〉，頁71-79。顧維鈞通過加拿大友人何生（Harry Hussey）積極與美孚石油公司接洽合作，委派美國地質學家韋勒和蘇頓前往中國西北勘探油田。這一開採西北油田的事業，到了1938年由經濟部收回，當時也僅止於探勘油田階段，未曾實際開發。

（一）中國各地油田概況與石油輸入途徑

在1937年至1941年間，中國各地的油田發展情形如下：

1. 甘肅

1930年代以前，中國一直都沒有充足的地質調查來確定正確的石油存量。1936年11月，凡爾登（G. S. Walden）和派克（P. W. Parker）——美孚真空石油公司的駐華代表，分別給美國國務院的備忘錄中，提到美孚真空石油公司與一個握有西北中國探勘權的華資企業的談判紀錄。受到中國礦業法的限制性，美孚真空石油公司無法假定他們能有一個積極的參與角色；但在這家華資企業的邀請之下，美孚真空石油公司派出兩個美國地質學家，協同這家華資企業派出的專有技術人員，於1937年至1939年間在甘肅省展開更大規模的地質調查[45]。這家華資企業亦即前面提及的顧維鈞與華資企業家創設的「中國煤油探礦公司」，兩位美國地質學家是韋勒（Marvin Weller）和蘇頓（F. W. Sutton）。

在地質勘查中，一個選點是甘肅玉門附近石洋河（Shih-You-Ho）背斜層。玉門位於甘肅西部，長久以來作為絲綢之路上的重要驛站而聞名，玉門油田被劃為一個有希望的鑽探點。自從中日戰爭情勢愈來愈為危急，情況變得不允許讓私人華資企業在如此偏遠的地方從事探勘工作，必須由中央政府扛起這項國家級的動員計畫，第一口位於石洋河背斜層的油井在1939年開鑽[46]。當時

---

45 Department of State, Memo of Conversation, 23 Nov., 1943, with Enclosure: Memo of Standard-Vacuum, 19 Nov., 1943, *NA*, 893.6363/299.

46 詳見：張力，〈陝甘地區的石油工業（1903-1949）〉，收錄於中央研究院近代史研究所編，《中國現代化論文集》（台北：中央研究院近代史研究所，1991

仍有不少人主張邀請外國石油公司，與國家資源委員會並肩合作的基礎下，協助鑽井和甘肅石油工業的發展[47]。

1941年2月，國家資源委員會接收了來自一家美國公司的探鑽和煉油機械。然而，如何將這些機具運到玉門，則是個迫切的難題。先運到海參崴，經由歐亞大鐵路移動到阿拉木圖（Alma Ata），再透過卡車經烏魯木齊和哈密送到玉門的這個方法被認為是可行的。然而蘇聯很不願意提供經由歐亞大鐵路輸送貨物的許可，因為這些貨物並不是在蘇聯境內購買的[48]。由此可見西北油田開發所牽涉的機具運送問題的複雜性。

2.陝西

在陝西北部有兩座油田：一座在延長、一座在永平。第一座油井鑽於1907年。美孚石油公司和袁世凱政府曾在1914年至1915年間訂有合約，合作挖掘陝西北部的油田。但由於中國內部政治動盪，再加上日本的抗議和干預，這項計畫終告失敗。美孚公司的探勘報告，宣稱陝北油田為淺苗油田，開採價值不高；對於美孚的說法，中國方面有人以為這是美孚公司故意讓中國產不出石油，以保有美孚在中國市場優勢的陰謀論，這一說法甚至在1930年代初期仍有地方官員持有此論[49]。

年3月），頁477-505。

47　U.S. Embassy（Chungking）to Secretary of State, 29 Apr., 1941, *NA*, 893.6363/241.

48　U.S. Embassy（Chungking）to Secretary of State, 29 Apr., 1941, *NA*, 893.6363/241.

49　1932年西安綏靖公署駐京辦事處處長胡逸民向實業部呈請改良及擴充陝北延長油礦，指出過去延長油礦未能發展的種種原因，包括交通運輸困難、缺乏中外技術專家、不能充分購得各項機器、無充分兵力保護開採礦務之進行等因素之外，甚至指責美孚石油公司「恐此礦油開發，將盡奪美油之營業」，故美孚蓄意開採不力。《西北文化日報》，1932年5月11日，頁3。筆者認為

　　1934年3月，實業部將陝北石油礦區劃歸國營，共劃分兩礦區：延長縣張家園、雷家灘一帶，共計410公頃4公畝；延長縣永平鎮一帶礦區約688公頃44公畝，不久成立陝北油礦探勘處，由孫越崎任處長（後由嚴爽代理）。1935年4月，陝北油礦探勘處改隸資源委員會統籌接管，當時延長原油年產量不過一、兩千加侖，中國所需主要仍靠各類洋油進口[50]。1935年10月，延長油田所在地被中國共產黨占領接管，且在國家資源委員會的工程師撤離之後，國民政府無法持續在陝西發展石油資源的計畫；因此，國民政府將大部分的重心都放在甘肅的油田。1936年12月，西安事變後國共再度合作，中共中央經濟部遷往延安，接手整理油礦。抗戰以後中共陝甘寧邊區政府建設廳接管延長油礦，重新清理和修復延長油礦。陝甘寧邊區建設廳到1937年年底共投資10,574元，對個別油井進行了清理修復，並準備新建4號油井。然延長油礦由於探勘技術落後、缺乏技術人員、設備不完善和意外事故頻傳等等因素，生產量雖有增長，但仍不理想。從1939年到1945年，陝甘邊區石油產量，原油產品總計僅有136,920桶（1桶12.5公斤），汽油產量總計11,156桶[51]。此一數據，如和以下將

「陰謀論」說，並不可靠。最主要原因是美孚當時急於在亞洲各地區發挖油田，以配合其打造鑽井、煉油、經營與銷售等垂直多層的一體化跨國企業王國。詳見：吳翎君，《美孚石油公司在中國》，第3章〈與中國政府的合作〉，頁84-110。

50 張力，〈陝甘地區的石油工業（1903-1949）〉，頁490-491。

51 王晉林，〈抗日戰爭時期陝甘寧區的石油工業〉，《中國石油大學學報》，第3期，2012年6月，18卷，頁74-79。該文認為抗戰時期陝甘寧邊區石油工業的建立和發展為抗戰勝利創造物質基礎，也對戰後新中國石油工業的建設和發展有重要貢獻。但筆者從該文作者整理的石油產量提到1940年原油產出3,859桶，1941年為12,437桶。1940年汽油產出188桶，1941年為953桶（1

述及的非占領區中國的石油總輸入量（表8-3）相比，可見得陝甘邊區石油出產量對抗戰時期中國的石油供應需求，實屬微少之數，且油品等級低劣，根本無法生產航空汽油或高級汽油。

3. 四川

1938年10月，經濟部國家地質調查所和四川省地質調查所，共同組成石油調查團，在預估藏有石油的四川省威遠和榮縣地區進行探勘。除了這項工程之外，國家資源委員會從1940年會計年度開始，得到每年150萬（中國國幣）的預算，用於鑽探四川的其他地區，尤其是巴縣和達州地區。但很不幸地是這項工程太晚開始，且預算不足[52]。

1939年，永利化工有限公司（Yungli Chemical Industries Limited Company）僱用富有經驗的美國工程師哈蒙德（William S. Hammond），負責探勘油田。永利化工原設置於天津，由於日本占領天津，該公司迫遷到四川五通橋。由於永利公司在五通橋的地利之便，因而由該公司出面交涉開採另外三個可能鑽到油的油田，當時約有250噸的設備從紐約運出，中國政府支給永利公司一筆價值450萬美金的外匯券以支持這項計畫，並承諾將再給這家公司另外的500萬美金[53]。由此可見中國政府亟需開採本地油田。

桶12.5公斤）。從這項數據，筆者以為，陝甘寧邊區的石油是有增加，然若和國民政府1940-1941在非占領區的進口石油量總數（表8-3）之需求相比，可看出陝甘寧邊區產出石油量對抗戰時期中國的需求和消耗量而言，乃極其微少之數。1加侖等於3.785公升。

52　U.S. Embassy（Chungking）to Secretary of State, 29 Apr., 1941, *NA*, 893.6363/241.

53　Hammond的薪水由美國雇主「國營石油供應公司」（the National Supply Company）支付，派遣他到中國來，是希望中國的公司能及時發現石油的商業利益，並成為購買美國公司產品的重要代理人。*NA*, 893.6363/228.

4. 新疆

　　一些地質學家相信新疆油礦是巴庫油田的延續。新疆主要的油田位於烏蘇，天山山脈坡段上。另一個油田在迪化，位於山脈的北面，產油不多。1933-1944 年間新疆控制在盛世才手中，並與蘇聯維持密切關係，使國民政府不太可能在該省開展石油業。在 1943 年 1 月蘇聯勢力退出新疆以前，新疆北部油田的探勘和發展主要由俄國人進行。1944 年末，烏蘇油田共有 26 座油井和一座煉油廠[54]。

　　總而言之，甘肅西北部的探勘與發展，是所有中國油田中最有希望的一個選項，並且在國家資源委員會的監督之下，石油開採計畫和抗戰政策緊密結合。據 1937-1943《中國年鑑》（*China Handbook*）所記，如以 1940 年為基準，並將基準值設為 100，則甘肅的原油產量在 1940 年至 1941 年成長了 876%，更在 1942 年成長了 7,408%。1941 年的汽油產量較 1940 年成長了 286%，且在 1942 年成長了 2,425%。煤油的產量在 1941 年成長了 332%，而在 1942 年則成長了 1,616%[55]。

　　很明顯地，中國本身油田的產量和品質並不足以應付中國的需要。在 1940 至 1941 年間，非占領區中國的大部分石油來源有

54　Smyth, "China's Petroleum Industry," p. 190. 太平洋戰爭前，國民政府曾嘗試取回新疆，但未果。1942 年，新疆總督盛世才與蘇聯關係絕裂，並和國民政府展開諒解。1944 年盛世才被任命為農林部長，國民政府勢力復進入新疆。高素蘭，〈戰時國民政府勢力進入新疆始末（1942-1944）〉，《國史館館刊》，第 17 期（2008），頁 129-165。

55　*The China Handbook: 1937-1943, A Comprehensive Survey of Major Developments in China in Six Years of War*（New York: Macmillan, 1943），p. 484.

三條途徑：一、穿越印度支那（Indochine）從寧波和華南口岸入口；二、經由仰光的進口貨運；三、來自緬甸當地生產的石油裝運輸入（表8-3）。1941年，因為滇緬公路突然關閉，交通運輸的中斷，讓非占領區中國經歷一場更嚴重的補給短缺。在此一情況之下，勢必又更加依賴中國當地產出的石油產品。

根據任職於中國財政部的美國技術顧問邁爾斯（D. F. Myers）曾報告，每月有10萬加侖的汽油從香港，經由大鵬灣輸入非占領區中國；在1940年中國政府更設法用走私方式，使得經由這條路線的石油進口量提升至每月20萬加侖。油商冒著非法貿易的風險，使得石油價格變得不尋常地高。當油品抵達英國殖民地香港時，由於必須在香港繳稅而使得石油價格又再拉高一次，但如果以走私運至中國，油品運出時並不會被退稅（所以油價變高）。汽油會藉由小船從大鵬灣運往內陸，再利用鐵路送到桂林[56]。在1941年12月25日香港尚未陷落於日軍之前，這條經由香港的石油輸入途徑，包括正常運輸和走私方式，更加說明了戰爭時期中國政府運輸石油之艱困。

此外，石油產品經由滇緬公路、寧波、蘇聯進入非占領區中國。但從緬甸進口的汽油很大一部分都消耗在從邊界運往昆明和重慶的路途中。寧波是個更適合進口的港埠，因為桶裝石油可透過水路運輸以大幅減少汽油的消耗。來自蘇聯的汽油則須面臨最艱困的一條路線，因為只送到西北的蘭州為止，並且大多都用於航空用途。當時沒有任何數據能說明汽油的每月平均輸入量[57]。

---

56 U.S. Embassy（Chungking, Nelson Trusler Johnson）to Secretary of State, 4 Dec., 1940, Subject: Gasoline imports into Free China, *NA*, 893.6363/237.

57 U.S. Embassy（Chungking, Nelson Trusler Johnson）to Secretary of State, 4 Dec., 1940, Subject: Gasoline imports into Free China, *NA*, 893.6363/237.

表8-3：非占領區中國的石油裝運量輸入表（Petroleum Shipments into Unoccupied China），1940-1941

路線 / 年代 類別	穿越印度支那從寧波和華南口岸入口 42加侖桶裝	經由仰光的進口貨運 42加侖桶裝	來自緬甸當地生產的石油 42加侖桶裝	總計 42加侖桶裝
1940				
航空汽油（Aviation Gasoline）	4,417	9,021	7,202	20,640
汽油（Motor gasoline）	131,493	161,493	83,978	376,964
柴油（Diesel Oils.）	14,874	24,635	13,098	52,607
潤滑油（Lubricants）	7,663	22,396	—	30,059
煤油（Kerosene）	25,327	156	1,457	26,940
總計	183,774	217,701	105,735	507,210
1941				
航空汽油（Aviation Gasoline）	—	264,227	66,986	331,213
汽油（Motor gasoline）	—	288,029	327,767	615,796
柴油（Diesel Oils.）	—	39,541	10,247	49,788
潤滑油（Lubricants）	—	66,683	—	66,683
煤油（Kerosene）	3,461	62	6,033	9,556
總計	3,461	658,542	411,033	1,073,036

資料來源：資源委員會檔案，國史館藏，典藏號003-010306-0020。

（二）美國參戰後的中美石油策略

1. 動員美國石油公司

　　抗戰時期國民政府資源委員會支撐起戰時相關的鋼鐵、電力、石油的重工業發展。資源委員會投入中國石油調查工作，並仔細調查緬甸汽油產量及荷印石油產額的情報，作為評估戰時太平洋戰區的石油供給問題[58]。1941年12月美國參戰之後，國家資源委員會建議在印度不急著使用的相關石油設施，應盡快投入於甘肅的油田作業。1942年，美國駐華大使高思（Clarence E. Gauss）建議甘肅油礦局——隸屬於國家資源委員會，購買兩座美孚真空石油公司位於重慶的兩座油池。這項協議包括一、美孚油池讓售之後，一俟重慶至長江下游水位恢復正常時，仍在原地由該公司重建原油量之油池，並且由油礦局向重慶市政府和海關監督請准發給重建油池的許可證件；二、中國政府應該為購買油池支付押金，而押金的金額由美孚真空石油公司以重建油池所需的花費來試算；三、任何協議的達成都必須經由大使館協商，簽署的協議的副本須給人使館一份。事實上，這項事務是由何應欽上將與美國准將馬格魯德（John Magruder）在3月間安排的[59]。這

---

58 Embassy of the United States of America（Chungking）to the Secretary of State, April 29, 1941, *NA*, 893.6363/241. Foreign Trade Office of National Resources, Chinese Government, New York Brand, 1941 June 11th, K. Y. Yin's（Yin Zhongrong）summary for the article by Leo W. Stach, "Petroleum exploration and production in western Pacific during World War II." 函呈卡森（Lester M. Carson）著中國石油問題一文。〈緬甸汽油產量及荷印石油產額報告〉，資源委員會檔案，國史館藏，典藏號003-010306-0020。本章表8-3資料亦為其中一項。

59 U.S. Embassy（Chungking）to Secretary of State, 28 May, 1942, *NA*, 893.6363/268.

個訊息在 5 月送到位於重慶的美國大使館，之後順利地簽署了協議。箇中原因是中國很急切地想解決石油儲存槽的問題，同時也因為這項協議是既合理又慷慨的。舉例來說，該協議特別提及中國政府需負擔重建油池的費用，然而如果實際的花費低於預估值，美孚公司將會退還差額。資源委員會的檔案中掃到該年 4 月間甘肅油礦局報告該局設備原極簡陋，重慶美孚石油公司在渝南原有之油池兩座（一具為直徑 93 呎、高 35 呎，可容油 5,400 噸；另一具為直徑 50 呎、高 35 呎，可容油 1,570 噸）質料俱佳，頗合應用，經與該公司洽商讓售，希望請外交部儘速請美大使館令飭該公司依外交手續辦理，並請重慶市政府和重慶海關分別預先發給該公司重建這二座油池的許可證[60]。當時已遷到重慶的中央政府與美國方面火速處理美孚重慶公司這兩座頗具規模的油池，可見得戰時石油問題燃眉之急。

　　1943 年 4 月，國家資源委員會聘任加州德士谷公司工作的一名鑽油專家布希（Sam Bush），負責監督玉門油井和煉油廠——太平洋戰爭期間中國最大的產油區。在同一時間，美孚真空石油公司賣給國家資源委員會一座高產能的煉油廠。事實上，國家資源委員會已經有好長一段時間想買這座煉油廠了，但美孚真空石油公司一直不賣，因為他們認為甘肅當地的管理狀況還不足以勝任運作該煉油廠。在美國政府的建議和積極介入之下，美孚真空石油公司終於改變立場，賣掉那座煉油廠[61]。令美孚真空石油公司改變心意的可能因素是因為布希的聘用，這名德士谷公司的工程

60 〈甘油礦局、軍政部購美孚行油池〉，國家發展委員會檔案管理局藏，《外交部檔案》，A303000000B/0031/432.4/0002。頁 4-5。

61 U.S. Embassy（Chungking）to Secretary of State, 15 Apr., 1943, *NA*, 893.6363/280；國史館藏，《資源委員會檔案》，003-0207000-605。

師被聘為甘肅石油生產的管理者。德士谷公司來勢洶洶的參與程
度，已威脅到了美孚真空石油公司作為開發中國油田的先鋒角色
（因為美孚公司從1910年代開始，就和中國政府有陝西油田等合
作計畫），於是美孚公司更密切地和美國政府合作，藉由賣出他
們的儲油槽和煉油廠，並派出更多的美國鑽探工到中國來[62]。

　　美國政府強烈鼓勵美國石油公司參與中國油田的探勘與挖
掘。例如，美孚真空石油公司在1942年10月22日和經濟部甘肅
油礦局和國家資源委員會煉油管理處達成協議，將該公司分別位
於湖南長沙、湘潭、衡陽的5個儲油槽賣出[63]。甘肅油礦局的負責
人孫越崎報告1943年5月該局有3座油井，原本希望在9月底可
增加到7個，但缺乏煉油設備的問題無法解決；若有來自美國的
工程協助，煉油產量可望增加[64]。到了1943年7月，因太平洋戰事
軍需之急用，美國陸軍總部直接向資源委員會接洽，甘肅油礦局
價購美孚油公司長沙、湘潭、衡陽的3座油池擬請轉讓於美國陸
軍部使用（原合同有5座，但因2座由甘肅油礦局拆用，故為3
座），資源委員會函電欣然配合，提到：「既同為增加抗戰利用，
所有原給該公司之重建許可證，仍予有效無需退還」。惟應由油

62　H. K. Fenn（Office of Censorship, Chief Cable Censor, U.S.A.）to George A.
　　Gordon（Acting Chief, Division of Foreign Activity Correlation, Department of
　　State）, 26 Apr., 1943, *NA*, 893.6363/284-1/2.

63　〈甘油礦局、軍政部購美孚行油池〉，國家發展委員會檔案管理局藏，《外交
　　部檔案》，A303000000B/0031/432.4/0002。事由：轉送美孚洋行讓售長沙、
　　湘潭、衡陽三地草訂合約五份請完成簽印手續後分別提送還由。U.S. Embassy
　　（Chungking）to Secretary of State, 11 June, 1943, Enclosure: Chinese version of
　　this agreement, *NA*, 893.6363/288.

64　U.S. Embassy（Chungking）to Secretary of State, 24 May, 1943, *NA*, 893.6363/286.

礦局和美孚石公司對於此項辦法正式交換函件[65]。也就是1943年下半年起美國陸軍部為配合作戰之需要，由美國陸軍替代甘肅油礦局使用美孚石油公司重建之油池，等於由美國軍方接管美孚這3座在華煉油事業的一種軍事動員。

　　美孚的地質學家貝爾茲（E. W. Belts），對甘肅油田的豐富蘊量始終半信半疑，他認定在鑽探設備有限的情況下，甘肅油田的生產和經營將會是困難的。美國司鑽費德（W. C. Filed）、萊納（F. U. Rhyner）、布希（Mike Bush）等人，也表示甘肅油礦並不令人完全滿意[66]。到了1943年，在開發新疆油田方面有一新進展，透過美國駐重慶使館的引介，美孚真空石油公司得到一個探勘新疆油田的機會[67]。當時盛世才已和國民政府達成政治諒解，美孚真空石油公司有意將對甘肅的寄望移轉到鑽探新疆蘊藏的原油──之前美孚駐華董事代表派克（Philo Parker）就曾和美國政府機關洽議此事。然而，新疆各地礦區的產油量也一樣不樂觀[68]。

2. 美國戰時石油管理局與中國政府的合作

　　太平洋戰爭爆發後，美國華府關注於日益嚴重的中國石油問題，直屬於「戰時石油管理局」（Petroleum Administration for

---

65 〈甘油礦局、軍政部購美孚行油池〉，國家發展委員會檔案管理局藏，《外交部檔案》，A303000000B/0031/432.4/0002。必須說明的是：油礦局和美孚公司的價購合同，係有5座油池，後來因2座由油礦局拆用，但原訂讓購合同並未變更，其餘3座乃轉行撥讓於美軍。

66 U.S. Embassy（Chungking）to Secretary of State, 31 July, 1943, *NA*, 893.6363/290.

67 U.S. Embassy（Chungking）to Secretary of State, 15 Oct., 1943, *NA*, 893.6363/298.

68 Department of State, Memo of Conversation, 23 Nov., 1943, Enclosure: Memo of Standard-Vacuum, 19 Nov., 1943, *NA*, 893.6363/299. 很可惜的是報告中，並未引用數據說明。

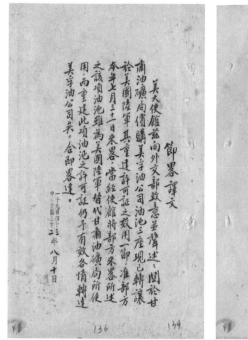

圖8-1：甘肅礦油局轉讓3座油池供美國陸軍部使用。
資料來源：〈甘油礦局、軍政部購美孚行油池〉，國家發展委員會檔案管理局藏，《外交部檔案》，A303000000B/0031/432.4/0002。

War, PAW）的「美國對外石油委員會」（U.S. Foreign Petroleum Committee），全面衡量了石油供給和如何運送油品到中國的重要性，他們在1943年決定建立一個常駐附屬委員會來商討中國石油問題。該小組委員會——即中國石油委員會（Chinese Petroleum Committe）與「中國國防物資供應公司」（The China Defense Supplies Corporation, CDS，簡稱「國防供應公司」）密切聯繫以提供所有可能的援助；不僅是技術建議，還透過不同的機構，對中國石油問題提出有效的解決方案。戰時石油管理局的泰瑞・杜

斯（J. Terry Duce）成為中國石油委員會和美國對外石油委員會之間的聯絡官[69]。

「中國國防物資供應公司」於1941年5月1日宣告成立，它是國民政府和華府交涉軍援物資的最重要機構之一。這家公司係在美國德拉瓦州（Delaware）註冊的一家股份制商業公司，實際上是由國民政府獨資設立，資本金額與日常營運開支由宋子文主持的中國銀行墊付，並由宋子文出任董事長。最初在美國尚未參戰之際，通過這條非體制內的平台將中美兩國政府聯繫起來。國防供應公司組建有航空事務、軍需用品、通訊器材、雜項物資等五個技術委員會，統籌規劃國民政府在美接洽各類租借物資之事宜[70]。美國參戰之後，到了1943年5月，國防物資供應公司和戰時石油管理局下屬的中國石油委員會，雙方開始有一個協調合作的運作機構，規劃具體的石油合作項目。根據石油管理處代表戴維斯（Ralph K. Davies）的備忘錄，聯合合作委員會的目的，係向「對外石油委員會」負責，並確保石油與其輸往中國的產品供給

---

69 Letter of J. H. Thacher, Jr.（Executive Secretary, Foreign Petroleum Committee）to Joseph W. Ballantine inviting him to be a committee member of the Chinese Petroleum Committee, 15 May, 1943, *NA*, 893.6363/284; George A. Gordon to H. K. Fenn, 8 May, 1943, *NA*, 893.6363/284-1/2.

70 1941年3月美國國會通過「租借法案」，授權美國總統可決定哪些國家為反法西斯侵略國家，而予以提供物資和勞務方面的援助。中國也名列34個反侵略國家之一，根據這項法案，蔣介石立即指派宋子文代表中國，和美國接洽一切有關軍備物資事宜，因而有「中國國防物資供應公司」的成立。這是間登記在法律顧問柯科倫（Thomas G. Corcoran）所成立的一間特許公司，柯科倫曾是羅斯福總統「新政」時期重要的法律顧問，時已離開政府部門，可說是美國最早一批所謂對華政策的院外集團（Lobbist）。詳見：曹嘉涵，《抗戰時期中美租借援助關係》（上海：東方出版中心，2015），頁75-127。

量，內容如下：

　　一、輸往中國的石油供給量將是贏得遠東戰役愈來愈重要的因素。

　　二、輸往中國的石油供給來源將會增加，且以數個不同的路徑進入。這項要求必須由各個補給中國戰區的機構共同協商。

　　三、由於中國邊界的地形極為崎嶇，在處理這項補給作業時，將會遇到諸多技術問題。屆時可以透過尋求民間專家提供對運輸系統的配置和維護的建設性意見，將補給運入中國。

　　四、與這項石油補給關切的是，中國境內的煉油廠設備和中國當地石油產量是其中最嚴重的問題，應該由一個技術委員會針對每一問題提出建言。

　　五、該技術委員會與中國國防物資供應公司持續地交流，以確保所有可能的援助得延伸於各個機構，有效處理官方對中國石油問題的處理。[71]

　　基於這個決定，所有在印度被認為非必要的、可用在中國幫助其提升產量的油田和煉油設備，都被立即轉移到中國。美國對外石油委員會主席任命了一個石油補給的常駐附屬委員會去解決中國國防需要。這套縝密機制的建立，說明了美國政府力圖解決中國石油的供給問題，並且作為考量贏得遠東戰略的必要措施。然而，這個時間對中國而言卻是姍姍來遲，直到1943年才看到美

71　Memo for Ralph K. Davies（Deputy Petroleum Administration）, 5 May, 1943, *NA*, 893.6363/284.

國政府採取石油供給的積極作法。

　　另一方面，從具體中英文資料看來，既然石油作為戰時物資如此重要，但是1941年國防供應公司在美國成立之初和美國交涉軍事物資時，並未專門針對卡車汽油或航空汽油等油品援華上有特定的交涉，主要包裹在軍事援華項目中，反而是經濟資源委員會針對石油短缺的相關具體問題更加投入。一直到1943年5月以後，國防物資供應公司始在美國租借援華的支配主導下，和美國戰時石油管理局展開上述直接聯繫，投入石油採購、運輸和補給，甚至技術支援。國防供應公司在石油合作交涉上與美方的具體作為似不多，有兩處資料紀錄如下：一、1942年甘肅油礦局委員曾委託「中國國防物資供應公司」通訊器材組組長尹仲容洽聘曾在美商德士谷石油公司國內外油田主持鑽井工作多年的鑽井師布希，和美籍司鑽蘭諾（Reninnor）、費德二人協同鑽井，這些外籍顧問約滿即回美國[72]。而當時尹仲容的職務則是國家資源委員會國際貿易事務所紐約分所主任，兼任「中國國防物資供應公司」通訊器材組組長；二、1944年，國防供應公司的業務快結束之前，曾協助資源委員會向美國索取設備，以實現甘肅油田年產5百萬加侖乃至於更多汽油的目標[73]。

　　國防供應公司原為體制外的單位，它的命運並不長。1944年7月1日國防供應公司正式關閉，未竟之事移交給「中國物資供應委員會」（China Supplies Commission, CSC）[74]。不久，該年

72　張力，〈陝甘地區的石油工業（1903-1949）〉，頁497。

73　楊雨青，〈宋子文與中國國防物資供應公司〉，《抗日戰爭研究》，2006年第4期，頁121。

74　國防供應公司董事長宋子文於1941年12月繼任外交部長，隨即以外交部長身分交涉英美援華借款等外交交涉。1944年夏，駐美大使魏道明接管了國防供

（1944）11月16日，國民政府在重慶成立了戰時生產局，作為統籌戰時經濟生產的最高機構，由經濟部長翁文灝兼任局長。這一機構的成立受到1942年9月來華訪問的美國「戰時生產委員會」（War Production Board, WPB，1942年成立）局長納爾遜（Donald Marr Nelson）對蔣介石的建言與讚賞。納爾遜回美之後向羅斯福闡述美國如何幫助中國增加戰時生產的五大建議，包括加強美國駐重慶經濟辦事處的力量、建立中美聯合生產委員會協調兩國民生供應事宜等，羅斯福對此表示同意[75]。由此，抗戰時期軍需用品和民生經濟的協調統合納入重慶中央政府，而且更加仰賴美國政府的經濟援助。總之，經濟部轄下的資源委員會和美國政府及美國石油公司的交涉，包括油田探勘、油料、煉油、購買油槽等等事宜投入最多，而資源委員會的技術專家在戰後也順勢承接了中國石油公司的建立。

　　1941年12月美國參戰以後，雖然不斷協助中國開採本身蘊藏的油源，但也直到1943年下半年以後太平洋戰事的膠著和困境，美國政府始針對中國石油問題有明確的協調機構和具體做法。至於非占領區中國的原油產量，在1940和1945年究竟成長了多

應公司，該年7月1日新成立的「中國物資供應委員會」取代了國防供應公司的所有業務。「中國物資供應委員會」由駐美大使魏道明出任委員會主席，下設航空、軍火、工礦、公共衛生、交通通訊、電影部等。楊雨青，《美援為何無效——戰時中國經濟危機中美應對之策》（北京：人民出版社，2011）。

75 戰時生產局成立後，駐美大使兼任的「中國物資供應委員會」成為聯繫的平台，並不直接參與採購清單。曹嘉涵，《抗戰時期中美租借援助關係》，頁180。林美莉，〈戰時生產局的成立與活動——以租界法案的配合為中心〉，《國史館館刊》，復刊第15期（1993年12月），頁165-183。

少？兩個數據如下：一、根據《石油與天然氣期刊》（*Oil & Gas Journal*）的報導，1940年非占領區中國的原油年產量，官方報告為10,456桶；二、據 *The Oil Weekly* 在1945年1月29日的報導中提及，當時非占領區中國的年油產量約為6萬桶，歸功於1942年以後甘肅油田的努力開採，使產量提升[76]。另外，根據南京國民政府財政顧問楊格（Arthur N. Young）所記，太平洋戰爭時期國民政府統治地區面對巨大艱難，實現了一次戰時生產的「大躍進」，就戰前、1941年和1944年（僅上半年統計數字）石油產品增長情況如表8-4。楊格在1960年代初期回顧戰時美國對華援助時，主要強調抑制通膨對戰時經濟和實現戰後經濟體制的急迫性，這件事當時都被中美雙方所低估，而最後造成1949年失去中國的無可彌補的政策失誤。楊格也認為如果美國早在1937年中國對日抗戰開始就積極援助中國，可能對日本後來的冒進侵略產生遏制作用，可惜當時美國的視線焦點主要放在歐洲，援華的重要性往往被忽略[77]。

表8-4：國民政府統治區石油產品增長狀況

單位：加侖	戰前	1941年	1944（截至6月20日）
原油	842	853,000	3,050,000
汽油	5,406	263,000	3,836,000

資料來源：Arthur N. Young, *China and the Helping Hand, 1937-1945*（Cambridge, MA: Harvard University Press, 1963），p. 354.

---

76 Helen Smyth, "China's Petroleum Industry," p. 190.

77 Arthur N. Young, *China and the Helping Hand, 1937-1945*（Cambridge, Mass.: Harvard University Press, 1963），pp. 206-214.

　　太平洋戰爭後期中國石油量的運輸得以增加，與一道長1,800英里、自印度加爾各答至中國的油氣管至為相關。這道油氣管完成於1945年初，使得戰爭後期輸往中國的汽油和其他油品量大幅增加，重慶政府得以供應石油補給，調派軍事作戰。有資料對這條輸油管工程的描述如下，1943年8月，英美參謀長聯席會批准從印度阿薩姆建一條4吋輸油管直抵昆明，再從加爾各答建一條6吋輸油管到達阿薩姆。但是由於英美兩國對於緬甸戰爭的規模始終反覆不定，以致輸油管計畫遭到多次修改。輸油管工程終於在1944年6月開工，並於1945年3月10日完工，全長1,760公里，到1945年7月為止，這道輸油管一共運輸了300萬噸汽油。雖然輸油管不像公路那樣容易受惡劣天氣干擾，它的功效依然難以令人滿意；在1945年5月達到高峰後，運油量就開始下降[78]。這筆資料說明了這條輸油管固為抗戰後期重要石油補給線，但也不宜過度強調它的作用。

小結

　　在1940年9月美國採取「事實的禁運」（de facto embargo）

---

78 齊錫生，《劍拔弩張的盟友：太平洋戰爭期間的中美軍事合作關係（1941-1945）》（台北：聯經出版公司，2011），頁415。這條輸油管線的起源也可能和下述事情相關，太平洋戰爭前宋子文和國防供應公司打算在緬甸北部臘戌至昆明段鋪設輕便運輸管，以代替卡車運油。1942年10月在殼牌石油公司工程師霍爾（J. H. Hall）的協助勘查下，向蔣介石提交一份路線勘查報告，在蔣的批准下，國防供應公司向美國提交了滇緬油管的訂購清單。美國陸軍部迅速派工程部隊（Engineer Corp）人員對油管計畫進行可行性研究，經反覆測試認係可行，並請工程部隊為國防物資供應公司訂購相關器材。參見：曹嘉涵，《抗戰時期中美租借援助關係》，頁107、168。

政策之前，日本是美國石油的大買家。油源短缺的日本石油公司
被迫向美國公司或荷屬東印度群島尋求貨源，而所有針對石油的
限令都可透過日本的經銷狀況反映出來。當抗日戰爭爆發時，日
本的經銷商在中國接應的貨品都成了戰爭資源；此外，日本購買
的美國石油，同時也包含了日本人在華北拓展銷售以及日本控制
下的占領區經濟生活之所需。因此，這形成了一個獨特而諷刺的
情況——日本人向美國人買石油，這些油就成了「日本油」，但
緊接著日本人又轉而擠掉進口至中國占領區的美國石油。這樣通
過「華北石油株式會社」的微妙操作機制，日本人壟斷了華北占
領區的石油市場。美國政府忽視了美孚石油和德士谷中國分公司
的抗議，因此這些美國石油公司別無選擇，只好勉強加入華北石
油株式會社以保住他們的事業。這是在美國參戰之前華北淪陷
區美國石油企業遭遇的情況。

　　如同學者海冈里希斯（Waldo Heinrichs）所稱，在1939年至
1941年之間，美國施加於日本的經濟壓迫，其效果是較小的；惟
在1940年1月廢除《美日商約》以抵制日本在中國的經濟壟斷
時，曾短暫生效。也就是說，美國展開了一個持續削減對日出口
量的壓迫計畫，希望最終導致停止油品運送。日本在1940年末暫
緩了行動，但美國仍沒有停止這項計畫的打算，反而每隔一兩個
月就有新的禁運貨品列表出現。美國官方依賴這項壓迫來遏止日
本的行為，但同時也擔心石油禁運會使日本狗急跳牆，奪取荷屬
東印度群島的油源，這使美國政府決定不跨過這道道界線。然而，
禁運政策卡在石油問題上，這個關鍵性的問題暴露出一個弱點
——亦即美國採取的經濟壓迫路線，看來更像一種操弄的詭計。
再者，日本仍可將品質較差的廢料和燃氣湊合著用，所以美國的

禁運政策只有象徵性的效果[79]。

在1937年至1941年太平洋戰爭爆發以前，美國對中國市場的石油政策缺乏主動性，反映了美國對東亞政策的觀望政策。美國政府在1941年底參戰之後，美國石油公司配合政府動員，幫助中國探勘甘肅、四川和新疆偏遠地區的油田，並且擴充和改良既有油池，以作為石油戰略計畫的一部分。太平洋戰爭期間，中國油田的發展由國家資源委員會掌握，在新式機械的到來和安裝之下，中國油田計畫的成功，無庸置疑地取決於油田的運作以及是否能獲得美國的人力技術協助。此外，在石油補給問題上，一直到1943年，美國戰時石油管理局和中國國防物資供應公司之間才成立一套縝密的運作合作機制，確保了石油的供給和運輸系統的建立。即便那個時候，因為技術不足，使得中國油田開採的石油品質和產量都無法令人滿意；然而，不論如何仍激發了中國人民在面臨戰爭存亡之際，懷抱著有朝一日能實現自給自足的「石油夢」。

二次大戰期間國民政府徹底了解到戰時石油補給的重要性，開始有創立國營石油企業的構想。日本投降後，國民政府接收了原日本人在中國占領區管理的油田和工廠，包括滿洲和台灣，台灣油礦探勘處接收了日本遺留的石油事業。國家資源委員會並和美國環球石油公司（Universal Oil Products Company）簽訂技術合作合約，美方派出技術專家到高雄煉油廠訓練專家[80]。二次大戰結

79　Waldo Heinrichs, "Franklin D. Roosevelt and the Risk of War, 1939-1941," in Akira Iriye and Warren I. Cohen, eds., *American, Chinese, and Japanese*, pp. 154-156.

80　顏昌晶，〈近代中國石油工業發展之研究〉，中壢：中央大學碩士論文，2000年，第4章。關於戰後台灣石油事業的啟動，最新的研究可參見：洪紹洋，

束後，國民政府為了強化國家戰略與經濟地位，一家國有的石油企業——中國石油股份有限公司（CPC）在國家資源委員會的指導之下，於1946年6月在上海創立。中國石油公司不僅負責鑽探和煉油，並向美國的石油公司購買原油——包含美孚石油公司、德士谷公司，以及位於加州的聯合石油公司。除此之外，國家資源委員會選派技術專員，赴美孚石油公司在美國的煉油廠受訓[81]。甘肅油礦局更名為甘青分公司，負責督導甘肅玉門的油田和新發現的青海油田，這兩處原油年產量加總達8萬噸[82]。

　　中美間的石油問題顯然十分複雜，尤其是在美國介入國共內戰後。儘管各界聲浪皆同意外國企業在內戰期間協助中國發展工業，但中國人自己卻不願意給任何外國企業有利的待遇，一些投資限令對中國境內的美國石油公司頗為不利。國民黨和共產黨也都十分了解石油產品的重要性，且兩者都企圖對石油產品進行國有策略的壟斷。當國民黨政府被共產黨擊敗，撤退到台灣，中國石油公司也於1949年遷往台灣，隨後成為台灣最重要的國營事業之一。同一時期中華人民共和國燃料工業部於1949年10月建立，到了1988年一家國營的燃料生產公司——中國石油天然氣集團創立，它是中華人民共和國最大的石油與天然氣整合公司，不久成為一家整合原油生產及供應商的國際能源公司。「石油夢」

〈国家と石油開発政策—1950-1970年台湾における中国石油公司を例に〉，收入：堀和生、萩原充編，《世界の工場への道》（京都：京都大學出版會，2019），第13章，頁373-399。

81 《資源委員會檔案》，國史館藏，典藏號003-010602-0444；典藏號003-020600-1853。

82 孫越崎，〈記甘肅玉門石油的創建和解放〉，《西北近代工業》（蘭州：甘肅人民出版社，1989），頁174。

的完成也已不再是擺脫對進口洋油依賴或自給自足的層次，而是石化工業已與世界經濟網絡和全球化實力聯繫起來，成為能源需求與國防安全的另一種型態的博弈爭戰。

第九章

戰後中美新經濟關係的建立

1946年《中美商約》

20世紀在很大程度上必須是一個美國世紀……隨著美國
精力旺盛地登上世界舞台，我們首先要做的是尋求和呈
現一種作為世界強國的美國式眼光，我們需要的是呈現
這樣一種想像力……它將指引我們去創造一個正宗的20
世紀——我們的世紀。

—— 《時代雜誌》創辦人亨利·魯斯（Henry Luce），

〈美國世紀〉，1941

前言

　　1945年8月15日（日本時間），昭和天皇向全國廣播了「終戰詔書」，意味著第二次世界大戰亞洲戰事正式結束。戰爭焦土時期美國在華多數企業或關閉或撤退，隨著戰爭結束，美國大企業急欲重返中國市場，並希望在戰後新秩序中保護既有的投資和貿易等商業權益。二次大戰後簽訂的《中美商約》，隨著美國在華領事裁判權等條約權利的消失，標誌著一個新時代中美關係的來臨。當時《紐約時報》（*New York Times*）讚揚這是戰後中美兩國訂定的第一個互惠友善的條約，基於平等互惠（reciprocity）和最惠國待遇（most favored-national treatment）的原則，展現了美國對華門戶開放政策的一種修正[1]。

　　1946年11月4日，《中美友好通商航海條約》（Sino-American Treaty of Friendship, Commerce and Navigation，以下簡稱《中美商約》）簽訂。它是根據1943年《中美關於取消美國在華治外法權及處理有關問題條約》（以下簡稱《中美平等新約》）第7條規定：中美商約應在戰爭結束6個月後進行談判。根據1946年《中美商約》第29條第1款：「本約一經生效，應即替代（supersede）中華民國與美利堅合眾間下列條約中尚未廢止（terminate）之各條款」，共有9項條約[2]。第2款，說明該約中任何規定，不得解釋

1　Bertram D. Hulen, "U.S.-China Treaty Of 'Mutual' Trade and Amity Signed," *New York Times*, Nov. 4, 1946. Henry R. Lieberman, "China Pact Shows Open Door Change," *New York Times*, Nov. 5, 1946.

2　九項條約如下：一、1844年（道光24），中美望廈條約（或稱中美五口貿易章程）；二、1858年（咸豐8），中美天津條約；三、1858年（咸豐8），中美上海條約（中美通商章程善後條約）；四、1868年（同治7），中美續增條約

為對於1943年所簽訂的「關於取消美國在華治外法權及處理有關問題條約及所附換文所給予之權利、優例及優惠，加以任何限制」。因此，從條約精神而言，《中美商約》一方面是1943年《中美平等新約》的延續和實踐；另一方面它是替代《望廈條約》以來有關中美通商航海的相關條約。

　　然而，商約內容公布之後，引起輿論諸多討論。金融界、航業界、工商界及經濟學者，褒貶不一。商約簽訂日不久，國民大會在國共談判僵局中即將登場（11月12日），中共抨擊此約無異於「廿一條要求」之國恥，主張立即廢約。蘇聯《真理報》（*Pravda*）則與中共唱和，指控商約將使中國攀附美國強權之下，讓美國披著援助中國戰後復原的外衣，全面染指中國經濟，使中國倒退至「半殖民」的激烈言論[3]。1948年11月30日，該約生效的同時，國共形勢已見逆轉，與之相應的則是美、蘇兩大強權帶領的不同意識形態陣營也已壁壘分明。此後中華人民共和國成立，不承認「美蔣賣國商約」，美國經貿勢力亦伴隨美國對華政策撤離中國市場。

　　關於1946年商約的研究成果中英文均相當豐富，中文著作主

　　（中美天津條約續增條約）；五、1880年（光緒6），中美續修條約；六、1880年（光緒6），中美續約附款；七、1903年（光緒29），中美續議通商行船條約；八、1920年（民國9），在華盛頓簽訂之修改通商進口稅則補約；九、1928年（民國17），中美兩國關稅關係之條約。

3　"Soviet Writer Denounces U.S.-China Treaty; Declares Our Aim Is Economic Domination", *New York Times*, Dec. 20, 1946. M. E. Orlean, "The Sino-American Commercial Treaty of 1946," *The Far Eastern Quarterly*, 7.4（Aug., 1948）: 354-367. 針對中共所宣稱1946年商約為國恥，以及蘇聯《真理報》刊出署名Markov的一篇激烈抨擊商約的專論，奧爾蘭（M. E. Orlean）就條約內容逐一加以反駁。

要為辯證商約為形式上的平等或實質意義的不平等，受限於政治
意識形態居多[4]。西方學界早期對《中美商約》的探討亦呈現冷戰
思維下資本主義和社會主義兩大陣營國家相互敵視的情結，1980
年代以後的研究視角逐漸擴大到戰後中美兩國對市場經濟理念的
歧異與政府政策的制定，而始有突破口。相關研究均指出戰後美
國期待中國市場自由化的想法，適與傾向建立計畫經濟的國民黨
政府背道而馳；對美國而言，在放棄治外法權之後，一種新的中
國與世界經濟交往的基礎必須在條約關係中加以解決，對中國而
言，它反映國民黨政府如何想有效利用外資，幫助完成其國家政
策的特定目標[5]。

---

4 中文成果以大陸學者的研究居多。任東來根據南京第二歷史檔案館所藏外交
   文件，最早撰寫〈試論1946年中美友好通商航海條約〉《中共黨史研究》，4
   （北京，1989年），頁20。其他主要研究有：陶文釗，〈1946年中美商約：戰
   後美國對華政策經濟因素個案研究〉，《近代史研究》（北京），1993年第2
   期，頁237-258。王建朗，《中國廢除不平等條約的歷程》（江西：江西人民
   出版社，2000年），頁356-360。李育民，《中國廢約史》（北京：中華書局，
   2005年），頁959-970。

5 Robert R. Wilson, "Postwar Commercial Treaties of the United States," *The
   American Journal of International Law* (Cambridge: Cambridge University Press),
   Vol. 43, No. 2 (Apr., 1949), pp. 262-287. 從國際法的視角比較了戰後《中美商
   約》和美國與其他各國（主要是義大利）所簽訂的商約內容及歷史脈絡，強
   調戰後商約基於平等和不歧視原則等現代國際法原則，不論如何比起戰前的
   條約更加完善，文末寄望美國所領導下的聯合國組織以及各國通力合作，消
   弭國際間自由貿易的障礙。Julia Fukuda Cosgrove, *Unites Foreign Economic
   Policy Toward China, 1943-1946: From the End of Extraterritoriality to the Sino-
   American Commercial Treaty of 1946* (New York & London: Garland Publishing,
   Inc. Inc., 1987), Ch. 6, pp. 166-203. 作者從美國戰後對華經貿政策的形成，以
   及美國企業界對中國廣大「自由市場」的殷切期待；甚至舉證馬歇爾使華時
   拿美援作文章，要求國民黨政府儘快批准商約一事，論析美國朝野對中國市

　　對於1946年《中美商約》的考察，在戰後國共關係的激化對立及政治情勢的遽變之下，黨派歧見掩蓋了實質內容和歷史意義的討論。迄今關於中美談判經過、中美雙方立場，乃至於戰後中美經貿關係的研究，如上所述已有相當的成果；然而對於戰後商約的重要性及其歷史意義的命題，則仍缺乏較全面的論述。本章將以戰後美商急欲重返中國市場之呼籲作為討論的起點，探討中美兩國談判時的交鋒與妥協，最後從條約權益、經濟立法與近代中國的國際化視角，重探戰後《中美商約》的歷史意義。

一、渴望重返中國市場的美國企業與商約之提出

　　根據1943年1月11日《中美關於取消美國在華治外法權及處理有關問題條約》（以下簡稱《中美平等新約》）第7條規定：《中美商約》應在戰爭結束6個月後進行談判。約文並說明「將以現代國際程序與中國政府及美國政府近年來與他國政府所締結之近代條約中，所表現之國際公法原則與國際慣例為根據」[6]。然而對

場的一致需求。魏楚雄從中國國家主義（nationalism）與美國經濟自由主義（economic liberalism）之間的緊張關係探索《中美商約》的交涉，特別針對1943年治外法權消失後，外人在中國必須遵守中國政府的立法，而美國本身亦有為促進美商來華貿易的《1922年對華貿易法案》，雙方對於戰後中國市場的期待與經濟理念各有不同，因此，美商在中國註冊為「外國公司」的立法問題，在1943-1946年間的中美政治經濟關係中變得敏感而尖銳。C. X. George Wei, *Sino-American Economic Relations, 1944-1949* (Westport, CT and London: Greenwood Press, 1997). William C. Kirby, "China Unincorporated: Company Law and Business Enterprise in Twentieth-Century China," *The Journal of Asian Studies*, 54.1 (Feb., 1995): 43-63.

6　世界知識出版社編，《中美關係資料彙編》，下冊（北京：世界知識出版社，

日戰爭何時結束猶未可知，關於商約的非正式磋商即已開展。該
年2月美國遠東司司長漢密爾頓（Maxwell M. Hamilton）和中國
外交部長宋子文針對原則問題交換意見[7]。

　　由於《中美》、《中英平等新約》同樣列有簽訂商約的規定，
美國法律顧問專家韋羅貝（Woodbury Willoughby）領導的「商業
政策和合約處」（Division of Commercial Policy and Agreement）
乃與英國駐美使館首席祕書海特（W. G. Hayter）等人針對商約內
容交換意見，英國方面表示戰後局勢仍不明朗而有所保留，他們
認為如果太早簽訂商約，是否會和聯合國規劃的穩定國際貨幣的
相關組織有所牴觸。同時他們也擔心戰後商約可能和英美大憲章
宣言（1941年8月14日）、聯合國宣言（1942年1月1日）和對華
租界法案（1942年6月2日）第7款的規定有所衝突[8]。美國各部會
很早就啟動商約談判，而《中英商約》的交涉則是一波三折，雙
方歧見頗深，最後又卡在香港問題而最後未能簽訂[9]。

　　《中美平等新約》簽訂後，儘管對日戰爭仍在進行，但對於
廢除治外法權後，如何確保美國在華的工商利益，已為美國朝野

1957年），頁541。

7　Memorandum of Conversation, by the Chief of Division of Far Eastern Affairs,
　　Feb. 23, 1943. *Papers Relating to the Foreign Relations of the United States*,
　　Washington, D. C.: Government Printing Office（以下簡稱*FRUS*），1943, p. 710.

8　Memorandum of Conversation, by Woodbury Willoughby of the Division of
　　Commercial Policy and Agreement, May 7, 1943, *FRUS*, 1943, pp. 712-713.

9　1943年平等新約簽訂之後，最初英國並不熱中隨即交涉商約草案，認為可以
　　稍待時日再談，但在美國展開談判後，英國也開始關注此一議題。《中英商
　　約》最後未能簽訂，相關研究成果並不多。馮琳，〈二戰後「中英商約」交
　　涉失敗之研究〉，《近代中國研究》，2011年11月14日。（北京：中國社會科
　　學院近代史研究所）。http://jds.cass.cn/Item/21913.aspx

所關注。美國工商團體早在《中美平等新約》簽訂前後，已開始籌劃如何重返中國市場，經過與中美兩國政府官員和工商人士的一系列洽商，1943年10月1日中美工商業協進會（China-American Council of Commerce & Industry）成立於紐約。首任理事會主席為國際商用機器公司總經理沃森（Thomas J. Watson），會長為美國前商務部次長柏德生（Richard C. Patterson Jr.）。中美工商業協進會是一個由美國各個行業的私營工商企業自發組織的非營利性組織，最初由36家在華從事經貿活動的企業創立，在短短三年之內，其會員就發展到近400家美國公司[10]。他們的行業遍及美國主要城市，涵括銀行業、進出口商、製作商、工程建築和承包商、保險公司、海空運大公司等等領域。赫赫知名的跨國大企業更是動見觀瞻，諸如：花旗銀行、大通銀行、美孚公司、國際商用機器公司、英美煙公司、發施登汽車輪胎公司、可口可樂公司、柯達公司、泛美航空公司、波音公司、《時代》週刊社等。該會總部設在紐約，在華盛頓設有辦事處，以便與政府有關部門聯繫，在新英格蘭、中西部和舊金山、西雅圖、波特蘭等地設有地區委員會[11]。

　　1943年底，美國駐華大使高思就中國戰時經濟政策和戰後經濟計畫的發展向國務院建議，愈早談判對美國愈有利。美國對外

10　皇甫秋實，〈中美工商業協進會與戰後中美經濟關係〉，《中國經濟史研究》2018年第5期，第30-45頁。

11　*Directory of the China-America Council of Commerce and Industry. A Guide to Nearly 400 American Companies Interested in Developing Trade Between China and the USA*, p. 6，陶文釗，〈1946年《中美商約》：戰後美國對華政策中經濟因素個案研究〉，《近代史研究》（北京），1993年第2期，頁237-258。但該文提到中美工商業協進會創立成員為26間為筆誤，據查應為36間。

貿易協會和中美工商業協進會為重建戰後在華市場優勢，高度關
注國民政府當時正起草的「公司法」，並遊說美國政府出面反對
該法草案對外國人在中國設立分公司做出限制的規定──只有確
實在其本國營業的公司，才可以在中國設立分公司。美方極力反
對中國「公司法」中有關外國公司必須在其本國「營業」的限
制，其原因可追溯自1922年的美國「對華貿易法」的頒布。此一
法案係美國聯邦政府為鼓勵美商來華投資而專為在中國營業的美
國公司所專門設立的，其基本內容是特准美國公民依照此一法
案，在美國本土向聯邦政府登記在法律上作為美國的國內公司，
但總、分公司都設在中國境內，亦即不必在美國境內有營業的事
實而專門在中國營業的美國公司，可享有美國聯邦政府豁免稅捐
的一些優惠待遇[12]。當時國民政府正在起草的「公司法」中有關外
國公司在華營業的規定，肯定對這一些依據美國《對華貿易法
案》而設置的美國公司，造成最大的利益衝突。

　　戰後商約的簽訂，不僅受到美國跨國大財團的關注，因「美
國對華法案」而設置的公司，更是關注其未來可否持續獲得美國
政府減稅的權益。根據1946年一份在上海的美國企業資料，大約
有282間的美國企業和團體登錄，包括像美孚真空、大來公司等
大資本家、進出口企業（有的並非是對華貿易而成立）或是因對
華法案而成立的專屬對華貿易公司，另有少數教會或文化教育團
體。其中因《對華貿易法案》而在上海成立的公司已較1928年登
錄的14間，增加到40間。除了1920年代以後持續增加的動力汽
車進口、房地產、零件進出口等行業，這40間「對華法案」公司
營業項目還包括了影片、無線電訊、煙草、皮革業、汽水、藥妝

12　有關美國《對華貿易法案》，詳見本書第四章。

品等消費服務商品（表4-4；附錄9-1），而這僅僅是上海一地的情況[13]。因而美商很早就關注如何在戰後簽訂的商約中保護他們的利益。

《中美商約》洽談之際（1946年3月）中美工商業協進會任命了熟悉對華經濟和法律事務的施芳蘭（Addie Viola Smith）在上海設立中國總部，她曾任美國駐滬商務專員（Trade Commissioner in Shanghai）、上海美國駐華法院的事務律師（solicitor），並早在1923年就擔任了美國《對華貿易法案》的註冊官（China Trade Act Registrar），是第一位被美國政府任命擔任對外貿易事務的女性，具二十餘年在中國從事商務交涉和商事訴訟的豐富經歷。施芳蘭的雀屏中選，來華籌備中美工商業協進會在上海的總部，也意味著美國企業對《中美商約》中討論的外國公司在華地位及其商務利害關係的深刻重視[14]。

---

13 *Americans and American Firms in China, Directory*, published by the Shanghai Evening Bost & Fhexcurg, 1946。上海市檔案館藏，編號W1-OF-91。

14 施芳蘭（Addie Viola Smith, 1893-1975），1920年10月奉派至北京協助美國駐北京商務專員。在此之前，她曾短暫任職美國勞工部。1922年被拔擢為美國駐上海助理商務專員，1928年再升任為商務專員。1923年1月英文報紙即提到她擔任美國對華法案註冊官，見：American Chamber Sends Delegation to Visit Nanking, *The Weekly Review (1922-1923)*; Jan. 27, 1923。1934年任職於上海公共租界美領館內的「美國駐華法院」（United States Court for China）。她在1930年代活躍於上海社交圈，是上海美國婦女俱樂部（American Woman Club）和城市俱樂部（City Club）會員，《密勒氏評論報》在報導上海的婦女活動和駐華法院訊息中常可見到她的相關報導。1942年返回華府，任美國政府經濟專家顧問，後來並且參與中美工商協進會。1950-60年代初期，積極參與國際婦女法學會（International Federation of Women Lawyers）。Alexandra Epstein, "International Feminism and Empire Building between the Wars: the case of Viola Smith," *Woman's History Review*, 2008, Vol. 17, No. 5, pp. 699-719.

　　第二次大戰結束前，1945年4月2日駐重慶美國使館將商約草案30條遞交國民政府，但國民政府對於此事並不如美方急迫，甚至表示將在4月25日-6月26日於舊金山召開的聯合國國際組織會議結束後才會討論此事[15]。此次舊金山與會的中國代表暨國防最高委員會祕書長王寵惠、中國代表團技術顧問（暨條約司司長）王化成、代表團法律顧問吳經熊均與美方有所接觸，前兩者表示尚未細看過商約草案無法表示意見，而吳經熊則關注中國人民在美國是否能享有房地產投資等互惠原則[16]。至6月13日外交部長宋子文始通知美方將任命駐美大使館商務參贊李幹在華盛頓和美方展開先期談判[17]。

　　美國政府對於戰後儘速簽定一份商約以促進美商在中國的發展有熱切的期待。商務政策處在國務院的同意下，敦促來華調停國共談判的馬歇爾將軍直接向蔣介石要求儘速討論商約草案，以保障取消治外法權後美國人在中國的利益[18]。在一份美國國務院的法律顧問團與韋羅貝針對商約草案提出的意見中，反映美國意識到一旦取消在華治外法權後，中國的經濟和制度相對落後，外人在華的權益如果牽就於中國的國內法，勢必無法保障美國人的利

---

15 Memorandum by the Associate Chief of the Division of Commercial Policy（Willoughby）to the Assistant Secretary of State（Acheson），Apr. 5, 1945, *FRUS*, 1945, China, p. 1314.

16 Memorandum of Conversation, by the Deputy Director of the Office of Far Eastern Affairs（Stanton）. San Francisco, May 29, 1945, *FRUS*, 1945, China, p. 1316. May 30, 1945, *FRUS*, 1945, China, p. 1317.

17 The Acting Secretary of State to the Ambassador in China（Hurley），June 18, 1945, *FRUS*, 1945, China, p. 1318.

18 Memorandum to General of the Army George C. Marshall, Special Representative of President Truman to China, Nov. 30, 1945, *FRUS*, 1945, China, p. 1325.

益，因此，美方提出的整體意見如下：

一、關於國民待遇（National Treatment）[19]：兩國間的國民待遇原則應基於對雙方國民的互惠和保護而產生的更大利益，並以此作為達成未來國際交流自由化的起點。但是由於中美兩國在政治經濟的結構差異太大，名義上互惠卻不切實際的「國民待遇」和「無條件最惠國」條款，很難在兩國目前的狀態中獲得滿意的表述。因此，美國提出關於國民待遇的條款肯定遭到批評。

二、草約的弱點在於過度表述美國對世界各國的經濟政策原則，但中國一點都不適用美國和其他各國所簽商約的標準條款文句。目前草案無法解決戰後美國對華貿易的重要問題，商約草案內容將會因中國沒有相應的國內立法而導致延宕。他們也特別提到中國明顯正朝向計畫型經濟國家的發展趨勢，這種趨勢將削弱國民待遇原則的益處。此外，鑑於中國國內日正茁壯的極端民族主義（ultra-nationalism）和仇外主義（anti-foreignism），因此有必要從條約內容更加保護美國人的利益[20]。

---

19 國民待遇是國際法中重要的原則，國家准許外國人入境後，外國人就和當地國的人民一樣在其管轄之下有權利也有義務，但許多國家對外國人的權利與義務也有特別規定。一般而言，國民待遇指一國給予外國公民、企業、船舶在民事方面與本國公民、企業、船舶所享有的同等待遇，通常以國民待遇條款的形式列入貿易條約。國民待遇是當今許多世界貿易組織協議的一個組成部分。再如：當地國可以限制外國人從事某種業務；不得強迫外國人服兵役，除非外國人的本國同意，亦是國民待遇的一般內容。參見：https://en.wikipedia.org/wiki/National_treatment（下載時間2018/12/24）。丘宏達，《現代國際法》（台北：三民書局，2000），頁736-737。

20 C. K. Moser to I. V. Slepak, "Draft of the Proposed Treaty of Friendship, Commerce, and Navigation with China," Aug. 9, 1944, pp. 1-5. Office of the Legal Advisor: Treaty, No. 136213. Box 1. RG. 59, U.S. Department of State, National Archives II. Washington D. C.

　　總之，美國國務院法律顧問團認為「國民待遇原則」並不能作為美國在華權利的有效基礎。為提供美國人在華貿易的實際保護，而又能免於對所謂平等互惠原則的傷害，他們認為國際標準待遇（international standard of treatment）[21]的一些原則精神也應被納入考量，美國有必要強調行諸於文明國家的國際性和國際法原則，如此一來亦可避免美國被指責將該國的法律標準強行推銷於中國。他們也提到將國際主義的原則推展到中國肯定被認為過於天真而被否絕，但這個商約可能是戰後美國簽訂的第一個商約，它可能建立一種新的範例，而非跟隨著過去的條約模式。例如：該文提到中國儘管於1935中華民國憲草中頒布公民權的保護，但並不及於對外國人權利。因此有必要以「國際人權法典」（international bill ofrights）來規範中國[22]。顯然這是擔心在治外法權取消後，外人在中國的法律地位如何受到保護的問題。

---

21 國家對待外國人的標準，如果與本國人一樣，但低於國際標準，是否在遭受損害時，當地國仍應負責，此一問題在西方國家與亞、非、拉丁美洲國家交涉時，往往有所爭議。後者（拉美國家）以對抗帝國主義、殖民主義國家的干涉為由，較多堅持國民待遇原則，認為應以此原則決定國家是否應負國家責任；前者（西方國家）則主張國際標準（international standard），一國不能憑其國內法之規定而解除其國際責任。據丘宏達的研究，1930年國際聯盟召開的海牙國際法編纂會議時，中國曾提案對保護外人所屬國之國家責任，以其對待本國國民的標準來決定。此案受到巴西、智利等南美國家和埃及的支持，但澳大利亞、加拿大、英、法、德、美等歐美主要國家則反對，因此這一提案未被採納。參考：丘宏達，《現代國際法》，頁736。值得注意的是戰後《中美商約》的最後版本（第6條第1款）則是提到依據國際法原則的充分保護。詳見本章內文的討論。

22 C. K. Moser to I. V. Slepak, "Draft of the Proposed Treaty of Friendship, Commerce, and Navigation with China," Aug. 9, 1944, pp. 5-6.

二、條約平等互惠原則和中美談判交鋒

　　1945年2月，美國國務院完成長達58頁，總計30條《中美商約》草案，並請駐華大使提出進一步修改意見，於4月向中方遞交[23]。1946年2月5日，《中美商約》開始談判，中方首席代表是外交部條約司司長王化成，美方首席代表是駐華使館領事羅伯特・史密司（Robert L. Smyth）。在重慶和南京前後談判了27次，直到1946年8月31日雙方才拿出議定稿，據議定稿再逐條商議。由於商約內容廣泛，涉及人民投資往來、金融交易、教育文化和移民等議題，經濟部、資源委員會、交通部、財政部、教育部、僑委會等單位，均針對相關利益有深入的見解，顯現國府技術官僚對戰後國家建設與美國政府的角色參與至為重視；特別是經濟部洞察戰後中國必須有效利用外資，由中央政府主導工商發展的主張，在商約談判中與條約司的互動最多[24]。

　　1945年7月9日駐美使館商務參贊李幹等人銜命先期交涉的內容很能代表國民政府最初的想法。李幹表示重慶政府的兩個立場：一、堅守平等原則，廢除治外法權之後，必須立基於平等互惠關係；二、必須考慮到中國未來的經濟發展政策：任何承諾及

23　草案內容見：*FRUS*, 1945. Vol. VII. pp. 1310-1314.

24　《外交部「中美商約案」》，中央研究院近代史研究所藏，11-10-06-01-018，11-10-06-01-020。收有中美會談中英文紀錄。11-10-06-01-019，則是中國各部會的意見。例如：中方提出刪除「金融」二字和希望中國人享有在美國「本州待遇」的意見，主要是經濟部擬出的意見。有關移民條款和教育文化議題，則是教育部和僑委會的意見。航海運輸及空中交通，則為交通部意見。另可見：《〈中美商約〉談判記錄（英文稿）》，《〈中美商約〉談判過程文件》，中國第二歷史檔案館藏國民政府外交部檔案（十八）3033。

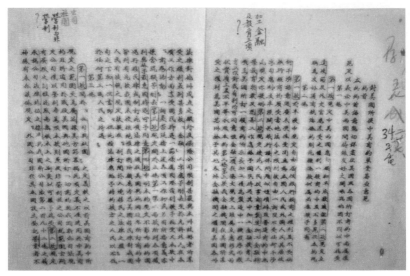

圖9-1：外交部條約司司長王化成對中美商約草案的意見批示。
資料來源：中央研究院近代史研究所藏，「中美商約案」，館藏號：11-10-
06-01-019。

含意都須極謹慎，中國不希望未來因應經濟發展的政策被綁住手
腳。基於上述理由，李幹指明商約草案並不完全對等，例如：
（一）第3和第4款中關於「法人和團體」的條款，中國希望草案
中對於「公司、法人和團體」的權力應有所限制，希望這些公司
須在美國有「營業」的事實才能進入中國營業；（二）第3款和第
2款提到的「金融業」在美國各州內對於非本州註冊的銀行原本
就有歧視性規定，亦即非本州註冊的銀行通常不允許在本州營業
（只有少數例外），因此中方希望關於「金融業」的這一條文是否
可以刪除，因為這些情況將使得「國民待遇」的互惠條款是不平
等的。談判顧問劉大中查閱美國各州關於金融業法規，提到美國
有30個州是不允許他州立案的銀行到本州營業，在這種情況下中

國只能享有他州待遇，沒有獲得相對優惠。關於第3、4款「法人和團體」條款，中方提到萬一中國不接受，美國可否退而求其次仿照美國和挪威條約或1944年4月14日《中加新約》所適用的國民待遇的情況。美方表示如果退而求其次，採用挪威的相似條款，將使美國的商人對中國的投資感到失望。至於「最惠國條款」問題。中國認為無條件或有條件的最惠國待遇應視中國政府的需求而定。

　　美方代表表示中國經歷戰爭破壞，在中國的營業比其他國家更充滿風險，《中美商約》的滿意條款可望吸引美商的投資。此外，對於草約中第15條提到「對於國際貿易的獨占性之限制」，中方表示這項規定應只能作為美國商業政策的宣告，不應被視為中國政府的承諾。因為中國對未來的經濟發展政策，包括對私人資本的政策，都不希望受到商約中提及的壟斷性限制之約束[25]。顯然國民政府希望中國戰後的經濟政策既能得到美方的優惠，但又不應受到《中美商約》的限制。這次非正式的先期協商中的歧見，一方面顯示中美雙方對戰後中國是否走向自由市場的理念各

---

25 此次先期談判，中方出席者包括駐美使館商務參贊李幹、商務參贊祕書劉大中（Ta-chung Liu），資源委員會在美採購團之經濟研究部主任（Kung-tu Sun），美國方面則有 Willoughby, Granville O. Woodard, Everett F. Drumright, Robert R. Wilson 等人。Memorandum of Conversation, by Mr. C. Thayer White of the Division of Commercial Policy, July 9, 1945, *FRUS*, 1945, China, pp. 1319-1323. 正文所指《中加新約》，全稱為《中加為廢除在中國治外法權及處理有關事件條約》。第1條：「本約中『公司』一詞應解釋為分別依照中華民國或加拿大國法律所組成之有限公司及其他公司合夥暨社團。」第2條：「……加拿大國人民及公司在中國應依照國際公法之原則及國際慣例受中華民國政府之管轄」。參見台北故宮網站原件電子檔：http://www.npm.gov.tw/exh100/diplomatic/zoom_ch056.html

據一方，另一方面顯示美國對如何保護美國企業在中國的投資爭取更大的保障，最重要的是外國公司在中國的法律地位，成為後來正式談判中的焦點。

《中美商約》在重慶和南京前後經歷多次協商，到了1946年11月4日，始由中國外交部長王世杰和美國新任駐華大使約翰·司徒雷登（J. Leighton Stuart）等人簽字，內容共30條。2至5條為工商業的經營問題。6至14條，為人身及財產的保障（例如移民、購置房產、宗教信仰、免除兵役問題等等）。15至20條為貿易與匯兌的基本原則（關稅稅率、進出口貨品、金融交易等）。21至24條為航業及航權的保護問題。25至26條為過境、進出口貨品之問題。27至30條為條約性質、適用範圍。另有議定書10項，對條約限制和保留條款的說明[26]。（以下提到《中美商約》條款不另加注）

就《中美商約》的條款及議定書的文本而言，不論是享有國民待遇原則或享有不低於第三國待遇原則，係依照近代國際法的平等互惠原則締結。中美雙方爭執的中心是以下三個問題：外國公司的法律地位、國民待遇的去留、最惠國條款的解釋。

（一）第3條2款有關外國公司的法律地位。美國對中方要增加外國公司須在本國「經營」方能「認許」這一限制表示不能接受。在美國的堅持和經濟援助的壓力下，1946年3月，國防最高會議和立法院最後取消了「營業」和「營業者」的限制[27]。美方之

---

26 本文所引《中美友好通商航海條約》，均錄自：外交部編印，《中外條約輯編》（台北：外交部，1958年初版，1963年增編再版），中英文對照，頁688-718。由於條款中文字數即多達一萬六千餘字，除非特別需要加注，本文不再另行加注出處。

27 有關新公司法之相關研究，可參閱張肇元編著，《新公司法》（台北：中華文化出版事業委員會，1957），頁231-244。

所以反對《新公司法》中規定「應在本國設立登記並實際營業」的條文，主要是因為如果該條款實行，將妨礙美國人在華投資和對華貿易之發展。更進一步言，它事實上是用釜底抽薪的方法奪去了大部分在中國的美國公司的合法基礎。例如，以美商為首的一大批註冊於本國，但在本國又沒有營業的外國公司，如著名的美商上海電力公司、上海電話公司、加州德克薩斯石油公司等等，就將不得不依照中國的《公司法》註冊為中國公司，並受中國《公司法》的管轄[28]。早在商約草稿交涉之初李幹即指出：「第3、4條中，外國公司的國民待遇、銀行權利以及第15條中的自由貿易原則，均是中國不能不加以認真考慮的。儘管中國為重建和經濟發展需要美國資本，有關優惠條款是必要的，但有些條款執行起來將完全不是互惠的，中國政府因而難以接受」[29]。

　　（二）第3條3款外國公司法人和團體的國民待遇[30]。美方提出，一方國民和公司法人在對方領土應享受與對方國民和公司法人同等待遇。國民政府各部在收到美方草約，開始正式談判之前，即對此表示異議，財政部認為：「不能給予漫無限制之國民待遇」，經濟部主張金融機構的國民待遇應予刪除。外交部綜合各部意見後指出，由於美國是聯邦制國家，各州有保護本州的法規。中方在美享受的國民待遇只能限聯邦司法規定的範圍之內，

28　William C. Kirby, "China Unincorporated: Company Law and Business Enterprise in Twentieth-Century China", pp. 43-63.

29　Memorandum of Conversation, by Mr. C. Thayer White of the Division of Commercial Policy, July 9, 1945, *FRUS*, 1945, China, pp. 1319-1323.

30　根據1946年商約第3條：「法人及團體」字樣，係指依法組成之官廳所施行之有關法律規章業已或將來創設或組織之有限責任或無限責任，及營利或非營利之法人、公司、合夥及其他團體。

實際上至多享受「他州待遇」，中美雙方並不平等互惠，因此建議刪除美方草約中有關國民待遇。但在談判中，美國毫不退讓。最後國民政府讓步，雙方同意相互給予國民待遇，但中方要求加上「另有法律規定除外」的限制。美國最初不予同意，在中方堅持之下，最後同意了這一限制，中方則認可了「他州待遇」，並放棄了刪除公司活動範圍中「金融」一項的主張[31]。

　　（三）第15條「無條件和無限制的」最惠國待遇。美方要求在條約前言「中美商約」一句之後加上「普遍基於無條件的最惠國待遇」[32]。中方表示不能同意，並稱「中國事實上已經實行了無條件形式的最惠國待遇」。如果中國公開表示接受這一原則，其他各國必將效仿美國，等於開了不好的先例。美方指出，最惠國待遇條款不只適用於商品，而且也適合於廠家社團和航海，如果美國放棄這一條款，就會被認為是在提倡自由貿易政策上退了一步；它堅持條約中的所有最惠國條款，除非有特別說明外，均應屬於無條件的。國防最高委員會10月9日的常務會議中，對於美方主張「無條件最惠國待遇」一點，曾一度建議「擬在談判紀錄中附一聲明，使他國無法援例，即凡美國允予中國者，中國亦允予美國。此點倘奉通過，即可簽約」[33]。中美雙方對此爭論最久，由於中方態度堅決，並表示願意在事實上給予無條件的最惠國待

31 「經濟部對中美友好通商航海條約草案意見書」，外交部「中美商約案」，中央研究院近代史研究所藏，11-10-06-01-019。

32 「照抄本部上行政院呈文」，外交部「中美商約案」，外交部「中美商約案」，中央研究院近代史研究所藏，11-10-06-01-018。

33 國防最高委員會常務會議第206次會議，1946年10月9日。收入：中國國民黨中央委員會黨史委員會編印，《國防最高委員會常務會議紀錄》，第8冊（台北：近代中國出版社，1996），頁6。

遇，美國最終讓步，同意從條約中刪除「無條件的最惠國待遇」的文字。

最後，中國代表認識到中國在經濟和技術上相對落後，尚不能輕予外人智識產權，俾使中國得以不受條約限制向西方學習或複製其知識和技術成果。《中美商約》條款關於智識產權的條文較為廣泛，美國方面對於翻譯事項始終不滿意。後來美國參議院在1948年6月2日同意批准商約之決議案中載有保留及了解。「美利堅合眾國政府不接受議定書第五項（丙）關於文學及藝術作品禁止翻譯之保護之規定」，並載有此項保留條款及了解，內容為：「美利堅合眾國在此方面之利益，在未就翻譯事項另有談判及協定前，將依光緒二十九年八月十八日即公曆一千九百零三年十月八日在上海簽訂之續議通商行船條約之規定解釋之」。事實上，1903年的《中美商約》條文便是賦予中國在譯印西書和技術專利等知識產權上的一種權宜方便，可說是美方的讓利，不必受美方約束[34]。歷40年後的1946年《中美商約》，中國方面仍無法予以事實要件上的保護，美方在未有完善的方案之前，仍維持1903年的版本，等待日後進一步修正。

三、劍拔弩張的輿論戰

如上所述，《中美商約》在談判過程中，經過多次協商和妥協，並非一帆風順。美國華府方面也意識到將引起一場輿論大戰，在商約公布之際還對外表示不希望這份商約被視為有意強化蔣介石政府與共產黨打內戰；表示商約是因應現實上的需求，沒

---

34 關於1903年商約與中美知識產權問題，詳見本書第三章。

有任何政治意義[35]。《中美商約》公布之後，各方意見果然沸沸揚揚。在輿論界頗具影響力的兩大刊物──《大公報》和標榜民主進步「第三道路」的代表刊務《觀察雜誌》，除少數言論表示肯定之外，多表負面評價。分屬國共兩黨的黨營報紙《中央日報》與《解放日報》則是旗幟鮮明，立場迥異。這些輿論不僅反映了對於戰後中國經濟政策的看法，中國本身的經濟條件和立足點何在？戰後中國是否迎向美國為主導的自由經濟市場？同時也呈現國共對立複雜情勢下，不同意識形態及思想陣營的劍拔弩張。

　　中共方面的宣傳報猛批《中美商約》為賣國契約。商約交涉之際，國共內戰停停打打，共產黨指責美國持續援助國民黨政府造成中國內戰的加劇，使國民黨毫無忌憚地不願和平解決國內政治問題，共產黨人並藉由《中美商約》的簽訂，將國民政府描繪成美國帝國主義的走狗，製造反美敵意成為共產黨贏得人心戰略的一部分。《解放日報》稱：「蔣介石簽訂賣國商約，全國輿論譁然反對。該約是中國人民的賣身契，是美帝國主義奴役中國的工具，它比廿一條還凶，它使中國陷入殖民地的苦淵」[36]。又稱：「我內河航權全部斷送」[37]。《解放日報》轉引《大公報》11月6日社評嚴苛的結論作為標題：「不平等的江寧條約（南京條約）今日重現，又將支配中國今後百年命運」[38]。《文匯報》，以「互惠葬送主

35　Bertram D. Hulen, "U.S.-China Treaty Of 'Mutual' Trade and Amity Signed," *New York Times*, Nov. 4, 1946.

36　《解放日報》，1946年11月13日，1版標題。同年12月7日，1版。標題：「通電力爭廢除辱國條約」。

37　《解放日報》，1946年10月10日，1版標題。

38　《解放日報》，1946年11月13日，1版。轉引上海《大公報》之社評結論原文為：「以江寧條約為始的不平等條約，曾支配中國一百年的半殖民地命運；

「權」為題批判商約[39]。作為文宣回擊，國民黨宣傳報《中央日報》於11月6日社評，從中美戰後合作的角度宣告：「中美新商約的簽訂是中外貿易史上一個嶄新的開始，也標示我國與世界各國所有的貿易關係已隨不平等條約的廢除而告結束。而從中美新商約的內容而觀，其充滿了平等互惠的精神。且加強與美的合作，可因應戰後中國急需工業化的要求」[40]。

　　除了共產黨人的口誅筆伐，正、反方意見還延燒到當時在華英文報刊。《密勒氏評論報》（*The China Weekly Review*）客觀陳述國、共雙方立場，「兩黨對話毫無進展」。也提到自由派人士的同聲譴責[41]。當時輿論集中在工商貿易、航海及移民條款的討論。

　　無疑問地，以這《中美商約》始的平等新約，又將支配中國今後的百年命運」。11月16日，另有社論約二千餘字〈評蔣美商約〉。

39《文匯報》，1946年11月5日。

40《中央日報》（湖南版），1946年11月6日，2版。11月30日《中央日報》社論，〈論中美商約保留條款〉引用外交部條約司司長王化成對外聲明稿，進一步申論外界對商約之疑慮。《中央日報》（湖南版），1946年11月30日，2版。

41 "Sino-American Trade Pact Signed; No Progress In Bi-Party Talks," Nov. 9, 1946, *The China Weekly Review*, Nov. 9, 1946.《密勒氏評論報》1946年11月16日刊出多篇讀者投書的不同立場，"Treaty" 報導《大公報》、《申報》、《文匯報》等各方意見。"Audacious And Hasty?" 讀者 Chang Fa Yuan 投書認為國民黨選在國民大會召開前急著簽商約，實為操之過急，並質疑未顧及中國市場如何不被美國所主導操控等意見。"Jumping The Gun," 呼籲大家平心靜氣逐條檢視條款內容，不必過早推斷。以上三文，見 *The China Weekly Review*, Nov. 16, 1946. Tseng Yuhao, "An Analysis And Interpretation Of The New Sino-American Pact," 則從正面立場肯定商約，舉出該約具有九大平等互惠的特色：一、廢除治外法權和領事裁判權；二、國民生命財產受到法律和人道保障；三、海關進出口及稅則；四、航海和運輸貿易；五、移民規定；六、最惠國待遇；七、知識產權保護；八、外交和領事代表職責與權利；九、宗教與教育自由的保障。*The China Weekly Review*, Dec. 21, 1946.

1. 工商貿易條款

經貿條款引起的討論最多，批評者主要針對中美兩國經濟條件大不同，商約名為互惠，實際仍為片面，結果是造成中國市場對美國的全面開放。

11月6日上海《大公報》的社評針對條約內容逐一討論，且語多激忿：「形式上確為平等。但中美國力截然不同，其所發生的利害關係也就兩樣了。就利害關係言，即在實質上我們覺得它幾乎是一個新的不平等條約……有好多條款是針對中國可怕的將來而載入的」；然而社評對條文的解釋頗多斷章取義之處，例如該文提到：

> 第十款規定課稅標準，此國人應與彼國人一樣，不論「稅金、規費或費用」皆「不得異於或高於」彼國國民。最重要的是第十六條，其第一項是不論輸出品或輸入品，概不可「禁止」。其第二項是所課關稅及稅收方法，應與本國人民享有同樣待遇。……這樣中美關係一面倒，而中國的關稅自主，在這種規定下是不能採取保護關稅的了。[42]

據商約第10條第2款的文字是：締約此方之國民、法人及團體，不得課以異於或高於在締約彼方領土內依法組成之官廳所施行之法律規章現在或將來對於任何第三國之國民、居民、法人及團體所課之任何內地稅、規費或費用。」（底線為筆者所加）因此關稅決定權仍在本國。商約第16條亦有限制條款：「締約此方對

---

42 《大公報》（上海），1946年11月6日。同文刊於《大公報》（天津），1946年11月7日，2版社論。

締約彼方任何種植物、出產物或製造品之輸入、銷售、分配或使用，或對輸往締約彼方領土之任何物品之輸出，不得加以任何禁止或限制；但對一切第三國之同樣種植物、出產物或製造品之輸入、銷售、分配或使用，或對輸往一切第三國之同樣物品之輸出，亦同樣加以禁止或限制者，不在此限」。對此一問題，外交部條約司司長王化成有所回應（詳下）。

相對於《大公報》社論的文氣沸揚，同樣刊於《大公報》署名盛慕傑的評析，則較為持平。該文亦認為兩國經濟力量有高下之別，「文字上的平等互惠，在實際上的平等是畸型的，互惠是片面的」。在逐一分析商約條款對中方之利弊，該文總評貿易和匯兌的條款較為得宜，因權力仍在中國手中：「對於貿易和匯兌問題，對於中國大體上沒有什麼不利，因為關稅方面可以提高稅率；貿易方面可以採用數量管制，獨占或公營。匯兌方面，可以設金融管制。雖然彼此共有的權利，但是中美間的貿易不平衡非常顯著」。該文亦從戰後中國經濟政策著眼，認為：「商約中以自由貿易和自由匯兌為宗旨，但是中國是長期遭受戰爭的國家，假定對於貿易和匯兌一點也不限制，實在和戰後經濟復興的要求相反」[43]。

較肯定商約平等互惠精神的工商界知識精英，例如中央銀行監事會主席暨上海市銀行公會理事長李馥蓀說：「鄭重深信……其有利於兩國人民者，當更可漸臻遠大地步。值得一提者，即中美兩國實力不同，故對商約規定權利之享受能力，目前當然不同。惟商約本身之平等互惠性質，固屬毫無疑問」。中央銀行經濟處處長冀朝鼎認為：「美國固然需要中國以容納其過剩的資本

---

43 盛慕傑，〈中美商約內容研究〉，《大公報》（上海），1946年11月13日，6版。

和商品，但中國尤需要美國的財力、物力與技術的援助。兩國的
經濟關係既屬如此密切，自然需要一個平等互惠的商約以為依
據」。對於條文中規定中美兩國國民在對方應享受國民待遇，他
抱以樂觀，認為中美經濟關係仍受公司法限制，採礦權部分只要
中國今後不以採礦權與他國，自亦不必給予美國，認為國人不必
過度擔心[44]。

　　經濟學者多從戰後中國經濟重建的角度，認為計畫經濟有其
必要，然而《中美商約》的簽訂，將造成美貨的傾銷和壟斷，美
貨將以壓倒性的優勢在中國市場出現，要求政府採取保護民族工
業和農業的政策。復旦大學教授夏炎德在《觀察雜誌》為文批
評：「美國……想以她的力量為主幹而推行世界的自由貿易。最
近與我國簽訂的《中美友好通商航海條約》，即是本是項原則，
這完全是本著美國的要求而訂立的，中國純粹屬於被動的地位；
然而我們必須知道任何國家的經濟發展必須循一定的歷史階段，
而不能逾越。中國目前正需學美國當初保護本國產業的辦法，而
現在卻輕易跟人家談自由，試問中國有什麼條件跟人家談自由，
這未免太大膽太不自量了。」[45]

　　曾任北京大學經濟學教授的馬寅初發表多篇反對《公司法》
及《商約》，且抨擊官僚資本的尖刻文字，在〈我何以反對新訂
的中美商約〉一文中，從美國欲以國際貿易自由主義，取代戰前
德國的大集體主義（貿易不自由）的觀點著手。他認為美國如欲
實施此項政策，則應效法羅斯福總統於其草擬之《大西洋憲章》

---

44 《大公報》（上海），民35年11月6日，4版。

45 夏炎德，〈論中美經濟關係之前途〉，《觀察雜誌》，1卷，19期（1947年1月
4日），頁6。

中主張國際貿易自由，徹底廢除外匯統制、定額分配制、關稅壁壘等，果真如此，自由貿易之理想方能實現；但事實正好相反，「美國既因國內困難，不能廢除自由貿易之種種障礙為眾先導，安能引導各國走上國際自由貿易之路？中美商約是依據上述不合理基礎而訂立的，名雖屬平等互惠，其實能予中國實惠為何殊為懸殊」。「中美交易的條件終是於美國有利，中國的外匯頭寸，不旋踵即耗盡。為自衛計，中國不能不加以種種限制……」[46]。中國農村經濟研究會負責人孫曉村（中國民主革命同盟成員）認為：「以中美兩國國民經濟發展程度的不同，所謂平等其實就是不平等。美國可以根據條約做到百分之百，而我們則只有接受，無法還手，其結果是美國的資本商品，以及商業生產等組織源源而來，中國的經濟建設恐怕連最低限度的發展都不可能」[47]。這一說法站在中國經濟發展水平確實和美國落差極大，而中國廣大鄉村將無法受益於美國資本商品入侵的經濟思維。

2. 航權條款

　　輪船業工會祕書長李雲良表示，從第21條規定可明白看出：內河沿海航權操諸於國人手中，不必過度憂慮，但他認為《中美

---

46 馬寅初，〈我何以反對新訂的中美商約〉，該文為在上海大夏大學的演講。原載《文匯報》（上海），1946年12月30日。收入：馬寅初著，《馬寅初全集》，第12卷（杭州：浙江人民出版社，1999年），頁390-397。馬寅初在《經濟周報》第3卷20期（1946年11月14日），另有短文〈中美商約條文內容空泛，利權喪失無可避免〉，收入：《馬寅初抨擊官僚資本》，頁197。中華人民共和國成立後，馬寅初曾擔任北大校長一職，中共建國初期對穩定物價、防止通貨膨脹和人口政策等方面提出重大建言。

47 《大公報》（上海），1946年11月6日，4版。中共建國初期任政務院財政經濟委員會委員、財經計畫局副局長、北京農業大學校長等職。

商約》航海部分第22條規定對於締約國船舶徵收之各種稅捐及費用，不得高於本國船舶。第23條第2項規定：凡由本國船舶輸出及輸入物品所給予之獎勵金退稅及其他任何名目之優惠待遇，亦應同樣給予締約國之船舶。此兩點約束本國對於國籍商船及國際貿易之獎助，極不利於產業及航業幼弱之國家；希望在實施上加以警惕，以免招致損害之後果。

對於有言論指稱商約締訂後中國不復保全內河及沿海航行權，李雲良認為此係一種誤解，「國際航行自十六世紀確立公海制及商業革命，打破閉關自守之舊規，以後則為各國所通行，除因軍事上之理由外，鮮有禁阻者。」從戰後中美經濟合作的角度，他更希望中國現當善後救濟及復興建設之時，需要美國運來大批機器物資，而桐油生棉茶葉豬鬃藥材等土產亦亟待推廣輸出。他主張《中美商約》實施後，對於兩國經濟合作，應更加強。「美國能以其剩餘之船舶及造船設備，以優惠之條件轉讓我國，以助我建立新式商船艦隊，此為全國航業界所迫切企望於美國朝野者也。」[48]

3. 移民條款

對於《中美商約》第2條第4款關於移民問題的規定，並未能徹底取消美國對中國人入境的種種不合理的限制，或作出重大的修正，引起輿論的失望不滿[49]。由於中國法律對美國人來華，並

48《大公報》（上海），1946年11月6日，4版。

49 第2條第4款內容如下：本約中任何規定，不得解釋為影響締約任何一方有關入境移民之現行法規，或締約任何一方制訂有關入境移民法規之權利，但本款之規定，不得阻止締約此方之國民進入、旅行與居住於締約彼方之領土，以經營中華民國與美利堅合眾國間之貿易，或從事於任何有關之商務事業，

未設定任何不合理的限制。但美國移民法規，卻特別對中國人仍保留著極不公平的待遇。以往專為中國人制訂並已施行多年的若干「排華律」，雖經美國國會通過，並於1943年12月17日由羅斯福總統批准廢止其一部或全部，但依美國「有關移民入境之現行法規」，中國人想要進入「美國」，仍蒙受種種極苛刻的限制，還不能與第三國國民所享受的待遇相提並論。《中美商約》第2條第4款前段的規定：「本約中任何規定，不得解釋為影響締約任何一方有關入境移民之現行法規……」。這種規定可說是一種「但書」規定，因為這一款所加的限制，不僅是為著前3款的規定而設，而是為著全部的條約而設，雖然，第4款末段曾規定：「且1917年2月5日為限制入境移民而劃分若干地帶之美國入境移民律第三節之各項規定，亦不得解釋為阻止中國人及中國人之後裔進入美國」。然條約的適用之範圍，既如此廣泛，不免令人疑慮。

　　1943年美國國會通過，將1882年以後的一切排華律廢止。該法案分為三點：一、列舉自1882年以後之17種排華律宣告廢止；二、修改1940年之國民法（Nationality Act of 1940），使中國人有歸化資格；三、修改1924年之移民律第13條C項，使該條排斥無權歸化之一切人等，不再適用於中國人。因此中國人得用移民額分配法（該法不適用於無權歸化之人民），每年准許之105名中國移民進入美國，永久居住，將來並得依法歸化。1943年美國國會通過的廢止排華律一案，列舉多種專門排斥華人的法律，宣告廢止，卻未將1917年移民律第3條列入，該條曾將中國移民大部分

────────────

其所享受之待遇，應與現在或將來任何第三國國民進入、旅行與居住於該領土，以經營該締約彼方與該第三國間之貿易，或從事於與該貿易有關之商務事業所享受之待遇，同樣優厚。

劃在排禁區之內。因此，排華律雖廢止，而1917年之移民律，仍
為有效之法律[50]。外交部發言人曾對外說明：「此種註明，亦可為
中國人應不受歧視之一種保障」[51]。然而，不滿之聲仍難以消弭。
以宣傳民主進步思想自許的《觀察雜誌》評論：「如果我們在商約
中還承認這種法規繼續對中國人適用，而不受影響，則從我們中
國國民的立場說，不特商約中第三條前三款所規定的那些進入、
居住、經商等等權利以及所謂最惠國待遇，多將成為一邊倒的片
面享受，就是整個商約的價值，恐怕也將因此被沖淡了不少。」[52]

　　針對大公報刊出「如同江寧條約的不平等條約」。中國駐美
使館商務參贊李幹率先回應關稅主權乃操之在我：「對於我國將
來採用何種關稅或貿易政策，我國有全權決定權，美方決不能藉
口約文加以干預。現時中美兩國出口貿易失去平衡，自有其內在
之理由，俱與商約無關」[53]。其後面對蜂湧而至的輿論質疑，外交
部條約司司長王化成，於11月28日發出正式聲明稿三千餘字，
從國民之職業之保障、法人及團體之保障、關稅自主、移民條約
之規定、最惠國待遇，逐一闡釋條款內容對本國國民之保障殆無
疑義。這份聲明稿內容相當重要，擇其重點製表如下[54]。（底線為

---

50 沈作乾，〈中美商約中的移民條款〉，《大公報》（天津版），1946年12月28
　　日第3版。Julia Fukuda Cosgrove, *Unites Foreign Economic Policy Toward
　　China, 1943-1946: From the End of Extraterritoriality to the Sino-American
　　Commercial Treaty of 1946*, p. 188.

51 見《大公報》（上海版），1946年11月16日，外交部之聲明。

52 韓德培，〈評中美商約中的移民規定〉，《觀察》，第1卷第24期（1947年2月
　　8日），頁15-17。

53《大公報》（上海），1946年11月8日，2版。

54 大公報（天津版），1946年11月9日第3版。11月29日該報刊出約三千餘字
　　王化成的聲明稿。

筆者所加）

疑義	外交部釋疑
於本國國民之職業有無保障？	查第二條第二項規定，締約彼方之國民，僅能從事於非專為締約此方國民所保留之各種職業，並祇得尤其以個人身分享受此種權利，締約一方如認為某種職業應保留於其本國國民時，自可隨時以法律規定之。
於本國法人及團體有無保障？	查第二條第三款規定，締約彼方之法人及團體，在締約此方領土內依法從事各項事業時，通常雖應與締約此方之法人及團體享受同樣待遇，依締約此方法律另有規定時不在此限。故締約國之任何一方仍得予其本國法人及團體以若干必要之特殊待遇，此與我國公司法第二百九十七條之規定完全相同。
關稅自主是否受有影響？	查本約第十六條規定，彼方貨物進入此方時，其所繳納之關稅不得高於任何第三國貨物所納之關稅，在此種規定下，我國如認為有提高關稅以保護國內工業之必要時，除須給美方以最惠國待遇亦即平等待遇外，不受任何限制。至於入口貨物，不論其由外人或本國人輸入者，均須納同樣之入口稅，此不獨為我國現行關稅辦法，亦為並世各國之通例。
商約中何以有關於移民之規定？	查美國國會於依一九二三年通過法案規定所有一切商約必須明文規定不得影響現行移民律及將來制定移民律之權。自1923年以來，美國對外商約對均有上述保留條款，無一例外，故本約第二條第四款第一句並非專對我國之規定。現實我國雖尚無移民律，惟將來認為有必要時，我國有隨時制定此項法律之自由。且1917年1月5日美國限制特種地帶人民入境之法律，經本約註明不適用於中國人民，此種註明亦可為中國人民應不受歧視之一種保障。
本約中最惠國條款之意義如何？	按照通例，任何條約所給予之待遇，非國民待遇即最惠國待遇，捨此並無其他標準。而規定最惠國待遇時，其意義有二：（甲）即表示不能給予國民待遇；（乙）俾與第三國處於同等地位，而不致受差別待遇。今在條約中雖有最惠國條款，如我對任何國家不給予特別優惠時，則此項條款不發生作用。

　　事實上，共產黨人和民間輿論所質疑的商約施行之結果，將導向美方利益的傾斜，中央政府各部會從未否認此點。商約草稿交涉中，李幹也向美方代表直言「儘管中國為重建和經濟發展需要美國資本，有關優惠條款是必要的，但有些條款執行起來將完全不是互惠的」[55]。經濟部函外交部文件中直接說：「草案各條款中對予兩締約國人民公司社團之權利待遇保障雖屬平等互惠，惟兩國經濟實力懸殊過甚，商約實行後兩方所獲取之利益勢難均等」；經濟部更坦言美國資金、技術和外交援助對當前國民政府的迫切性，而且是國民政府有求於美國者多。「就兩國經濟關係而論，我賴於美者急，而美所求於我則緩，故研議本約自應權衡國家整個需要，就全面利益著眼」[56]。當時簽訂條約的外交部長王世杰的日記最能道出這一矛盾難堪的情緒，他寫道：「蓋彼此雖承認依平等互惠之原則訂立此約，然因中美經濟情況不同，所訂互惠實際上仍易成為片面之惠」[57]。外交部對於中美經濟力量的不平衡，容易形成「形式上之平等」早有察悉，中美經濟條件的不同，為一種事實狀態，有其內在歷史的長期積累因素，非商約本身之罪。因此，條約司在文字上字字推敲，求其對己方最有利，而美方也適時對草約做出若干善意讓步，才有最後獲致的版本。

　　《中美商約》簽訂後，美國國會直到1948年6月2日才批准此約，部分原因是美國商業團體對若干條款仍不滿意，如前文所言

55　*FRUS*, 1945, China, pp. 1261-1300, 1319-1323.

56　「經濟部對中美友好通商航海條約草案意見書」，甲、對於原草案之一般觀察。《外交部「中美商約案」》，中央研究院近代史研究所藏，11-10-06-01-019。

57　《王世杰日記》，第5冊（台北：中央研究院近代史研究所，1990），頁417-418。

特別是知識專利產權的部分，對於美國藝文出版和技術發明的條文並不完備，在國會聽證會議中引起辯論，最後在議定書加上「保留和了解」文字才予以批准[58]。美國在華治外法權的消失、中國新擬定的外國公司法，以及上海左派文宣持續宣傳和發酵的仇外反美風潮等等事態，都對上海美商帶來生意上和心理的不安[59]。同時，美國政府愈來愈陷入國共內戰的泥沼，而國民黨在軍事和經濟上的一再失敗，乃至於鋪天蓋地而來各種不利國民黨的傳聞，在美國國會批准商約之際，國會內部對於美國對華政策的不同見解——是否持續提供美援給予國民黨政府，如何擺脫調停國共內戰的困境，在美國國會中激辯不休。從《中美商約》草案的提出到美國國會批准的三年多時間，正是美國政府在中國動盪的政治激流中舉旗不定，並沒有積極利用美國對華事務具指導力的正面發展因素。儘管1948年美國國會通過緊急特別撥款的援華法案，但援華法案能給國民黨政府喘息的作用不僅有限，且為時已晚。1948年下半年起，國共內戰進入決戰階段，中美雙方於1948年11月30日在南京互換《中美商約》批准書的同時，國共情勢已大大逆轉[60]。更不幸的是《中美商約》的簽訂，一再成為共產黨

58　Hearings before a Subcommittee of the Committee on Foreign Relations, United States Senate, 80th Cong., 2nd Sess., on a Treaty of Friendship, Commerce and Navigation between the United States of America and the Republic of China, together with a Protocol Thereto, signed at Nanking on November 4, 1946（May 26, 1948）, pp. 66-69.

59　Henry R. Lieberman, "Americans Feeling Shanghai Change," *New York Times*, Nov. 26, 1946.

60　關於戰後美國政府調停國共內戰、國會援華法案的反覆決策、在華美國官員對中國政治的主張，以及評述美國對華政策如何導致「喪失」中國的結果，相關研究非常豐富，迄今仍具代表性的著作為：Tang Tsou, *America's Failure*

人公開譴責美國帝國主義和不得人心的國民黨政府的紐帶關係，煽動起前所未見且廣泛的反美運動。《中美商約》意謂著「不平等」乃成為中國一個世代人的歷史記憶。

四、條約權利、經濟立法與國際化命題的思考

隨著國共內戰情勢的惡化及1949年中國政權的大轉換，美國商人和企業再次遭遇如同太平洋戰爭時期退出中國的命運，戰後《中美商約》對中國本土廣大市場究竟帶來怎樣的效益，成為一個無法檢驗的課題。然則，1946年《中美商約》的歷史意義仍需加以審視。

條約，原為中外交涉的法律依據，須為立約國家所信守，亦即近代國際法上「契約神聖性」（sanctity of contract）以及「條約必須遵守」（pactasuntservanda）的基本原則。然而如從近代中外商務往來的案例，可知許多條約規範未必被簽約國家所遵守，加以條約內容的不夠精準，亦使中外各自尋找有利的條約解釋。而列強為維護條約口岸利益又往往採取砲艦外交的恫嚇手段，在既有的外人特殊權利中又擴大了條約解釋的範圍[61]。1943年治外法權消失後，為避免近代以來中外條約時時發生詮釋上的爭議糾紛，戰後《中美商約》條款的界定和說明「清楚與不含糊」（clear and unambiguous），較符合現代國際條約之訂定原則。舉例而言，近代中美有關內河航權之條約，語多模糊，以致列強加以曲解或延

---

in China（Chicago: University of Chicago Press, 1963）.

61 這一觀點的具體案例論述，可參閱吳翎君，《美國大企業與近代中國的國際化》一書，第一章〈條約制度與清末美國在華商務的開展〉，頁25-68。

伸解釋，造成中國沿海貿易權和航權的喪失[62]。《中美商約》第21至24款的文字，精準規範兩國通商航海之自由，但沿海貿易權和內河航權應操諸本國，或另有法律規定之，並應給予互惠[63]。

　　在中美爭議最大的《外國公司法》議題上，從中國的經濟立法而言，一直到1946年商約談判之際，中國始在《公司法》中加入《外國公司法》，這是近代中國對外經濟立法中的一大變革。近代中國的公司法自1904年的《公司律》首開其端，然而有關外國公司在中國境內的營業以及作為民事責任的主體地位，或者說法人地位一直沒有相應的法律條文加以明確規定。由此而造成「自通商以來，各國在華所設立公司，從未向吾國官廳註冊」的奇特局面。1914北洋政府〈頒行公司條例〉，1929年國民政府曾修訂和頒布新的《公司法》，但均未有外國公司法的規定[64]。1946年商約中儘管美商取得不必在本國營業即可在華執業的權利，但其仍受中國《公司法》中關於「外國公司」法條的管理。在1946

62　于能模，〈外人在華享有內河航行與沿海貿易權之條約依據〉。《東方雜誌》，第28卷第22號（1931年11月），頁13。

63　1946年《中美商約》第24款第2項：「……締約任何一方之沿海貿易及內河航行，不在國民待遇之列，而應由該締約一方有關沿海貿易及內河航行之法律規定之。締約雙方同意，締約此方之船舶，在締約彼方領土內，關於沿海貿易及內河航行所享受之待遇，應與對任何第三國船舶所給予之待遇，同樣優厚」。

64　1931年6月實業部公布的〈公司登記規則〉明文規定，「對總公司不在中國境內的外國公司在中國境內設立第一家分公司，應由所在地向該國領事館證明並附具公司章程，向中國政府有關部門呈請登記註冊」。1944年在戰時陪都重慶，對外商登記變通為「準由該商本店所在地之州政府予以證明」。但是在中國的公司法正文中，仍沒有增設關於外國公司的專章或條款。詳見：張忠民，《艱難的變遷——近代中國公司制度研究》（上海：社會科學院出版社，2002），頁91、348-351。

年中國頒布《公司法》的最後版本中，雖然刪除外國公司必須在
其本國營業的規定；但同時也規定凡是在中國境內營業的外國公
司分公司，都必須到中國政府的主管部門進行登記註冊，非經認
證許可，不得在中國境內營業或設立分公司。外商註冊的內容包
括：該公司簡史、公司所在地、公司章程、業務負責人、董事會
成員、在中國之營業計畫書、在華事務代理人和訴訟人、公司資
本額與股本等項目[65]。因此，就近代中國的經濟立法而言，1946年
的公司法是外國企業首次在中國取得法人資格，必須依照中國政
府的法律規範來從事商業活動，而1946年《中美商約》第3條則
是中國條約史上首次以「法人及團體」來規範外國企業在中國從
事商業營利活動，其重要性自不待言。

　　此外，戰後《中美商約》所反映的國際主義精神值得肯定。
美方除了標舉自由市場的原則以鼓舞美國大企業重返中國之外，
法律顧問團一再強調以國際主義的原則保護美國人民在華權益，
更看重一旦治外法權取消後，中國司法制度仍不建全，而中國與
世界的交往應納入中國與國際交往的關係中；因此，國際法原
則、國際標準亦為美方所關注。事實上，國家給予外國人何種待
遇，國際法上並無統一規定，而是得由各國自行決定或者通過國
家之間在平等基礎上簽訂雙邊條約作出規定。儘管國際社會對這
些原則的認識頗多分歧，在實踐過程中也頗多爭議，然而寫入平
等互惠的條約便是一種依據。《商約》第6條第1款「締約此方之

65　上海檔案館保存1946年美商向中國政府註冊認證的大量文件，其中每一案例
　　均有該商何時向中國政府註冊商標的歷史。僅舉一卷宗下：「上海社會局關
　　於美商慎昌洋行股限公司登記問題與經濟部的來文書卷，呈為公司係外國公
　　司依照中華民國公司法聲請認件由」，1946年12月30日。檔號Q6-1-6780，
　　上海市檔案館。

國民，在締約彼方領土全境內，關於其人身及財產，應享受最經常之保護及安全；關於此點，並應享受國際法所規定之充分保護及安全。」此即原本美國法律顧問團所最在意的美國人民在華的法律問題尚可尋求某種國際標準的人權保護。並且，中華民國為聯合國創始會員國，中華民國代表張彭春參與起草了《世界人權宣言》，這是第一份在全球範圍內表述所有人類都應該享有基本權利的一份重要文件。聯合國通過的世界人權宣言也是一項國際標準，國家違反該宣言的規定，侵害外國人權益自應付國家責任[66]。戰後《中美商約》通過友好協議予以締約國人民之間的這項規定，揭示兩國國民在彼方之領土受「國際法所規定之充分保護及安全」，呼應了二戰以後民主國家注重人權（不論是對本國人或外國人的保護）的國際趨勢。

就近代中國參與國際貨幣體系相關組織的歷程而言，早在1903年《中美商約》簽訂之際，美國政府曾條陳美、墨（墨西哥銀圓）匯價，並與其他用銀各國商議金銀匯兌之準價，但並未有成果。抗戰時期國民政府深切體認到外匯管制與金融問題的急迫性，在爭取英美援助時，成立了中美英平準基金委員會（Stabilization Board of China, 1941），國民政府且在1941年9月15

---

66 1948年12月10日聯合國大會全體一致通過的《世界人權宣言》，直接原因是對第二次世界大戰的反省。在1949年5月聯合國國際法委會通過的《國家權利義務草案》第13條，更進一步規定了「各國有一秉信履行由條約與國際法其他淵源而產生之義務，並不得藉口其憲法或法律之規定而不履行此種義務」，許多國際性的判決或裁決均支持此一原則。關於人權史議題的國際史發展，可參見：Akira Iriye, Petra Goedde, and William I. Hitchcock, eds., *Human Right Revolution: A International History*（Oxford: Oxford University Press, 2012）。

日成立外匯管理委員會（Exchange Control Commission），以強化外匯行政管理。到了1944年中美、中英平準基金委員會陸續宣告撤銷，如何規劃戰後中國貨幣和銀行體系問題，成為國民政府實現戰後經濟體制和穩固財政計畫的重要議程[67]。1946年《中美商約》第26條規範「本約中任何規定，不得解釋為阻止下列措施之採用施行……依照1945年12月27日所簽訂之國際貨幣基金協定之條款，對於匯兌加以限制」。國際貨幣基金組織（International Monetary Fund, IMF）為二戰後經濟重建計畫的一部分，職責是監察貨幣匯率和各國貿易情況、提供技術和資金協助，確保全球金融制度運作正常：該組織總部設於華盛頓，中華民國亦為創始會員國之一[68]。對於國際金融交易，1946年《商約》第19條第1款「締約此方之政府，如對國際支付方法或國際金融交易，設立或維持任何方式之管制時，則在此種管制之各方面，對締約彼方之國民、法人及團體與商務，應給予公允之待遇」。1948年5月，中國加入《關稅及貿易總協定》（General Agreement on Tariffs and Trade, GATT），GATT是在布雷頓森林體系（Bretton Woods Agreements）——以美元為中心的國際貨幣協定中，為了規範和促進國際貿易和發展而締結的國際協定。GATT的原則是

---

67 據國民政府財政顧問楊格所記，在1945年5月他為國民政府所做的50頁的財政備忘錄中，分析了戰前中國的貨幣體系、適合中國的戰後貨幣和銀行體系體制。Arthur N. Young, *China and the Helping Hand, 1937-1945*, p. 357.關於中美、中英平準基金委員會詳見：吳景平，〈美國和抗戰時期中國的平準基金〉，《近代史研究》（北京），1997年第5期，頁78-108。楊雨青，〈中美英平準基金的運作與中國戰時外匯管理〉，收入楊天石、侯中軍編，《戰時國際關係》（北京：社會科學文獻，2011年），頁308-337。

68 IMF官方網站http://www.imf.org/external/about/history.htm（下載時間2012年4月2日）。

自由、非歧視（最惠國待遇、國民待遇）、多元化，在這三項原則下進行自由貿易往來[69]。就此而言，從1903年《商約》到1946年《中美商約》關於貨幣金準的規範，正是中國被納入以美元為主導的國際貨幣體制的重要階段。儘管戰後中國仍是計畫經濟型的國家，但中國經濟被正式納入了以美國為領導的世界經濟體系之中，直到中華民國政府遷台，在美國的影響下仍延續此一與世界經濟交往的基本架構。

小結

不可諱言，1946年《商約》談判過程中，美方始終居於支配和主動地位。由於戰後國民黨政府極須獲得美國財力和技術援助來實踐國家建設的計畫，加以國共內戰全面爆發，國民政府在談判過程中不得不在若干條款有所退讓，在急盼獲得美援的政治考量下，轉而順從美方堅持自由貿易市場規則的想法。然而，中方談判人士如李幹、條約司司長王化成等人對美國聯邦法律和國際法深入研究，汲汲爭取有利中方的條文，中國政府方面並非毫無斬獲。《商約》第15款「締約雙方，對於得由志願相同之所有其他國家參加之方案，而其宗旨及政策，在廣大基礎上擴充國際貿易，並求消滅國際商務上一切歧視待遇及獨占性之限制者，重申其贊同之意」。這一條文的精神在於國際自由貿易的對等性原則，並沒有針對國內之壟斷企業或國營企業有任何約束之條文，符合國民政府欲動員國家力量實施計畫經濟的想法。此外，戰後

69　http://en.wikipedia.org/wiki/General_Agreement_on_Tariffs_and_Trade（下載時間2012年4月2日）。

商約並非一面完全倒向美國利益，美國方面對若干細節亦有所不滿，從草案提出、議定書擬定、美國國會表決，每一程序中美雙方就文字細節一再修改，雙方可謂互有妥協。外交部在交涉過程中堅持刪除「無條件的最惠國待遇」的文字，應給予肯定。在知識產權和專利問題上，美國仍持續對中國讓利的作法，也是一種妥協。較令人遺憾的應屬移民條款中對中國僑民的歧視內容，1943年《排華律》廢除後，美國移民法規中仍有不少對待華人入境及移民的不合理待遇，直到1948年以後美國國會始陸續提案修正。

當時輿論頗多苛責中美兩國經濟地位的懸殊，指《商約》的互惠開放原則，將對中國社會經濟帶來更大的實質負面效益。然而，《中美商約》對美國市場的較全面開放，是否就會扼殺中國民族工業的競爭力和發展；或循此對外市場的開放更將有利於中美經濟合作，加強戰後中國市場的經濟復興？在這一場擾攘喧騰的《中美商約》輿論戰中，戰後中國經濟走向和如何利用外資外力的重大議題，被掩沒在黨派政治和意識形態之爭中，更糾纏著近代中國受帝國主義壓迫的心結，而無法有一理性論辯。

戰後《中美商約》的簽訂迄今已超過70年之久，似仍難以擺脫汙名化的罪名。1946年《中美商約》係第二次世界大戰結束後中美兩個戰勝國家的通商友好協議，此一重大的外交協議享有現代國際法的主權在我、不受歧視之保障和平等互惠等原則，是中國在簽署平等新約（1943年）之後開展的第一個重大外交協議，也是中國真正擺脫所謂百年不平等條約的起點。由於國共內戰導致的結果，《商約》對中國實際發揮的效力不大，然而，卻成為中華民國政府來台後與美國政府所建構的經濟關係的法律基礎，對戰後台灣的生存和發展至關重要。1978年中華人民共和國開始

推動一系列的改革開放政策，1979年中美建交，又重新定義了20世紀這兩大國家的雙邊關係。然而，迄今為止中共歷史對1946年《中美商約》的評價仍停留在「舊外交的屈辱」；不論就條約權益、經濟立法和國際化歷程等面向，1946年《中美商約》所具有跨時代的歷史意義，宜還其公允之歷史評價。

結論

　　本書關注近代中國從19世紀末，對應一個初崛起於世界舞台邊緣的美國，到二次大戰後美國成為世界舞台的中心，藉由數項重要主題探討近代中國在國家治理的內外策略，以及美國人如何通過企業、技術及相關的多元渠道，將中國拉入國際化的進程。從清法戰爭的海防危急、一次大戰提供的經濟發展契機、二次大戰中的國家存亡關鍵，歷經清末、北洋到民國政府，不同政權一次次把握機會，利用各種手段與美國人互相利用（mutual exploitation）和互相合作，以拯救中國正待開展的自強事業或是化解一場國際危機。清法戰爭之際，美國正從建國以來最大的一場國家分裂戰爭中重建甦醒不久，藉由對中國事務的參與，不僅滿足了美國政府和民間向歐洲國家顯示美國作為新興國家對它在中國權益的表態，也考驗著美國人如何看待自己如何遵守歐洲列強所規範的國際法秩序。這也是本書將清法戰爭作為本書的起點，此後經歷20世紀上半葉的兩次大戰，逐步樹立了美國在國際間大國地位及其對中國事務的影響。

　　美國以工商立國，大資本家和政府之間本來就有微妙難解的政商關係。19世紀末美國對華政策的主要指導者是一批從事對華貿易的商人，他們是1898年美國宣告門戶開放政策的催生者。美國資本家始終對中國的廣大市場帶有一種美好想像，儘管1920年代以前美國對華貿易整體量不大，但在個別的企業投資上（如煤油、航運、菸草、零件進口等）仍有不可忽視、甚且幾乎壟斷中國市場的影響力。一戰以後，美國躍升為國際強權，出於地緣政治上的考量，太平洋地區對維繫其國際強權地位愈為重要，美國國務院始積極推動對華門戶開放政策，用力敲開中國大門，並由華盛頓政治精英將美國國家安全的競爭披上良善道德主義的外交詞令（先不論其動機好壞）。在近代中美關係發展的任何階段，

　　美國商人及後來形成的院外集團（lobby）都是影響美國對華政策中極具分量的利益團體。更有甚者，隨著美國對華商業活動的增加及其帶來的各種內外效應，對美國人而言更由此激發了一種改變中國的巨大圖像，這種巨大的想像貫穿於本書各個章節。1920年1月《密勒氏評論報》，刊出經營機械進口的美商慎昌洋行的巨幅廣告，很貼切地反映了一戰以後美國人拿著一把巨大的工程（engineering）鎖匙，期待用造橋、鋪軌、設廠、河川整治、發展航運等工業化科技，來改變「孔老夫子」國度的旺盛企圖心[1]。

資料來源：《密勒氏評論報》（*Millard's Review*），1920年1月17日。

1　說明：這張跨頁巨圖，由於報紙裝訂太厚，中間未能顯示的英文字為「engineering」。該圖曾裁切移位，並加工設計後，置於作者《美國大企業與近代中國的國際化》（繁體版）封面。本書這張圖則為原圖。這張廣告頻繁出現於1920年1月到2月的《密勒氏評論報》。圖下方還引用了《論語‧衛靈公》：「工欲善其事，必先利其器」。

　　本書第一部分「企業活動、國家治理與中美關係」，探討清末自強運動以來中國與美國交往的極具代表性案例，審視兩國間如何開展一段頗不尋常的交往旅程。在清法戰爭時期通過李鴻章的運籌帷幄，私底下將招商局賣給美國旗昌洋行，使中國初新興的招商局輪船得以維持。這件事在中美兩個國家的內政外交上都有特殊的意義。歐洲列強在1892年始將它們駐華盛頓的外交使節由公使升格為大使，當時對歐洲主要國家而言，美國尚是一個次級邊緣國家，而中國則是一個衰敗的帝國，在清法戰爭時期的這樁買賣，美國政府很機巧地協助中國，且將旗昌的合約定義為私人企業間的行為，可說是兩個次等國家在清法戰爭時期進行的一樁奇特的軍工事業合作。另一樁成功的案例，則是一戰爆發之初中美兩國均未參加大戰，但美國人也深受英國實施「協約國敵國貿易法案」（1915年12月23）的限制和影響。此時中美兩國出於太平洋航運中急缺商船的快速需求，而讓江南造船廠成功為美國人打造了四艘巨輪，而簽約之日中國已成為協約國家陣營的一員，美國人更順勢將此約高舉為中國對協約國家打造輪船的貢獻。

　　在近代中外交涉中為何時常聽到美國人索取知識產權之事？儘管美國人建國之初也頻頻偷取曾為殖民母國大英帝國的發明財產權，但美國人非常保護本國人民的創制發明權利，且寫入美國憲法修正案中，美國人特別保護個人藝文創作和企業家創新精神其來有自，成為美國社會中一種尊重知識產權的共識價值。當世界第一部國際版權公約《伯爾尼公約》1886年於瑞士簽訂，中國人惶然不知此約為何；對19世紀到20世紀初的中國人而言，版權關乎中國人如何開眼看世界的途徑。中文版權頁標誌的「版權所有，翻印必究」在清末出現時，它更多的目的是在保護中國出

版商而非個人的創造發明。近代中國的追尋富強之路，從物資科技而言很大程度上是向西方取經的「竊書不為偷」——魯迅筆下主人翁孔乙己的偷書自辯之詞，然而在清末民初的中美版權交涉中，中國依據《中美商約》的規定取得法理正義的一方，並未有過錯；在華洋會審公廨開庭的結果，中國人總是勝訴的一方，成為清末民初中外交涉中極為罕見的勝局。本書探討的清末以來的中美版權之爭，看出美國在1903年和1946年兩次商約談判中均對中國做出較大的讓利，比起對日本的商約條件也更加寬厚，甚至1946年談判中關於知識產權的內容因中方無法達到美國提出的條件，最後仍依照1903年的商約為規範。從20世紀初到第二次大戰結束，間隔四十餘年的條約交涉歷程，中國堅持尚無給予外人保護知識產權的條件而獲得學習西學的方便之門；儘管如此，保護國際知識產權的概念也逐漸為中國人所知悉。值得注意的是一戰後五四新文化運動的氛圍中，已有知識分子意識到若能妥善處理知識產權問題，將有助於提升中國的國際地位，也有人呼籲應加入國際版權組織來證明中國是泱泱大國。遲至1990年代台海兩岸始加入國際版權公約成為會員，回溯清末民初中美版權之爭所顯現的文化傳遞、碰撞、妥協，以及中國如何迎向世界的大道歷程，迄今仍值得深思。

本書第二部分「商人團體、技術組織與關係網」，探討中美之間由企業和技術所帶動的多元層次關係網和國際合作的機遇。中國所缺乏的新興工業技術、工廠管理和西方工程知識，諸如工廠科學管理（Scientific management）、工業標準化（Industrial standardization）推動、公共工程的規劃、商品品管檢驗和城市衛生的檢測等等觀念和實務，在中美之間它們又是通過怎樣的具體管道和組織建立起來？美國人在中國有許多不同類型的精英組

織，通過這些組織拉起中美兩國人民的關係，它們在華活動也有
多種面向，不僅僅局限於政治經貿活動，它們擴大了共同關注的
議題。本書提出1920年代以後中美工程師組織、美國商會和中國
新式資本家通過組織運作，對中國現代化技術、生產質量提升、
科學化管理和城市公共文明等方面相互推進，形成一種交織相映
的關係網絡。這兩個組織也可以說是標誌一戰以後在教育文化的
跨國交流上頗具行動力的組織；也引領了中國商會和工程師組織
在1930年代得以積極參與國際相關組織（例如國際商會、萬國工
程師大會、世界動力會議組織等等），一方面展現中國作為國際
社會的平等國家一員，同時也向世界展現中國市場和地理條件的
特殊性。

　　「美國亞洲協會」成立於1898年，在上海設有分會，是美國
人在中國最早成立的商會，它同時在日本和菲律賓等地設有分
會，但中國事務為其所重視，成立之初就是對華門戶開放政策的
主要推手。一戰爆發以後，美國設置了在中國的單獨商會——
「中國美國商會」，美國在華商人終於有一個總體發聲的組織喉
舌。第一次世界大戰帶來的巨大浩劫，如何避免戰爭的重演和實
現持久的和平成為戰後國際社會面臨的共同挑戰，一些民間人士
也組建各種非政府組織來促進國際合作，到了1920年代「美國亞
洲協會」逐漸轉型為文化活動組織。美國工商界倡導自由貿易和
競爭開放的市場，深信國家之間經濟的聯繫可以帶來繁榮與和
平，不論是「亞洲協會」或「中國美國商會」都傳達了以美國自
由市場為主導的國際主義者理念，也傳播新式管理思想和技術知
識的革新。此外，從美國在華商人的機關報《美國亞洲協會期
刊》的報導，可看出該協會對中國國民精神充滿正面評價及凝聚
中美友好的言論。這不僅只是出於中國龐大市場的想像，而是寄

望於中國可能成為一個新興工業國家，為中國的崛起做好準備。
該刊的言論和主張，推進了一戰時期美國政府和民間開拓中國市
場的積極作為，而其關注的議題，則涵蓋中國社會接納以美國所
代表的西方科學和技術的條件和適應性。

　　成立於1919年的「中美工程師協會」，則是共同受到中美兩
國政府支持而成立的一個組織，這個群體對一戰之後中國大型公
共工程和基礎建設的投入有很大的貢獻。該協會不僅和美國本土
工程學會進行跨國聯結，與英人在上海創辦的「中華國際工程學
會」形成南北互相輝映的組織，並且和中國本土工程師學會有微
妙的互動關係。中美工程師協會在中國的活動，呈現此一群技術
專家組織與中國政府合力推動中國工業化建設，引介工程知識和
開創建設思路，並推動中國工業建設與世界接軌的國際化歷程。
不惟如此，1920年代中國本土的「中國工程師學會」的聲勢愈來
愈壯大後，「中美工程師協會」更是樂見其成，認為中國人必須
有自己的技術和研究團隊，期待中國工程師承擔起社會責任和強
化專門技術以促使中國走向真正的工程國家。在1920年代這個組
織的榮譽會員和一般會員，囊括了美國工程界最頂尖優秀的人
才，並且與美國土木工程師學會往來互動；加上中國第一次大戰
後留美學生的歸國熱潮，共同合力推動了1920年代到太平洋戰爭
前中國的鐵路和水利建設。中國特殊地理環境和條件對於外籍工
程師提供一種特殊的挑戰機遇，這群外籍工程專家們奔勞於中國
窮山惡水，與險峻的地形氣候和艱難的工程搏鬥，除了極少數像
美籍工程師費禮門和陶德較活躍於中國社交和知識圈，多數的工
程師並不擅於文字書寫來面對文化媒體，亦不常參與社交活動，
加以工程學的專業知識較難和社會大眾有直接對話，以致較不為
人所知。事實上，通過「中美工程師協會」友好組織的運作，得

以引介了近代西方工業技術，並傳播近代工程學知識。正是中外
工程師／群體的交會合作，且跨越不同政權的輪替與經驗傳承，
使中國得以進入國際工程學和科技的舞台，甚至可說翻轉了近代
中國的工程命運。

　　原為商人團體創辦的《美國亞洲協會期刊》在一戰後轉型為
致力介紹亞洲各國文化特色，並且高舉亞洲各國應相互了解、和
平共榮的旗幟。「中美工程師協會」則以重整一次大戰對文明破
壞，提升生活品質的工業文明作為現代工程師的職責。很不幸的
是，這兩個非政府組織在戰間期（一戰到二戰之間）所致力的知
識傳遞和文化理解的和平力量，最後因世界大戰的重演而幻滅，
特別是《亞洲》文化刊務早在1930年代即敲響日本侵華的警鐘，
旗幟鮮明地站在中國人的抗日立場。如果美國政府及早聽從像
「亞洲協會」等這些非政府組織的呼籲，對日本在亞洲的侵略有
所防範，或許美國就不需為後來對遠東的整體防禦和太平洋戰
爭付出巨大的代價，亞洲的安全秩序也可能有所改觀。然而，
這或許也說明了戰前期美國在華非政府組織的活動和影響力仍
是有限的，美國對華政策有更多受到國內外現實政治的考量與
掣肘。

　　現實與理想往往被視為美國對外關係的天秤，各踞美國外交
的兩端，當面對國內與國外情勢的重大壓力時，兩端往往相互牽
引，顯示美國外交利他主義與現實主義的兩重性格。本書第三部
分「企業、戰爭與外交」，探討中國抗戰及太平洋戰爭時期，美
國在華企業的遭遇及戰後美國人如何急欲重返中國市場而率先簽
訂商約。美國商人的務實精神反映在發生國家衝突的政治危機中
是否損及其商業利益，如同美國陸軍部長史汀生（Henry Stimson）
在太平洋戰爭時的發言「如果你要說服一個資本主義國家參加戰

爭⋯⋯你一定得讓商業界從這個過程中發財」[2]。在中國投資的美國商人在日本發動侵華戰爭，而美國政府尚未宣戰之際，它們很清楚如何在中國危機中以各種手段存活下來。在戰爭時期重要的軍火物資——石油，則考驗著美國對華物資援助的底線以及美國參戰後總體戰略的考量，美國大石油公司被動員到國家戰爭中的一環，戰爭與石油企業成為一種「軍工複合體」形式，石油企業與美國政府的合作關係更加密切。本文研究的結果，美國並不是在太平洋戰爭爆發後就積極提供中國石油補給措施，事實上是在1943年下半年開始，不論是對中國石油技術的援助和補給路線才有一套縝密妥善的規劃。戰時石油嚴重匱乏，由此激起了中國人必須發展自給自足的「石油夢」，中國石油公司建立於1946年，戰後隨著國民黨政府來台，而中華人民共和國也在建國後成立國營石油企業。

1946年《中美商約》係根據1943年《中美平等新約》的規定而簽訂，從條約史的意義是中國以主權平等國家的身分進入國際法社會之後，首次進行的一場極其重要的國際談判的里程碑，而且是在艱苦抗日終獲勝利後的努力果實，然而很諷刺的是，這部商約卻在國內遭致各種嚴苛的批評；尤其被共產黨人指為賣國商約，用以激起國內反美聲浪的藉口——正是因為美國帝國主義持續援助一個無能崩壞的國民黨政府，以致國共內戰持續延燒和加速擴大。戰後《中美商約》的交鋒，不僅是中美兩國之間對戰後中國市場如何開放的意識形態之爭，同時也是中國內部對治理國家的意識形態及黨派權力之爭，戰後商約的內部爭議正是長期以

2　轉引自 Eric Foner, *Give Me Liberty, An American History*, Fourth Edition (New York: W. W. Norton & Company, Inc., 2014), p. 853.

來中國人慣將內政與外交纏鬥綑綁的又一具體代表案例。中國市場是否應對外開放，特別是通過近代以來與中國親密友善的美國來對世界市場開放？或戰後中國如何以平等之姿融入國際市場的經濟體系？當時輿論的交鋒大多顯現的是內戰情緒下敵對陣營各擁其主的忿激對立，無法針對上述核心問題，展開對實質議題的理性論辯。平心而論，1946年《商約》係標誌中美在戰後重新建立一套新的國際關係基礎的開始，同時也是美國人再次貫徹其自由主義市場和「門戶開放政策」的一貫主張，在二次大戰後推展美國資本、技術和生活價值，並有意將中國市場拉入美國主導的全球經濟體系架構之中；實現世界範圍內的自由貿易和各國經濟的普遍發展，成為戰後美國對自由市場和國際經濟秩序的一種理念。對中國本身而言，戰後《中美商約》從條約權益、經濟立法與近代中國的國際化等各個層面，標誌了跨時代的意義。然而，隨著1949年國民黨政府在大陸的全面潰敗，也意味著美國人企圖通過企業、技術與多元關係的渠道來改變中國的想法，包括本書中提到的美國商人、工程師群體或留美歸國學人等社會精英團體所欲傳播的西方科學文明和精神價值，也因著1949年中華人民共和國共產政權的建立及其後冷戰格局所深化的壁壘屏障，終究是一場美國人未竟的中國夢。2019年是中華人民共和國建國70週年，中國大陸改革開放已歷40年；此其時也應是重新審視國共兩黨對半個世紀前《中美商約》討論的核心實質──中國市場與美國主導下的世界交往關係，予歷史事實（truth）與真實（reality）的客觀評論。

　　美國跨國企業的投資和技術擴張，顯然是和美國的全球主義環環相扣的。放在以中國作為主體的全球／國際視野，怎樣來看待這一段歷史？作者更加著意的是從中美兩國的交往進程中探索

一種相互依賴（interdependency）的關係，以及這種關係在19和20世紀愈來愈趨於緊密的全球關連（global connection）。當今世界幾乎所有權力中心的內部都發生重大的變化，具有不同文化、歷史和傳統秩序理論的各個地區如何能維護世界共同體系的合法性？1971年首次訪問北京，重新打開中國市場，牽繫中美建交之路的美國前國務卿季辛吉（Henry Kissinger），在2011年出版的《論中國》（*On China*）一書中，省思自他首度訪問中國，30年後的中國已經成為一個超級經濟大國和塑造全球政治秩序的重要力量，美國雖贏得了冷戰，但美中關係成為爭取世界和平與全球福祉的核心要素。他認為美中關係對全球穩定與和平全關重要，美中關係不必也不應成為零和博弈，亞洲未來的和平將取決於中國和美國的遠見，以及兩國在多大程度上認同對方的地區歷史角色，寄望構建一個太平洋共同體的協商合作[3]。接著季辛吉在《世界秩序》一書，慨陳「自由」與「秩序」是世界秩序長治久安的兩條真理，它們有時被視為人類歷史經驗中的兩個極端，其實兩者應被視為一種相互依賴的關係：第一：沒有自由的秩序即使靠一時的鼓噪得以維持，最後也會製造出反對自己的力量；第二，沒有一個維持和平的秩序框架，就不會有自由。建立在此種意義的世界秩序必須靠長期培育，不能強加任何人，在即時通信和政治劇變的時代尤其如此[4]。

近年來，隨著中國改革開放後的經濟奇蹟，「中國崛起」成為全球話題，論者多從衝突著眼，特別是針對中美兩大強權勢必

---

[3]　Henry Kissinger, *On China* (New York: Penguin Press, 2011), pp. 514-530.

[4]　Henry Kissinger, "Introduction: The Question of World Order," *World Order* (New York: Penguin Press, 2014), pp. 1-8.

走向「修昔底德斯陷阱」（The Thucydides's Trap）一決勝負的憂懼。而在台灣近年來對於19世紀中葉到1949年以前的中美關係的集體記憶，似乎停格在1979年1月台美斷交而產生的愛憎交加的不安情結中。在美國與兩岸關係如此密切的時代，兩岸對早期中美關係的學術研究似都出現一種不可言明的消沉態勢。隨著近十年來英文學界在國際史和跨國史著作的響亮問世，如何以一種超越國境的心態來擴大國際關係史的研究視角，將非政府與政府關係融於一體，在全球化時代，這樣的研究視域尤其必要。本書側重企業、技術及群體組織等非政府力量在中美關係間扮演極其重要的角色，並且在很大程度上和兩國政府的國家治理的內外因素聯繫一起；在本書的具體個案中顯示兩國政府把握契機或錯失機會，由此更加突顯決策者的睿智或無能或只是一時機巧，但不論如何，非政府網絡在中美雙邊關係中，尤其是平和互惠的力量居多。

　　美國著名政治學家米爾斯海默（John J. Mearsheimer）在《大國政治的悲劇》（*The Tragedy of Great Power Politics*）一書中，提出「進攻性現實主義」（offensive realism），認為大國為了捍衛自身存在和既得利益，只能對潛在對手先發制人；在國際政治體系中沒有守夜人，一旦成為大國更需時時提高警覺，確保其大國地位，以取得國際政治的支配地位[5]。果真大國如此作為，小國在國際關係中的生存就愈加艱難，和平更是遙遙無期。除非塑造一個真正具有理想的世界公民社會及合理的和平秩序框架，否則政治悲劇可能一再地重演。誠如美國前歷史學會會長入江昭教授近年

5　John J. Mearsheimer, *The Tragedy of Great Power Politics*（New York: W. W. Norton & Company, 2001）.

來在其系列著作一再倡導的公民社會（Civil Society）係以全人類作為共有利益及普遍性原則，如果非國家行為者持續發揮提升人類共同意識的安定力量，建立起不同個體和群體間「相互依賴」（interdependency）的感知情境，21世紀有可能建構出公民社會的世紀。這也是為何入江昭著意於「慈善與公民社會」（Philanthropy and Civil Society）兩股力量在二戰結束後的美日關係和對亞洲的諒解上扮演了相互理解和對話的重要角色[6]。

　　崛起後的中國將對國際秩序造成怎樣的震盪，這世界是否仍能維持「美國統治下的和平」（Pax Americana）？中國崛起究竟是對外輸出福祉或是一場災難？世界是否有「中美共治」（Chinamerica）的可能？中美兩大強權的未來發展肯定是左右國際秩序的關鍵因素。從事國際關係的學者擅於分析自由主義和現實主義在權力政治上的邏輯行為而提出一套見解或知識理論，而歷史學者的責任則是從歷史進程中找尋對當下有意義的對話。本書系統考察了百年來中美兩國在企業交往、技術轉讓、知識引進的具體案例，在全球化時代，這些議題是考察國家行為的一個至關重要的窗口。作者從非政府與政府的關係探討百年來中美關係的多元面向，乃至於美國與戰後台灣發展的淵源，更著意於中美雙邊關係中的合作共榮，而非一面倒地強調衝突與競爭，期待歷史予人以智慧。

6　詳見 Akira Iriye, *Global Community: The Role of International Organizations in the Making of the Contemporary World*（Berkeley: University of California Press, 2002）. Akira Iriye, "The role of Philanthropy and civil Society in U.S. Foreign Relations", in Yamamoto Tadashi, Iriye Akira and Iokibe Makoto eds., *Philanthropy and Reconstruction: Rebuilding Postwar U.S.-Japan Relations*（Tokyo and New York: Japan Center for International Exchange, 2006）, pp. 57-60.

附錄

4-1：中美直接往來貿易統計表，1864-1928

西元	美貨輸華	華貨輸美	共計（價值）
1864	＊3,183,021	＊4,482,859	＊7,665,880
1865	＊482,593	＊5,864,825	＊6,347,418
1866	＊289,832	＊6,316,130	＊6,605,962
1867	＊702,683	＊7,493,318	＊8,196,001
1868	741,569	5,891,182	6,632,751
1869	1,382,918	8,173,532	9,556,450
1870	373,563	7,599,223	7,972,786
1871	449,279	10,358,018	10,807,297
1872	369,161	11,942,614	12,311,775
1873	244,204	7,523,762	7,767,966
1874	265,535	6,451,701	6,717,236
1875	1,015,863	7,674,303	8,690,166
1876	738,528	7,259,018	7,997,546
1877	1,138,136	7,951,203	9,089,339
1878	2,253,148	6,576,125	8,829,273
1879	2,541,117	8,984,622	11,525,739
1880	1,204,525	9,119,988	10,324,513
1881	3,300,312	10,229,594	13,529,906
1882	3,276,728	8,420,130	11,696,858

西元	美貨輸華	華貨輸美	共計（價值）
1883	2,708,395	7,351,961	10,060,356
1884	2,418,367	8,279,598	10,697,965
1885	3,315,402	8,297,722	11,613,124
1886	4,647,333	9,685,691	14,333,024
1887	3,398,390	8,915,920	12,314,310
1888	3,145,712	8,962,569	12,108,281
1889	3,805,664	7,084,121	10,889,785
1890	3,676,057	8,164,748	11,840,805
1891	7,731,752	9,033,630	16,765,382
1892	6,061,900	10,784,655	16,846,555
1893	5,443,569	11,725,644	17,169,213
1894	9,263,082	16,442,788	25,705,870
1895	5,093,182	15,383,402	20,476,584
1896	11,929,853	11,123,599	23,053,452
1897	12,440,302	17,828,406	30,268,708
1898	17,163,312	11,986,771	29,150,083
1899	22,288,745	21,685,715	43,974,460
1900	16,724,493	14,751,631	31,476,124
1901	23,529,606	16,572,988	40,102,594
1902	30,138,713	24,940,152	55,078,865
1903	25,871,278	19,528,116	45,399,394
1904	29,180,946	27,087,975	56,268,921
1905	76,916,838	27,030,772	103,947,610
1906	44,436,209	25,671,428	70,107,637
1907	36,903,476	26,597,660	63,501,136
1908	41,245,704	23,824,059	65,069,763

西元	美貨輸華	華貨輸美	共計（價值）
1909	32,606,549	32,446,245	65,052,794
1910	24,799,494	32,288,831	57,088,325
1911	40,822,853	33,965,679	74,788,532
1912	36,197,671	35,049,902	71,247,573
1913	35,427,198	37,650,301	73,077,499
1914	41,231,654	40,213,065	81,444,719
1915	37,043,449	60,579,257	97,622,706
1916	53,823,799	72,080,705	125,904,504
1917	60,960,777	94,786,229	155,747,006
1918	58,686,044	77,134,205	135,820,249
1919	110,236,706	101,118,677	211,355,383
1920	143,198,962	67,111,451	210,310,413
1921	175,789,652	89,541,816	265,331,468
1922	169,004,534	97,579,046	266,583,580
1923	154,447,651	126,803,772	281,251,423
1924	190,056,942	100,754,411	291,711,353
1925	142,513,422	143,153,127	285,666,549
1926	187,647,086	150,113,103	337,760,189
1927	166,793,690	121,752,658	288,546,348
1928	205,541,351	127,204,573	332,745,924

說明：1. 本表單位為海關兩（H. K. Tls.），標＊則為上海銀兩，非海關兩。

2. 數值包括檀香山。

資料來源：楊端六、侯厚培等，《六十五年來中國國際貿易統計》，頁118。

4-2：上海美國大學俱樂部歷屆主席，1912-1935

姓名	登錄身分或居住地	
Dr. Amos P. Wilder	New Haven, Connecticut,（Died 1936）	1912
Mr. Tong Shao-yi（唐紹儀）	Chungshan, Kwangtung	1913
Mr. W. C. Sprague	-	1914
Dr. F. L. Hawks Pott	St. John's University, 188 Jessfield Rd.	1915
Mr. W. W. Stephens	Standard Vacuum Oil Co., 94 Canton Road	1916
Dr. J. C. McCracken	St. Luke's Hospital, 177 Seward Road	1917
Mr. Julean Arnold	American Commercial Attaché, 51 Canton Road	1918
Mr. George A. Fitch	Foreign Y.M.C.A., 150 Bubbling Well Rd.	1919
Dr. Tong Shao Yi（唐紹儀）	Chungshan, Kwangtung	1920
Mr. A. R. Hager	Business Equip. Crop., 263 Kiangse Road	1921
Mr. J. B. Powell	China Weekly Review, 160 Ave. Ed. VII	1922
Mr. H. Y. Moh（穆藕初）	YuFoong Cotton Mill, 260 Ave. Ed. VII	1923
Mr. Paul P. Whitham	-	1924
Rev. C. L. Boynton	National Christian Council, 169 Yuen Ming Yuen Road	1925
Mr. Jabin Hsu（許建屏）	Ministry of Finance, 15 The Bund	1925
Mr. John A. Ely	St. John's University, 188 Jessfield Road	1926
Dr. F. Sec Fong（鄺富灼）	34 Scott Road	1927
Mr. R. T. Bryan, Jr.	S.M.C. Legal Dept., Honan & Hankow Rd.	1928
Mr. Luther M. Jee	Central Hospital, Nanking	1929
Dr. Charles E. Patton	Pasadena, California	1930
Dr. W. S. New	Orthopedic Hospital, 852 Route de Zikawei	1931
Mr. Carl Neprud	Chinese Maritime Customs, 13 The Bund	1932
Dr. Y. S. Tsao（陶錫山）	Red Cross Society, 342 Kiukiang Road	1933
Dr. Esson M. Gale	Salt Revenue Administration, 18 The Bund	1934
Dr. J. Usang Ly（黎照寰）	Chiao Tung University, 1954 Ave. Haig	1935

注：1912以前美國大學俱樂部主席由美國駐上海總領事擔任。

資料來源：*American University Men in China*（Shanghai: The Comacrib Press, 1936），p. 179.

5-1：美國亞洲協會歷屆主席，1898-1939

任職年代	主席名稱
1898-1901	Everett Frazar
1901-1906	Silas D. Webb
1906-1908	James Rolland Morse
1908-1913	Seth Low
1913-1916	Willard Straight
1916-1928	Lloyd C. Griscom
1928-1930	Martin Egan
1930-1932	Jerome D. Greene
1932-1934	Howard E. Cole
1935-1936	Charles Arthur Hayes
1937-1939	Howard E. Cole

資料來源：*Journal of the American Asiatic Association, 1898-1939.*

5-2：中國美國商會歷屆主席，1915-1940

任職年代	主席名稱
1915-1917	J. H. McMichael
1918-1924	J. Harold Dollar
1925-1926	F. F. Fairman
1927-1935	C. H. French
1936-1938	Cornell S. Franklin
1937-1939	W. H. Plant
1939-1940	Bruce M. Smith

資料來源：英文報刊資料庫 Proquest Historical Newspapers. Chinese Newspapers Collection, 1915-1941.

5-3：第一屆中美貿易委員會委員與職掌，1934-1936

中國會員	
1	K. P. Chen（陳光甫），General Manager, Shanghai Commercial & Saving Bank, Ltd
2	P. W. Kuo（郭秉文），Director, Bureau of Foreign Trade
3	Tsuyee Pei（貝祖詒），Manager, Shanghai Branch, Bank of China
4	Wang Hsiao-lai（王曉籟），Chairman, Chinese Chamber of Commerce of Shanghai
5	Ling Kong-hou（林康侯），General Secretary, The Bankers Association of Shanghai
6	King Zung-tsiang（金潤庠），Member Executive Committee, Chinese Chamber of Commerce of Shanghai
7	P. W. Tsou（鄒秉文），Assistant Manager, Shanghai Commercial & Saving Bank
美國會員	
1	C. H. French, Vice-President, Andersen, Meyer & Co.
2	C. S. Franklin, Chairman, Andersen, American Chamber of Commerce
3	P. S. Hopkins, General Manager, Shanghai Power Co.
4	C. H. Bordwell, Vice-President, Dollar Line Co.
5	W. H. Plant, Shanghai Manager, U.S. Steel Products Co.
6	A. E. Schumacher, Manager, The Chase Bank
7	Julean Arnold, American Commercial Attaché
主要幹部	
President	K. P. Chen（陳光甫）
Vice-President	C. H. French
Secretary-Treasurer	T. S. Miao（繆鍾秀）
Assistant Secretary	J. M. Howes

資料來源："Trade-Council Got Start in 1934, Now Live Organization," *The China Press,* Nov. 20, 1936.

5-4：1935年遠東經濟考察團所錄「美中貿易委員會」和上海「中美貿易委員會」名單

紐約「美中貿易委員會」	
Eugene P. Thomas, Chairman	
Lindsay Crawford, Secretary	
人名	**職稱**
James A. Farrell	Chairman, National Foreign Trade Council
Willis H. Booth	Guaranty Trust Company of New York
James S. Carson	American & Foreign Power Co., Inc.
W. T. Corbett	United States Steel Products Company
William De Krafft	Andersen, Meyer & Company, Ltd.
Guy Holman	National City Bank of New York
Clark H. Minor	International General Electric Company
Col. Sidney W. Minor	Dibrell Brothers, Inc.
Frank C. Page	International Telephone & Telegraph Corp
Philo W. Parker	Standard-Vacuum Oil Company
H. B. Phillips	General Motors Export Company
Leighton W. Rogers	Aeronautical Chamber of Commerce of America, Inc.
Henry C. Titus	Chase National Bank
James A. Tomas	Chinese Trading Company
Thomas Chan	Chinese Trading Company
Lew Kay	The Bank of Canton, Ltd.
G. B. Lau	The Bank of Canton, Ltd.
K. C. Li	Wah Chang Trading Corp.
Joe Shoong	National Dollar Stores, Inc.
Ex-officio	
Dr. Tsune-Chi Yu	Consul General of China
Howard E. Cole	American Asiatic Association

上海「美中貿易委員會」	
人名	**職稱**
Chang Kia-Ngau（President）	Foreign Trade Association of China
C. H. French（Vice-President）	Andersen, Meyer & Company, Ltd.
Francis K. Pan（Secretary-Treasurer）	
K. P. Chen	Shanghai Commercial & Savings Bank
Chen Chieh	Yen Yieh Commercial Bank
Lin Kang Hou	Bankers' Association
P. W. Kuo	Shanghai Trust Company
Yue Tso Ting	Chinese Chamber of Commerce
A. Bassett	British-American Tobacco Company
R. J. Corbett	Standard-Vacuum Oil Company
P. H. Bordwell	The Robert Dollar Company
P. S. Hopkins	Shanghai Power Company
A. E. Schumacher	The Chase Bank

資料來源：*Report of the American Economic Mission to the Far East: American Trade Prospects in the Orient*, p. lxvi.（原書附錄之編碼）

6-1：「中美工程師協會」第一屆會務組織成員，1919-1920

OFFICERS	
人名	**職稱**
President	
K. Y. KWONG （鄺景揚）	General Superintendent of Mechanical Works and Consulting Engineer, Peking – Suiyuan Railway, Peking.
First Vice – President	
MURRAY SULLIVAN	Acting Chief Engineer, Chuchow – Chinchow and Chouchiakou – Hsiangyang Railways, Peking.
Second Vice – President	
YANG PAO – LING （楊豹靈）	Member and Engineer Councillor, Commission for the Improvement of River System of Chihli, Technical Expert, National Conservancy Bureau, and Engineer, Grand Canal Improvement Board, Tientsin.
Directors	
T. C. SUN （孫多鈺）	Managing Director, Chuchow Chinchow and Chouchiakou – Hsiangyang Railways, Peking.
I. V. GILLIS	Representing American Shipbuilders and Manufacturers, Peking.
YEN TE – CHING （顏德慶）	Managing Director, Canton – Hankow Railway, Hunan – Hupeh Section, Wuchang.
F. H. CLARK	Adviser, Commission on Railway Technics, Ministry of Communications, Peking.
F. K. SAH （薩福均）	Resident Engineer Kai – Cheng Engineering and Contracting Co., Peking.
C. J. CARROLL	Chief Engineer, I – Kwei Section, and Acting Chief Engineer. Han – I Section, Szechuan – Hankow Railway, Hankow.
B. F. BENNETT	Superintendent of Construction, Rockefeller Foundation, Peking.
T. H. WIGGIN	Acting Chief Engineer, Grand Canal Improvement Board, Teintsin.
T. H. WIGGIN	Acting Chief Engineer, Grand Canal Improvement Board, Teintsin.

F. R. SITES	Resident Engineer, United States Steel Products Company, Shanghai.
E. F. WEI （韋以黻）	Technical Expert, Ministry of Communications, Peking.
J. E. HAYES	President, The Hayes Engineering Corporation, Teintsin.
E. K. DENN （鄧益光）	Assistant Chief Engineer, Changchow – Amoy Railway, Amoy.
Treasurer	
S. C. THOMAS SZE （施肇祥）	Technical Expert, Ministry of Communications, Peking.
Secretary	
K. Y. CHAR （蔡光勳）	Secretary to Managing Director Chuchow – Chinchow and Chouchiakou – Hsiangyang Railways, Peking.
Secretary	
P. Y. TSAI	Assistant Engineer, Chuchow-Chinchow and Chouchiakou-Hsiangyang Railways, Peking.
Committee	
Finance Committee	
I. V. GILLIS, Chairman	S. C. Thomas Sze（施肇祥）
F. K. Sah（薩福均）	T. H. Wiggin
T. C. Sun（孫多鈺）	
Publication Committee	
MURRAY SULLIVAN, Chairman	Yang Pao-ling（楊豹靈）
Frank H. Clark	F. R. Sites
E. F. Wei（韋以黻）	Hsisan C. Liu（劉錫三）
Program Committee	
K. Y. CHAR, Chairman	E. F. Wei（韋以黻）
F. K. Sah（薩福均）	J. E. Hayes
B. F. Bennett	C. J. Carroll

資料來源：“Officers,” *JACAE*, Nov., 1920, 封底頁。中文名字為筆者所譯。

6-2：中美工程師協會會員人數

會員人數／年	1920	1922	1924	1925	1927	1930	1931	1936	1937	1938
Honorary members	7	12	13	13	11	10	9	8	7	8
Life members								38	43	44
Members	91	166	150	133	121	83	126	32	33	55
Associate	4	61	66	70	63	48		33	31	
Affiliate member								2	2	1
Absent member（nonresident）			37	29	36	28	28	23	23	24
Absent associate members			4		10	3		3	3	3
Absent life members										2
Absent Affiliate member									1	1
total	102	239	270	245	241	172	163	139	143	138

資料來源："List of Members," *JACAE*, Sep., 1920, pp. 38-43; Sep., 1922, pp. 2-9; Jan., 1924, pp. 4-15; Jan., 1925, pp. 2-14; Feb., 1927, pp. 31-44; Dec., 1930, pp. 41-52; Dec., 1931, pp. 31-35; Mar.-Apr., 1936, pp. 104-111; Mar.-Apr., 1937, pp. 139-146; Mar.-Apr., 1938, pp. 95-102.

6-3：1935和1940年「中美工程師協會」會務主要成員

officer	1935	1940
President	S. M. Dean, Principal, North China School of Engineering Practice, Peiping	John A. Ely. President, St. John University, Shanghai
First Vice-President	P. H. Cheng（鄭華）, Chief of Design Division, Ministry of Railways, Nanking	Cheng Tan（陳泰）, French Concession, Tientsin
Second Vice-President	S. T. Li（李書田）, President, Peiyang University, Tientsin	C. P. Hsueh（薛卓斌）, Whangpoo Conservancy Board, Customs Building, Shanghai
Secretary	O. J. Todd, Chief Engineer, China International Famine Relief Commission, Peiping	S. M. Dean, Principal, North China School of Engineering Practice, Peiping
Corresponding Secretary for USA	none	O. J. Todd, Pala Alto, California, U.S.A.（說明：陶德離華返美）
Corresponding Secretary for Shanghai	C. P. Hsueh（薛卓斌）Whangpoo Conservancy Board, Customs Building, Shanghai	C. P. Hsueh（薛卓斌）Whangpoo Conservancy Board, Customs Building, Shanghai
Corresponding Secretary	for Tsingtao Frank F. C. Ling, Kiaochow-Tsinan Railway, Tsingtao	For Nanking T. Y. Koo Formerly National Health Administration
Corresponding Secretary	For Hankow Geo. G. Stroebe National Economic Council, Hydraulic Engineering Bureau, Kinshui Project	For Foochow Paul P. Wiant, Union Architectural Service, Foochow, Fukien
Corresponding Secretary for Tientsin	C. Y. Kao North China River Commission	C. Y. Kao North China River commission
Treasurer	T. King（金濤）Chief Engineer, Peiping-Suiyuan Railway, Peiping	T. King（金濤）Chief Engineer, Peiping-Suiyuan Railway, Peiping

資料來源："Officers", *JACAE*, July-Aug., 1935; "Officers", *JACAE*, Mar.-Apr., 1940 封底頁。中文名字為筆者所譯。

7-1：美國大來公司、英國、日本與中國在青島的木材載運量（ex-yard）及市場銷售百分比，1932-1940

國別 公司 年度	美國 Dollar Co.	英國 China Import	日本					中國	
			Wada Lbr. Co.	Hamatsune	Daini	Toyo Lbr. Co.	Fujita	Heng Kee	Kow Shen
1932	2,056,611	1,325,330	468,090	1,015,395	0	0	0	96,500	0
	41.4%	26.7%	9.4%	20.4%	0	0	0	1.9%	0
1933	3,715,580	1,613,600	255,970	462,893	0	0	0	40,880	713,410
	50.5%	21.9%	3.5%	6.3%	0	0	0	0.5%	9.7%
1934	4,993,380	3,293,520	0	0	0	0	0	617,810	2,192,760
	44.5%	29.4%	0	0	0	0	0	5.5%	19.5%
1935	3,027,180	1,975,453	0	0	0	0	0	410,000	1,077,160
	47.0%	31.0%	0	0	0	0	0	6.0%	16.0%
1936	3,119,494	2,628,920	0	0	0	0	0	62,000	1,179,500
	45.0%	38.0%	0	0	0	0	0	0	17.0%
1937	3,743,922	2,222,900	0	0	0	0	0	15,000	1,199,300
	52.0%	31.0%	0	0	0	0	0	0	17.0%
1938	1,107,168	3,392,300	500,000	300,000	0	0	0	0	50,000
	21.0%	63.0%	9.0%	6.0%	0	0	0	0	1.0%
1939	2,123,005	830,800	400,000	200,000	500,000	500,000	0	500,000	0
	37.4%	14.7%	7.1%	3.5%	8.9%	8.9%	0	8.9%	0
1940	553,035	740,900	3,000,000	0	1,000,000	500,000	1,000,000	0	0
	5.8%	10.2%	41.1%	0	13.7%	7.8%	13.7%	0	0

資料來源：Enclosure, American Consul in Tsingtao（Paul W. Meyer）to the Secretary of States, June 21, 1941. *Internal Affairs*, No. 893.5034/404.

9-1：據《美國對華貿易法案》而成立的美商公司（上海）及其營業項目，1946

公司英文名	登錄營業性質／公司中文名（成立時間）
American Asiatic Underwriters Federal Inc.	原文無注明／美亞保險總公司（總公司上海，1920。分公司重慶、漢口、福州、瀋陽）
American Engineering Corporation Federal Inc., U.S.A.	Engineers & Imports／北極公司（上海）
American Far Eastern Match Co. Federal Inc., U.S.A.	Match Manufacturers／美光火柴公司
Asia Realty Co. Federal Inc., U.S.A.	Real Estate／普益地產公司
Bakerite Company Federal Inc., U.S.A.	Bakery & Confectionery／沙利文公司
Bell Lumber Co. Federal Inc., U.S.A	Lumber／匯芳公司
Bills Motors Federal Inc., U.S.A.	Automobile Distributors／美通福特汽車公司，1927（美通汽車公司）
Bolton Bristle Company Federal Inc., U.S.A.	Bristle Exporters／鉅美豬鬃廠，1929
Cathay Sales Corporation Federal Inc., U.S.A.	General Importer and Manufacturers' Representatives／美康公司
China American Tobacco Company Federal Inc., U.S.A.	Leaf Tobacco／中美煙葉公司，1926
China and Korea Trade Federal Inc., U.S.A.	Export & Import
China Fibre Container Co. Federal Inc., U.S.A.	Paper, Paper Board, Corrugated and Solid Fibre Boxes, Shipping containers, Crepe Paper, etc.／中國第一版紙製品公司
China Paper Company Federal Inc., U.S.A.	Importer & Distributors of Papers／協豐洋行，1927
China Realty Company Federal Inc., U.S.A.	Real Estate, Insurance, Mortgage／中國營業公司
China United Lamp Company Federal Inc., U.S.A.	Distributors of Electric Incandescent Lamps／中和燈泡公司

公司英文名	登錄營業性質／公司中文名（成立時間）
Crown Aerated Water Company Federal Inc. USA	原文無注明／大美汽水公司
Frazar Federal Inc., U.S.A.	Motor Car Distributors／公懋洋行（北京、天津、濟南、瀋陽、哈爾濱）＊ 另稱「道濟汽車公司」（哈爾濱）
Gallop & Co. Federal Inc., U.S.A.	Importers & Exporters／廣大有限公司（上海，1929，香港）
Harking Importers & Exporters Federal Inc., U.S.A.	Importers, Exporters & Manufacturers, Agents／赫金公司，總公司上海，1933。分公司南京，1934年7月。香港、廣州，1934年9月。
Harkson Motors Federal Inc., U.S.A.	Distributors Dodge Cars and Trucks
Henningsen Produce Co. Federal Inc., U.S.A.	Importers-Exporters-Manufacturers／海寧生洋行＊＊
Hunt, William & Company Federal Inc., U.S.A.	原文無注明／衛利韓公司（上海、天津）
Kiangsu Realty Company Federal Inc., U.S.A.	Realty／江蘇地產公司
Langdon, E.W., & Company Federal Inc., U.S.A.	Direct Factory Representatives, Importers／美昌洋行，1926
Moody, Mark, L. Federal Inc., U.S.A	原文無注明／馬迪汽車公司（上海，1921）
Muller & Phipps（China）Ltd. Federal Inc., U.S.A.	Importers／同益洋行股份有限公司（總公司紐約，分公司上海、香港）
National Carbon Co. Federal Inc., U.S.A.	"Eveready" Dry Batteries／永備公司（上海、天津、濟南） 另稱「義慎收銀機器公司」（上海）
Post Mercury Company Federal Inc., U.S.A. （Shanghai Evening Post & Mercury）	大美晚報
Radio Engineering Co. Federal Inc., U.S.A.	Broadcasting（Station, X.M.H.A.）／天和無線電話材料部

公司英文名	登錄營業性質／公司中文名（成立時間）
Reliance Motors Federal Inc., U.S.A.	Automobile Distribution 信通汽車公司／（1929，上海）
Shanghai Leather Co. Federal Inc., U.S.A.	Tanners-Importers & Exporters／ 上海製革廠
Shanghai Telephone Company Federal Inc., U.S.A.	Telephone Service／上海電話公司，1930
Shanghai United Amusements Federal Inc., U.S.A.	Theatre Proprietors／聯怡公司
Shriro Brothers（Bros.）（China）Federal Inc., U.S.A.	原文無注明／石利洛洋行
Starr, C.V., & Co. Federal Inc., U.S.A.	Management & Investment
Twentieth Century-Fox Federal Inc., U.S.A.	Motion Picture Distributors／二十世紀福斯影片公司（上海、天津、北京）
Universal Leaf Tobacco Co., Of China Federal Inc., U.S.A.	Leaf Tobacco Importers & Exporters; Cigarette Paper, Importers Tobacco Machinery／美國煙葉公司（上海，1924）
Van Reekum Paper Company（China）Federal Inc., U.S.A.	Paper, Board, & Pulp Importers／利根紙業公司
Warner Hudnut Company Federal Inc., U.S.A.	Pharmaceuticals and Cosmetics／華納藥妝公司 華納公司（總公司紐約，分公司上海）
York Shipley Company Federal Inc., U.S.A.	Refrigeration, Ice Making, & Air Conditioning Machinery／約克洋行，總公司紐約。分公司上海，1925年6月。

資料來源：*Americans and American Firms in China, Directory,* published by the Shanghai Evening Post & Mercury, 1946, 上海市檔案館藏，檔號W1-OF-91。

說明：1. 本份資料英文登錄的上海美國公司（含少數教會團體和文教組織）有282間。

　　　2. 公司中文名稱（部分錄有在上海成立時間），參考：孫修福編，《近代中國華洋機構譯名手冊》（北京：團結出版社，1992；2003修訂版）。少數未查有中文名。

＊該筆中文資料並未注明上海。

＊＊海寧生洋行於1918成立於上海，《對華貿易法案》成立後改為Federal Inc.

徵引書目

一、中、日文部分

（一）檔案

1.　中央研究院近代研究所藏，《總理各國事務衙門（1861-1901）》。
　　　　　──函號，01-05-010-03
　　　　　──函號，01-13-007-06
　　　　　──函號，01-18-002-01
　　　　　──函號，01-27-001-01
2.　中央研究院近代研究所藏，外交檔案：外務部（1901-1911）。
　　　　　──函號，02-13-021-04
　　中央研究院近代研究所藏，外交檔案：外交部（1912-1946）。
　　　　　──函號，03-06-020-01
　　　　　──函號，03-12-010-03
　　　　　──函號，03-18-19-04
　　　　　──函號，03-18-103-03
　　　　　──函號，03-43-013-02
　　　　　──函號，03-43-013-03
　　　　　──函號，03-43-014-04
　　　　　──函號，03-43-015-01
　　　　　──函號，03-43-015-02
　　　　　──函號，11-10-06-01-018，11-10-06-01-019，11-10-06-01-020。
　　中美商約案。

3. 中央研究院近代史研究所藏，實業部檔案。
　　────函號，17-22-047-03，獎勵工業品暫行條例，1930年
　　────函號，17-22-081-01，美商卡彭公司專利權被華商廣泰電氣行
　　侵害權，1931年
4. 中央研究院近代史研究所檔案館，經濟部檔案，08-23-00-145。
5. 中央研究院近代史研究所館藏，行政院外匯貿易審議委員會。
　　────函號，50-204-026
6. 上海社會科學院經濟研究所企業史資料室，英美煙公司抄檔。
7. 天津市檔案館，天津商會檔。
　　────函號401206800-J128-2-003072
　　────函號401206800-J128-2-003080
　　────函號401206800-J128-2-003083
　　────函號401206800-J128-2-003100
8. 國史館藏，國民政府檔，〈國際商會暨參加美國世界博覽會籌委會規
　　程〉，典藏號：001-110020-00008-001。
9. 國史館藏，資源委員會檔，典藏號003-010306-0020；003-020700-
　　0605；003-010602-0444；003-020600-1853。
10. 國家發展委員會檔案管理局藏，外交部檔案，〈甘油礦局、軍政部購
　　美孚行油池〉，檔號：A303000000B/0031/432.4/0002。
11. 廣西師範大學出版社編，《中美往來照會集，1846-1931》（桂林：廣
　　西師範大學出版社，2006），共20冊。此份文件亦即美國國家檔案館
　　1996年出版之 *Selected Records of the U.S. Legation in China, 1849-1931.*
　　編號T898，共20卷之微卷影本。

（二）報紙、雜誌

1. 《大公報》（上海），1904年；1946年
2. 《工程週刊》，1936年
3. 《中央日報》（湖南版）（1943-1946）
4. 《中國工程師學會會務特刊》，1942年
5. 《中國工程學會會務月刊》，1930年

6. 《申報》（上海），1917-1928

7. 《西北文化日報》，1932年

8. 《東方雜誌》，1915-1941年

9. 《科學》，1917年

10. 《時事月報》，1937年

11. 《教育與職業》，1919年

12. 《華北水利會月刊》，1930年

13. 《萬國公報》97卷上，光緒23年（1897）

14. 《解放日報》（1941-，延安）

15. 留美學生會編，《庚戌年留美學生年報》，1911年。

（三）史料彙編

1. 上海社會科學院經濟研究所編，《英美煙公司在華企業資料匯編》全四冊（北京：中華書局，1983）。

2. 于寶軒編，《皇朝續艾文編》，卷73，學術五（上海：上海官書局，光緒28〔1902〕）。

3. 中央研究院近代史研究所編，《中美關係史料‧光緒朝五》（台北：中央研究院近代史研究所，1988）。

4. 中央研究院近代史研究所編，《中美關係史料‧光緒朝二》（台北：中央研究院近代史研究所，1988）。

5. 中央研究院近代史研究所編，《中美關係史料‧同治朝》（台北：中央研究院近代史研究所，1988）。

6. 中央研究院近代史研究所編，《近代中國對西方及列強認識資料彙編》，第5輯，第1分冊（台北：中央研究院近代史研究所，1972）。

7. 中央研究院近代史研究所編，《海防檔‧甲買船炮（三）》（台北：中央研究院近代史研究所，1957）。

8. 中國近代史叢書編寫組，《中法戰爭》，第7冊（上海：上海人民出版社，1972）。

9. 中國科學院近代史研究所中華民國史組編，《中華民國史資料叢稿：人物傳記》第3輯（北京：中華書局，1976）。

10. 中國社會科學院近代史研究所編，《胡適任駐美大使期間往來電稿》（北京：中華書局，1978）。

11. 中國國民黨中央委員會黨史委員會編印，《國防最高委員會常務會議紀錄》，第8冊（台北：近代中國出版社，1996）。

12. 中國第一歷史檔案館編，《晚清國際會議》（揚州：廣陵書社，2008）。

13. 王世杰，《王世杰日記》，第5冊（台北：中央研究院近代史研究所，1990）。

14. 王彥威編，《清季外交史料》（台北：文海出版社，1985）。

15. 世界知識出版社編印，《中美關係資料彙編》，下冊（北京：世界知識出版社，1960）。

16. 外交部編印，《中外條約輯編》（台北：外交部，1958年初版，1963年增編再版）。

17. 李鴻章（清）、吳汝綸（清）著，《李文忠公全集》（台北：文海出版社，1962）。

18. 沈雲龍編，《中法戰爭資料》（四）（台北：文海出版社，1967）。

19. 周林、李明山主編，《中國版權史研究文獻》（北京：中國方正出版社，1999）。

20. 海關總署研究室編譯，《辛丑和約訂立以後的商約談判》（北京：中華書局，1994）。

21. 翁萬戈輯，《翁同龢文獻叢編》，四（台北：藝文印書館，2002）。

22. 國史館重印，《中華民國海關華洋貿易總冊》，民國4年（1915）-民國7年（1918）（台北：國史館史料處，1982）。

23. 陳霞飛編，《中國海關密檔：赫德、金登干函電匯編》，第4冊（北京：中華書局，1990）。

24. 程玉鳳編著，《資源委員會技術人員赴美實習史料——民國三十一年會派》，上冊（台北：國史館，1988）。

25. 楊端六、侯厚培等，《六十五年來中國國際貿易統計》，中央研究院社會科學研究所專刊，第4號（1931）。

26. 葉恭綽，《遐庵匯稿》，民國叢書第2編，綜合類，中編，詩文。上篇，公牘（上海：上海書店，1990）。

27. 鳳岡及門弟子謹編，《民國梁燕孫先生士詒年譜》（台北：臺灣商務印書館，1978）。

28. 穆家修等編，《穆藕初先生年譜（1876-1943）》（上海：上海古籍出版社，2006）。

（四）專書

1. 丁日初，《上海近代經濟史》（上海：上海人民出版社，1994）。

2. 入江昭著，楊博雅譯，《我與歷史有個約會：入江昭治史心得》（北京：北京大學出版社，2013）。

3. 卜正民（Timothy Brook）原著，林添貴譯，《通敵：二戰中國的日本特務與地方菁英》（台北：遠流出版社，2015）。

4. 于能模編，《中外條約彙編》（上海：商務印書館，1936）。

5. 三輪宗弘，《太平洋戰爭と石油──戰略物資の軍事と經濟》（東京：日本經濟評論社，2004）。

6. 中村隆英，《戰時日本の華北經濟支配》（東京：山川出版社，1983）。

7. 王立新，《躊躇的帝國：美國崛起後的身分困惑與秩序追求，1913-1945》（北京：中國社會科學出版社，2015）。

8. 王志毅，《中國近代造船史》（北京：海洋出版社，1986）。

9. 王垂芳主編，《洋商史，1894-1956》（上海：上海社會科學出版社，2007）。

10. 王建朗，《中國廢除不平等條約的歷程》（江西：江西人民出版社，2000年4月）。

11. 王爾敏，《晚清商約外交》（香港：中文大學出版社，1998）。

12. 王蘭萍，《近代中國著作權法的成長，1903-1910》（北京：北京大學出版社，2006）。

13. 丘宏達，《現代國際法》（台北：三民書局，1993年版，2000年版）。

14. 左旭初，《中國近代商標簡史》（上海：學林出版社，2003）。

15. 申力生主編，《中國石油志》（台北：中國石油公司，1976）。

16. 白吉爾（Marie-Claire Bergère）原著，張富強、許世芬譯，《中國資產階級的黃金時代》（上海：上海人民出版社，1994）。

17. 吉田裕，《アジア・太平洋戰爭》（東京：岩波書店，2007）。

18. 朱蔭貴，《國家干預經濟與中日近代化——輪船招商局與三菱・日本郵船會社的比較研究》（修訂版）（北京：社會科學文獻出版社，2017）。

19. 吳翎君，《美國大企業與近代中國的國際化》（台北：聯經出版公司，2012；北京：北京社會科學文獻，2014）。

20. 吳翎君，《美孚石油公司在中國，1870-1933》（台北：稻鄉出版社，2001；上海：上海人民出版社，2017，修訂版）。

21. 吳翎君，《美國與中國政治》（台北：東大圖書公司，1996）。

22. 吳淼，《吳承洛與中國近代化進程》（上海：復旦大學出版社出版，2011）。

23. 巫仁恕，《劫後「天堂」：抗戰淪陷後的蘇州城市生活》（台北：台灣大學出版中心，2017）。

24. 李玉，《北洋政府時期企業制度結構史論》（北京：社會科學文獻出版社，2011）。

25. 李育民，《中國廢約史》（北京：中華書局，2005）。

26. 李明山主編，《中國近代版權史》（鄭州：河南大學出版社，2003）。

27. 李雨峰，《槍口下的法律：中國版權史研究》（北京：知識產權出版社，2010）。

28. 李家駒，《商務印書館與近代知識文化的傳播》（香港：中文大學，2007）。

29. 李培德編，《近代中國的商會網絡及社會功能》（香港：香港大學出版社，2009）。

30. 李培德編，《商會與近代中國政治變遷》（香港：香港大學出版社，2009）。

31. 李華彬，《天津港史》，古近代部分（北京：人民交通出版社，1986）。

32. 李新、孫思白主編，《中華民國史資料叢稿：民國人物傳・第二卷》（北京：中華書局，1980）。

33. 李達嘉，《商人與共產革命，1919-1927》（台北：中央研究院近代史研究所，2015年7月）。

34. 居之芬、張利民主編，《日本在華北經濟統制掠奪史》（天津：天津古

籍出版社，1997）。

35. 岩間敏，《アジア・太平洋戦争と石油：戦備・戦略・対外政策》（東京：吉川弘文館，2018）。

36. 房正，《近代工程師群體的民間領袖——中國工程師學會研究，1912-1950》（北京：經濟日報出版社，2014）。

37. 林學忠，《從萬國公法到公法外交》（上海：上海古籍出版社，2009）。

38. 胡光麃，《波逐六十年》（台北：新聞天地社，1967）。

39. 胡紀常，《國際商會概論》（上海：商務印書館，1933）。

40. 茅家琦、高宗魯，《詹天佑傳》（南京：江蘇古籍出版社，1987）。

41. 唐力行，《商人與中國近世社會》（台北：臺灣商務印書館，1997）。

42. 孫修福編，《近代中國華洋機構譯名手冊》（北京：團結出版社，1992）。

43. 徐鼎新，《中國近代企業的科技力量與科技效應》（上海：上海社會科學院出版社，1995）。

44. 徐鼎新、錢小明，《上海總商會史，1902-1929》（上海：上海社會科學院出版社，1991）。

45. 格魯（Joseph C. Grew）著，蔣相澤譯，《使日十年》（北京：商務印書館，1992）。

46. 馬寅初著，《馬寅初全集》，第12卷（杭州：浙江人民出版社，1999）。

47. 張力，《國際合作在中國——國際聯盟角色的考察，1919-1946》（台北：中央研究院近代史研究所，1999）。

48. 張存武，《光緒31年中美工約風潮》（中央研究院近代史研究所專刊13，1966年初版）。

49. 張忠民，《艱難的變遷——近代中國公司制度研究》（上海：社會科學院出版社，2002）。

50. 張美娟，《中外版權貿易比較研究》（北京：北京圖書館出版社，2004）。

51. 張瑞德，《近代鐵路事業管理的研究——政治層面的分析，1876-1937》（台北：中央研究院近代史研究所專刊，1991）。

52. 張肇元編著，《新公司法》（台北：中華文化出版委員會，1957）。

53. 張劍，《賽先生在中國——中國科學社研究》（上海：上海科學技術出版社，2018）。

54. 曹嘉涵，《抗戰時期中美租借援助關係》（上海：東方出版中心，2015）。

55. 梁啟超，《新大陸遊記》（台北：文海，1967年版）。

56. 陳真編，《中國近代工業史資料》（北京：生活‧讀書‧新知三聯書店，1957）。

57. 喬治‧F.肯南（George F. Kennan）原著，雷建鋒譯，《美國大外交》（*American Diplomacy, 1900-1950*）（北京：社會科學文獻出版社，2013）。

58. 費維愷（Albert Feuerwerker）著，虞和平譯，《中國早期的工業化》（*China's Early Industrialization, Harvard University, 1958*）（北京：中國社會科學出版社，1990）。

59. 黃文德，《非政府組織與國際合作在中國：華洋義賑會之研究》（台北：秀威資訊，2004）。

60. 楊凡逸，〈唐紹儀與近代中國的政治外交，1882-1938〉，台北：臺灣師範大學歷史研究所博士論文，2010。

61. 楊凡逸，《美日「帕奈號」（U. S. S. Panay）事件與中美關係，1937-1938》，政治大學歷史學系（碩士論文出版），政治大學史學叢書，2002。

62. 楊雨青，《美援為何無效——戰時中國經濟危機中美應對之策》（北京：人民出版社，2011）。

63. 葉維麗（Ye Weili）著，周子平譯，《為中國尋找現代之路——中國留學生在美國，1900-1927》（北京：北京大學出版社，2017年2版）。

64. 賈中福，《中美商人團體與近代國民外交》（北京：中國社會科學出版社，2008）。

65. 齊錫生，《舞台邊緣走向中央：美國在中國抗戰初期外交視野中的轉變，1937-1941》（台北：聯經出版公司，2017）。

66. 齊錫生，《劍拔弩張的盟友：太平洋戰爭期間的中美軍事合作關係（1941-1945）》（台北：聯經出版公司，2011）。

67. 劉克倫、石之瑜，《入江昭對世界與中國的中間主義立場──一種多元身分的知識視野》（台北：國立台灣大學政治學系中國大陸暨兩岸關係教學與研究中心，2010）。

68. 蔣竹山，《當代史學研究的趨勢、方法與實踐──從新文化史到全球史》（台北：五南圖書出版股份有限公司，2012）。

69. 蔣竹山編，《當代歷史學新趨勢》（台北：聯經出版公司，2019）。

70. 鄭成思，《版權公約、版權保護與版權貿易》（北京：中國人民大學出版社，1992）。

71. 黎志剛，《中國近代的國家與市場》（香港：香港教育圖書公司，2003）。

72. 穆湘玥著，《藕初五十自述（下）》，《中國現代自傳叢書》第1輯第10冊（台北：龍文出版社，1989）。

73. 蕭李居編，《事略稿本》，第42冊（台北：國史館，2010）。

74. 蕭明禮，《「海運興國」與「航運救國」：日本對華之航運競爭（1914-1945）》（台北：台灣大學出版中心，2017）。

75. 謝輝、林芳，《陳琪與近代中國博覽會事業》（北京：國家圖書館出版社，2009）。

（五）論文

1. 卜永堅，〈徐潤與晚清經濟〉，收入香港中文大學中國文化研究所文物館、香港中文大學歷史系合編，《買辦與近代中國》（香港：香港三聯書店，2009年11月），頁221-232。

2. 中村元哉，〈圍繞近現代東亞外文書籍問題的國際關係──以中國為中心〉，《日本當代中國研究》（東京：2009），頁51-68。

3. 卞歷南（Morris Bian），〈西方學界最近四十年對於中國企業史研究的述評〉，《經濟社會史評論》（天津：天津師範大學），2018年第4期，頁104-127。

4. 王世詮，〈三十年來中國之造船工程〉，收入周開慶主編，《三十年來之中國工程》（台北：華文書局，1969），頁273。

5. 王立新，〈試析全球化背景下美國外交史研究的國際化與文化轉向〉，

《美國研究》（北京），第1期，2008。

6. 王立新，〈跨國史興起與20世紀世界史的重新書寫〉，《世界歷史》（北京），2016年第2期，頁4-23。

7. 王晉林，〈抗日戰爭時期陝甘寧區的石油工業〉，《中國石油大學學報》，第3期，2012年6月，18卷，頁74-79。

8. 任東來，〈試論1946年中美友好通商航海條約〉，《中共黨史研究》，4（北京，1989），頁16-21。

9. 朱英，〈中國商會走向國際舞台的新步幅——中國商會加入國際商會的歷程及影響〉，《近代史學刊》，2001年第2期，頁6-16。

10. 朱瑪瓏，〈「港際」工程：1875年來自日本的兩位荷蘭水利工程師對上海吳淞內沙的調查〉，《中央研究院近代史研究所集刊》，第90期（2015年12月），頁55-93。

11. 吳景平，〈美國和抗戰時期中國的平準基金〉，《近代史研究》（北京），1997年第5期，頁78-108。

12. 吳承洛，〈三十年來中國之工程師學會〉，收入周開慶主編，《三十年來之中國工程》，下冊（台北：華文書局，1969），頁9-13。

13. 吳翎君，〈近代兩次中美商約的簽訂及其意義，1903-1946〉，《中央研究院第四屆國際漢學會議論文集：近代中國的政治與外交》（台北：中央研究院近代史所，2013年），頁235-272。

14. 吳翎君，〈珍珠港事件前美國企業在華北的投資活動——以大來和英美煙公司為例，1939-1941〉，《國立政治大學歷史學報》，34期（2010年11月），頁85-114。

15. 吳翎君，〈英文學界關於「跨國史」研究新趨勢與跨國企業研究〉，《新史學》，第28卷第3期（2017年9月），頁207-240。

16. 吳翎君，〈從徐國琦新著 *Chinese and Americans: A shared History* 談中美關係史研究的新範式〉，《台大歷史學報》，55期（2015年6月），頁219-249。

17. 吳翎君，〈從徐國琦新著 *Strangers on the Western Front: Chinese Workers in the Great War* 談國際史的研究方法〉，《新史學》，第22卷第4期（2011年12月），頁183-215。

18. 吳翎君，〈清末民初中美版權之爭〉，《國立政治大學歷史學報》，38 期（2012年11月），頁97-136。

19. 吳翎君，〈歐戰爆發後中美經濟交往的關係網——兼論「美國亞洲協 會」的主張〉，《國立政治大學歷史學報》，43期，2015年5月，頁 179-218。

20. 吳翎君，〈對美關係〉，收入呂芳上主編，《中國抗日戰爭史新編・對 外關係》（台北：國史館，2015年7月），頁21-70。

21. 吳翎君，〈推動工程國家——中美工程師協會在中國，1919-1941〉， 《近代史研究》（北京：中國社會科學院近代史研究所），2018年第5 期（2018年10月），頁122-133。

22. 吳翎君，〈打造摩登城市與中國的國際化——「中華國際工程學會」 在上海，1901-1941〉，收入：蘇智良、蔣杰主編，《從荒野蘆灘到東 方巴黎——法租界與近代上海》，（上海：上海社會科學院出版社）， 2018年12月，頁187-204。

23. 宋時磊，〈檢權之爭：上海萬國生絲檢驗所始末〉，《中國經濟史研 究》（北京），2017年第6期，頁115-126。

24. 李朝津，〈中日戰爭與歷史反思〉，《二十一世紀》（香港：香港中文 大學），第142期（2014年4月），頁4-13。

25. 李達嘉，〈上海商會領導層更迭問題的再思考〉，《中央研究院近代史 研究所集刊》，第49期（2005年9月），頁41-92。

26. 汪熙，〈從英美煙公司看帝國主義的經濟侵略〉，《歷史研究》，第4期 （1976年8月），頁77-95。

27. 阮渭經，〈美商大來洋行在中國的掠奪〉，收入《淘金舊夢：在華洋商 紀實》（北京：中國文史出版社，2001），頁78-96。

28. 易惠莉，〈招商局併購美商旗昌輪船案與商戰論〉，《史林》（上海： 上海社會科學院歷史研究所），2009年第4期，頁41-53。

29. 易惠莉，〈唐廷樞、徐潤與招商局之籌建與改組〉，收入香港中文大學 中國文化研究所文物館、香港中文大學歷史系合編，《買辦與近代中 國》（香港：香港三聯書店，2009年11月），頁194-221。

30. 林美莉，〈戰時生產局的成立與活動——以租界法案的配合為中心〉，

《國史館館刊》復刊第 15 期，1993 年 12 月，頁 165-183。

31. 林蘭芳，〈戰後初期資源委員會對台電之接收（1945-1952）——以技術與人才為中心〉，《中央研究院近代史研究所集刊》，第 79 期（2013 年 3 月），頁 87-135。

32. 武堉幹，〈國際版權同盟與中國〉，《東方雜誌》，第 18 卷第 5 號（1921 年 3 月 10 日），頁 7-17。

33. 法國工程師賴福萊，〈工程師養成法〉，《東方雜誌》，第 15 卷第 7 號，頁 99-105；第 15 卷第 8 號，頁 115-118。

34. 肯列退（譯名），〈中國商標版權之保護問題〉，《東方雜誌》，第 16 卷第 9 號（1919），頁 162-163。

35. 洪紹洋，〈国家と石油開発政策―1950-1970年台湾における中国石油公司を例に〉，收入：堀和生、萩原充編，《世界の工場への道》（京都：京都大學出版會，2019），第 13 章，頁 373-399。

36. 皇甫秋實，〈中美工商業協進會與戰後中美經濟關係〉，《中國經濟史研究》，2018 年第 5 期，頁 30-45。

37. 皇甫秋實、賈欽涵，〈顧維鈞與中國西北石油開發〉，《復旦學報（社會科學版）》，2017 年第 1 期，頁 71-79。

38. 科爾耐（法），黃慶華譯，〈大毛根與江南造船所（1905-1927）〉——中外合作一例〉，《國外中國近代史研究》（北京：中國社會科學院近代史研究所，1994），24 輯，頁 120-132。

39. 孫越崎，〈記甘肅玉門石油的創建和解放〉，《西北近代工業》，（蘭州：甘肅人民出版社，1989）。

40. 高素蘭，〈戰時國民政府勢力進入新疆始末（1942-1944）〉，《國史館館刊》，第 17 期（2008），頁 129-165。

41. 張力，〈陝甘地區的石油工業（1903-1949）〉，收錄於中央研究院近代史研究所編，《中國現代化論文集》（台北：中央研究院近代史研究所，1991 年 3 月），頁 477-505。

42. 張忠棟，〈門戶開放政策在中國的反應〉，《美國研究》（台北：中央研究院歐美文化研究所），第 3 卷第 3、4 期合刊（1973 年 12 月），頁 121-142。

43. 張國輝，〈中國近代航運業的醞釀和輪船招商局的產生〉，收入易惠莉、胡政主編，《招商局與近代中國研究》（北京：中國社會科學出版社，2005），頁167-225。

44. 張寧，〈技術、組織創新與國際飲食變化：清末民初中國蛋業之發展〉，《新史學》，第14卷第1期（2003年3月），頁1-43。

45. 張寧，〈跨國公司與中國民族資本企業的互動：以兩次世界大戰之間在華冷凍蛋品工業的發展為例〉，《中央研究院近代史研究所集刊》，第37期（2002年6月），頁187-227。

46. 梁碧瑩，〈民初中國實業界赴美的一次經濟活動——中國與巴拿馬太平洋萬國博覽會〉，收入顧雲深、石源華、金光耀主編，《鑑往知來：百年來中美經濟關係的回顧與前瞻》（上海：復旦大學出版社，1999），頁323-344。

47. 陳潮，〈輪船招商局盤購旗昌輪船公司述論〉，《史林》，1988年第1期，頁51-58。

48. 陳鴻明，《游走政商：陳光甫與國民黨政權（1927-1949）》，台中：國立暨南國際大學歷史學研究碩士論文，2015。

49. 陶文釗，〈1946年中美商約：戰後美國對華政策經濟因素個案研究〉，《近代史研究》（北京），1993年第2期，頁236-258。

50. 鹿錫俊，〈中國問題與日本1941年的開戰決策——以日方檔案為依據的再確認〉，《近代史研究》（北京），2008年第3期，頁90-103。

51. 鹿錫俊，〈日本的國際戰略與中日戰爭的國際化——論連接中日戰爭和太平洋戰爭的一個關鍵原因〉，《近代史研究》（北京），2007年第6期，頁41-62。

52. 博良，〈美國商標、商標名稱、版權和專利在中國〉，收入王健編，《西法東漸——外國人與中國法的近代變革》（北京：中國政法大學出版社，2001），頁259-267。

53. 森田明著，鄭梁生譯，〈清末民初的江南三角洲水利與帝國主義統制——上海「浚浦局」之設置〉，《清代水利社會史研究》（台北：國立編譯館），頁249-275。

54. 馮琳，〈二戰後「中英商約」交涉失敗之研究〉，《近代中國研究》

（北京：中國社會科學院近代史研究所，2011）。（http://jds.cssn.cn/ztyj/zwgxs/201605/t20160506_3327130.shtml 網路版）

55. 楊雨青，〈宋子文與中國國防物資供應公司〉，《抗日戰爭研究》（北京），2006年第4期，頁104-125。

56. 楊雨青，〈中美英平準基金的運作與中國戰時外匯管理〉，收入楊天石、侯中軍編，《戰時國際關係》（北京：社會科學文獻，2011年），頁308-337。

57. 楊端六，〈國際版權同盟〉，《東方雜誌》，第17卷第24號（1920年12月25日），頁4-5。

58. 劉廣京，〈1883年上海金融風暴〉，收入氏著《經濟世思想與新興企業》，頁571-593。

59. 劉廣京，〈中英輪船航運競爭，1872-1885〉，收入氏著，《經世思想與新興企業》（台北：聯經出版公司，1990），頁528-531。

60. 蔣竹山，〈超越民族國家的歷史書寫：試論近來全球史研究中的「空間轉向」〉，《新史學》，第23卷第3期（2012年9月），頁199-228。

61. 黎志剛，〈李鴻章與近代企業：輪船招商局（1872-1885）〉，收入易惠莉、胡政主編，《招商局與近代中國研究》，頁434-471。

62. 黎志剛，〈輪船招商局經營管理問題，1872-1901〉，《中央研究院近代史研究所期刊》（台北），1990年6月第19期，頁67-108。

63. 聶寶璋，〈從美商旗昌輪船公司的創辦與發展看買辦的作用〉，《歷史研究》（北京），1964年第2期，頁91-110。

64. 顏昌晶，〈近代中國石油工業發展之研究〉，中壢：中央大學碩士論文，2000年。

二、英文部分

（一）檔案及政府出版品

1. Julean Arnold and Various American Consular Officers, *Commercial Handbook of China*, Vol. I, II（Washington: Government Printing Office, 1919）.

2. Jules Davids ed., *American Diplomatic and Public Papers--the United States and China.* Series 2: *The United States, China, and Imperial Rivalries, 1861-1893.* Vol.6, *The French-China War.* Wilmington, Del.: Scholarly Resources Inc., 1979.

3. League of Nations Archives, Geneva. "Technical Collaboration with Chinese Government: Transit Question," No. 50-22799-610.

4. U.S. Department of State, Office of the Legal Advisor: Treaty, No. 136213. Box 1. RG. 59, United States National Archives II, Washington, Washington D. C.

5. U.S. Department of State, Foreign Service of Post of the Department of States, RG. 84, Shanghai Consulate General, Commercial Section, China Trade Act General Records, 1922-49.

6. U.S. Department of State, Records of Department of State Relating to Internal Affairs of China, 1910-1929. United States National Archives, Washington, Washington D. C. (microform).

7. U.S. Department of State, *Confidential U.S. State Department Central Files. China, 1930-1939: Internal Affairs.* United States National Archives, Washington, Washington D. C. (microform).

8. U.S. Department of State, *Confidential U.S. State Department Central files. China, 1940-1944: Internal Affairs.* United States National Archives, Washington D. C. (microform)

9. United States Government Printing Office. *Papers Relating to the Treaty of Washington*, Geneva Arbitration Tribunal. Unites States Dept. of State, Government Print Office, 1872.

10. United States Government Printing Office. *Papers Relating to the Foreign Relations of the United States, 1872-1946 (FRUS).* Washington, D. C.: Government Printing Office.

11. United States. Bureau of Foreign and Domestic Commerce, China Trade act, 1922: With regulations and forms. no. 74, by United States. Bureau of Foreign and Domestic Commerce, 1922.

12. United States. Foreign Service Posts of Department of State, Shanghai Consulate General, Commercial Section. China Trade Act General Record, 1922-49, box 10. United States National Archives, Washington D. C.

13. 上海市檔案館藏，American Chamber of Commerce, Shanghai, 1940.檔號Q459-1-257

14. 上海市檔案館藏，Tsigtao American Chamber of Commerce, Biweekly Bulletin. 檔號Q459-1-257

15. 上海市檔案館藏，*Americans and American Firms in China, Directory*, published by the Shanghai Evening Post & Mercury, 1946. 檔號W1-OF-91。

（二）史料彙編、文件、期刊、報紙

1. *American University Men in China*（Shanghai: The Comacrib Press, 1936）.

2. *Engineering Society of China, Report and Proceeding, 1901-1940, Shanghai.* 上海市徐家匯藏書樓藏、倫敦大英圖書館藏。

3. *First Annual Report of the Proceedings of the Executive Committee of American Chamber of Commerce for the Year Ending*, Aug. 18, 1916.

4. Howard L. Boorman ed., *Biographical Dictionary of Republican China*（New York: Columbia University Press, 1967-1979）, Vol. 3.

5. International Engineering Congress, *Transactions of the International Engineering Congress*, San Francisco, CA. Sep. 20-25, 1915.

6. J. R. Freeman Papers, MC 51, Box128, F.130. 美國麻省理工學院圖書館（MIT Library）, Institute Archives & Special Collections.

7. *Journal Association of Chinese and American Engineers, 1919-1941, Beijing.* 北京國家圖書館藏。

8. *Journal of the American Asiatic Association, 1914-1941.*

9. *Journal of the Engineering Society of China, 1940-1941, Shanghai.* 倫敦大英圖書館（British Library）藏。

10. *Millard's Review*, 1917-1918.

11. *New York Times*, 1916-1946.

12. *The North-China Herald and Supreme Court & Consular Gazette（1870-1941）.*

13. *Second Annual Report of the Proceedings of the Executive Committee of American Chamber of Commerce for the Year Ending*, April, 1918.

14. *Secretary Taft's Visit to Shanghai*, American Association of China, Shanghai. Press in 1907.

15. *Shanghai Times*, Industrial Section, Supplement to Xmas Issue, 1918.

16. *The Brooklyn Daily Eagle*, New York, 1918.

17. *The China Handbook: 1937-1943, A Comprehensive Survey of Major Developments in China in Six Years of War*（New York: Macmillan, 1943）.

18. *The China Press（1925-1938）.*

19. *The North-China Herald and Supreme Court & Consular Gazette（1884-1894）.*

20. *The China Weekly Review（1923-1950）.*

21. *Report of the American Economic Missionto the Far East: American Trade Prospects in the Orient*（New York, National Foreign Trade Council, 1935）.

22. 英文報刊資料庫Proquest Historical Newspapers. Chinese Newspapers Collection, 1832-1953。

（三）論著

1. Adas, Michael. *Dominance by Design: Technological Imperatives and America's Civilizing Mission*（Cambridge, Mass.: Belknap Press of Harvard University Press, 2006）.

2. Alford, William P. *To Steal a Book Is an Elegant Offense: Intellectual Property Law in Chinese Civilization*（Stanford, California: Stanford University Press, 1995）.

3. Allman, Norwood F. *Handbook on the Protection of Trademarks, Patents, Copyrights and Trade-Names in China*（Shanghai: Kelly & Walsh Limited, 1924）. 上海圖書館徐家匯藏書樓藏。

4. Anderson, Irvine H. Jr. *The Standard-Vacuum Oil Company and United*

States East Asian Policy, 1933-1941（Princeton: Princeton University Press, 1975）.

5.　Blume, Kenneth J. *Historical Dictionary of the U.S. Maritime Industry* (Lanham, Md.: Scarecrow Press, 2012）.

6.　Borg, Dorothy. *The United States and the Far Eastern Crisis of 1933-1938: From the Manchurian Incident through the Initial Stage of the Undeclared Sino-Japanese War*（Cambridge: Harvard University Press, 1964）.

7.　Bramsen, Christopher Bo. *Open Doors, Vilhelm Meyer and the Establishment of General Electric in China*（Richmond, Surrey: Curzon Press, 2001）.

8.　Buck, Peter. *American Science and Modern China, 1876-1936*（Cambridge: Cambridge University, 1980）.

9.　Burns, Richard Dean and Edward Bennett, M. eds., *Diplomats in Crisis: United State-Chinese-Japanese Relations, 1911-1941*（Santa Barbara, Calif.: ABC-Clio, 1974）.

10.　Chandler, Alfred D. Jr. and Mazlish, Bruce eds., *Leviathans: Multinational Corporations and the New Global History*（Cambridge: Cambridge University Press, 2005）.

11.　Chandler, Alfred D. Jr. *The Visible Hand: The Managerial Revolution in American Business*（Cambridge, Mass.: Belknap Press of Harvard University Press, 1977）.

12.　Chere, Lewis M. *The Diplomacy of the Sino-French War, 1883-1885: Global Complications of an Undeclared War*（Notre Dame, Ind: Cross Cultural Publications, Cross Roads Books. 1988）.

13.　Ciment, James D. and Russell, Thaddeus eds., *The Home Front Encyclopedia: United States, Britain, and Canada in World Wars I and II.* Vol. I（Santa Barbara, Calif.: ABC-CLIO, 2007）.

14.　Cochran, Sherman Gilbert. *Encountering Chinese Networks: Western, Japanese, and Chinese Corporations in China, 1880-1937*（Oakland, CA: University of California Press, 2000）.

15. Cochran, Sherman. *Big Business in China, Sino-foreign Rivalry in the Cigarette Industry, 1890-1930* (Cambridge, Mass.: Harvard University Press, 1980).

16. Cochran, Sherman & Hsieh, Andrew. *The Lius of Shanghai* (Cambridge, Mass.: Harvard University Press, 2013).

17. Cohen, Warren I. *American's Response to China* (New York: Columbia University, 1990).

18. Cosgrove, Julia Fukuda. *United Foreign Economic Policy toward China, 1943-1946: From the End of Extraterritoriality to the Sino-American Commercial Treaty of 1946* (New York & London: Garland Publishing Inc., 1987).

19. Dimitrov, Martin K. *Piracy and the State: The Politics of Intellectual Property Rights in China* (Cambridge: Cambridge University Press, 2009).

20. Dollar, Robert. *Memoirs of Robert Dollar* (San Francisco, Priv. Pub. for the author by W.S. Van Cott & Co. 1922, Second Edition).

21. Foner, Eric. Give Me Liberty, *An American History.* Fourth Edition (New York: W. W. Norton & Company, Inc., 2014).

22. Gerth, Karl. *China Made: Consumer Culture and the Creation of the Nation* (Cambridge, Mass.: Harvard University, 2004).

23. Graves, Louis. *Willard Straight in Orient: with illustrations from his sketch-books* (New York: Asia Publishing Company, 1922).

24. Grover, David H. *American Merchant Ships on the Yangtze, 1920-1941.* (Praeger Publishers: Westport, 1992).

25. Hunt, H. Michael. *The Making of a Special Relationship: the United States and China to 1914* (New York: Columbia University Press, 1983).

26. Immerwahr, Daniel. *How to Hide an Empire: A History of the Greater United States* (New York: Farrar Straus and Giroux, 2019).

27. Iriye, Akira and Makotoeds, Iokibe. *Philanthropy and Reconstruction: Rebuilding Postwar U.S.-Japan Relations* (Tokyo and New York: Japan Center for International Exchange, 2006).

28. Iriye, Akira. *Across the Pacific* (New York: Harcourt, Brace & World, Inc., 1987).

29. Iriye, Akira. *The Origins of the Second World War in Asia and the Pacific* (London; New York: Longman, 1987).

30. Iriye, Akira. *China and Japan in the Global Setting* (Cambridge, MA: Harvard University Press, 1992).

31. Iriye, Akira. *Cultural Internationalism and World Order* (Baltimore: The John Hopkins University Press, 1997).

32. Iriye, Akira. *Global and Transnational History: The Past, Present and Future* (Basingstoke: Palgrave Macmillan, 2013).

33. Iriye, Akira. *Global Community: The Role of International Organizations in the Making of the Contemporary World* (Berkeley: University of California Press, 2002).

34. Iriye, Akira & Cohen, Warren I. eds., *American, Chinese, and Japanese Perspective on Wartime Asia, 1931-1949* (Wilmington: Scholarly Resources Inc., 1990).

35. Iriye, Akira, Goedde, Petra and Hitchcock, William I. eds., *Human Right Revolution: A International History* (Oxford: Oxford University Press, 2012).

36. Ji, Zhaojin. *A History of Modern Shanghai Banking. The Rise and Decline of China Finance Capitalism* (Armonk, New York, London, M. E. Sharpe, 2003).

37. Kennedy, Paul. *The Rise and Fall of the Great Powers* (London: Unwin Hyman Limited, 1988).

38. Kenneth Winston, eds., *Prospects for the Professions in China*. Routledge Studies on Civil Society in Asia (London: Routledge, 2010).

39. Kissinger, Henry. *On China* (New York: Penguin Press, 2011).

40. Kissinger, Henry. *World Order* (New York: Penguin Press, 2014).

41. LaFeber, Walter. *The New Empire: An Interpretation of American Expansion, 1860-1898* (Ithaca, N. Y.: Cornell University Press, 1963).

42. Li, Lincoln. *The Japanese Army on North China, 1937-1941, Problems of Political and Economic Control* (London: Oxford University, 1975).

43. Li, Lillian M. *China's Silk Trade, Traditional Industry in the Modern World, 1842-1937* (Cambridge, MA: Harvard University Press, 1981).

44. Liu, Kwang Ching. *Anglo-American Steamship Rivalry in China, 1862-1874* (Cambridge, Mass.: Harvard University Press, 1962).

45. May, Ernest R & Fairbank, John K. eds., *America's China Trade in Historical Respective, the Chinese and American Performance* (Cambridge, Mass.: Harvard University Press, 1986).

46. Mearsheimer, John J. *The Tragedy of Great Power Politics* (New York: W. W. Norton & Company, 2001).

47. Mertha, Andrew C. *The politics of Piracy: Intellectual Property in Contemporary China* (Ithaca, N.Y.: Cornell University, 2005).

48. Miller, Robert Hopkins. *United States and Vietnam, 1787-1941* (Washington, DC: National Defense University Press, 1990).

49. Moore, Sarah J. *Empire on Display: San Francisco's Panama-Pacific International Exposition of 1915* (Norman, OK: University of Oklahoma Press, 2013).

50. Nathan, Andrew James. *The History of the China International Famine Relief Commission* (Cambridge, Mass.: Harvard University Press, 1965).

51. Pietz, David A. *Engineering the State: The Huai River and Reconstruction in Nationalist China, 1927-1937* (New York and London: Routledge, 2002).

52. Pietz, David A. *The Yellow River: The Problem of Water in Modern China* (Cambridge, Mass.: Harvard University Press, 2014).

53. Pletcher, avid M. *The Diplomacy of Involvement: American Economic Expansion Across the Pacific, 1784-1900* (Columbia: University of Missouri Press, 2001).

54. Pottage, Alain & Sherman, Brad. *Figures of Invention: A History of Modern Patent Law* (New York: Oxford University Press, 2010).

55. Powell, John B. *My Twenty Five Years In China* (The Macmillan Company,

1945).

56. Randall, Stephen J. *United States Foreign Oil Policy Since World War I: For Profits and Security* (Montreal: McGill-Queen's University Press, 2005).

57. Reinsch, Paul S. *An American diplomat in China* (Garden City/N.Y., Toronto: Doubleday, Page & Company, 1922).

58. Rosenberg, Emily S. *Spreading the American Dream, American Economicand Cultural Expansion, 1890-1945* (New York: Hill and Wang, 1982).

59. Rosenberg, Emily S. ed., *A World Connecting*, 1870-1945 (Cambridge, MA: Harvard University Press, 2012).

60. Rosenberg, Emily S. *Financial Missionaries to the World: the Politics and Culture of Dollar Diplomacy, 1900-1930* (Cambridge, Mass.: Harvard University Press, 1999).

61. Rosenberg, Emily S. *Transnational Currents in a Shrinking World* (Cambridge, MA: Harvard University Press, 2014).

62. Schaller, Michael. *The U.S. Crusade in China, 1938-1945* (New York: Columbia University Press, 1971).

63. Schechter, Frank I. *The Historical Foundations of the Law Relating to Trade Marks* (New York: Columbia University Press, 1925).

64. Spence, Jonathan D. *To Change China: Western Advisers in China* (New York: Penguin books, 1980, reprinted in 2002), pp. 205-216.

65. StanelyBuder, *Capitalizing on Change: A Social History of American Business* (Chapel Hill: University of North Carolina Press, 2009).

66. Tsou, Tang. *America's Failure in China* (Chicago: University of Chicago Press, 1963).

67. Todd, O. J. *Two Decades in China* (Peking: The Association of Chinese and American Engineers, 1938).

68. Utley, Jonathan G. *Going to War with Japan, 1937-1941* (New York: Fordham University Press, 2005).

69. Wang, Guanhua. *In Search of Justice, the 1905-1906 Chinese Anti-American Boycott* (Cambridge, MA: Harvard University Asia Center, 2001).

70. Wei, C. X. George. *Sino-American Economic Relations, 1944-1949* (Westport, CT and London: Greenwood Press, 1997).

71. Will, Pierre-Etienne. *Bureaucracy and Famine in Eighteenth-Century China* (Stanford CA: Stanford University Press, 1990).

72. Will, Pierre-Etienne. *Nourish the People: The State Civilian Granary System in China, 1650-1850* (Ann Arbor: University of Michigan Center for Chinese Studies, 1991).

73. Wu, Shellen Xiao. *Empires of Coal: Fueling China's Entry into the Modern World Order, 1860-1920* (Stanford CA: Stanford University Press, 2015).

74. Xu, Guoqi. *China and the Great War: China's Pursuit of a New National Identity and Internationalization* (Cambridge, UK and New York: Cambridge University Press, February 2005).

75. Xu, Guoqi. *Chinese and Americans: A Shared History* (Cambridge, MA: Harvard University Press, 2014).

76. Xu, Guoqi. *Olympic Dreams: China and Sports, 1895-2008* (Cambridge, MA: Harvard University Press, 2008).

77. Xu, Guoqi. *Strangers on the Western Front: Chinese Workers in the Great War* (Cambridge, Mass.: Harvard University Press, 2011).

78. Yergin, Daniel. *The Prize: The Epic Quest for Oil, Money, and Power* (New York: Simon &Schuster, 1991).

79. Young, Arthur N. *China and the Helping Hand, 1937-1945* (Cambridge, Mass.: Harvard University Press, 1963).

80. Young, John Russell. *Around the World with General Grant* (New York: American News Company, 1879).

（四）論文

1.　Arnold, Julean. "American Trade Opportunities in China." *Journal of the American Asiatic Association*, Dec., 1916, pp. 333-335.

2.　Braisted, William R. "The United States and the American China Development Company." *The Far Eastern Quarterly*, Vol. 11, No. 2（Feb., 1952）, pp. 147-165.

3.　Breslin, Thomas A. "Trouble over Oil: America, Japan, and the Oil Cartel, 1934-1935." *Bulletin of Concerned Asian Scholars*. Vol. 7, Vo. 3（July-Sep., 1975）, pp. 41-50.

4.　Cochran, Sherman "Business, Governments, and War in China." in Akira Iriye & Warren I. Cohen eds., *American, Chinese, and Japanese Perspective on Wartime Asia, 1931-1949.* Scholarly Resources Inc. 1990, pp. 117-146.

5.　Davis, Frank F. "Broadening Our Chinese Trade." *Asia: Journal of the American Asiatic Association*, March, 1917, pp. 41-43.

6.　Epstein, Alexandra. "International Feminism and Empire-Building between the Wars: the Case of Viola Smith," *Woman's History Review*, 2008, Vol. 17, No. 5, pp. 699-719.

7.　He, Sibing. "Russell and Company, 1818-1891, America's Trade and Diplomacy in Nineteen-Century." Miami University, Department of History, 1997, Ph. D. dissertation.

8.　Iriye, Akira. "Culture and Power: International Relations as Intercultural Relations." *Diplomatic History* 3, no. 3（1979）, pp. 115-128.

9.　Jenks, Jeremiah W. "China, American Silent Partners." *Journal of the American Asiatic Association*, Jan., 1917, pp. 363-367.

10.　Kennedy, Philip B. "The Seamen's Act." *Annals of the American Academy of Political and Social Science*, Vol. 63（1）, National Industries and the Federal Government, Jan., 1916, pp. 232-243.

11.　Kirby, William C. "China Unincorporated: Company Law and Business Enterprise in Twentieth-Century China." *The Journal of Asian Studies*, 54.1（Feb., 1995）: 43-63.

12.　Kirby, William C. "Engineering China: Birth of the Developmental State, 1928-37." in Wen-hsin Yeh ed., *Becoming Chinese*（Berkeley: University of California Press, 2000）, pp. 137-160.

13. Kirby, William C. "Engineers and the State in Modern China." in William P. Alford, William Kirby and Kirby, William C. "Joint Ventures, Technology Transfer and Technocratic Organization in Nationalist China." *Republican China*, 12, no. 2 (April 1987).

14. Orlean, M. E. "The Sino-American Commercial Treaty of 1946." *The Far Eastern Quarterly*, 7.4 (Aug., 1948): 354-367.

15. Pugach, Noel H. "American Shipping Promoters and the Shipping Crisis of 1914-1916: The Pacific. & Eastern Steamship Company." *The American Neptune*, 35: 3 (1985), pp. 166-182.

16. Reischauer, Robert Karl. "Japan's Road To War." *Asia: Journal of the American Asiatic Association*, 1937, VOL XXXVII, No. 2, February, 1937, pp. 80-82.

17. Scheiber, Harry N. "World War I as Entrepreneurial Opportunity: Willard Straight and the American International Corporation." *Political Science Quarterly*, 84 (1969:09), pp. 486-511.

18. Schran, Peter. "The Minor Significance of Commercial Relations between the United States and China, 1850-1931." in Ernest R. May & John K. Fairbank, eds., *America's China Trade in Historical Respective, the Chinese and American Performance* (Cambridge, Mass.: Harvard University Press, 1986), pp. 237-258.

19. Smyth, Helen "China's Petroleum Industry." *Far Eastern Survey*, 15 (June, 1946), p. 189.

20. Stach, Leo W. "Petroleum Exploration and Production in Western Pacific during WorldWar II." *Bulletin of the American Association of Petroleum Geologists*, 31 (August 1947), pp. 1384-1403.

21. Straight, Willard D. "The European War and Our Opportunity in Foreign Trade." *Journal of American Asiatic Association*, Nov., 1914, pp. 296-299.

22. Wilkins, Mira. "The Impact of American Multinational Enterprise on American-Chinese Economic Relations, 1786-1949." in May, Ernest R & Fairbank, John K. eds., *America's China Trade in Historical Respective,*

the Chinese and American Performance（Cambridge, Mass.: Harvard University Press, 1986）, pp. 259-292.

23. Wilson, Robert R. "Postwar Commercial Treaties of the United States," *The American Journal of International Law*（Cambridge: Cambridge University Press）, Vol. 43, No. 2（Apr., 1949）, pp. 262-287.

24. Wu, Lin-chun, "Partnership across the Pacific Ocean: the Sino-US Collaboration in Maritime Transportation During World War I", *Journal of Modern Chinese History, Institute of Modern History Chinese Academy of Social Sciences*, Beijing, Dec. 2015, Vol. 9, Issue2, pp. 199-222.（CASS: Routledge Publisher）

25. Wu Lin-chun, "One Drop of Oil, One Drop of Blood: The United States and the Petroleum Problem in Wartime China, 1937-1945", *Journal of American-East Asian Relations*, 19（2012）. pp. 27-51.

26. Wu Lin-chun, "Foreign Engineers' Activities in China and the Process of China's internationalization: the case of 'The Engineering Society of China', 1901-1941". in María Dolores Elizalde & Wang Jianlang eds., *Chinas Development from a Global Perspective*, Cambridge Scholars Publishing, 2017:8, pp. 375-403.

27. Ye, Shirley. "Business, Water, and the Global City: Germany, Europe, and China, 1820-1950." PhD thesis, Harvard University, 2013.

三、網路資料

1. 美國專利局網站（United States Patent and Trademark Office）http:// www.uspto.gov/（下載日期，2010年12月10日）。

2. 美國商務部網站：http://www.ita.doc.gov/ooms/ChinaTradeActRCS.pdf （下載日期，2010年1月10日）。

3. IMF官方網站 http://www.imf.org/external/about/history.htm（下載日期，2012年4月2日）。

4. http://en.wikipedia.org/wiki/General_Agreement_on_Tariffs_and_Trade

（下載日期，2012年4月2日）。

5. AmCham Shanghai官方網站，https://www.amcham-shanghai.org/en/about-amcham（下載日期，2015年07月24日）。

6. 中國水利部，黃河委員會官網，http://www.yellowriver.gov.cn/hhyl/hhjs/mgsq/201108/t20110812_95205.htm（下載日期，2017年5月19日）。

7. International Organization for Standardization（ISO），官網https://www.iso.org/home.html（下載日期，2017年10月1日）。

中英對照表

A. R. Burkill 白克公司

Allen, Young John 林樂知

Allied Enemies Trading（Act）協約國敵國貿易法案

Allman, Norwood F. 阿爾門

American Asiatic Association 美國亞洲協會

American Association of Engineer 美國工程學會

American Book Company 美國圖書公司

American Bureau of Shipping（ABS）美國船級社

American Chamber of Commerce of China（AmCham）中國美國商會

American Chamber of Commerce 美國商會

American China Development Company 美華合興公司

American Club 美國人俱樂部

American Economic Mission to the Far East 美國遠東經濟訪問團

American Engineering Council 美國工程理事會

American General Edison Corporation of China 奇異電器公司

American International Corporation（A.I.C.）廣益投資公司

American Library Association 美國圖書館協會

American Museum of Natural History 美國自然歷史博物館

American Society of Civil Engineers 美國土木工程師學會

American Society of Mechanical Engineers 美國機械工師學會

American Telephone and Telegraph 美國電話電報公司

American Tobacco Company 美國煙草公司

American University Club of China（AUC）美國大學俱樂部

American Women's Club 美國婦女俱樂部

American-Chinese Council 美中貿易委員會

American-Japanese Council 美日貿易委員會

Amos Bird Co. 阿蒙鳥禽公司

Anderson, Irvine H. 安德森

Anderson, Meyer and Company 慎昌洋行

Andrews, Roy Chapman 安得思

Arnold, Julean 阿諾德

Arthur, Chester Alan 亞瑟

Asano Bussan 淺野物產

Asia Banking Corporation 亞洲銀行

Asiatic Petroleum Co. 亞細亞石油公司

Associated American Chambers of Commerce 聯合美國商會

Association of Chinese and American Engineer 中美工程師協會

Atlantic Coast Steamship Company 大西洋海岸輪船公司

Atlantic Refining Company 大西洋煉油公司

Atlantic Transport Company 大西洋運輸公司

Augustine Heard & Co. 瓊記洋行

Ayers, Howard 艾爾斯

Ayscough, F. 阿斯考夫

Balfour, Arthur Sir 貝爾福爵士

Baron Shibusawa Eiichi 澀澤榮一

Bayard, Thomas Francis 貝爾德

Baker, John Earl 貝克

Belts, E. W. 貝爾茲

Bennett, Edward M. 班奈特

Bergere, Marie-Claire 白吉爾

Berne Convention for the Protection of Literary and Artistic Works 保護文學和
　　藝術作品伯爾尼公約

Bethlehem Steel Company 貝里咸鋼鐵公司

Kwong, K. H. 鄺國華

Kwong K. Y. 鄺景揚，又名鄺孫謀

La Follette, Robert M. 羅伯特・拉福萊特

LaFeber, Walter 拉費伯爾

Lamont, Thomas W. 拉蒙脫

Lemaire, Victor-Gabriel 李梅

Li, Lincoln 林肯・李

Ligget & Myers Tobacco Co. 利吉特公司

Lobingier, Charles S. 羅炳吉

Lorence, James John 勞羅斯

Lowell, James Russell 勞威爾

Luce, Henry 亨利・魯斯

Magruder, John 馬格魯德

Mann, Hunter 曼恩

Manson, Philip 腓力曼新

Mauchan, Robert Buchanan 毛根

May, A. G. 梅伊

Mayer, Ferdinand 邁爾

McGee, James 麥克吉

McMichael, J. H. 麥克邁克爾

Mearsheimer, John J. 米爾斯海默

Metherns & Sons Co. 麥登斯新士公司

Meyer, Vilhelm 馬易爾

Millard's Review 密勒氏評論報

Morrison, Gabriel James 毛里遜

Morton, Levi 莫頓

Myers, D. F. 邁爾斯

National Carton Company 卡彭公司

National City Bank of New York 紐約花旗銀行

National Foreign Trade Council（NFTC）全美對外貿易委員會

Wilder, Amos P. 維禮德

Wilkins, Mira 蜜拉‧威爾金斯

William Hunt & Company of Shanghai 上海威廉‧杭特公司

Williams, Edward Thomas 衛理

Williams, R. A. 威廉斯

Williams, Williams H. 威廉斯

Willoughby, Woodbury 韋羅貝

Wingate, Joseph C. A. 榮日德約瑟

Wisner & Co. 同孚洋行

World Engineering Congress 萬國工程會議

World Engineering Foundation 世界工程學基金會

World Power Conference 世界動力會議

World's Federation of Engineers 工程師世界聯盟

Yangtze Rapid Steamship 捷江輪船公司

Yergin, Daniel 丹尼爾‧耶金

Young, Arthur N. 楊格

Young Plan 楊格計畫

Young, John Russell 楊約翰

Yungli Chemical Industries Limited Company 永利化工有限公司

後記

　　《美國人未竟的中國夢：企業、技術與關係網》一書的撰述
不僅是個人在中美關係史領域的不停探索，更是我多年來立意想
從國際史視角探索中美雙邊關係的積累。有人形容我們是在學術
田園中種植不同的花草，這塊學術土壤已有許多前輩學者不停翻
耕，後繼者必須維護繼有的種籽之外，也嘗試種植些不同的花
果。至於是否得以開出奇花異果，除了辛勤墾拓之外，尚有許多
不同的機遇，如同四時天候變化的自然運行，其中也有種種不可
預期或不可逆的險厄困境，加上個人才氣和意志是否足以承受種
種挑戰等等。不論如何，這本書的撰寫，前後歷經十年之久，走
過國內外各個政府機構和圖書館，記錄了筆者這十年的學術行
腳，是個人學術生涯的下半場成績單。非常感謝國科會及科技部
提供歷次研究經費，使我得以走訪美國國家檔案館（NARA）、
英國國家檔案館（KEW）、哈佛大學圖書館、哥倫比亞大學圖書
館、香港大學圖書館、北京國家圖書館、南京第二檔案館、天津
市檔案館、上海市檔案館和徐家匯藏書樓等。這些年藉著一些國
際會議的邀請機會，在緊湊的日程中，抓緊時間又在倫敦大英圖
書館、麻省理工學院珍藏手稿圖書館、瑞士日內瓦聯合國檔案館
等地蒐集原始文件和書信。這些多元檔案資料的利用，是充實本
書最根本的研究地基。

　　本書的完成也得益於諸多師長和學術同好的鼓勵，首先必須

感謝的是提供本書資料、提供意見或協助訪問的師友，包括：李達嘉、張力、王成勉、康培德、吳淑鳳、楊雨青、林玉茹、朱嘉明、金光耀、唐啟華、王建朗、臧運祜、朱蔭貴、胡成、馬軍、馬建標、應俊豪、洪紹洋、蔡維屏、皇甫秋實、張志雲、張岩、Neil Rollings、Pierre Eichenberger、Katja Schmidtpott、Jan Schmidt、Alain Beltran 等諸君的協助。這些年來研究助理們的鼎力協助，特別是洪才登、王鵬竣、陳頌閔、林晉葳、陳穎毅、張祐融、王麒瑋等諸位同學，還有就讀師大博士班的陳鴻明同學提供陳光甫的資料，在此表達謝意。本書各章節的部分內容曾以中英文發表於國內外期刊；然而作為專書寫作，本書各章節與單篇論文在架構和書寫文脈上已迥然不同，幾乎是全面改寫；特別是本書第二部分的內容擴充，與發表過的專文字數相較達三倍之多。一些研究觀點和想法也受益於匿名審查者提供的寶貴意見，在此致上作者十二萬分之謝悃。本書各章前言對既有成果詳加描述，雖然有些朋友建議為使本書更具普及意義，或許可予以刪除，但作者認為文獻回顧是對前人研究成果的肯定。本書儘管主要利用一手材料，但對於某一論點若為前人所發明，則不敢掠人之美；將來我們的研究可能只是別人研究中的某個腳註而已，先行者的研究貢獻有必要載入文獻徵引，予以厚道誠懇的評述。這些議題的文獻回顧，希望也能對後來者從事相關議題有按圖索驥之用。

　　數年前筆者受法國科學研究國家中心（National Center for Scientific Research）研究部主任阿藍・貝爾特蘭（Alain Beltran）教授邀請，赴巴黎參加石油史國際會議，當年會議主題是「石油與戰爭」（Oil and War），這次會議讓筆者更加體認石油作為全球史的國際視野。筆者提交的論文從「企業、政府與中日戰爭」的

連繫點，這篇英文文章發表於重要學術期刊《美國東亞關係》（*Journal of American-East Asian Relations*, 19: 2012）亦即本書第八章的最早版本，這次經改寫後納入專書一章。在探討《美國對華貿易法案》問題時，筆者面臨到一些關鍵問題，必須求教於研究美國海外經濟史聲譽卓著的蜜拉・威爾金斯，老教授已年近九十歲，對我提出的問題竟然寫了二千餘字的回信。筆者在2018年世界經濟史會議與她僅有一面之緣，她的解惑展現了大師級學者對知識的純然好奇與執著，予筆者莫大的鼓舞。筆者在探討美國海外企業擴展史的學思之路中，威爾金斯教授的系列專書是啟發我走入美國跨國企業史最具關鍵的書，在此向她致意。此外，特別感謝香港大學徐國琦教授，因為彼此都是從事中美關係的同好，他在國際史方面的研究視角於我個人受益甚大。我因藉他出版的兩本英文書，撰述兩篇長文，探索從方法論上如何研究國際史和中美關係史而照見自己的困惑；作為教學者深深感受到不能在方法和觀念上固守原地，但同時也不能失卻歷史學者對材料的不停挖掘、解讀和廣開視域的自我規範。感謝學術伴侶政治大學彭明輝教授（吳鳴）對我在歷史書寫上力求文字流暢的鞭策，本書書名是我反覆思量下的取捨決定，因最契合筆者所關懷的題旨，然而適是他最不欣賞的雙截棍方式（二段標題），在此只好做此申明。

　　我曾任教的國立東華大學歷史系和目前服務的國立師範大學歷史系，都提供了筆者一個自由和諧的學術條件和環境，在此深致謝意。在大學任教多年，除了擔任了自己最專長的中美關係史專題課程，還同時開授了歷史系的美國史、中國近代史和世界文明史，是教學生涯的一大奇緣。初執教席時，備課頗感辛苦，但多年積累下來，令人得以悠游東西文明世界，暢讀天下奇書。一

些看似奇妙跳躍的課程因緣，成就了萬事互相效力，讓自己深感宇宙知識之浩瀚、個人能力的局限，即使傾一生之力，也只是渺滄海之一粟，寄蜉蝣於天地罷了；甚且在這變動不居的時代，一本書的研究取徑和傳遞的想法，可能不到十年很快就被汰換了。然而，人文學者莫非是這種「知其不可而為之」的純真追尋，始能一步步地堅持下去。

　　1996年返回花蓮故鄉任教之時，當時各種研究資訊和圖書資料在偏鄉學校取得不易，恩師張玉法院士嘗以書信鼓舞，喻野地中必有芬芳的花朵，為鼓勵弟子在山中好好修行練功，老師和師母還在百忙之中親自走訪了我任教的花蓮師範學院。遠在溫哥華的杜維運教授和師母孫雅明女士則視我如家人，杜公時時賜我充滿鼓勵文字的典雅翰墨，如今杜公已仙逝多年，杜師母時時捎來充滿開朗豁達的人生話語，令我受用無窮。本書撰寫的最後階段，2018年3月初家父不幸病逝，父親對我的疼愛、包容和鼓勵，始終是我人生之路的最大支柱，父親掛在我斗室書房的書法條幅「世界無窮願無盡，海天寥廓立多時」，在夜深人靜時總是警醒和激勵我必須持續向前，更不能懷憂喪志。書稿完成之際，與在天河彼岸的父親心靈上最為相通，無限思念化為生命恩典的記號。謹將本書獻給摯愛的父親吳福隆先生（1931.9.24-2018.3.3）。

吳翎君　2019年12月24日

《美國人未竟的中國夢：企業、技術與關係網》曾發表之相關資訊

　　本專書原為科技部學術專書寫作計畫之成果，計畫名稱為：「中國和美國──企業、技術與關係網」，各章曾以論文發表之相關資訊如下：

緒章	關於方法論的二千字，改寫自： 1. 吳翎君，〈英文學界關於「跨國史」研究新趨勢與跨國企業研究〉，《新史學》，28卷3期，2017年9月，頁207-240。 2. 吳翎君，〈從徐國琦新著 *Strangers on the Western Front: Chinese Workers in the Great War* 談國際史的研究方法，《新史學》，22卷第4期，2011年12月，頁183-215。 3. 吳翎君，〈從徐國琦 *Chinese and Americans: A Shared History* 談美國學界對中美關係史研究的新取徑〉，《臺大歷史學報》，55期，2015年6月，頁219-249。
第一章	改寫自： 吳翎君，〈中法戰爭時期招商局與旗昌洋行的輪船交易〉，收入胡政、陳爭平、朱蔭貴主編，《招商局歷史與創新發展》，北京：社會科學文獻出版社，2018，頁401-427。
第二章	改寫自： 吳翎君，〈清末民初中美版權之爭〉，《國立政治大學歷史學報》38期，2012年11月，頁97-136。THCI。

第三章	改寫自：
	1. Wu Lin-chun, "Partnership across the Pacific Ocean: the Sino-US Collaboration in Maritime Transportation During World War I," *Journal of Modern Chinese History, Institute of Modern History Chinese Academy of Social Sciences*, Beijing, Dec. 2015, Vol. 9, Issue2, CASS: Routledge Publisher, pp. 199-222.
	2. 吳翎君，〈一次大戰期間中美海運事業的合作〉，收入：李達嘉主編，《近代史釋論：多元思考與探索》，台北：東華書局，2017年6月，頁89-118。
第四章 第五章	改寫並擴充自：吳翎君，〈歐戰爆發後中美經濟交往的關係網──兼論「美國亞洲協會」的主張〉，《國立政治大學歷史學報》，43期，2015年5月，頁179-218。
第六章	改寫自：
	吳翎君，〈推動工程國家──中美工程師協會在中國，1919-1941〉，《近代史研究》，北京：中國社會科學院近代史研究所（CSSCI歷史學，科技部評比大陸一級期刊），2018年第5期，2018年10月，頁122-133。
第七章	改寫自：
	1. 吳翎君，〈珍珠港事件前美國企業在華北的投資活動──以大來和英美煙公司為例，1939-1941〉，《國立政治大學歷史學報》，34期，2010年11月，頁85-114。本文後來由北京《社會科學研究》轉載（2012年3月，頁173-184）。
	2. 吳翎君，〈對美關係〉，收入呂芳上主編，《中國抗日戰爭史新編・對外關係》，台北：國史館，2015年7月，頁21-70。

第八章	改寫自（未曾以中文發表）： Wu Lin-chun, "One Drop of Oil, One Drop of Blood: The United States and the Petroleum Problem in Wartime China, 1937-1945," *Journal of American-East Asian Relations*, 19(2012). pp. 27-51.
第九章	改寫自： 1. 吳翎君，〈1946年中美商約的歷史意義〉，《國立政治大學歷史學報》，21期，2004年5月，頁41-66。 2. 吳翎君，〈近代兩次中美商約的簽訂及其意義，1903-1946〉，收入潘光哲主編，《中央研究院第四屆國際漢學會議論文集：近代中國的政治與外交》，中央研究院近代史所，2013，頁235-272。

美國人未竟的中國夢：企業、技術與關係網

2020年6月初版 　　　　　　　　　　　　　　　　定價：新臺幣680元
有著作權・翻印必究
Printed in Taiwan.

著　　　者	吳	翎		君
叢書主編	沙	淑		芬
校　　　對	潘	貞		仁
封面設計	沈	佳		德

出　版　者	聯經出版事業股份有限公司	副總編輯	陳	逸		華
地　　　址	新北市汐止區大同路一段369號1樓	總　經　理	陳	芝		宇
叢書主編電話	(02)86925588轉5310	社　　　長	羅	國		俊
台北聯經書房	台 北 市 新 生 南 路 三 段 9 4 號	發　行　人	林	載		爵
電　　　話	(0 2) 2 3 6 2 0 3 0 8
台中分公司	台中市北區崇德路一段198號
暨門市電話	(0 4) 2 2 3 1 2 0 2 3
台中電子信箱	e-mail：linking2@ms42.hinet.net
郵政劃撥帳戶第	0 1 0 0 5 5 9 - 3 號
郵 撥 電 話	(0 2) 2 3 6 2 0 3 0 8
印　刷　者	世 和 印 製 企 業 有 限 公 司
總　經　銷	聯 合 發 行 股 份 有 限 公 司
發　行　所	新北市新店區寶橋路235巷6弄6號2樓
電　　　話	(0 2) 2 9 1 7 8 0 2 2

行政院新聞局出版事業登記證局版臺業字第0130號

本書如有缺頁，破損，倒裝請寄回台北聯經書房更換。　　ISBN　978-957-08-5522-7 (精裝)
聯經網址：www.linkingbooks.com.tw
電子信箱：linking@udngroup.com

國家圖書館出版品預行編目資料

美國人未竟的中國夢：企業、技術與關係網/吳翎君著 .
　初版 . 新北市 . 聯經 . 2020年6月 . 504面 . 14.8×21公分
　ISBN　978-957-08-5522-7 （精裝）

　1.國際經濟關係　2.中美關係　3.美國外交政策

552.1　　　　　　　　　　　　　　　　109004764